旅游管理译丛

旅游营销学(第四版)

[英]J. 克里斯托弗·霍洛韦 著

修月祯等 译

TEP 旅游教育出版社
TOURISM EDUCATION PRESS

北京市版权局著作权合同登记图字:01-2005-5990号

责任编辑:赖春梅　朱海犀

图书在版编目(CIP)数据

旅游营销学/(英)霍洛韦著;修月祯等译.—北京:旅游教育出版社,2006.8
(旅游管理译丛)
ISBN 7-5637-1398-0

Ⅰ.旅… Ⅱ.①霍…②修… Ⅲ.旅游市场-市场营销学 Ⅳ.F590.8

中国版本图书馆CIP数据核字(2006)第089282号

旅游管理译丛

旅游营销学(第四版)

〔英〕J. 克里斯托弗·霍洛韦　著

修月祯等　译

出版单位	旅游教育出版社
地　址	北京市朝阳区定福庄南里1号
邮　编	100024
发行电话	(010)65778403　65728372　65767462(传真)
本社网址	www.tepcb.com
E-mail	tepfx@163.com
印刷单位	北京科普瑞印刷有限责任公司
经销单位	新华书店
开　本	787×960　1/16
印　张	32.25
字　数	519千字
版　次	2006年10月第1版
印　次	2006年10月第1次印刷
印　数	1~5000册
定　价	49.00元

(图书如有装订差错请与发行部联系)

“夏天您为我们安排的国外度假旅游,我们去的是什么地方?”
(本漫画的使用得到了潘趣漫画有限公司的允许)

前言

自该教材的最新版本出版以来，市场营销领域发生了质的飞跃。电脑新技术的应用使市场营销的变化日新月异：新出现的分销趋势越来越多地威胁着传统零售方式；网络广告带来的新机会正在使媒体策略发生调整；更先进的客户关系管理技术可以对每个顾客进行定位，这样消费者便拥有更大的决策选择权。旅游行业内部的营销也正经历急剧的变化：廉价航空公司的迅速增长，以其直逼底线的价格对那些一直以高产品质量和反映质高效优的溢价销售来经营的知名航空公司形成极大的挑战。

当前旅游产品的需求波动如此激烈，生存成为全世界旅游公司极为关注的问题，价格主导着营销的组合。恐怖主义、非典型性肺炎和其他流行病、世界股票市场的崩盘、经济衰退、政治的紧张局势和中东的战争等，这一系列世界范围内发生的灾难严重地影响了发源国和旅游目的国的旅游经济，而且影响程度竟然相似。营销领域，尤其是旅游业营销，在其短短的发展史上面临严峻的考验。有些观察家甚至说旅游业没有什么规则可循——外部因素对旅游业的侵袭力非常大，即便是营销活动效率很高的公司也无力承担外部影响所造成的损害。

也许，这种观点过于极端，现在有多种迹象显示出旅游业在趋向于重新回归到稳定，尽管这种迹象是否只是一种短期现象还需要进一步观察。然而,全球范围内的社会变化以及变化的特点意味着:为了应对未来出现的挑战,市场营销将不可避免地要改变其方式;业内各领域以及旅游接待地的经营管理必须采用更加灵活的方式,甚至需要降低本行业对单纯旅游这类业务收入的依赖,以得到更大的灵活性。

上述问题在某种程度上也影响到了这本教材的编写。社会变化的速度如此之快,任何市场营销教材在进入读者手中之前都可能要更新,除非写得非常笼统,而这样势必降低其实用价值。由于以前在第三版中的成功合作,本教材原打算仍是二人合著,由克里斯·鲁宾逊(Chris Robinson)利用他最新的宝贵经验,尤其是他在北美洲地区担任一个大型旅游经营企业的营销经理获得的经验,负责写作与基础理论相关的当前旅游业的实例和案例。可是事情的变化超过计划,他的工作已经非常繁重,在几个月的时间内无法完成交稿。但不管怎样,我本人对他在前版书稿中所作的贡献非常感激,其中有些内容并没有因时间的推移而改变其使用价值,且在此版中被保留了下来。我相信在今后再版写作中他定会再次与我合作的。

由于以上原因,很多内容的重新编写就需要由我一个人来完成。重要的新内容已给予突出。本版新增加了一章,对教材的布局进行了改动,这样可以使内容更加连贯,更加通俗易懂,特别是增加了大量的新材料,尤其在对旅行和旅游产品营销产生重大影响的技术创新领域。虽然本书主要是针对英国和其他欧洲国家的读者的,但是也考虑了国际适用性,补充了一些相应内容,主要见于教材的第三部分"案例"。我要对那些常常在非常艰难的条件下仍能给予帮助的人们表示衷心的感谢。

除了以上这些,所幸的是旅游市场营销中许多基本因素没有变，坚持适用于所有物品和服务的一般规则没有变。本教材的目的仍然旨在为理解一般原则与其在旅游和旅游产品中的应用铺路搭桥，并为读者进一步阅读有关旅游行业中的营销文献资料提供指导。

每一位打算在纷繁复杂的旅游业中从事产品营销的经理，都必须真正把握通用营销理论及其应用，不管是飞机座位、度假胜地、导游项目，还是一个床位，甚至在确定是否供应早餐上都无一例外，可以从今天在旅游业聘请高级营销人员的广告所列标准中看出这一点。人们常常会认为，经验在旅游业中是非常有用的，但并非是基本条件，而在其他行业，尤其是快速流动消费品（fast moving consumer goods, FMCG）行业，事实证明，丰富的经验是非常重要的。许多大型营销企业，在没有尝试熟悉旅游或其他服务业的技巧之前就涉足 FMCG 了。

总体来看，目前在旅游业中占绝大多数的小型企业，仍然不十分清楚什么是营销学以及在实际中如何正确使用这门学问。因此，本版教材重点突出中小企业（SMEs）怎样开展市场营销，向读者强调中小企业在经营其企业过程中同样需要采用符合职业规范的方式。在许多方面，这些企业在开展营销工作中较其竞争对手在内部灵活度、改变对市场和产品的定位方面更具优势。可是，其中许多小企业缺乏主动适应性，没有像大公司那样能够迅速地更新技术，因而置自己于被动不利的位置。

有些东西是有规律性的。旅游现在是一种劳动密集型的产业，以前也一样。其产品与发售产品的员工密切相关，不论这些人员是服务员、导游、旅游代理或长途汽车司机，每个人都在与公众接触的时候履行一种营销功能，因而获得营销实践的技巧并用于实践是很重要的。

公司向社会承担责任也成为每一个企业经营中重要的理念，这在本版中已得到了反映。可持续性，在前一版出版的时候还基本上属于一个时髦词汇，可现在已实实在在地实行了，旅游企业意识到了他们的服务再不能仅仅停留在口头上了。每年的年度报告中，对公司公众的社会责任谈论得越来越多（在英国，合法化谈论此事存在着许多压力），一些诸如高级员工与普通员工收入差距渐大等问题在世界新闻出版界越来越受重视，名声欠佳势必影响营销的效果，因为这样经常会给一个公司造成一种负面的、很难扭转的影响。

本书适用于学生和其他初涉旅游行业的人员阅读，是那些参加休闲和旅游业全国通用职业资格(General National Vocational Qualification, GNVQs）三级、四级考试的人员或学生理想的教材，也适用于学习高等专科学位课程（Higher Diploma, HND)的学生，或者可以作为本科生的专业入门教材，可以作为核心课程，也可以是选修课；也可以为那些参加职业培训课程的人提供有价值的理论和实践引导，诸如英国饭店与餐饮管理协会（Hotel and Catering International Management Association，HCIMA）资格认证课程，英国特许运输协会(the Chartered Institute of Transport, CIT)或者休闲与康乐管理协会（the Institute of Leisure and Amenity Management, ILAM)的课程；还有那些现供职于旅游业的其他人员，将来或许希望步入营销行列的人员，或者意欲更深入研究营销工作以便于更高效地执行任务的人员，也可以从本书中得到帮助。

克里斯托弗·霍洛韦

(PPT 幻灯片可以从 www. booksites. net/holloway 下载。)

致谢

承蒙以下单位再次慨允我们使用相应资料的版权，在此表示衷心的感谢：

潘趣漫画图书馆提供“您为我们预订了夏季假日游项目……”的漫画，该漫画版权归潘趣有限公司所有；国民信托投资有限公司提供图 3.2；爱尔兰旅游局提供图 4.3 和图 4.4；S. A. 葛鲁泊·奥斯本(Grupo Osborne, S. A.)，提供第五章 Osborne Bodega 事例中的黑色公牛标识；西班牙旅游办公室提供图 7.2 和 10.1(a－e)；新西兰旅游局提供图 7.3；网站 MyTravelLite 提供图 7.4；托马斯·库克英国有限责任公司/伦敦李岱艾广告有限公司提供图 7.5(a－c)；HDM 旅行社提供图 7.6；欧洲营地提供图 10.2 和 14.1(a 和 b)；康德轮渡有限公司(Condor Ferries Ltd)提供图 10.3；设在巴黎的法国旅游局/DDB 公司（Maison de la France/DDB & Co, Paris）提供图 10.4；洗浴和休闲中心协会(ABLE) 提供图 8.3；泽西旅游部提供图 12.1；沃克旅行社提供图 13.1；威尔士旅游局提供图 13.4 和 13.5；维根·皮埃尔智库公司(Wigan Pier Experience)提供图 14.2；房车旅游俱乐部(the Caravan Club)提供图 14.3(a 和 b)；Travelocity 英国有限公司（Travelocity UK Ltd）提供 CS1.1, CS1.2, CS1.3, CS1.4, CS1.5, CS1.6, CS1.7, CS1.8 和 CS1.9 以及图表 1.1, CS1.2, CS1.3, CS1.4, CS1.5, CS1.6 和 CS1.7；世界级旅游(Trips Worldwide)提供图 CS2. 1 和 CS2. 2;位于捷克的艾德里亚航空公司（Adria Airways）提供图 CS4. 1, CS4. 2, CS4. 3 和 CS4. 4；里兹城堡（Leeds Castle）提供的图 CS5. 1, CS5. 2, CS5. 3, CS5. 4, CS5. 5(a 和 b), CS5. 6, CS5. 7 和 CS5. 8；韦塞克斯旅游协会（Wessex Tourism Association）提供的图 CS6. 1 和图 CS6. 2; Senior King 提供图 CS7. 1 和 CS7. 2; 在京魁西湖的克里斯饭店的大卫·扬（David Young, The Cross at Kingussie）提供图 CS9. 1; NBGW 提供图 CS10. 1 和 CS10. 2; 旅游信息中心 Kuressaare 镇政府（Kuressaare Town Government, Tourist Information Centre）提供图 CS11. 1, CS11. 2 和 CS11. 3; Museum of Bath at Work, 由 The Bath Industrial Heritage Trust Ltd 经营，提供图 CS12. 1, CS12. 2 和 CS12. 3。

缩写及术语表

3G	第三代通信技术
AA	汽车协会
ABLE	洗浴与地区休闲中心协会
ABTA	英国旅游代理商协会
ACD	自动呼叫分配
ADSL	非对称数字用户环路
AGB	视听率调查公司
AIDA	注意力、兴趣、欲望、行动
AITO	独立旅游经营商协会
APEX	预购短途旅游价格
ASTA	美国旅游代理商协会
ATOL	航空旅行营业执照
AUC	航空运输用户委员会
B2B	企业对企业商业模式
B2C	企业对消费者商业模式
B&B	住宿早餐式旅馆
BA	英国航空公司
BCG	波士顿咨询公司
BMI	英国内陆国际航空公司
BMRB	英国市场调查局
BRAD	英国比率与数量
Broadband	宽带

BTA	英国旅游局
C2C	消费者间的商业关系
CAA	民航局
CBI	英国工业联合会
CIM	市场营销研究会
CIMTIG	旅游业营销研究会
CIT	特许运输协会
CSQ	客户服务问卷
CTB	坎布里亚郡旅游委员会
DATA	德文郡地区旅游者协会
DCMS	(英国)文化、媒体及体育部
DMO	目的地营销组织
DRTV	直效电视广告(即要求消费者在看过宣传商品的电视节目后立即决定是否购买)
e -	用于所有电子化控制的企业运作方式的前缀，如 e - marketing(电子营销),e - tailing(电子零售),e - commerce(电子商务),e - business(电子企业)等
EETB	英格兰东部旅游委员会
EFTPOS	销售现场电子转账系统
EFTS	电子转账系统
EIU	电子情报小组
ETC	英国旅游局
Extranet	联结贸易伙伴的私人消费者网络
FAA	美国联邦航空局
FMCG	快速流动消费品
FTO	旅游经营商联盟
FTTC	光纤到路边
GIT	团体奖励旅游

HCIMA	饭店与餐饮管理协会
HETB	英格兰中部旅游协会
IATA	国际航空运输协会
IBA	独立广播协会
ICT	信息通信技术
Idtv	交互数字电视
IIT	散客综合游
ILAM	休闲与康乐管理协会
INTRANET	员工内部私人电脑网络
IPC	国际出版公司
ISDN	综合业务数字网
ISO	国际标准组织
ISP	网络服务供应商
ITB	爱尔兰旅游局
iTV	交互电视
ITX	旅行全包价格
JND	恰巧注意到的差异
MIS	营销信息系统
MORI	市场与意见研究院
NETB	东北部旅游委员会
NITB	爱尔兰北部旅游委员会
NWTB	爱尔兰西北部旅游委员会
OFT	公平贸易办公室
OHP	高射投影仪
PEX	乘客旅行(折扣飞行价)
PLC	产品生命周期
POP	销售点
POS	现场销售

PR	公共关系
PRO	公共关系联络员
RAC	皇家汽车俱乐部
ROI	投资回报
RTW	环游世界
SDSL	对称数字用户线路
SIA	新加坡航空公司
SME	中小型企业
SEETB	英格兰南部及东南部旅游委员会
STB	苏格兰旅游委员会,现名为“环游苏格兰”
SWT	西南旅游业(原名为西部旅游委员会)
TATR	旅游调查
TIA	美国旅游业协会
TGI	目标群体指数
TIC	旅游信息中心
TIP	旅游信息点
TQM	全面质量管理
TTG	《旅游贸易公报》
TVR	收视率
UKTS	英国旅游业调查
USP	独特销售主张;独特销售点
VDU	荧屏显示系统
VFR	探亲访友
WiFi	无线宽带网接入,用于移动电脑
WTB	威尔士旅游局
WTM	世界旅游市场
YTB	约克郡旅游委员会

目录

CONTENTS

第一部分　基础阶段

第二部分　接触顾客

第三部分　案例研究

第一部分

基础阶段

第一章

营 销 视 角

学习目标

通过学习本章,要达到以下目标:

- 了解营销观念、营销理论研究者和实践者对营销观念的理解
- 区分产品导向和营销导向
- 了解营销观念在旅游和旅游业中的运用及其重要性
- 认识营销中的道德问题及其对营销活动的制约

一、引言

美国商学院的一位教授说，他听到东方航空公司的一位乘客与女乘务员的以下对话：

"看看这些炒鸡蛋，这是我吃过的最糟糕的炒鸡蛋。"

"我知道，我们总是提醒他们，但是他们不听。"

《观察家》报道，2001 年 4 月 29 日

读者不难想象，即便没有任何营销知识，也可以看出，以上的对话说明这个公司存在严重问题，这正是本书要探讨的中心问题。我们每个人都认为对大多数顾客抱怨的产品需要进行检验和替换，这很自然。以上事情发生后，这个航空公司已经不存在了，我们或许不会感到奇怪。

营销作为一种观念，现在比 1988 年本书第一版出版时更加完善，得到了人们更加广泛的了解，可是实际上，旅游和旅游业对该观念的理解，各公司、部门在日常工作中的运用还存在很大差异。虽然旅游业的一些部门认真实践营销理论，在旅游领域，最为成功的营销组织也已经很重视营销，但是，好的营销仍不多见，也没有形成标准。特别是中小企业，它们占到旅游业的 90%，资源通常很有限，不能雇用专门的营销工作人员。让我们看一个最近笔者亲身经历的营销失败的事例。

事例：英国饭店满足他们顾客的需求了吗？

(a)中等价格的海滨度假饭店

地点是英格兰西南一个著名的海滨饭店。像大多数英格兰海滨饭店一样，建筑是维多利亚时代的，不够现代，卧室的窗帘太小，拉上后中间还留下一道缝，马桶不能正常冲水，电视的遥控器不知去向。房间中的通知栏列了一长串的注意事项。房间里沏茶用品太少：每人一包茶，一包咖啡，目的是希望你再到前台去买。吃饭要抓紧时间，8: 30 吃早饭，18: 30 吃晚饭。

一对夫妇晚饭迟到了 10 分钟，他们的汤盘在 18: 30 就立刻端了出来晾在那儿。女服务员嘴里还嘟囔着："他们应该知道几点到这儿。"

(b)伦敦廉价商务饭店

客人晚上 7: 20 入住，被告知最晚的点菜时间是 8 点（"对不起，

今晚就我们两人值班”)。客人被领入房间,“门锁不好用,你得首先掌握要领,但是通常要花一会儿时间你才能掌握”。家具是新乔治王朝的,奶油色,镶着金边——常见的廉价装饰品,有着下等阶层的矫揉造作。墙上贴有一张漂亮的水彩画,因为某种原因,贴在离天花板四英寸的地方,正好高于眼睛。墙纸的接缝处翘了起来,浴室的门涨得打不开。要用力才能撞开。衣柜里的衣架是铁丝钩,薄塑料的,软得挂不住外衣。浴室的淋浴没有喷头,只有少量的水往下滴。抽水马桶不好用。

在餐厅:

“我要牛排。”

“对不起,今晚没有牛排了。只有卤汁鸡、牛肉和腰子或大盘海鲜。”

“牛肉和腰子出售吗?”

“是的。”

事例(a)中的这家海滨饭店不到一个月就关张了,这也许不会让我们感到奇怪。在这个例子中我们看到产品和服务都成问题,遗憾的是,在目前竞争激烈,商业运行困难的情况下,这种现象在英国的很多饭店中并不少见。英国的饭店正处在相当困难的时期,缺少新建的设施,不像欧洲大陆的许多国家,它们的海滨度假地是20世纪60年代后建立起来的,可以提供更好、更现代的设施以满足当前要求很高的市场。这并不是要给刚才提到的例子中的服务质量问题找借口。事例(b)中的饭店处于首都的中心,这里经常是需求大于供应,城区的廉价饭店都很得意,因为,即便是他们缺少基本的装饰和维修,饭店的入住率也会很高。这里的管理工作是扩大收入,而不是让顾客满意。

饭店可能很容易被人挑毛病,但是它们在其他经营方面的失误也很常见。它们不能实施好的营销做法有多种原因,一是英国社会固有的保守主义,英国人对新观念的怀疑,以及不愿意改变旧的和认为有把握的做事方式。二是小企业对营销的一无所知,这是由于它们倾向于直接从学校录用员工,然后用公司自己的经营之道对他们进行培训,认为这是学习经营的最好方法。在这种制度下,企业的经营方式可能永远不会改变,即便有创新,也是由业主凭空杜撰出来的,而不是根据市场科学分析得来的。更小一些的公司通常认为,实践营销理论只是大公司的事。与其他行业相比,旅游业还很年轻,都是小企业,这些小企业还在努力掌握现代企业经营技术。这在很大程度上阻碍了现代营销技术的运用。

本书力图说明营销不仅仅是一个“本月特色”的时髦的术语,而是纯粹的经营理念,是我们对任何一个组织进行管理的基础。营销是一种规则,任何企业,不论大小都可以实施,甚至不必要依赖增加开支。事实上,有人认为,无论公司大小,从长远来看,不实施营销规则,是不会成功的。

营销不只是市场部门的事情,营销理念应该渗透到企业的各个方面。有不少旅游公司号称自己以市场为导向,实际却是以产品为导向。比如,公司可能主要关注寻找利用过剩生产能力的方式,而不是解决顾客真正需求的问题。旅游业普遍误认为低价位是取胜的关键,这导致了旅游者的不方便、不舒适和不满意。这里有一个最近发生的旅游业以产品为导向的有趣例子,某城市一个有名的汽车公司利用本公司周日有多余出来的汽车组织星期天观光旅游,可是乘客的需求是在一周的中间或星期六游览,结果这个产品以失败告终。

因此,我们首先要比较细致地介绍营销的定义,探讨其在更大经营实践范围内的作用,然后再研究营销在旅游和旅游业中的作用。

二、什么是营销

大概描述什么是营销的最好方法是列出什么不是营销。笔者的女儿去买比基尼,跑了无数的商店,也没有买到适合她的上衣和短裤。在一家著名的百货商店的分店,女店员非常客气,也很帮忙,但是她试穿了一件又一件后,不耐烦地嚷道:"我真不知道现在是怎么了,人们不再给我们做合适的衣服了!"

这种事发生前,在美国,比基尼上下衣可以分开买已经有很多年了。这个以市场为导向的办法后来在英国也逐渐(但不是迅速)被采纳。服装制作商们能发现社会习惯的改变会影响人们的体形吗?一方面,为了保持健康和苗条的身材,很多人开始自觉地进行锻炼、节食并更加关注他们吃的东西;另一方面,全球都在关注长时间坐着工作的职业(注视电脑和电视屏幕),不健康的快餐和超量饮食。所有这些因素都可能对均衡的体型和体重有长远的影响,同时也会影响对服装的需求。

事实上,这件事也有后续故事。有研究表明,在英国,人们的腰围有所加大,在 1953 年,一般号码是,男 32,女 27。到了 2003 年,变为男 36,女 30。在法国,到处都有顾客抱怨服装很难找到合适的。对 12 000 位国民身体的测量证实,法国人比以前长得高了、骨架大了,服装企业联合会需要为国人设计新的服装型号标准了。

忽视顾客需求的变化后果严重。这在美国得到了证实。美国飞机乘客的平均体重现在比 1995 年增加了 20 磅,但是对乘客的估算体重却一直没有变动。2003 年 1 月,一架超载的小型飞机在起飞时坠毁,这起事故使美国联邦航空局

(FAA)调整了乘客体重的估算,每位乘客增加 10 磅。

事例:交通运输公司满足顾客的需求了吗?

12 码的服装现在比 20 年前大出了一英寸半,这是服装行业一个聪明的营销例子。尽管欧美人的身高和体重在不断增长,但是飞机内座席的最低限度还是 26 英寸,这是 20 世纪 90 年代初规定的。有些新火车的座席(包括最新的 Pendolino 摆动火车)比过去的火车座席还窄了 6 英寸。

来源:《时代周刊》,2001 年 2 月 15 日

很多人把营销与销售等同起来,似乎它们是同义词,即便销售在营销中发挥着作用,这种等同也是非常不准确的。营销应该是一个概括的术语,它给一个公司的政策和策略指出方向和动力。

营销是要预见需求,了解需求,刺激需求,最终满足需求,一句话,了解顾客的欲望与需求,目的是要知道卖什么、卖给谁、什么时间、什么地点和多少数量。实际上,可以接受的营销的定义有十几种,本书不是要探讨这些定义的语义,我们只讨论两个比较成熟的定义。第一个是特许营销学院给出的定义:

营销起管理的作用,它要组织、指导所有的营销活动,包括评价顾客需求,将顾客的购买力成功地转变为对某种产品或服务的需求,并将某一产品或服务卖到最终顾客或使用者手中,达到获取公司或其他组织制定的利润目标或其他目标。

这个定义有三个重要含义。第一,营销在公司中发挥管理作用。第二,它为一个企业开展的所有活动打下基础并提出框架。最后,它包含了全部营销理念,重视顾客需求,把顾客需求作为企业运营的起点。正如西奥多·莱维特所说,"销售注重卖方的需要,营销注重买方的需求"。营销首先要知道顾客的需求,然后生产这种产品去满足这些需求(市场导向方法),而不是生产一个产品或服务,然后再看它能卖给谁(产品导向方法)。

第二个定义取自于著名市场营销理论家菲利普·科特勒与其他作者合写的一本教材,他将营销定义为:

个人和集体通过创新和与其他人交换产品价值来满足他们的需求和欲望的管理过程。

在这个定义中，价值被定义为顾客对产品满足自己需求综合情况的评价。这个定义还认可市场营销一词作为管理过程的广泛运用，应该在我们生活中的所有交易中体现出来。

同样，一个以市场为导向的公司，市场营销理念应该在组织中处处表现出来。如果董事会的决策以生产为导向，总裁也不赞同营销理念或认为它只与营销部门有关系，那么营销部经理的工作就会很难做。如果没有组织内部所有部门之间的相互支持与合作，营销就不能有效地发挥作用。如果公司的成本太高，或由于对质量监控不够而导致价值不好，不能获利，营销下再大的功夫也不能使公司取得成功，无论给产品做多好的广告，多么努力的促销，顾客的需求都不会得到满足。

三、营销的历史概述

由于历史的问题，英国公司用了很长时间才认识到营销的重要性。在早期，英国不需要推销自己的产品。世界各地的英国殖民地都抢着要英国的产品。然而，随着这些国家的独立，他们开始生产自己的产品，或从英国的竞争对手那里购买产品。在很长一段时间里，英国的生意观念是，英国的就是最好的，而实际上，却是质量低劣，甚至在按时送货和售后服务上都不如竞争对手。工人们对公司的管理失去信心，对自己的工作没有了自豪感。结果，英国几乎所有产品的世界市场份额都减少了。与竞争对手相比，英国不再富有。同时，为了利用规模经济的效益，降低产品单位成本，出现了批量生产方法，这就要求英国销售更多的货物。

起初，许多公司的做法是在销售上加大力度。失败之后，它们试图在价格上击败竞争对手，以低廉的价格销售次品。这样做就无法考虑顾客对质量和可信任度的要求，销售量又降了下来。

虽然一些主要行业在战后初期接受了教训，但一直到20世纪60年代末或70年代，企业才开始实施营销行动，这比美国晚了大约50年。这个过程在80年代加快了，首要的问题在设计和质量上。公司认识到应该改善自己的产品，去满足一个市场的特殊需求，而不要试图生产能满足每个顾客的产品。它们逐渐懂得了人们不是购买产品，而是购买那些产品所提供的利益。这个道理促使公司去研究特殊需求和如何满足这些需求。最重要的是公司开始懂得营销是一个很有活力的观念，人们的需求随着时间而变，公司必须发现这种变化，并根据变化作出应对。公司今天的成功不能保证自己的产品明天还有市场。所以，营销在组织管理中发挥着更加重要的作用。

四、旅游营销中的问题

讨论营销在旅游业中的应用之前，我们需要澄清"旅行"和"旅游"这两个用语上存在的一些模糊认识。模糊认识的出现是行业本身所致，没有特别的原因。通常，我们认为旅行包括交通、旅游经营公司和零售旅行经营，而旅游则可包括住宿接待部门和公共机构部门，比如，国家旅游机构和修建的旅游景点，具体来说，像遗产地或主题公园等。这是人为的区分方法，我们不用对此过多考虑。旅行显然包括人们除旅游以外其他各种原因的移动（比如移民），从这个意义上讲，旅行是一个更为广泛使用的概念。因为本书所关注的是这两个方面的产品的营销，全书两个术语都使用了，但是因为旅行在所有的旅游活动中都不可缺少，所以旅游这个词将作为概括全面的术语来使用。

现代旅游作为一个产业出现在第二次世界大战后的头几年。起初，这个行业的活动是由销售引导的，以产品为导向。企业家们抓住了因柏林航空停运而多余下来的航空运输能力和新技术在飞机中运用的机会发展假日旅游，他们的构思促进了 20 世纪 60 年代包价旅游的迅猛发展，由于欧洲大陆（特别是西班牙）新出现的旅游胜地低价的接待业，他们所提供的阳光下的假日比英国"枯燥"的假日便宜，让人更兴奋。旅游产品比此前的产品要好得多，只要能保证价格低，需求不成问题。那么，现代营销方法在早期的旅游企业中没有发挥明显的作用，就不足为奇了。

然而，过度的需求也给营销带来了问题。新出现的国际包价旅游迫使企业快速扩大现有设施。著名的接待饭店要么没有完工，要么草草收尾，员工经过培训还是达不到应有的服务水平。人们对不习惯的食物产生抱怨，对飞机的可靠性和安全性开始产生怀疑，原本认为不成问题的事情受到质疑。

公司已经认识到，如果他们要在国外成功扩大销售假日的数量，就有必要消除公众三个方面的恐惧感。

- 恐惧飞行
- 恐惧外国食品
- 恐惧外国人

早期的海外假日营销人员给乘客提供安慰服务，把调研是放在营销的首要位置。

1. 恐惧飞行

现在，安全被看得非常重要，人们似乎难以理解，那时怎么会为了商业效益而拿人们的生命去冒险，而且真是那样做了。人们极力使用老式飞机工作，并且用到了这些飞机的极限；由于国家航空公司制定的价格限制政策，并且得到双方的一致支持，不适宜的飞机场也被使用（特别是法国比利牛斯臭名昭著的佩皮尼昂）；飞机上设施布局很不合理，极不舒适，客人时刻面临舱内行李松散带来的危险。英国政府甚至要求运载众多乘客的飞机座位朝向机尾，以便在迫降或危险着陆时增加乘客生存的可能性，这使人们更加感到不安。当度假的乘客询问这稀奇古怪的结构原因时，得到的答案也并不能增加他们的信心。（有趣的是，虽然人们都认为机舱座位朝向机尾方向最为安全，但是现代飞机没有这样设计的。人们还是喜欢座位面朝前方，航空市场人员接受了这个意见。）

起初，人们确实抱有使用廉价多余飞机的观念，但后来他们看到购买先进的设备不仅能够通过充分的运用和提高运载量获取更大利润，还可以增加顾客的信心。

今天，飞行已经成为人们生活的一部分，很少有人还被飞行恐惧所困扰。然而，新产品不断出现在市场上，也就会出现新问题，这就要求营销人员在安全上向公众作出保证。人们开始设想在大西洋航线上将四个引擎改为两个引擎（现在很多飞行人员还在考虑这个问题）。在协和飞机最终被停飞之前，（在一架协和飞机在巴黎附近坠毁的悲剧之后）人们努力修改飞机以便保证乘客的安全。到 2003 年，新的恐惧又出现了：对于长距离飞行引起的深度静脉血栓的恐惧、对恐怖分子袭击的恐惧、目睹飞机和机场遭受袭击后惨状的恐惧、对“非典”和“非典”通过飞机里循环空气传染的担心。对于其他交通方式，如何在恐怖主义威胁严重情况下，安全通过英吉利海峡隧道，这给市场人员提出了又一个挑战。

2. 恐惧外国食品

外国食品引出了各种问题。那时英国人的饮食习惯比现在保守得多，很多普通的地中海原料被指责为“油腻”或“外国垃圾”。由于不同的传统，做法和服务也不被接受。比如，肉和蔬菜分开烹饪和两餐之间的间隔都受到指责。饭店老板则认为，在开支紧张的情况下，他们已经作了最大努力。他们对客人的尴尬和对食物浪费程度的抱怨可能比度假者的抱怨还要强烈。对食品制作方法的初步调查就会发现问题。请来的饮食专家建议饭店老板在用料上少花些钱，通过变换烹饪、摆放和上菜方法来赢得顾客的欢迎。随着劳动力价格的上涨，许多饭店开始做自助餐，让度假者自己选择。虽然这样做用料的花费增加了，可是服务和食物浪费上的节约可以抵消多出的花费。最终，大多数旅游者的满意度得到了提升。

3. 恐惧外国人

毫不夸张地说，恐惧外国人是很难解决的问题，这可能是丢失旅游消费者的一个主要原因，因为旅游就是为了接触和更好地了解别人。这个问题的出现包含着对接待服务的不信任，也有对当地风俗习惯的错误认识。在20世纪70年代，英国一些大旅游公司认为，克服这个障碍的唯一方法是全面控制海外的接待和服务。他们大量投资兴建自己想要的建筑，自己管理或自己任命管理者。他们引进了当地没有的技术，并且大幅度提高标准。可能在认识上最为有利的变化的产生，是由于英国的“贸易描述法案”(1968)和后来的“欧盟包价假日旅游规定”(1992)的出台。旅游经营商们要遵守法案和规定，他们必须对提供的服务更加负责，不能出现超员预订，要对宣传手册内容的精确性负法律责任。为了增强顾客的信心，旅游经营商们作出积极努力，如果不能提供住宿接待，就得以大数目的现金进行补偿。最后，旅游经营商与饭店老板的合同规定，接待出现问题时，罚金直接从饭店老板一方扣除。

从个人角度上看，景区代表的作用从仅仅是接送客人的陪同和游览销售员改变成为统一着装的职员，他们全心全意帮助顾客充分享受假日。现在度假者可以相信，在知名的欧洲经营商那里购买的包价旅游产品质量与在商业区大街上购买的有形产品质量是一样的。

当今，海外假日市场比二三十年以前成熟了许多，要求也高了很多。到远距离和奇特目的地进行探险旅游成为平常之事。由于移民和大众旅游的发展以及对外国人的了解，改善了人们对大众旅游市场过去褊狭的态度，旅行的恐惧也从根本上得到了改变。对恐怖主义的恐惧或对健康风险的关注，如目前在著名旅游胜地都流行的恶性疟疾，这些问题营销人员几乎是无法控制的。随着通过信息和通讯技术进行分销的新方法的广泛使用，营销人员要不断努力，努力确保旅游者实现网络预订，以便用网络预订代替与旅游经销商进行面对面的传统预订方式，由于大众旅游经久不衰，人们也越来越认识到将来的旅游一定会更加发展，这在设计和规划旅游产品方面给营销人员提出了新的挑战，我们将在本书后面讲到这些问题。

五、作为一个研究领域的营销

营销作为一个严肃的研究领域始于20世纪早期的美国，英国到20世纪下半叶才重视。虽然由科学知识构成的营销学大纲在许多国家修改提炼达到了国家认同的标准，但没有任何研究营销的个人能够成为这个学科全面的专家。然而，现在营销已经成为各学校从本科直至研究生各层次所有商务课程的重要内容。营销工作涉及的面很广泛，要求既要有管理技能又要有操作技能。成功销售的能力，组织广告的能力，设计引人注目的展示窗口和进行调查访谈的能力，这些技能与我们赋予市场营销管理作用的认真调研、计划、记录和分析同等重要。

很明显，更大一些公司有能力雇用营销人员，它们拥有各方面的营销人才。当然，好的营销总是需要管理素质，但是如果我们对营销的看法局限在外向型、有活力、受到大肆宣扬的销售人员上，就很可能忽视那些不容易用眼睛看到的营销素质，包括懂得数据统计和作出正确结论的能力，对旅游者需求和行为模式的理解能力等。仅有眼光是不够的。熟悉英国早期旅游业数据的人最清楚这一点。他们在第二次世界大战后的一段时间里为扩大出境旅游做了大量工作。他们以营销眼光和他们的企业而闻名。虽然这些经验还有价值，但是今天大的旅游公司更加理智，他们的市场工作人员保持"低调"。即便有时没有照章办事，(想想理查德·布兰森)也能得到一些没有名气的专家在管理和营销旅游产品方面的支持，利用专家的技术促进发展，而不是革新。

六、对营销的制约

好的营销是"经济增长"的基础，对于经济增长工业领域作出了贡献，但是从经济和社会的角度，它也受到指责。从经济上讲，有人批评资源使用的浪费。比如，为让顾客相信他们的产品是独特的，或在某些方面比竞争对手的产品好，用大笔的金钱给产品作广告，这些产品与其他产品实际上没什么区别。为了增加新型产品的销售，现行产品通常设计得比正常寿命短。在消费品的设计中，有的零件设计成在一定时间内就坏掉，这样整个产品就要报废，必须购买新的。社会批评家指出，营销人员强调物质价值，他们利用消费者的感情，建造一个渴望得到的环境，在这个环境里，他们操纵欲望而不是需求，让消费者相信无止境地占有商品和服务是幸福和成功生活的关键。正如一个批评家所说，营销人员首先让你相信，你有一个问题，然后告诉你，他们可以帮助你解决这个问题！

为了证明自己的价值，营销人员说在经济发展中他们努力创造就业机会和财富。英国如果竞争不过外国产品就会变成一个没有政治权利或影响的贫困国家，英国的生活方式就会被成功的邻国所控制。本书不能讨论所有这些问题，但是营销人员对这些看法和反对意见有一些了解很重要，因为他们需要知道自己在工作中所面对的压力。对于想在营销领域工作的人来说，相信自己的工作和自己销售的产品也很重要。这既是一个道德问题，也是一个实际工作问题，销售人员如果不相信自己卖的产品，他们就不能将工作做到最好。如果我们同意去卖自己都看不上的产品，就会有损我们自己和我们的社会。

在这方面我们很幸运，我们讨论的产品是旅游。大多数在旅游业工作的人们，能够真正相信他们销售的产品，认为他们所出售的度假产品无论是为了减轻人们的压力，维护健康，或给顾客一个崭新的文化体验，对他们的顾客都是有益的。但是，负责销售度假产品的人一定要确保产品满足顾客的需求。旅游经销商只卖能赚取利润的度假产品是不够的，他们对自己的顾客负有道德责任。在满足顾客的同时，旅游经销商也就保证了这些顾客下一年还到自己的公司预订。这就是营销的全部工作。

这并不是说旅游营销人员不需要经常做认真的自我反省。对一个著名景区的营销会给它带来威胁，这就是矛盾之处，大众旅游可能成为自己成功的牺牲品。任何一个在高峰期到过旅游胜地的人都看到，由大量旅游者的涌入而引发的拥挤和污染问题。英国的克洛维利和波尔佩罗海滨度假区是距离我们最近的例子，在地中海海岸也有很多相似的例子，在距离我们更远的一些地方，诸如泰国芭提雅海岸（Pattaya Beach），甚至柬埔寨的吴哥窟（Angkor Wat Temples），我们现在可以看到长期开放对度假区环境造成的影响。（暹罗世界遗产胜地的通道，最近建造了30座旅游饭店，2002年还要再建造12个。）旅游业应该继续发展这样的旅游目的地而不受处罚吗？对于这种情况，当地旅游负责人在营销方面的作用是什么？

实际上，与多数人的看法相反，营销不仅仅是扩大销售，也需要管理，特别是那些产品供应有限的地方。在以上的例子中，旅游负责人的作用可能是在夏季减少该地的旅游接待。努力将需求转成平季或淡季，挑选一些细分市场，增加平均消费（比如，重点放在长住旅游者上，而不是一日游的顾客），保证产品目前消费水平的质量。旅游营销管理是对需求的管理，营销经理的作用可以是减少销售，稳定需求水平。游览英国公司（Visit Britain 前英国旅游局，BTA）最近几年营销计划的目标中包括了扩大区域性和季节性旅游交通，以此来减轻对英国旅游胜地高需求的压力。就像著名的戏剧表演，即便在演出期间剧场爆满，也不能扩大剧场去满足全部需求。旅游地或诸如飞机场这样的设施，接待能力是有限的，必须对需求进行管理。在这种情况下，营销只能是改善现有服务水平，而不是试图接待所有要求服务的顾客。

首先，人们最终认识到，要做到真正的讲道德，旅游业一定要做到可持续发展。这在旅游营销中成为一个主要问题。简而言之，可持续发展的旅游业可以被定义为：

- 可持续地使用资源
- 减少过度消费和浪费
- 保持多样化

■ 将旅游纳入规划
■ 支持地方经济
■ 吸纳地方经济
■ 倾听股东和公众意见
■ 培训员工
■ 负责任地销售旅游
■ 为促进以上目标的实现进行调查研究

以上这些内容营销都可以直接参与。要做到可持续发展，旅游业就一定要保护环境，保证接待地居民能在收入和就业上从旅游者那里直接受益。虽然很多公司在口头上都是这样讲的，但是经常被当成公共关系中的说法而已，刀耕火种式的原始状态的旅游，过度开发掠夺一个目的地后，又向另一个还没有变得太糟糕的目的地发起进攻。度假区们对此太轻车熟路了！我们将在第十四章讨论这个问题。

因为旅游是一种必须在消费之前付款的产品，消费者只能听到描述，而不能得到证实，这给旅游行业提供了很多不按道德标准经营的机会。产品可能被过分吹嘘或承诺的服务做不到。现在公司和宣传册故意误导的日子已经基本过去了，取而代之的是行业中的法规和内部政策。英国旅游代理商协会（ABTA）制定了旅游代理商和旅游经营商行为规范和预定条件指导，这些规章大幅度降低了对公众的误导。前面提到的欧盟包价旅游法规（1992）进一步严格了规章制度，要求旅游经营商的宣传册内容更加准确。媒体也加以控制，坚持不懈地揭露旅游业中存在的任何问题。各种组织，如消费者协会，“假日选择”出版社，也加入这项工作。航空公司也有自己的监控人员，如英国的空运用户委员会，国际上有国际航线乘客协会。这些组织的设立就是为了监控和维护旅游者的利益。

然而，随着公司的不断壮大，它们开始为自己寻求更加专业的行为标准，因此它们更加关注自己的公众形象。一个想要长期生存的公司不能忽视对自己提出批评的人，也不能对过高的顾客投诉率漠然处之。下面我们要讲“品牌”，树立品牌是要为公司和名牌增添质量和价值，品牌对于较大的公司成功至关重要。成立时间短的较小公司对品牌和形象的依赖较小。但是，如果旅游业自己不能积极有效地规范它们的行为，甚至没有法规，客户将会行动起来，找出问题并将其公布于众，最终阻止今后的预订。

七、营销的类别

根据本章开始给出的营销定义，你可以看到一个组织的营销目的是获取利润或其他目的。这两种目的区别很重要,因为它清楚地表明,营销不仅包括企业还包括其他组织的所有活动。

1. 社会营销

即便是在商业圈内,也不是所有的组织都将获取利润作为自己的目的。比如,游览英国公司(BTA)的目标中就没有直接提出获取利润。它们的目标是发展英国的旅游业,从而刺激经济、就业和私有旅游企业的利润。同样,其他提供非商业服务的组织,如:教育机构,需要将它们的"产品"介绍给它们的"消费者",即它们的学生。好的构思也需要进行宣传。教堂、慈善组织、政治游说的目标都是要满足某种需求,成功地运用宣传手段有助于达到宣传的目的。(你曾经被你们当地教堂外通知栏上某一条生动的口号吸引过吗?)目前对环境污染的关注引发了生态保护活动轰轰烈烈的开展,其目的是向意见带头人,诸如下院议员、新闻工作者和普通群众销售这种构思。这种"社会营销观念"是近期产生的,它确实使人们感到各种类型的组织都可以在他们的活动中运用好的营销做法。

公私合作开办的旅游企业在不断增加,合作一方的动机是获取利润,而另一方关心的是达到特定目标。要达到这两个目标唯一的方法是成功的协作。比如,一个地区的旅游部门,决心要扩大一个不再红火的接待地的旅游者数量,任何商业合作伙伴都必须努力在这个范围内制定自己的目标和目标利润。

2. 消费者营销和企业营销

对于这个问题,我们有必要澄清我们对产品的理解。从营销术语来讲,这个词不仅包含了有形产品,也包含能够给人们提供包括服务在内的满足他们欲望或需求的任何产品。

产品卖给两种购买者,为了自己消费而购物的人和为他人购物者。消费者营销是描述前一种人的营销活动。企业营销是针对后者。就向制造业购买原材料为客户生产成品,零售店购买商品是为了卖给他们的消费者,在旅游行业内,也有多种形式的企业购买者。许多大公司的员工经常进行商务旅行,这些公司雇用商务旅行经理,他们的工作就是安排公司雇员的所有商务旅行。商务会议经常由专业会议组织公司来安排,而不是参加会议员工的公司组织。饭店、航空公司和其他旅游公司努力从这些企业购买者那里争取生意。

3. 国内营销和出口营销

最后，我们需要弄清产品在国内市场销售和销售到国外市场的区别。出口营销或称为国际营销是营销的特殊领域，必须考虑不同的法律制度和商业环境，影响购买者行为的不同文化和产品运往国外过程中会出现的问题。旅游在很大程度上与出口营销有关。两家英国航空公司一起向美国人销售飞行观念，就必须要与美国航空公司竞争；游览英国旅游公司要将英国作为旅游目的地向世界上几十个国家的旅游者推销，就必须与其他旅游目的地竞争；入境游经营商也必须了解不同国家旅游者的需求和如何为他们服务。

我们现在将营销的这些内容都放在一个图表中。（见图 1.1）。

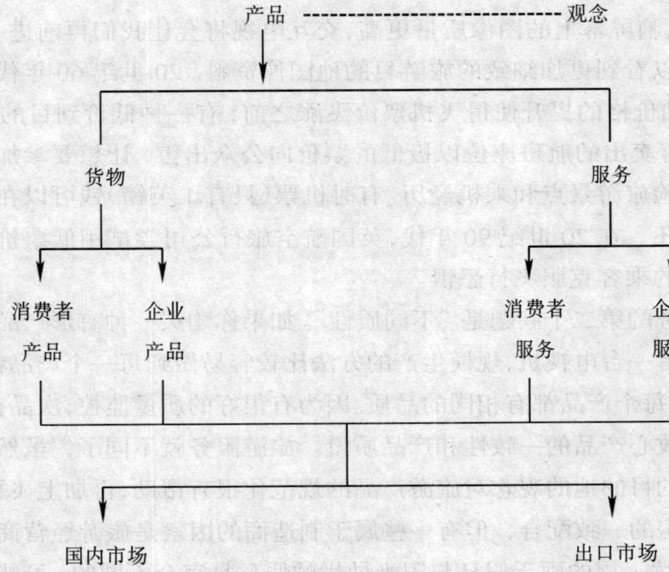

图 1.1 产品营销类别

八、旅游服务的本质

因为本书从头至尾都是探讨服务业，所以我们将从服务的本质来理解营销需求，特别是旅游服务与货物的区别。有四种主要因素需要考虑：

- 无形性
- 不同质性
- 不持久性

■ 不可分割性

首先，旅游服务是无形的，在购买前不可能检验或看样品，所以对购买者来说就有冒险的成分。这是交易中最为重要的方面。从一个角度来看，这又使销售服务变得更加容易，因为不会遇到物流中经常出现的问题，没有产品在发给顾客之前需要在仓库储存的问题。然而，无形产品有很多弱点。比如说，旅游经销商不需要在向顾客销售其产品之前购买产品，这就降低他们对销售的投入和对特定品牌的忠实。虽然省去了分销渠道，但是旅游业必须解决预订系统问题，简单说，就是平衡供应与需求的方法。从这种形式的分销中产生的问题将在第八章中讨论。

旅游营销人员必须努力解决无形产品带来的这些问题。有一些建设性的方法可以解决这些实际问题。第一，小型录像机的问世可以提供比旅游宣传册更加真实的（更好的）旅游假日产品图像，旅游者能够将旅游目的地的影片带回家，在屏幕上反复观看。技术的进步又让 DVD（digital versatile disks）代替录像带，使家用电脑屏幕上的图像质量更高，交互电视将会让我们再前进一步，今后的度假者可以看到更加细致的旅游目的地图像资料。20 世纪 60 年代迅速发展时期，在石油价格的提升使得飞机票价飞涨之前，有一种低价到目的地“试飞”的做法，没有卖出的航班座位以极低的票价向公众出售，让想要参加包价旅游的人实际体验旅游景点和乘机经历。有时机票（只有 1 英镑）钱可以在此后的度假费用中退还。在 20 世纪 90 年代，英国航空旅行公司尝试用低票价的短途飞行帮助未来的乘客克服飞行恐惧。

旅游服务的第二个问题是“不同质性”。如果你购买一种有形产品，比如说，一个餐桌或者一台电视机，规模生产的方法比较容易做到每一个产品都相同，也就是标准化，每个产品都有相同的品质。因为有很好的质量监控，次品很少出现，消费者可以放心产品的一致性和产品质量。旅游服务就不同了，虽然包价旅游和完全相同的目的地的观念对旅游产品的规范化很有帮助，再加上飞机旅行、转机和饭店住房的一致配合，但有一些属于制造商的因素是旅游经营商无法控制的。此外，连续一周的雨天假日与阳光灿烂的假日是完全不同的。虽然经营商可以用对天气保险的方式安慰游客，他们不可能保证好天气。在购买服务方面，旅游消费者购买的是不同的供应商提供的一系列服务，这些也很难控制。一个刚刚在头天晚上与同事发生了争执的饭店服务员很难在早餐时提供与昨天晚餐一样的友好服务。公司被竞争对手收购，面对可能失去位置的尴尬，度假区代表很难像在正常情况下一样周到地对待他们的客户。虽然好的质量监控程序可以减轻工作中的极端行为，但是不能克服旅游服务工作中难免的人为问题。

第三是旅游产品高度的不持久性。如果展销厅中的一台电视机今天没有卖出，可以明天再卖。如有必要的话，可以降价卖出，或者储存起来，以后再卖。但是航班座位或饭店房间如果今天没有卖出的话，就永远失去了机会。这个情况对营销来说非常重要，特别是在决定价格时。下午6点以后出售大幅度折价房间和航空公司为了填补空座提供的“预备”票价都反映了有必要甩掉这些产品，以防丢失可能的销售机会。由于旅游业受时间变化需求的困扰，又使问题变得更加复杂。假日需求经常集中在夏季高峰期，比如，7月和8月。短途旅行通常是在周末而不是在一周的中间。商务旅游者希望从Heathrow乘机旅行，时间上要方便，比如上午10点到中午之间，而机场和航空公司希望提供均衡的服务，24小时最大限度地运用他们的资源。还要重申的是，定价策略可以通过低需求期的大幅度降价扩大需求，但是这也不能彻底解决问题。

最后是不可分割性。服务业非常个性化，产品是销售人员工作的结果。证明这一点最简单的方法还是用电视机的例子。如果我们在广告上看到我们要买的电视机品牌，价格与其他商店里的相比很有竞争性，我们很有可能去那家商店看一看。即使我们看到电视机销售人员既不整洁，又缺少情趣，也并不能阻止我们购买，因为电视机的价格和品牌声誉已经事先决定了我们要购买。然而，同样的情况放到餐馆或饭店，我们的反应就会截然不同。无论食品的质量怎么样，装潢多么吸引人，服务和产品也是不可分开的，我们很可能不会从一个拖沓的销售人员那里购物。卖给我们度假产品的代理商，飞行中给我们提供服务的航空公司乘务人员，我们到达度假区迎候我们的人员，以及饭店前台接待员……都是我们所要购买产品的组成部分。他们为我们服务的各项技能是产品的重要内容。因此，要想取得旅游营销成功，培训变得十分重要。

图1.2 军事历史学者在波兰华沙 Holocaust sites 给一个丛林旅游团讲解

（作者拍照）

事例　丛林旅游公司(Holt's Tours)

"丛林旅游"是一个服务于特殊兴趣旅游团的公司,它陪同游客专门到著名的军事历史地区:第一次和第二次世界大战的战场,美国内战战场,加里波利和克里米亚等地。在英国它们是这方面的领先的公司。它们通过超凡的服务确保自己在潜在的竞争对手面前始终处于领先地位。它们的服务事例包括:聘用前英国部队军官和军事历史学家作讲解员或旅游经理(他们有很好的语言技能),享有进入通常对旅游者不开放地区的待遇(见图 1.2),在开往参观场地的大巴上放着适合的磁带(戏剧、讲演等)。

旅游产品是几种服务的综合,这给产品开发带来了更多的问题。在包价旅游中,顾客通常希望为他们安排的所有项目质量都是比较高的,却不考虑他们购买的是高价产品还是廉价产品。旅游者预订了高价的饭店,他自己选择了假日中的一个游览活动,如果提供服务的巴士是肮脏的或车的设备有问题,他有理由感觉受到了欺骗。旅游业的和谐原则在旅游假日产品的质量保证中是重要的内容。然而,现在有一些证据表明,随着有经验的旅游者选择不同质量的混合产品来满足自己的需要,他们的需求模式变得更加复杂。比如,住豪华饭店却参加廉价的活动或者住便宜的饭店,但是饭菜要从附近的高档餐馆购买。营销经理必须要了解这种趋势,灵活地为他们服务。

这些问题证明,虽然营销的基本原则适用于所有产品,但是在实践中,销售旅游产品时要考虑它的特殊性。正是这种特殊性使其在开发和销售上有很大难度,与此同时它又深受顾客欢迎。

问题与讨论

1. 本章讲到我们的体形,特别是体重在变化。其部分原因是我们饮食的变化和缺乏锻炼,使得我们的体重都增加了。2002 年,西南航空公司实行了一个规定,超重的乘客要买两张机票(由发放登机牌的工作人员确定超重的乘客),在另一个地方,一位乘客起诉她由于看病而乘坐的航空公司,原因是坐在她旁边的乘客身体超重挤到了她。认真考虑所有影响你决策的因素,用其他方法解决这个问题。对于这个问题,你给航空公司提何种建议。

2."营销一个国家与促销一块巧克力或一辆轿车不同。前者是创造一个产品然后监控它的质量。给你一个很复杂的产品,要求你介绍它的优点。但是这并不是说对产品没有监控。一个政府或游览英国 BTA 的主要资助方,需要从长远的观点看待旅游。没有人想要再重新给英国树立品牌,但是为了旅游者,看看产品还有什么地方需要改善是应该的。我们应首先着手于21世纪的运输系统，成年人办理执照时间和鼓励家庭在酒吧及餐厅里的消费……"

（丹尼·罗格司，《市场营销》副主编，写于2003年4月《旅游周刊》）

讨论以上观点，与前英国旅游局营销主任的观点进行比较：

"从某种意义上说，一个旅游组织并不涉及市场营销，因为市场营销本身就假定了你已经控制了产品，并且你可以改变它。"

"作为一个公共部门，旅游委员会如何'控制自己的产品'呢？"

（福兰克·凯利，前英国旅游局营销主任）

3. 游客被本章所列的三大恐惧折磨到何种程度，仍是一个富有争议的话题。也许今天我们应该把游客肯定关心的疾病、犯罪及恐怖主义这样的"新恐惧"包括在内。找出一些世界上遭受这些恐惧但又仍有人气的旅游目的地。需要采取什么措施来(1)克服这些地区的问题，(2)怎样消除潜在游客的安全顾虑？由谁来负责实施？市场营销又应起到什么样的支持作用？

4. 在旅游行业找出一个能清楚证明以营销理念为导向的公司。支持这个看法的理由是什么。

5.《关注旅游》2003年春天的"旅游焦点"版中报道：去中东的旅游者可以得到由以色列组织的4天加沙和西海岸的"恐怖之旅"。在旅游中，旅游者可以射击；可以坐到战斗机的座舱里；可以在废弃的建筑物的房间里进行彩球战斗，驱赶阿拉伯恐怖主义者。每一位客人要为这次幸运活动交5 500英镑，这对一个经济落后的地区是非常有用的贡献。

然而，一个旅游经营商朋友认为这些做法让人"恶心"，这样的旅游是种族主义的观念，是把阿拉伯人视为恐怖主义者，是人性的泯灭。任何将一部分人与另一部分人分离的事情都是错误的。如果对一个国家允许这样的活动，甚至以此赢利是不可想象的。

你认为这样的旅游项目道德吗？经济贡献会改变批评家对这种团体旅游产品的道德问题提出批评吗？如何修改这个项目，使它能够被寻求冒险的旅游者和批评家都能接受？

6. 接受以下部门的营销工作的道德含义是什么：

- 烟草业
- 快餐业
- 一个经营私房出租的公司在地中海度假区的街道上招揽顾客
- 一个低利润、低服务的廉价航空公司
- 英国一个入境游经营商向美国游客推销中世纪宴会
- 一个专家旅游经营机构组团前往被公认的以未成年性服务吸引游客的目的地旅游（虽然并没有被经营商特别推荐）

能做一个接受以上工作的案例吗？

练习

博物馆过去是将展览品放在玻璃柜里，与参观者保持一定距离，现在这种传统做法正在改变为注重讲解和参观者的体验。参观一个当地的博物馆并进行以下研究：

- 博物馆用这种方法能够再提供什么更多的东西
- 还能够进一步做些什么

你的研究应该建立在与博物馆工作人员（馆长、警卫、向导、教辅人员）和参观景点的普通人员谈话的基础上。运用半结构化的采访，辅以录音机来记录谈话的内容。花一些时间观察景点和展览品，记录诸如指示牌、解说板或宣传手册、与参观者互动的机会的特点。是否有教育官员或部门负责教育性的参观？博物馆如何做讲解来迎合不同人群的需要——如成年人、小孩、外国游客等等？

写一份简短的报告，指出哪些是成功之处，是如何实施的以及哪里还需要改善来满足顾客的需要。

参考文献

1. Levitt, T, Marketing Myopia, *Harvard Business Review* July/August 1960, pp45 – 56 (full text is also contained in Enis, B and Cox, K, *Marketing Classics: a Selection of Influential Articles*, Allyn&Bacon, 8th edn 1991, pp3 – 21)

2. Kotler, P, Armstrong, G, Saunders, J and Wong, V, *Principles of Marketing*, Prentice Hall, 3rd edn 2001

3. Eber, S, *Beyond the Green Horizon: Principles of Sustainable Tourism*, Tourism Concern/WWF, 1992

推荐阅读

Kotler, P, *Marketing Management*, Prentice Hall International, 11th edn 2003

McDonald, M, *Marketing Plans: How to Prepare them, How to Use them*, Butterworth Heinemann, 5th edn 2002, ch 1 pp3 – 17

Zuboff, S and Maxmin, J, *The Support Economy: Why Corporations are Failing Individuals and the Next Episode of Capitalism*, Allen Lane Penguin Press, 2003

第二章

市场营销计划

学习目标

通过学习本章,要达到以下目标:

- 解释计划的作用及其在市场营销中的作用
- 懂得营销计划的构成要素及如何制定营销计划
- 认识到不可控因素如何影响计划过程
- 运用斯沃特(SWOT)研究将其作为营销计划的基础
- 说出简单的预测方法并知道它们在营销过程中的作用
- 列出几个营销组织结构,并评估其对不同市场情况的适应性
- 列出市场营销组合的构成因素,并掌握这些因素在营销计划中的作用

一、什么是市场营销计划

所有的旅游组织不论大小,都自觉或不自觉地参与营销活动。例如,当地旅行社必须对提供何种服务,设计制作何种宣传手册,以及如何展示这些手册作出决策。服务手册、服务等级、装饰及陈设的种类的选择都反映了这个旅行社想要满足的细分市场以及满足这些市场需求的方式。给产品做广告,吸引顾客注意特别优惠,还可能为刺激顾客与某个旅行社预订业务而提供免费送客人去当地机场的服务,检查过去的记录看哪些人是常客,并大量邮寄可能吸引他们度假的详细介绍,这些都是营销活动的手段。但是,在一时冲动作出决定的市场营销,即所谓的"直觉"市场营销和深思熟虑并认真协调的市场营销之间存在着很大的区别。后者属于营销计划过程,本章要探讨的就是这一过程。

简言之,计划旨在把一个组织的目标和资源与其市场机遇结合起来,以达到资源的最优利用。很显然,我们必须先了解我们的目标和资源是什么,存在哪些我们可利用的机遇。如果一个市场增长很快,例如 20 世纪 60 年代到 80 年代的国外度假市场,机遇相对而言就易于发现。在这种情况下,即便是那些相对效率不高的公司也可以生存和兴盛。但是,营销环境肯定是不断变化的,如果需求稳定或者下降(例如 20 世纪 90 年代初以来包价旅游屡次出现的情况),若不能应对这种变化制定营销战略计划,那些管理不善的机构就会倒闭。在一个竞争激烈,变化日新月异的环境中,计划就是生存的手段。

二、计划什么

在目前正在进行业务往来的公司中,所有的计划都必须以了解公司现状为基础;它的竞争对手是谁,客户是谁,计划就是在掌握这些情况的基础上作出决策,决定公司的发展趋势;谁是将来的客户,怎样与他们接触,以及公司想要达到什么收入和盈利目标。简言之,计划就是制定目标并决策如何实现目标。

计划的实施是战略和策略的结合,尽管这二者的区别很清晰。战略一般考虑的是长期的计划,涉及的是在一到三年甚至更长时间的营销活动方向的重大决策。策略则是关于今后几个星期或六个月的活动的短期决策。更清楚地说,二者的区别在于,公司的战略可能是要在未来三年甚至更长时间里把财政支持从广告转到公共关系上,从而赢得本地社会各界的认同,树立公司形象。而战略措施则可能会在未来几个星期内，在当地媒体中增加广告开支，在本地快速获取销售额。

营销计划要求机构既要制定短期目标也要制定长期目标。至少要有短期的计划，认清公司现状和公司在下个星期或下个月的经营状况。管理人员必须判断资金流动状况，因为如果不知道有多少资金进入公司，就无法预测资金是否能够支付公司的运营成本，如员工的工资。营销计划决定了在一定时期内，一定价格条件下应出售何种产品来支付企业的运营成本。

除此之外，公司还必须制定长期目标计划，例如，为未来投资寻找额外的资金来源。如果一个企业没有明确的目标和战略，银行就不可能对这个企业的贷款持积极态度。当然，营销计划只是公司总体规划的一个方面，因此，营销计划必须与财政计划、组织计划、采购计划以及公司所有的经营活动相协调。营销只是一个工具，公司借以发现、评估、发展新产品和市场机遇，从而达到自己的目标。公司的营销方案如图 2.1 所示。

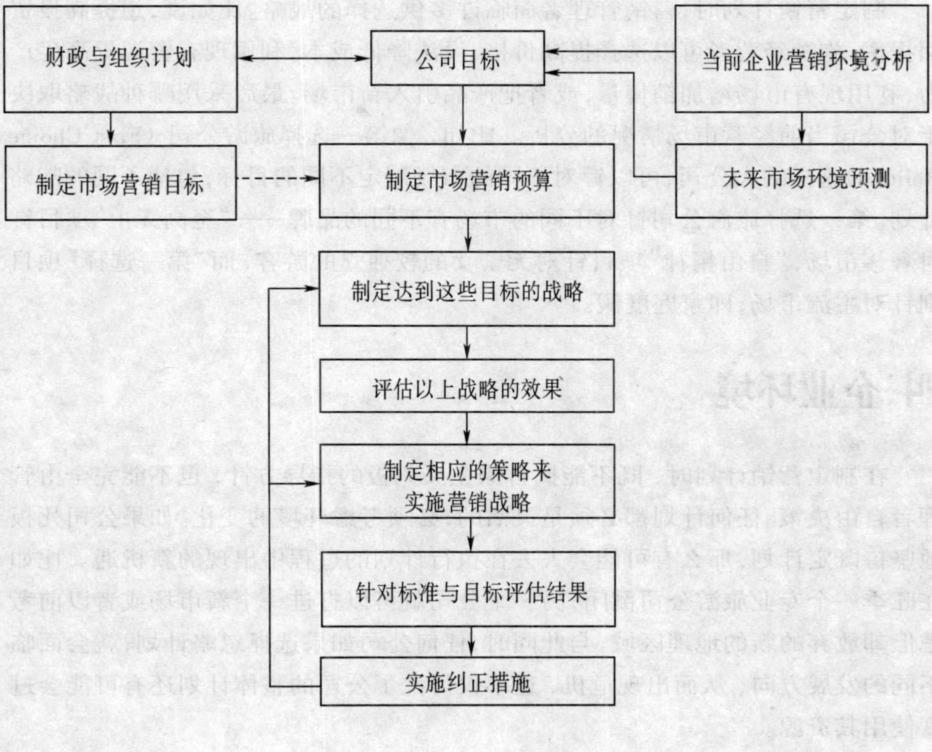

图 2.1 营销方案

三、制定目标

公司通常要达到的目标包括：

- 在一定时期内使销售额达到一定程度的增长
- 在规定的时间范围内使公司的利润率增长到计划的百分比
- 在一定时间内达到一定的市场占有率（新产品），或者在此期间使产品的当前市场占有率增长 x%（已有产品）
- 通过产品类别多样化减少市场风险
- 公司的使用资本回报率稳步增长

制定营销规划就是通过精心选择战略达到一个或多个这样的目标。在一个营销计划中试图同时达到太多的目标就会出问题，因为这会导致目标之间发生冲突。大多数管理者在别人询问时都会宣称他们的目标能够达到上面列出的每一个要求。但是许多旅行社和旅游公司付出很多代价才明白，市场份额的增长和长期增长的政策可能会损失短期利润。

制定营销计划时，营销管理者面临许多供选择的战略。比如说，想提高投资回报率，旅游经营者可以选择提高价格，设法降低成本，利用现有资源提高生产力，利用现有市场增加销售量，或者把产品引入新市场。最后采用哪种战略取决于对公司当前经营市场情况的分析。比如，像第一选择旅游公司（First Choice Holiday）这样的大公司，可以针对不同的市场制定不同的目标，包括不同的战略计划。第一选择旅游公司针对不同的市场有不同的品牌——“至高无上”项目针对奢侈市场，“自由精神”项目针对无子女的较独立的游客，而“第一选择”项目则针对主流市场，即家庭度假。

四、企业环境

在制定营销计划时，既不能搞官僚主义刻板的指导方针，也不能完全由管理者自由决策。任何计划都必须是灵活的，必须考虑环境的变化。如果公司死板地坚持既定计划，那么有可能会失去在执行计划的过程中出现的新机遇。比如在旺季一个专业旅游公司倒闭，另一个公司就可以打进一个新市场或者以前考虑但却放弃的新的地理区域。与此同时，任何公司如果选择忽略计划，就会面临不同的发展方向，从而出现危机，这不仅打乱了公司的整体计划还有可能会过度使用其资源。

只要公司认为可行，在其权限范围内它可以改变公司内部经营的任何方面。但是，它是在自己无法控制的环境中经营。所有公司都在这个包括政治、法律、经济、地理和文化因素的环境中。环境是不断变化的，公司如果想生存就必须适应这种变化。了解当前的经营环境是营销规划的前提。我们可以用一个典型的大众旅游公司为例说明这一点。图 2. 2 列出了对经营者产生影响的因素。经营者必须首先了解自己面临其他旅游公司竞争的性质和程度。新公司进入市场的难度如何？公司的主要竞争对手是谁？他们占有的市场份额多大？他们的战略是什么？不能低估旅游行业竞争的激烈程度。其他旅游经营竞争者的活动可能是规划过程的中主要影响因素，还要尽力地预测竞争对手未来 12 个月的战略。在消费者忠诚度极低且分不出各个旅游公司差别的情况下，许多游客精心对比不同公司的传单来预约度假旅游。

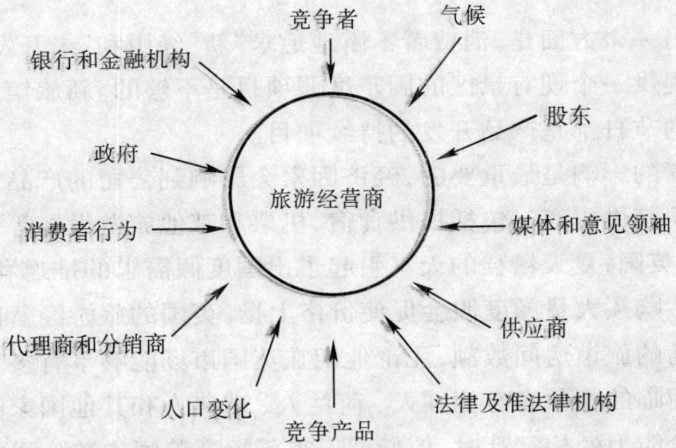

图 2. 2　旅游经营商的经营环境

在有些国家，进入市场要受国家法律的控制，即政治制约，但在大多数国家，市场相对要自由一些，只要能满足一定标准，任何公司都可以进入和经营。因此，是法律必须考虑的因素，如必须取得营业执照；对夜间飞行的限制，禁止 24 小时经营。

旅游公司不可控的一个重要因素就是天气。英国初夏天气如果很糟糕，度假需求的增长就会推迟；而如果冬季温暖，人们会预计春天气候也不错，英国人就会计划在国内度假。另一个日益影响旅游计划的因素是恐怖主义和人们感觉到的恐怖主义的威胁。2001 年 9 月 11 日，恐怖分子袭击纽约世贸大厦事件和一年后的巴厘岛爆炸案都对世界旅游业带来了灾难性的影响，随后恐怖分子有组织地袭击肯尼亚和摩洛哥，更加重了人们到被认为易受威胁的地方旅游的恐惧心理。

文化因素则是不断变化的时尚。诚然，有时企业可以操纵时尚（服装业的一些大的时装展览厅就是一个充分的例证），但还有许多综合因素在发挥作用，从而使一个国家或景点比另一个国家或景点更风行，营销的规划者们必须高度重视品位变化引起的消费需求变化。欧洲旅客的主要旅游目的地——西班牙，塞浦路斯，土耳其，希腊，葡萄牙——现在仍是重要的目的地，但是这些目的地是循环流行的。2002年从希腊转向土耳其，塞浦路斯和许多西班牙景区需求下滑。不是所有国家的景区都能成功地抓住它们的旅游发展的机遇。我们浏览一下20世纪80年代早期至今的旅游宣传册就会发现，有许多景点已经“消失”。比如，意大利的里维埃拉当时是重要的景点，如今却极少被宣传。另一方面，佛罗里达州已经变成欧洲人重要的短程旅游景点（这诚然是受到奥兰多的迪斯尼世界及其他景点的带动）。地位的压力加上飞机票降价正在鼓励人们去新奇目的地作长途旅行。

时尚的另一个方面是，消费者不懈地追求“新”经历和“未开发的”景区。旅游经营者只提供一个现有景区的固定度假项目是不够的。新旅馆、新景点、新国家和新类型的节日都是产品开发的持续项目。

经济因素的影响是最重要的，经济因素会影响到公司的产品需求。企业必须清楚地认识其供应商对包括提供食宿、机票和其他旅游设施等价格控制的幅度有多大。在英国，夏天糟糕的天气引起了出国度假需求的推迟和骤然增长，许多旅行社突然购买大量的度假会促使价格上扬。英国的旅游经营商通过协商争取在马略卡岛的旅馆房间数额，无论他们在英国市场能够享有多大市场份额。当他们发现面临的竞争者有德国人、荷兰人、瑞典人和其他国家的准备出高价或有较高议价能力的旅行社时，他们就不得不抬高英国旅游公司的价格。

经营者也必须注意他们产品的需求弹性，即度假产品价格的变化带来消费者需求变化的幅度。例如包价旅游，这种产品和其他旅游机构的产品没有明显的区别，对价格高度敏感，价格降低会引起度假需求的大量增长，也会将其他旅行社的度假者吸引过来。就像任何价格上浮，不仅影响竞争者，而且会导致本公司市场份额的大幅下降。

顾客对包办旅游的需求同时由其替代性决定。替代性不仅指其他形式的度假，而且还指其他的产品和服务。比如起居室里的一台新电视机，或者是三人间的房间。经济学家用需求的交叉弹性这个术语来描述这种非常重要的因素（这个因素在旅游业常常受到忽视）。每年在假期去享受假日旅游产品都成为成百万的英国人的习惯，他们愿意牺牲购买消费产品的钱在每年的衰退期去阳光地带度假。但是如果比起其他的产品和服务的价格，国外度假产品的价格上升得太快（比如说，由于两国之间汇率的变化或通货膨胀率不同的原因），消费者就可能会改变他们的消费模式。游客可能会决定待在家里搞园艺，花钱修剪灌木，建个温室，或者买些园艺的工具（尤其是夏天天气好的时候），而不再像以前一样花十几天去温暖地带度假（或度第二假期）。最后我们还必须认识到，度假需求还受到与之竞争的"时尚"用品的影响。家用电脑、便携式摄像机、DVD 机和其他技术产品都是消费者大笔的开支,消费者可能会牺牲度假去买市场上的新产品来"赶新潮"。

除了我们上面提到的因素,还有许多的因素能够影响公司的营销目标。在制定长期市场规划的时候必须考虑人口的变化(人口的上升或下降,某个年龄段人群的减少,传统的婚姻模式的改变等)。同时公司的短期营销计划也必须重视股东们继续获取满意的红利的要求。金融机构和银行的要求,贷款的条件,这些都必须考虑。在英国国家贸易机构——英国旅游代理商协会(ABTA)对其会成员采用自己的标准。而公平贸易办公室(OFT)则实施一些限制来提高消费者的利益,例如它要求旅游手册标出包含一切项目的旅游总体价格,而不是单独列出飞机税费和其他附加的费用。环保主义宣传者和国会议员可能会施加压力,要求减少夜飞的数量或者提高使用频率较低的飞机场的使用率。甚至媒体也对旅游业的经营机构施压(想想一些节目的影响,例如,BBC 每年的"假日"节目和交互电视的"希望你在身边")。总之,市场环境是由公共和私有机构以及个人这些因素构成的复杂的综合体,其中的每一个因素都对市场营销规划者实施规划构成限制。

旅游机构处于一个极易受到冲击的位置,它们可能受到其顾客的环境变化的影响,受到其经营所在国家的变化的影响。它们经营的领域可能受到政治动荡的困扰,顾客的安全无法保障,或者是受到行业争端的影响,例如西班牙或法国航空调度员的罢工。目的地国可能会改变汇率,或者对启程国乘客征收更高的飞机税,或者大幅提高增值税(VAT),这些都会大大影响旅游机构的产品价格并且/或者减少游客对那个景点的需求。甚至增加少许收费都会影响对景点的需求。虽然其他因素也有影响,但是在一定程度上,2002 年为了改善环境收取的少量的床铺税也是导致巴利阿里群岛旅游需求减少的原因。当这些因素被证实的时候,市场营销规划者必须准备迅速回应,修订他们的营销计划。

在这里我们最好总结一下旅游机构市场环境的主要特点。我们看到的是一个日益国际化的竞争环境(英国的大多数一流旅游机构及旅行社现在都属于外国公司)。这个行业的大多数都是中小型企业——可能有 90% 的旅游公司都只有不到 250 个雇员。同时,没有其他行业像旅游业一样受到计算机信息技术发展这样巨大的影响,大的跨国公司更迅速地利用这一新科技提供的机遇开发新的分销方法。在世界需求增长缓慢而整个发达国家世界经济与政治不确定时,预测未来经济复苏与需求方向很困难,这些大的国际机构面临着激烈的竞争。过度开发受欢迎的短程景点使人们关注旅游对环境的影响,及对飞机污染和滥用资源的忧虑(飞机燃油是环境污染的一大问题,但目前还没有采取措施控制或减少有害气体的使用和排放——这一情况不会持续太久)。当需求增长变得缓慢时，管理者们发现他们面临的是一个日渐复杂的市场，这一市场是由游历多处且日益苛刻的游客组成的，管理者们没有得到足够的培训和信息来应对这些顾客。

五、斯沃特(SWOT)分析

在制定来年目标之前，广泛研究我们已经讲过的经营环境是系统评估当前公司状况和发现其问题的第一步。无论公司进行的可行性研究是为了开发新产品还是仅仅为了制定新的营销规划而评估当前市场环境，它必须注意以下几点：

- 目前影响或可能影响公司经营和运行的经济、政治、法律、社会文化和技术情况
- 公司服务的市场类型，包括市场规模、增长及趋势；提供产品的类型及每个市场的价格产品分销渠道；产品信息传达给顾客与分销商的方式
- 竞争的性质，包括竞争者的规模、占有的市场份额、声誉，营销方式、优势及不足
- 公司自己的市场份额、销售量、利润率和经营方式的详细情况

进行这种评估通常使用斯沃特（SWOT）分析方法，即找出公司的优缺点(strengths and weaknesses)，经营环境提供的机遇(opportunities)，和公司面临的危机(threats)。这一信息为企业的进一步发展提供了基础。

下面我们看看旅游公司采用斯沃特方法可能会考虑的问题。

1. 优势

必须从顾客而不是公司的角度看问题。比如一个旅行社的办公室里面大得足够容纳一个经理单独的办公室，这对顾客而言没有什么意义。而如果这个公司在当地享有好声誉，在这个地方以其可靠和优质的服务闻名，这在经营时，就是一个明显的优势。便利的地理位置对顾客极为重要，因此新的旅行社开在购物区的中心，或开在受欢迎的连锁店附近，就是一个明显的优势。另外，翻新的店面、时尚的店内装饰和舒适的座椅都是旅行社从竞争者那里争取顾客的另一个方法。

旅游机构必须注重它在旅游代理商和顾客眼中的品牌形象。虽然一个强大和正面的形象对任何管理者而言都是重要因素，但是对行业内成功的企业来说，强大的品牌和强烈的目标市场意识是最关键的。一批忠实的老顾客是要开发的资产，因为回头客业务比起新的销售来要更容易，更节省成本。拥有产品优

势，特别是能使本公司区别于其他公司的产品的优势十分重要。公司还可以通过便于度假产品交付的海外专卖合同或其他组织因素受益，最终达到高质量、低成本，甚至两者兼顾。

2. 弱点

代理商经常面临的一个难题就是找不到合适能干的销售员。另外，假如旅行社位于工资较高的伦敦地区，很难找到能够支付得起佣金的优秀员工，问题就更麻烦了。同时，本地与之竞争的其他旅行社可能拥有资深又能干的员工，并受到顾客的欢迎，这一切都使得这个公司很难招揽生意。另外，如果店面朝向一个交通拥挤的大街，顾客就不得不穿越讨厌的地下通道或过街到旅行社。这对于吸引偶然的生意是一个致命的弱点。还有停车设施不足或费用太昂贵都是同样不利的因素。

旅游机构要对它的竞争位置保持高度敏感：它是不是在价格、景点范围、住宿质量、产品特色和对经销商服务上处于劣势？它是不是在促销上做得较差而竞争对手在宣传其销售信息方面做得较好？

3. 机遇

机遇一般表现为公司利用某个优势的几率。代理商和经营者都必须时刻关注市场变化带来的机遇。对代理商而言，这个机遇可能是附近新开发的住宅区。这里可能有新的产业开发规划，从而给商务旅游带来潜力；也许有一家新的百货公司近期要在这里开业。不仅要发现而且还要利用好这种机遇。市场营销策略要利用机遇，比如针对这个新的住宅区邮寄大量宣传广告。

在一个独立的航空公司向本地引入新的航线后，旅行管理者可能会看到开发一个新景点专线的机遇。也许有一个竞争者即将破产，因而出现了夺取其市场份额的机会。如果以前市场对其某个促销手段积极回应，表明现在应该重复或加强这一手段。现有景区旅游基础设施的加强对一个有进取心的管理者而言也是更多机遇。

4. 威胁

旅游代理商和旅游经营者都会受到国内经济和政治事件的制约，比如英国增加的启程税就影响了英国以外机场的所有飞行。世界政局和恐怖主义的威胁会影响到旅游业，9·11灾难后全球旅游市场的毁灭性打击可以为证。地方经济会影响到旅游代理商，也会影响到任何以区域经营为基础的旅游公司。代理商会关注本地区主要公司裁员或关张的计划；旅行社的经理或某销售员准备辞职后开新的旅行社与之竞争等一类的因素。也许由于本地区路况的改良，目前的交通模式也相应需要改变。

经营商必须对汇率波动和油料成本上涨保持警惕——这些都是固定成本的主要决定因素。任何正在影响销售的竞争活动都会带来威胁——比如减价或重要的广告宣传。

任何行业永远都存在威胁，但是如果认识到威胁并及早应对，威胁就可能会转变为机遇。

针对这一点，介绍一个面向城市高档市场的度假旅游公司的模拟斯沃特案例分析方法。这个公司属于一家大型的旅游组织的一部分，我们可以把它叫做"远离世界旅游公司"(Worldaway Holiday)。

远离世界旅游公司：斯沃特(SWOT)分析

优势

■ 品牌资产、提供专门纪念邮戳、针对目标市场的高档产品形象。

■ 重复购买率高的忠诚的顾客，数据库记载顾客资料以便直接与之联系。

■ 与母公司运营连接的规模经济。

■ 东欧资金提供的超强储备资金。

■ 已被代理商和顾客理解并喜爱的价格保证和不打折政策。

弱点

■ 与竞争公司相比景点较少——被代理商觉察并夸大其弱点。

■ 与竞争公司相比到几个景点的启程时间不十分吸引顾客。

■ 相比专业旅游公司的员工，预订业务员工缺乏相关信息。

■ 有限的网页信息、无法直接网上订购。

■ 利润受到未售出假日旅游产品和低效率的"延迟销售"策略的严重影响。

■ 顾客满意度问卷过程不全面——收集上来的顾客姓名只占参与调查顾客人数的50%。

■ 现有的广告宣传"乏味"，并且回应率下降。

机遇

■ 市场研究表明，度假市场的高档市场部分增长迅速，社会团体A/B顾客每年度进行一次以上度假。

■ 直接邮购试点表明当目标针对顾客刺激他们索要旅游手册并且提高经销商的销售额时，这种方法非常有效。好的数据库为有效的顾客定位提供大量的材料。

■ 海外员工报告说，通过在东欧旅游城市如塔林（旅游业剧增的城市）、里加和圣彼得堡增加投资并提供优良设备，存在很好的机遇，可在未开发的景点，古迹和独特的城市景区增加假日项目。

威胁

■ 东欧市场旅游业相对“幼稚”，海外员工的需求量增加，存在质量下降并引起声誉降低的极大危机。

■ 专线旅游机构向旅行社提供更好的信息和更广泛的服务，因此，对于“未发现的”景点，这些机构是更好的选择。

■ 公司的主要竞争对手现在归属于一个大型航空公司，55%的航班已被其议定；二者还没有商定满意的协议。

■ 上述竞争者现正在开展更大规模的促销活动，而远离世界旅游公司的预算不允许其开展同样的活动。

远离世界旅游公司制定的营销计划

产品

为了利用预期的整体市场规模的扩大，需要增加项目，为下一旅游季节提供另外的10 000个度假机会。项目包括下述的：

1. 为现有景点增加4 000个度假的容量。我们希望通过对旅游代理商渠道的更好管理，达到市场份额0.5%的温和增长，目的是最大限度地提高现有景点的获利机会。

2. 在“确定”的城市度假景点里加1 000个度假的容量，这些对于远离世界旅游公司是全新的景点，但能够充实现有的产品组合，比如伊斯坦布尔。这个适度的容量意味着我们将提供选择更广泛的景点。这一点在我们的促销活动中会着重宣传。

3. 提供5 000个度假的容量给新的东欧景点，重点在塔林。东欧的游客正在逐渐熟悉我们，我们通过母公司与他们保持良好的联系。如果质量有充分的保障，这里无疑是我们拓展的地区。通过“先质量后效率”的政策我们可以达到这个目标。这些景点竞争对手较少，价格敏感程度低，我们可以在这里处于竞争前列。下季签订客房合同的时候，必须要把坚持质量的标准发给员工。

为了与对手竞争，上一季母公司的规模经济带来的价格优势将不被我们继续使用。我们的目标是与对手的价格相当，但是我们会利用得到的额外利润增加一些区分我们和对手产品的“附加产品”。这一点上的创意有赠送远离世界旅游公司皮制的行李箱牌，雇出租车去机场免费接顾客和到旅馆房间后赠送一瓶酒。

所有的航班合同都必须审阅，质量标准要高，启程时间要更吸引人。今年的旅馆合同还必须包括在游客离开旅馆时发给顾客满意情况的调查问卷。这会增加营销数据库获取的姓名和地址的数量。

预订员工的文化素质必须提高，以此增加我们作为专业旅游机构在代理商那里的信誉度，并可以充满自信地销售我们规划的新景点。通过征召境外代理的项目使预订员工参与到我们与旅游代理商计划的促销活动中去。这不仅会激励他们，而且能够增加他们对产品的了解。

尽管上述做法可以在一定程度上抵消我们在网页上的不足，但仍然需要拨出一定资金来进行关键的系统升级，增加网页和获取信息的数量，保证经常的升级，为下季的销售加入互动定购体系做好准备。

价格

确定价格是为了和竞争者一致，而不是为了打垮他们。

我们不提高额外费用的承诺受到欢迎，我们还会坚持这一承诺。同样，我们不打折的政策也帮助我们树立了高档市场的形象。这两个定价政策都可以在促销时重点宣传。

应该进行一个可行性研究，通过对比同行竞争者同一项目的价格，调查“决不故意低价销售”政策含义的效果。产品优势的宣传，例如免费出租车接送顾客，有望使我们的产品独一无二。从促销活动的角度看，这一提法会有很好的效果，因为它是建立在我们现有受欢迎的政策基础之上的。

促销

上一季度针对顾客的直接邮购活动收效很好，应该推广。下一季度应评估“形象前景”试验小组，如果有成本效益，应在未来的项目中作出计划。需要有新颖独创的促销手段来提高回应数量，但像去年一样，促销活动还是会促使顾客索要旅游手册。

销售信息应包括：

- 价格上承诺无附加费，可能还要有“决不故意低价销售”的政策。
- 新的景点：比以前更新奇、更多样的项目。
- 在东欧的特殊优势。
- 更多强调品牌的质量优势及我们母公司的名符其实。

我们将针对代理商进行促销，目的是提高他们对于远离世界旅游公司作为一个专业经营商的认知度。我们可以使用诸如开展竞争的手段来吸引经销商注意我们覆盖的城市。派我们的预订员工到境外重要的景点宣传，从而支持我们的促销。到东欧特色景点免费旅游的大奖应该是严格控制并精心选择的教育游项目。

也可以组织专门的记者和旅行作家观光项目，将他们聚集到新景点和旅游迅速发展的东欧。

现在我们的顾客数据很重要，应鼓励完成顾客满意问卷活动。对罗马尼亚的孤儿院的一些捐款可以将我们定位为东欧专业旅游机构。

如果这种激励措施能够成功，以后还会进一步筹资为此类公益事业服务。

为了促进延期销售的策略，广告应该由专业的广告公司设计。去年的活动缺乏技巧和资源。我们尤其要从快速的广告工作和更好的媒体中获益。包括应该选择几个流行的网页，在上面作公告，进而检验这种促销方式的效果。

分销渠道

旅行社仍是我们重要的渠道。这需要我们前面所提及活动的支持。然而，通过直销延期度假增加利润的机会是存在的。向宣传手册那样，我们应该试着在广告中直接引入我们的预订数量。这也会对预订人员的培训产生影响，他们要在业务联系中礼貌地对待顾客和代理商。

依照销售目标对择优选出的部分代理商提供佣金。为改善我们对这些代理商的服务，可以采取以下各项措施：

- 通过减少效益不好的分销点来增加销售员工的需求量。
- 与代理商共同筹集促销资金，支持他们在东欧开展的节日晚会活动。

上面设计的营销计划向读者介绍了这本书后面讲到的一些问题，在这里介绍这些问题是因为它们涉及到产品政策、定价决策和与顾客及中间商的交流等方案。总之，这里提出一个概念：对每个旅游机构而言，关键的问题不是进行即兴的决策，而是制定正式的营销计划，这也引导我们考虑旅游业的战略计划。下面我们将研究这个问题。

六、战略计划

公司在评估其市场营销地位后，从广义上讲，它可以在三个方面作战略调整：

- 低价领先地位
- 产品差异性
- 市场重点

1. 低价领先地位

如果一个公司实力强大，能够在价格上遏制其竞争者，它可以选择以这个策略为基础来吸引消费者。价格的降低是通过成本的降低来实现的。大的公司可以通过规模经济获利。像国际旅游联盟（TUI）这样一个公司，拥有覆盖欧洲的国际市场，可以与其拟去景点的饭店议定极低的价格，因为它签约定购的床位数量极其庞大。但是必须牢记，虽然大公司比中小型公司更有竞价能力，但是它们时常因规模不经济而遭受损失。因为当组织更加庞大时，就变得更加难于管理，可能会使顾客觉得公司缺少人情味，并且使公司很难与员工交流。

由于大的旅游机构拥有大量的客户，他们无法在服务景区与许多小型家庭经营的旅馆和客房交涉，而一个小型的旅游机构就能够通过协商，以低于大旅馆开出的价格住进这些小旅馆。

2. 产品差异性

公司可以选择专营某种其竞争者没有提供的产品，以此作为价格领先的替代。也可以选择注重质量，通过增加价值使价格高于竞争对手。这就要求在营销计划中保证对质量的控制，保证自己的质量标准。有一个旅游机构，通过强调其包办旅游的全面性来实现产品差异性，在它们的包价旅游的基本价格里包括了娱乐、游览和照顾小孩这些服务。

例如，在价格差不多的情况下，在某些航线上价格出入总不大，产品通过其他方式实现差异化来竞争就变得关键，因为一个公司的波音 747 飞机和其他任何公司的没有什么差别。一个公司可能强调其准时可靠，另一个可能强调其安全纪录（“我们有数百万英里飞行纪录的飞行员”），还有的则努力营造飞机上轻松随意的氛围。我们普遍承认新加坡航空公司的市场营销做得比较好，它们通过强调机舱服务人员的漂亮仪表及为顾客提供的高质量服务来实现营销成功。另一个针对美国市场的航空公司则在广告里强调它的安全性。

事例 LOT 波兰航空公司

客机平均使用年限为 15 年

LOT 飞机平均使用年限只有 3 年

LOT 在《新纽约》杂志上的广告

3. 市场重点

这种战略决策把重点放在一个或几个专门的市场（这种细分市场的做法将在第四章里进行更加深入的讨论）。这样只满足一个特定的市场，让产品准确地适应这些市场的需求，公司减少了它面临的对手，就可以变成“小池塘里的大鱼”。在这些市场里，公司可以采取成本领先或者产品差异化的政策。降低竞争水平的最大益处就是减少市场的价格敏感度从而提高利润。旅游经营中的例子有市场补缺者，比如“单人度假”、“林地旅游”和“单亲家庭度假”等公司，它们要么选择一个有限的细分市场，要么提供只吸引小部分人的特种产品，即使这意味着放弃面向更多人口的市场。

选择把重点放在一个特定的市场，公司可以避免“万事通却无一事精”。市场管理者必须时常问自己：“为什么顾客买我的产品而不去买我的竞争对手的产品呢？”如果他们不能给这个问题一个满意的答案，他们产品的成功就会成问题。

由于大公司日益对准大众市场并采用低价策略，因此中小型公司相应在地理区域、活动类型或服务的市场上转为专门化。

旅行社也可以遵循相同的方式制定其市场营销战略。事实上，许多比较小的旅行社必须这样做才能生存，因为大众包价旅游市场日益被几家大的旅游连锁公司占据，它们提供的折扣价极低，致使单独的旅行社无法与之竞争。较小的旅行社可以选择提供老式的高质量的服务，或者提供详细的产品信息，比如提供详细的游览信息和不同的游览路线。旅行社也可以选择只针对某一部分市场消费者的度假产品，或者专门经营商务旅游。

市场营销管理者目前通常的做法是绘出产品定位图，这一做法正被许多旅游公司采用，此图显示在一定领域竞争的现有公司在顾客心中的形象。这一做法不但对在市场上已有业务活动的公司有帮助，而且对正准备把新产品投入市场的公司也有帮助。在度假者中进行随机调查，设计的一系列问题是要看看他们对不同公司的印象。这一形象可以画一个矩阵来反映。专业公司可以开展图2.3所示的这样一个调查，在一个二维矩阵里绘出9个竞争的公司的形象。

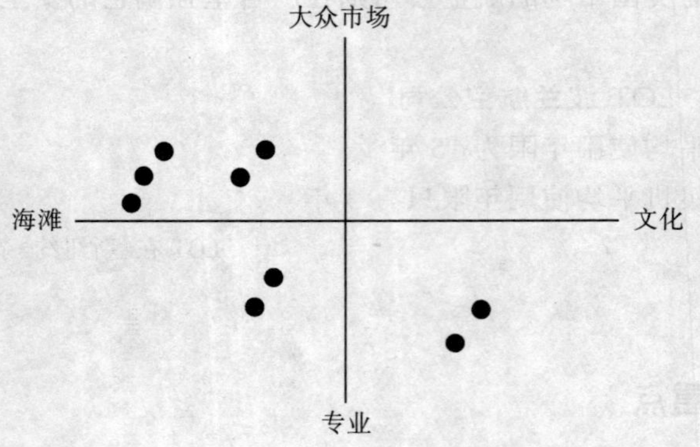

图 2.3　产品定位图，显示9个公司提供的长途度假的公众形象

这种方法清晰地显示大众市场和以文化为导向的长途旅游市场之间的空隙，可以开展新的项目来填补这个空隙。不过对于这种做法的一个警告是：也许空隙的存在是因为根本就没有产品需求。这需要做进一步调查来看是没有产品需求，还是由于竞争者尚未发现这一市场机遇。

对于提供一系列产品的较大的公司，每个产品有各自的市场优势，使用波士顿咨询集团发明的产品组合分析很有益处。波士顿咨询集团“市场增长率——占有率矩阵”能够使公司每个产品的经营情况进行对比，以便确定每个产品的计划决策。

图2.4是典型的波士顿集团矩阵法。图中的八个圆圈表示假定的旅游公司现在销售的八个产品在目前的规模和市场位置；圆圈的大小表示产品的销售额占企业所有产品销售额的比重；圆圈在矩阵里的位置表示与领先竞争者在市场增长率和市场占有率方面的对比情况。

纵坐标表示产品销售的市场年增长率；横坐标表示产品的市场占有率与主要竞争对手市场占有率之比。如果相对市场占有率为0.1，则表示自己的市场份额为最大竞争对手市场份额的10%，相对市场占有率为10，则表示自己的市场份额是竞争对手市场份额的10倍。

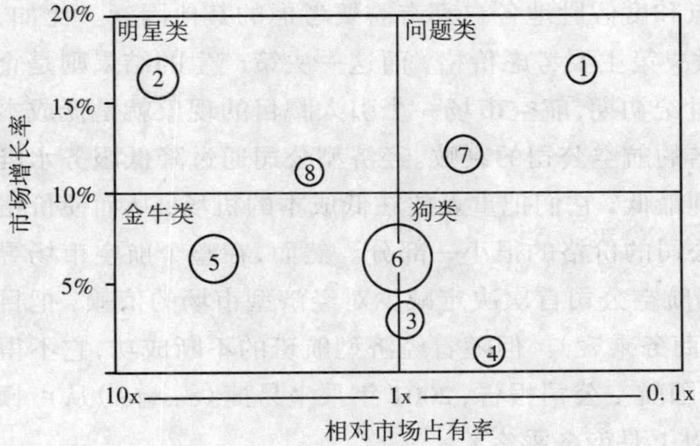

图 2.4 一家大旅游经营公司的包价旅游项目所应用波士顿咨询集团市场增长

注：

①长途度假产品 ⑤老人度假产品

②青年人度假产品 ⑥夏天阳光度假产品

③湖泊和高山度假产品 ⑦冬季运动度假产品

④长途汽车度假产品 ⑧冬季阳光度假产品

矩阵分为四个区。如果公司的某种产品在市场中处于领先地位，市场增长迅速，这个产品就被称作"明星类"。"明星类"有利润率稳定增长的前景(因为公司不得不自身防御，为了这样一个利润丰厚的市场要进行激烈竞争．所以这类产品利润率不一定很高)。"问题类"产品市场增长率高，有可能成功，因而对此类产品，公司的目标是争取较高的市场份额。"金牛类"指市场份额高但市场占有率下降或增长率低的产品。这类产品在资金流量上利润率较高，能为企业提供较多资金，用以支持公司经营所需的费用，因为竞争不会激烈，所以营销成本低。最后，"狗类"指市场增长率和市场占有率都低的产品。如果公司不期望占有更大的市场份额或提高市场增长率，因为收益颇微，就不会将更多的资金投入到此类产品的营销中。因此对这些产品的规划包括下列政策：扩大市场份额或扩大销售量；努力保持产品现有的市场份额；提高产品的短期现金收入；撤离市场。在我们这里研究的情况中，当旅游经营商认为自己有被竞争对手抢走一部分市场份额的危险时，它可以采取加强销售力度、在某些方面改进产品、或是寻找方法降低价格等方式来提高产品的竞争力。这些是至关重要的市场营销决策，而这些决策又是营销计划的关键。

旅游业的每个机构必须作出自己可以接受的战略决策，因为有一些相同的因素影响着这些部门和每个单独的公司。我们在举例中提到的旅行社、旅游机构、交通公司、景点和度假胜地各自都有需要考虑的其他因素。比如，如果考察航空业，就发现做决策主要考虑价格，而这一决策产生的结果则是企业面向目标化的市场。21 世纪初期，航空市场一个引人瞩目的现象就是低成本航空公司的成功与极负盛名的航空公司的衰败。经济型公司通过降低服务水准和减少额外福利把成本降到最低，它们把重点放在低成本的机场，从而使价格降低到只占那些知名航空公司的价格的很小一部分。然而，在整个航空市场寻求节省成本的背景下，英国航空公司首次决定减少对经济型市场的依赖，把目标对准高消费顾客（尤其是商务乘客）。但随着经济型航班的不断成功，它不得不迅速放弃这种战略（据美国航空公司报告，2001 年乘坐易捷（easyJet）从卢顿到格拉斯哥的乘客中 60% 以上是商务乘客）。

像许多地中海景区那样使用“同类同一”形象的景区，将它们的成功与定价紧密相联起来。如果成本提高促使价格上升，市场还是继续向前发展。只有那些产品明显差异化的景点能够在提高成本的同时还继续吸引市场需求——当然，如果这些景点价格猛升的话，还是存在着失去大量市场份额的危险，这在伦敦可以得到证实。尽管伦敦是独特的景点，21 世纪初就开始根据国际市场定价，由于低价饭店少、食品价格高、物价高，加上交通系统拥挤而昂贵，使许多国外游客望而却步，转而寻找欧洲其他主要国家的首都来度过他们的短期城市度假。

七、协作式营销

当代旅游业营销的另一个特点是通过各机构之间的协作来降低营销成本，同时可以有效地联系到更多的游客。近几年来，在北美、英国和欧洲大陆旅游市场中，协作式营销已经扩大到公私部门之间的合作。这种协作由一个公众机构或半自主的公众机构（比如地区或当地的旅游管理委员会）与私营公司（例如旅馆连锁公司）合作。从理论上讲，这给公有机构提供机会来吸引私营机构的营销管理技术和资金，虽然合作者的不同利益和目标常常导致二者之间关系不和睦。下面介绍的就是关于协作式营销的一个成功案例。

事例　湄公河世界遗产旅游

2002 年，曼谷航空公司开发了新的世界遗产系列旅游，鼓励游客到泰国、老挝、缅甸、越南、柬埔寨游览联合国教科文组织选定的世界遗产遗址。这个八天七夜的包价旅游包括下列地方的游览：泰可素（泰国 700 年前的首都）、琅勃拉邦（大约同一时期的澜沧王国的首都）、会安（经由阮朝故都岘港）和暹罗——通往吴哥窟的大门。这个项目在三个私营公司（Diethelm 旅游公司、印中旅行社、粉玫瑰度假公司）合作下编辑宣传手册并进行促销活动，在泰国旅游局、曼谷航空公司和暹罗国际航空公司的支持下，通过教育出版界为旅游记者开办了旅游活动。

通过联合营销，能够吸引更多的游客。在地域上相邻的、能提供统一景点的城市希望联合，这样的事例包括威廉姆斯堡、詹姆斯敦和约克敦，美国的这些地方有历史遗产。还有比利时、德国和荷兰边境的三个城市列日、亚琛和马斯特里赫特组成的三角地。

联合营销也可以包括两个公司的合作促销。它们的市场有相同的特点，但是其各自的产品之间不存在关联性和竞争性。这样做可以减少营销成本，又可以增加两个公司产品的认知度。但是这样的促销有时也可能产生很大的反作用。

事例　胡佛公司的促销

1992 年，胡佛电动吸尘器公司和你的休闲旅游公司（Your Leisure）联手在美国进行旅游促销活动，只要购买最低价值为 100 美元的一个电动吸尘器，就可以得到两张免费机票。但不幸的是，虽然促销活动非常成功，但是胡佛公司的电动吸尘器却供不应求，最终两家公司都落得名声扫地。

八、市场预测

摩根·斯坦利公司的副总裁加米·罗洛在预测自己的公司市场前景时说："猴子通常比我预测得更准确一些。"

在市场营销计划的实施过程中，公司除了测量当前市场情况，还必须决定自己的走向及在未来某一时间点的经营状况。预测是要反映预计的结果，包括计划销售额、利润率和现金流。反过来，市场预测也会影响将来的营销计划。比如，由于到英国来的游客数量减少，如果预测来年的销售会下降 10%，市场营销部的任务就是想办法通过开发新产品，增加促销活动或利用本部门可采取的其他任何方法来解决这一问题。

但不幸的是，市场预测是一门名声极差的不可靠的科学，影响国际旅游流动的众多因素使得旅游业难以建立一个经济模式来进行准确的预测。旅游业的不稳定性意味着一些不可预测事件可能超越预期的范围（尤其是那些超过一年的预测)。

营销计划通常包括对企业预期情况的短期预测(三到六个月)和中、长期预测。前者可把简单的统计学原理用到销售方案中去。制定逐日的营销策略决策对短期预测也有帮助(采用折价法获取晚期包价旅游订购就是一个典型的例子)。较长期的预测可能更为主观一些,要利用更多的预测技术,这种预测可以用来辅助制定战略性营销决策,例如新产品开发决策。长期预测可以判断旅游业的变化趋势,如果一个景点呈现衰落的趋势,公司即可提前采取行动,开发新产品来填补空隙。国有旅游机构比私营机构更注重预测,它们将预测作为政府或地方当局发展政策的基础,促进地区发展,增加就业机会。近年来,私营部门总是过高估计海外度假的需求,引起大规模的生产能力过剩,随之而来的大幅折扣卖出多余的股票(尽管在一定程度上这一现象可以归咎于大公司获取更大市场份额的欲望)。在很大程度上,预测仍然是旅游公司的"高水平的猜测",但是,除此之外也没有什么方法比针对趋势的简单数字统计更好了。

如果要使预测有一定价值,就一定要进行系统的预测,并根据变化的环境不断地进行修正。尽管大多数预测都允许一定的失误,预测过程仍被人们认为是大多数旅游公司使用的"本能"经营方法的改良。这里讨论的方法对中小型公司不完全适用,因为实施这些方法可能会非常耗资和耗时。不过一些简单的方法适用于任何规模公司的营销计划。

1. 需求

很明显,任何市场预测的基础都建立在对现有市场需求的测量之上,即公司目前推出的度假产品、观光或者其他的活动的销售状况。按照地区或者细分市场把需求数字分门别类,这样可以使测量更为准确。然后,企业必须估算销售产品的整个市场(包括竞争者销售的份额)及公司期望占有的市场份额。

让我们以一个专营某个地区机场的中等价格的度假旅游公司为例,为了预测需求量,旅游公司必须了解或估算:

- 住在这一机场周围的人数(即比去其他可用机场,到本机场的时间更省时的地区的居民)
- 这部分人群中有可能参加出境包价旅游的人数
- 有多少人可能接受公司度假日产品的价格及提供的旅游景点

当然也要估算其他情况的数据。例如,与位于全国主要网点周围的机场出发的低价包价旅游相比,有多少数量的游客更愿意因为便利而出更高的价格乘坐当地飞机。这个数字就代表了被服务市场的大小。公司必须最后测定：

- 与竞争者提供的从同一机场出发到达同一景点的包价旅游相比，愿意购买本公司产品的游客比率

最终得出的数字就是本公司度假产品的潜在销售量。

2. 销售

销售预测采取下面三个步骤：

A. 市场环境预测

预测须考虑的不可控因素有经济、政治等，这些因素通常会影响旅游。所以，应该综合考虑经济增长预测、汇率变动预测、休闲时间与可支配收入增长预测、可支配收入用于度假的倾向估测及不同国家通货膨胀率比较研究。我们可以把这种预测视为宏观研究。

B. 行业预测

行业预测需要考虑旅游行业的竞争和利润率，影响旅游业的立法，以及行业内的但公司不可控的其他因素。

C. 公司预测

根据公司内的可控因素与不可控因素作出本公司的销售计划。

所有估测都将是在假设环境的基础上进行预测的。然而进行基于对未来最悲观的预测和最乐观的预测也都会对预测结果有所帮助，这样就能够如图 2. 5 里所显示的那样得出“最可能”的结果。

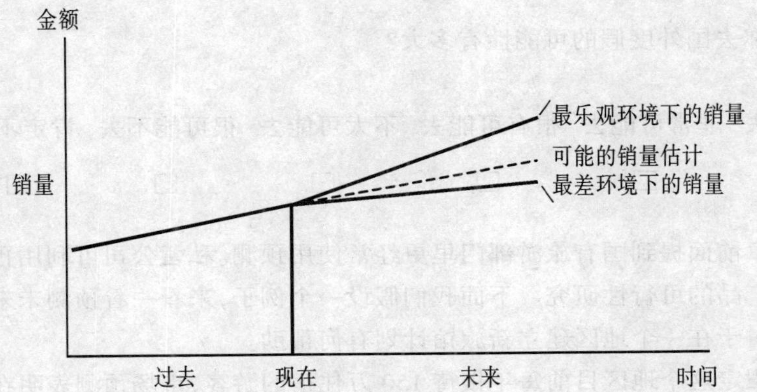

图 2. 5　市场营销计划基础上的未来情况预测

销售趋势

大多数短中期预测都使用了统计方法，即在过去销售额的基础上，利用估测预测将来的销售趋势。时间序列分析法可以消除季节和周期变化给销售带来的影响，这一分析法被普遍用来预计旅游销售的趋势。预计的销售趋势可以用直线表示(图 2.5)，也可以用指数表示。销售量不断地成倍增加，就呈现稳定上升的曲线。

更为复杂的预测方法会考虑变量，建立经济模型。大多数公司没有能力采用这种方法，它们一般采用假设预测，即通过人们对未来发生的情况进行预测。如果这一预测是基于一个人的意见，那么预测则很难准确。但是，如果是综合公司内外很多人的意见而精炼出的预测，则会有很高的准确性。访问公司各部门高层员工、经销商、与市场联系广泛的销售部人员以及客户的意见可以帮助企业作出更精确的预测。需要提醒的一点是：如果销售人员的销售目标是与预测结合在一起的话，那么预测就有可能倾向于保守。

使假设预测更加精确的方法包括“德尔菲(Delphi)法”。这种方法要求高层人员分别提出个人预测，并对他们的数字加以说明，然后给他们看其他同事的预测，接着在了解新的信息的情况下要求他们再次作出个人预测。这样就可以获得深思熟虑的看法。

购买意向调查

购买意向调查可以被视为短期内购买趋势的一个指示器。例如，英国旅游管理委员会(英国观光——国家旅游机构的前身)曾做过此项调查。随机调查会问以下问题：

今年你去国外度假的可能性有多大？

肯定去	非常可能去	很有可能去	不太可能去	很可能不去	肯定不去
□	□	□	□	□	□

在此章前面提到国有旅游部门里更经常使用预测。私营公司可利用预测内容开展新产品的可行性研究。下面我们假设一个例子，来看一看预测未来旅游业的趋势对于在一个地区建立新旅馆计划有何帮助。

我们假定这个地区目前每年接待 150 万住宿的游客，市场预测表明在未来五年里，此数字会增加到 300 万。那么旅馆要用哪些物品来满足增加的需求呢？市场规划者需要了解：

■ 游客平均逗留时间

■ 住旅馆游客的比率

■ 一年里不同月份游客数量的分布情况

■ 预计的旅馆平均入住率

为了得到精确的数字可能要考虑其他的因素，比如，商务游客和度假游客增长率的不同，这两个市场的顾客逗留平均时间的差异等等。但是，为了简便，我们采用如下数字：

平均逗留时间：14 个晚上

60% 的游客在夏季四个月里逗留

50% 的游客住旅馆

50% 的游客要求双人间，50% 的游客要求单人间

预计旺季旅馆入住率会达到 90%

增加了 150 万游客，需要 150 万 × 14 晚 = 2 100 万个床位。假定计划的住宿要满足高峰时的平均要求，即夏季四个月每月的 15%，如果每个人都住在旅馆的话，(15% × 2 100 万)就需要 3 150 000 个床位。但是只有 50% 的人住旅馆，就需要 1 575 000 个床位。以每个月平均有 30.5 天计算，每天需要增加的床位将有：

$$\frac{1\ 575\ 000}{30.5} \approx 51\ 640 \text{ 个}$$

如果这些房间的入住率计划为 90%，我们还需要再增加 10% 的房间，也就是 56 804 个房间。假定房间需求是 50% 的双人间，每 100 个顾客就会需要 75 个房间，那么在未来五年里，这个地区需要再增加 42 603 个房间。

必须认识到预测的特点是动态的。如果一个机构只以现有的销售额来统计未来的销售趋势，而不是通过规划达到一定的销售水平，那么，其结果可能是因为竞争者的市场营销活动做得更好而导致其销售下降。预测不仅要以公司营销计划为基础，而且要依据公司的经营环境变化而作出期望。

3. 新产品开发

在公司规划的总体战略方向的基础上，加上对未来市场预测的支持，营销人员可以开始评估新产品开发来达到营销的总体目标。

我们用一个大的旅游公司发现新景点的机遇为案例，研究展示营销规划的过程。经营者已经确定了营销目标：改善本公司在夏季长途旅游市场的状况。

一个旅游公司的新景点开发

最初是基于办公室的分析，分析的内容为调研与预测、旅行社的反馈，竞争者手册的已有信息。研究结果表明：

- 与竞争公司相比，在长途旅游市场份额上已经落后。
- 公司目前提供的长途旅游集中在佛罗里达州，市场份额从55%降低到38%。
- 包价旅游在长途旅游市场中增长迅速，虽然这类旅游的景点大多位于加勒比海。已有记录表明，这类景点销售额已经增长了44%。
- 中美洲和南美洲是公司市场增长率最高的目的地之一，在这个地区，公司领先于竞争者。
- 中美洲和南美洲包价旅游的价格与加勒比海的同类产品的价格相比竞争要激烈得多。
- 公司的机遇在于，公司可利用在北美洲的经营经验和那里的购买力发展景区，其中有特色的景区在墨西哥，墨西哥的大部分景点还未被英国市场注意到。
- 墨西哥与美国自由贸易的新协订和美国承诺未来将在墨西哥旅游基础设施方面加大投资。

在以上初步分析的基础上，公司决定进行进一步的详细规划来确定开发新景点的可行性研究。在墨西哥景点观光后，公司进一步与旅行社分包商、北美公司、旅馆及航空公司进行谈判，随之制定了计划。最后得出一份内容更详尽的可行性报告，特别推荐的新景点是巴亚尔塔港。报告包括以下详细信息：

- 现有的景区与住宿容量。
- 现有的质量、服务等级与设施（星级、面对海滩的位置等等）。
- 可与航空公司协商的价格、路线、起飞时间与启程日期等问题。
- 旅游公司使用不同品牌开发景区的潜力（针对家庭品牌的服务儿童的设施，针对优质品牌的五星级旅馆住宿等等）。
- 促销的机遇，包括与墨西哥旅游管理委员会的联合广告宣传。
- 建议的定价和利润结构。
- 销售量与利润预测。

有趣的是，规划的过程是永远不会停止的。在成功开发巴亚尔塔港景点后，新产品开发小组提前十二个月开始新一轮的评估，为下个夏季印制新的宣传手册以预测单独的“全包”度假游的可能性。

九、制定营销预算

制定营销总体预算是公司财政规划过程的一部分，但是该预算的制定应该是市场营销部领导与其他规划主管协商的结果。预算一般是在预测下年销售额和现金流的基础上作出的，并制定一年的现金流支出的控制措施。预算确定部门运转费用(包括员工工资)和促销费用。

如何计算这个数字是公司规划最头疼的问题。预算的决定一般很少使用复杂的方法，而是由个人以"公司可以负担多少"来主观决定，小公司尤其如此。有时会使用简单的经验法，根据上一年营业额的分配比例或下一年预算销售额的分配比率来决定预算的多少。但是在这些情况下，公司的做法是把营销预算作为销售额的结果，而不是用预算来决定销售额应该是多少。另一种情况是，公司试图估算出其主要竞争对手的促销费用，然后制定相应的预算。难道竞争对手在预算促销费用时就一定会做得更好吗?而且竞争对手的资源与目标很可能不同，这就要求他们有不同的预算考虑。要制定更合理的预算，就要把预算与公司要达到的目标结合起来。比如说，如果公司目标是使市场份额增加2%，市场营销部经理的责任就是估算要达到这个目标需要的费用是多少以及如何使用这笔费用。

虽然以确定的费用为基础来预测预算绝非易事，但这种办法肯定比旅游公司常使用的猜测方法要更科学。而且这种方法的好处在于，它可以促使营销经理通过评估各种备选的促销策略，考虑支出和销售之间的关系。

另一个需要考虑的重要因素是利润（而不是销售额）与促销战略之间的关系。一个航空公司现在的市场营销策略可能是计划下一年销售生产能力的65%，假如制定的价格要让航线即使在负载量为60%的情况下仍获利，那么公司就可以在这另外的5%里获利。但是由于航线的固定成本极高，因此，再获得另外的10%或20%的生产量所需的成本极低——不过多几顿饭，多烧一点燃料。如果可以再获得多余的市场，得到的就是纯利润。因此公司有必要在稳定现有客流的基础上，把利润的大部分用到市场营销上，来吸引这些额外的游客。

十、有效营销的组织

如果不为达到自己的目标进行充分的准备，营销计划就无法成功地实施。就营销而言，这意味着整个公司应该以市场为导向，全体公司员工有共同的目标，并为此目标而共同努力。

营销不只是“市场营销部所做的事情”。营销理念应该渗透到整个公司。许多公司只给营销工作开空头支票，实际上还是以生产为导向，主要关心的是如何利用剩余生产能力，而不关心顾客真正的需要是什么。

在大公司的董事会里，通常只把市场营销看作销售和促销行为，而不是把它看作指导整个公司的哲学，因此在市场营销、职能部门及财政管理者之间会存在矛盾。(当面临销售下降的时候，有多少次公司是采取增加营销费用而不是削减营销费用呢?)赞同营销观念的公司主管可以起很大作用，协调整个公司按照一系列营销目标运作。但是市场营销研究会的数据表明，只有 20% 的英国公司里，董事会成员中会有一名营销主管。而超过 25% 的董事会成员会有金融背景。此外，在英国的财富指数排名前 100 名的公司里，不到 15% 的主管，具有一定的营销背景。人们对于营销的怀疑看来很大程度上是由于营销人员的工作无法量化和评价。举例来说，尽管每个人都能认识到品牌和公司形象在公众心目中印象的重要性，但是测量其价值或者营销队伍对此作出贡献的大小确是另外一回事了。

市场营销部也必须有内部组织以有效运行。这是指员工的有效组织。当然，许多小的旅游公司只有很少的员工，像这种情况，营销只能作为公司管理的一般职责由公司经营者或者行政经理兼管。虽然这样做的好处是可以减少不同部门之间沟通的问题，但这本身并不能确保更有效的营销。规模较大的公司可能会聘用专业人员负责营销，并且要为达到他们的目标确定如何最好地组织这些专业人员。

如果公司足够大，能够拥有市场营销部，就可以通过以下四种方法的任意一种进行分工：

- 按照营销职能
- 按照市场的地理区域
- 按照产品和品牌种类
- 按照所服务的市场

下面我们依次来认识这些组织方法：

1. 职能型组织结构

也许组织一个部门最传统的方法就是让员工个人负责一个或几个营销职能。市场营销包括很多职能。例如在一个大旅游公司这样的机构里，我们可以看到类似图 2.6 的营销组织结构。

这种组织形式的优点是：在一个协调控制他们行为的营销经理或主任的总体管理下，每个职能主管都集中精力考虑一个专门区域的营销问题。有些职能

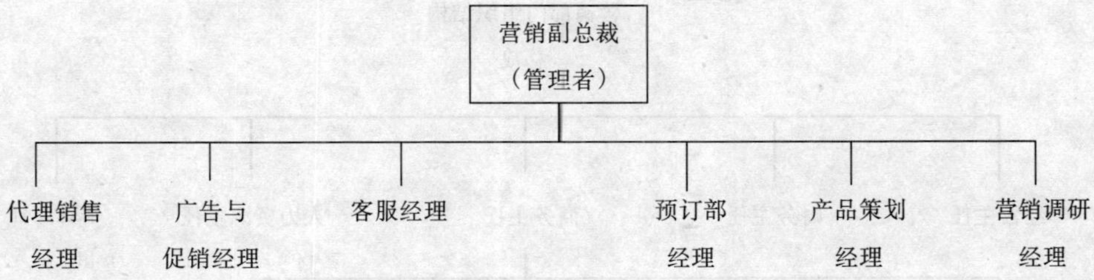

图 2.6　旅游公司可采用的营销部组织结构

组织部门内部彼此分离，销售部和市场营销部分别有自己的独立主管。这种做法似乎与把销售看作营销一部分的观念背道而驰，但是在一些大的旅游公司里，它的确行之有效。如果每个管理者都能够很好地相互沟通、合作并友好相处，这种方法就能起到很好的效果。

当 Owners Abroad 公司重组为第一选择旅游公司时，销售部和市场营销部被合并在一起归商务部主任管理。商务部主任同时还管理新产品研发部，并负责航班、住宿、存货管理。这样的高层管理团队提供的是集中而全面的商务型管理，营销是其中不可分割的一部分，发挥了重要的作用。

营销部本身又把品牌管理和手册生产分离开，这种区分比许多旅游公司要清晰得多，这表明他们决定把重点从目前的产品生产转移到真正的品牌和营销问题上。品牌经理负责冬季和夏季的旅游以便保持品牌价值。市场营销还包括专业的广告和促销职能，确保与品牌经理的密切联系同时坚持整个公司广告策略的连贯性（见图 2.7）。

2. 地区型组织结构

拥有大的国内或国际市场的公司可能更愿意按照地理区域组织营销职能。这在市场性质差异很大的时候尤为适用，许多面向国内市场和国外市场销售的旅游公司都是很好的例子。像国际旅游联盟（TUI）这样的大公司，它向欧洲许多国家销售度假业务，因此就很有必要把它所有的或其中一些营销职能分开行使，安排不同的营销员工在不同的国家。

旅馆连锁店在这个问题上有许多不同的方案。在某些情况下，营销的主要力量部署在母公司总部的市场营销部，而只把地区销售职能放在各个独立旅馆的销售部员工手里管理；另一种情况是，连锁店按照国家或地区把营销职能分散化。后一种做法能够更好地根据当地的情况因地制宜地采取应对措施，尽管这样会很自然地失去一些规模经济的收益而且需要更多的员

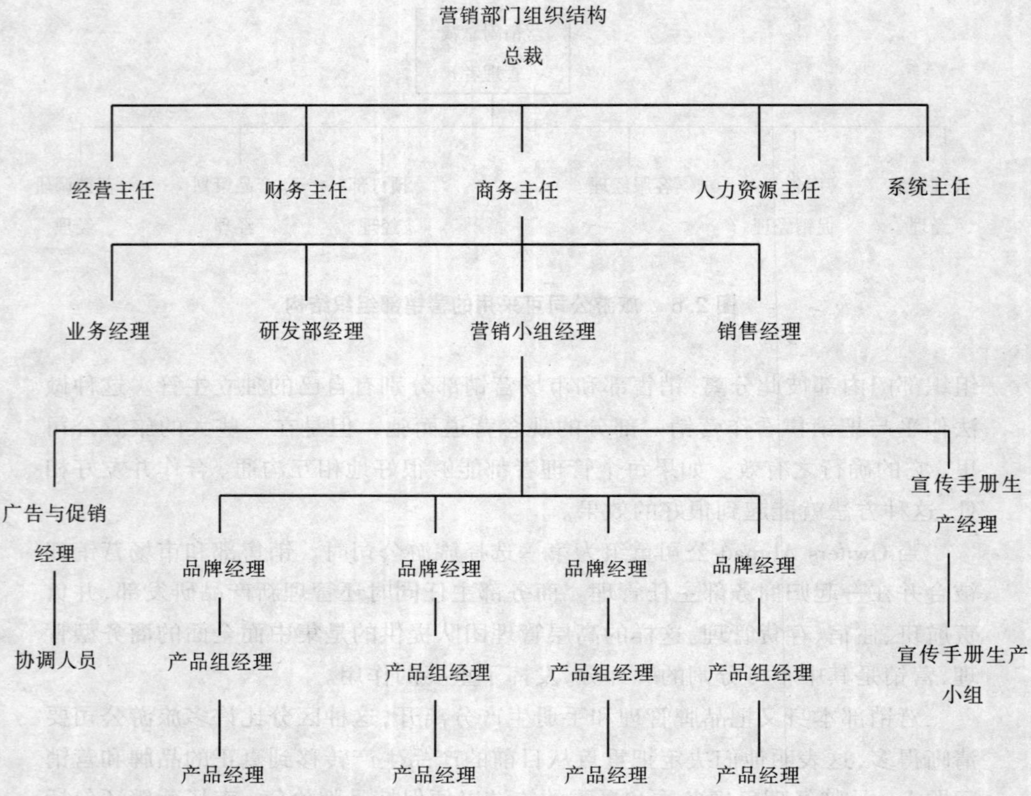

图 2.7　大型海外度假公司组织结构

工。根据不同的市场情况，一个国家和另一个国家的目标可能会有极大的差异，这就要求每个地区制定不同的营销规划，虽然有时候可能还要通过总公司进行协调。当然这样的地区组织还可以按前述的职能范围进一步细分。

3. 产品和品牌管理型组织结构

对于那些生产很多不同产品和品牌的公司来说，对不同的产品和品牌进行单独的营销管理很有好处。这点在图 2.7 所示的那种大型度假公司的组织机构表中体现得很明显，不同的营销员工对不同的包办旅游项目负责。在大旅馆里，通常要求宴会部经理对不包括住宿服务职能在内的餐饮职能市场负责，销售部经理则负责会议和旅游销售，而前台经理则负责单独快速的销售（邮件、电话和个人业务）和所有的预约业务。

在不同品牌下销售产品的公司，可以为每个品牌分别组织营销。像伯恩休闲（Bourne Leisure）这样的旅游公司里有不同的旅游代理处，比如布特林(Butlin's)、海文度假(Haven Holidays)和华纳度假(Warner Holidays)等。这样的公司如果想保持每个品牌的不同特色，最好为每个品牌分配单独的营销人员。同时，这样的市场营销部组织结构还可以像前面提到的那样按职能范围进一步细分。

在实际中，产品经理的自主权常常比营销经理的少，但是他们能够控制他们自己的产品线的营销战略，因而能够迅速应对需求的变化或其他影响其市场的环境变化。

4. 市场管理型组织结构

最后，除了以品牌和产品区分外，还可以根据服务市场的不同组织营销。比如饭店可以按照商务顾客与休闲顾客的不同采用不同的营销方法，由于两种需求性质的不同，制定的吸引顾客的战略也应有所不同。这样的组织结构还可以按照职能和地理区域的组织管理结构进一步细分。

这里很重要的一点是，需要认识到组织营销部门的方法没有正确与错误之分。每个公司都必须按照最能适应自身需要的组织方式来组织营销部门，而且其效果只能通过长时间的实验来评估。随着时间的变化，需求也会发生变化，因此随着公司的发展或者产品品种的多样化，现在很有效的组织方式很可能将来就不能再满足需要了。

十一、营销组合

营销组合的观念是营销里最重要的观念之一。实际上，可以把营销组合视为整个营销规划的核心。它决定市场营销预算如何分配，形成营销计划战略的基础，并为营销管理者提供优化预算开支的方法。

菲利浦·科特勒定义的营销组合为：

针对目标市场的需要对自己可控制的各种营销工具的综合运用，即企业的综合营销方案。

这些所谓的“工具”数不胜数，但是通常分为四类变量，即通常所说的4P's——产品(product)、价格(price)、地点(place)和促销(promotion)。图2.8详细地列出了这些因素。

在旅游业里，这些因素中的每一个都很复杂，不易说明。

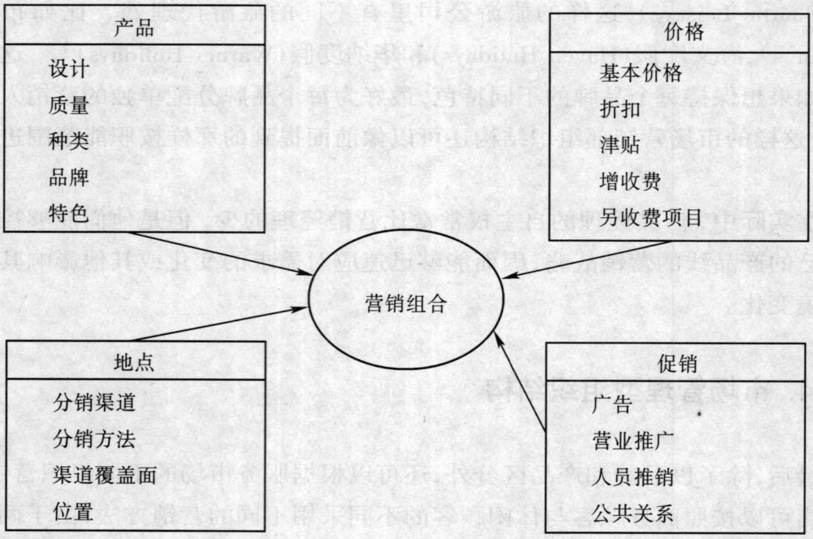

图 2.8 市场营销组合传统的 4P's

首先，产品是真正交付到顾客手中的东西，它同时包含有形和无形的因素。比如，作为包价旅游的一部分，消费者购买了饭店一个房间的使用权。顾客可以使用房间里的各种设备：床铺（其舒适性是最重要的），浴室，可能还有阳台或露台及咖啡壶。顾客可能还会选择在饭店的餐厅里就餐，因此食物是此过程中另一个重要的有形因素。同时，每个饭店里的一些无形因素可增加这个经历的满意度——饭店的房间面对大海（一项额外的无形资产，饭店常常据此索取高价），饭店套房的氛围可以满足客人体现身份和休闲的个性需求，或者房间的装饰方式可以提高顾客的满意度。饭店里前台员工与顾客交流的专业风格、饭店里侍者的服务对消费者来说都是无形收益，其重要性不亚于房间和食物。

其次，价格指消费者最终付给商家产品或服务的货币数量。我们看到在旅游业里，有竞争力的产品争相降价，顾客于是货比三家力求物超所值，因而在这一行业里，价格是易变的、可协商的。产品和价格密不可分，二者结合在一起共同构成了顾客购买的"收益束"（"bundle of benefits"）。从商品生产者或主管的角度来看，价格代表的是他们考虑成本、市场环境和其他因素（如销售目标）后拟将产品供给消费者的数字。

第三，地点在旅游业中是一个有争议的变量。在一般的营销理论中，地点代表的是销售的地点，即检查产品及购买产品的地方以及产品交付给消费者的方法。有一些旅游营销理论家认为，地点也指旅游景点，这样说就混淆了这个概念,因为这样就把顾客购买的产品当作了地点。当然这些意见可以保留,但为了清楚起见,在这本书里,我们从产品的分销渠道意义上定义地点的概念。传统上来说,旅游产品的购买渠道是旅行社或者大旅游公司的分公司。但是近几年来,新的交付系统形式的出现,尤其是计算机技术的使用,已经极大地拓宽了商家交付产品的方式,而且今后还会有更进一步的发展。

最后,促销是关于产品和产品价格推向市场的方法。这包括广告、促销方法,公共关系活动,直销以及最近使用的利用 ICT(信息通信技术)与消费者联系的形式。由于地点和促销都涉及向消费者交流和传递有关产品的信息,读者很容易觉得这些概念似乎有重叠之处,但是,如果我们承认前考指的是产品的展示过程,而后者则是劝说人们购买产品的方法,二者的概念就容易区分多了。

当今营销的观点认为,所有的营销方法都应该从消费者利益的角度出发,按照这种观点,我们可以认为 4P's 是和消费者的要求联系在一起的,即要了解购买产品或服务可得到的利益是什么,要付多少钱,可以得到有关产品和服务的什么信息,什么时候和在什么地方可以买到。

货物的营销仍应以这四个变量为基础,然而一些营销者认为在服务业(尤其是旅游业)中,除了营销组合的 4P's 之外,还应该加入另外三个甚至四个"P",即人(people)、过程(process)、感官验证(physical evidence)及生产效率和质量(productivity and quality)。这些新加入的变量是否发展了原有的理论还有争议,因为这些新加进来的变量可以被归纳到传统的变量之中。然而,这些新的补充确实强调了这些因素的重要性。基于这个原因,这些因素值得在本章的内容里提及。

加入人的因素在于强调人的因素是产品收益的关键因素。首先,旅游业是个服务产品,因而旅游业的员工是这一服务产品的不可分割的部分——不管这些员工是销售现有包价旅游的旅行社代理,是帮助顾客选择景区的景区代理,是在去景点的路途中照顾旅客的机舱中的工作人员,是游客住宿的饭店里的前台员工,还是在景点的旅途中讲解景点的当地导游。显而易见,没有其他的服务像旅游业这样,顾客的满意度很大程度上取决于包价旅游中各类参与人员的服务质量。除此之外,还有其他的人也是包办旅游的关键因素。旅游团里的游伴对旅游过程中也很重要。我们可以想想,在一个十几个人的小规模旅游团的长途旅游中,这些人要在一起待上两周甚至更长时间,因此他们之间的人际关系对这次旅游经历的成功就很关键。同样游客还会与接待地的当地人在或大或小程度上发生接触,这种人际关系成为旅游经历的另一个重要因素。这种人际关系可能只局限于跟当地商店店主、导游、饭馆和酒吧员工等人的简单接触,大规模的团游就经常是这种情况(尤其是包价类旅游),但是,散客们则可能更喜欢在公交车上、酒吧里、咖啡馆里或其他什么地方和当地人通过聊天进行个人接触。很显然，所有这些人形成了营销组合里产品的一部分，把他们当成营销组合里单独的一部分则能够更好地强调其重要性。

把过程当作营销的一个单独因素，这更有争议性。米德尔顿在定义这个因素时把重点放在服务递送（service delivery）过程上，并把服务复原（service recovery）作为市场营销过程中的关键因素。他使用的这两个术语指的是游客和旅游公司的代理之间的各种接触，尤其是那些确保顾客满意度的“关键事件”的接触。旅游业员工通过适当的处理把消极的经历转变过来，并且在顾客投诉的时候认真处理，这些行为在接触中是至关重要的。游客们发现与在国内的环境里相比，在陌生的环境里他们常常更需要帮助。因而，员工们介入这个过程中并努力减少其中的困难对于游客的整体满意度来说极为重要。举例来说，我们可以想象：游客可能会不清楚在国外环境里到底要不要付小费；游客在拥挤的飞机场会面临很多问题；游客对外国公交或地铁购票的协议不甚了解（这对游客来说是个非常复杂的过程，包括上车时，在规定的期限内通过机器退票）。当地能否准确地把信息传递给游客并提供帮助解决这些难题的办法，是提高游客满意度十分重要的因素。

事例

导游员站在公交车台阶的下面说着再见……与此同时，一个游客阻止住他妻子，很明显他对是否应该付小费这事拿不定主意。他从座位上站起身来，朝窗外看着，注视着导游员，“我觉得他们不是……不，他们是！”他放心地向车的前面走去，跟导游说了声“再见”。

感官验证是游客的视觉、听觉、嗅觉、触觉和味觉对他们飞行、包价旅游或其他服务经历的体会。有人也许会把包括房屋设计、饭菜的味道、旅馆电梯上的背景音乐这些因素都囊括在包价旅游中，这些无疑都是产品的构成因素，但是顾客都很难提前将之量化。这些都是营销团队设计的一些微妙而精细的特色并以此来丰富游客的旅游经历。这里又会有人提出异议，认为这些都应该被归纳进营销组合的产品因素中。但是由于在很多情况下，这些都是几乎无法定义的（在很大程度上，度假公司实际上不会把这些旅游经历本身提前告诉消费者），于是有人倾向于把它作为另一个独特的因素归入旅游产品的营销组合中。

最后，一些营销理论家把生产力和质量作为独立的因素包含在营销组合中，强调投入转变为消费者认同的产出方法，而且产出能够成功满足他们需求与期望。把这点确定为营销组合中的一个独立因素，强调了监控产品成本的重要性，产品在不降低消费者所期望质量前提下仍能以更低的价格交付到消费者手中。

营销经理将营销预算分配到这些营销因素上的方法可以说是数不胜数。而且，有些因素费用的变化瞬息万变（促销、价格），而另一些（新产品开发、分销渠道）则可能很长时间才发生变化。

一个旅游公司的营销规划

我们再一次使用一个假定的旅游公司来说明，把市场营销经理制定的一套可能的战略作为营销规划的基础。在产品类别范围内，经理可能重点将两个景点加入到夏日阳光项目中，同时它更改了一些在现在项目使用的饭店，从而更好地提高产品的总体水平，使项目向高档市场靠近。对于冬季的项目，公司把在芬吉罗拉拥有的两家饭店提供给老年人度假包价旅游项目的使用。今后所有的包价旅游都包括有首夜鸡尾酒欢迎晚会。在定价上，公司对 4 月 30 号以前订购并付款的所有度假都提供“无增收费”的保证；并且在新的信用制度下，同意度假实行新的延期付款制度；同时第一次引入了折价制度，在 9 月份的第一个星期预订度假的儿童均可享受 30% 的折扣。关于地点，公司决定通过建立因特网网页，鼓励更多的直接销售，为下一个夏天的包价旅游制定 20% 的直接预订目标。同时还给重要的代理商提供额外的支持。减少代理销售的数量，公司的主管不再给每年十个以下的订购安排代理。最后，对于促销，公司从预算里拨出 150 万美元用来在选定的电台和国内新闻媒体上进行广告宣传。同时，公司还开展了与旅行社代理的合作宣传活动，其中公司按约定支付当地报纸联合宣传费的 50%，公司还雇用 200 个代理对公司最近开发的新景点开展教育性调研旅游，同时还将邀请 20 位旅游作家和记者对公司西班牙南部的景区进行另一次教育性游览。

这些办法只是为了表明管理者在制定一年的营销规划时面临的各种各样的决策。实际操作中，决策的范围会更加宽泛，必须概括出公司需采用的战略和策略以便实现规划目标。在后面几章里，对这些问题将会作更详尽的介绍。

十二、营销计划控制

公司制定的任何计划都必须接受控制。因此，营销计划必须目标清楚，每一个目标都可以量化并能够估测。预算支出必须接受控制，计划里的每一个因素的实施必须不断受到监控，从而保证计划能达到目标。计划的每一个变动都要求改进方案的实施或者考虑利用其他的方法来达到目标。

我们将在第十五章中详述如何控制一个公司的营销行为。因此本章就不再做更多研究了。但是有一点必须强调：营销计划从本质上就有多变性，它不是一套必须在实施过程中忠实实施的案牍式规则，而是一套流动的，需要随着环境的变化而不断更新的行动指南。

问题与讨论

1. 比利时国家旅游局最近分成了两个机构。佛兰德斯－布鲁塞尔旅游局和布鲁塞尔－阿登高地旅游局。据称此举使两个机构更容易针对本国的不同特点开展工作。佛兰德斯拥有遗迹和海岸，而南部地区拥有阿登高地乡村。比利时国家旅游局的一个主管称，由于本国旅游资源的差异化，使得采取单一的市场营销方法经营举步维艰。而阿登高地地区则认为当地名气不够大，想成为海外旅游景点还需要进一步宣传。布鲁塞尔作为比利时的首都地位重要，因而有必要让两个机构都做它的代表。一个产业市场营销管理者批评说："我不认为这一分裂举动会有益于消费者。鉴于具体国情，比利时面积太小，不适于再分成零星的区间。"

这一分裂究竟是由于比利时佛兰德－瓦龙文化与语言的分裂而导致的政治行为呢，还是为更有效的市场营销提供了真正的机遇呢？

2. 此章引用的一个小型案例分析提到了游客面临给不给小费的问题产生的尴尬和疑惑。认真考虑服务传递和复原概念，如果你是一个导游，想避免这种局面出现，怎么样才能先发制人，既明确说出你希望得到小费同时又不致使你和你的公司难堪？讨论小费的问题并思考：是否应该把小费纳入旅游经历的成本结构里以避免这种不确定性？

3. Ryanair 案例

一般而言，我们不接任何电话……因为他们（乘客）这些该死的电话你永远接不完。

Ryanair 的首席执行官米歇尔·欧·耶尔瑞谈论投诉的处理

引自《泰晤士报》2002 年 1 月 5 日

Ryanair 是一个忽视市场营销的典型。这里明显忽视了我们这章中讨论的关于市场营销组合的哪些因素？

Ryanair 经常被国家新闻界视为旅游业服务质量差的反面典型。新闻界曾指责此公司违反安全条例，公司内部人员也在“不公开报告人身份报道节目”中揭发了公司为了准时出发而取消程序的问题。公司有丢包、误机、客服差的记录，还有一次被航空运输用户委员会（AUC 的职能是维护消费者的利益）称作“一群蠢材”。

但是，尽管有这么多缺点，由于其通过全面注重低价从优质品牌公司抢夺顾客的政策，Ryanair 从 2003 年开始比以往任何时候都更壮大。这种对市场营销组合采取“单打一”的做法在多大程度上能够保证长期的成功？（比较第四章里关于顾客关系管理的观点）

（注：这本书即将出版时 Ryanair 开始吸取教训，早在 2003 年，公司扩大员工数量，增添检票口以减少排队，并在客服部雇用更多人员处理投诉。）

4. 请给出一些可行的方案，使一个航空公司的新预算能够实现产品差异化，或者具有与其他竞争者不同的本公司特色。

5. 画出类似图 2.3 的另一个二维图，使用自己挑选的不同的变量，让另一个旅游部门（比如饭店）可以用它来发现市场营销空隙。

练习

你被聘任为一个当地景点的研究助理（你可以选择周围的一个合适的景点），你的经理要求你对景点进行斯沃特（SWOT）分析，以此作为她正制定的新的营销规划的前奏。使用研究（一期和二期的研究方法都使用，参看第三章）写出包含你的斯沃特分析在内的备忘录，并提出你认为能帮助她制定来年计划的相应建议。

参考文献

1. Kotler, P, Armstrong, G, Saunders, J and Wong, V, *Principles of Marketing*, Prentice Hall, 3rd European edn 2001

2. See for example, Lovelock, C, Vandermerwe, S and Lewis, B, *Services Marketing: a European Perspective*, Prentice Hall, 1999, pp20 – 2

3. Middleton, VTC with Clark, J, *Marketing in Travel and Tourism*, Butterworth Heinemann, 3rd edn 2001

4. Hollyway, JC, The Guided Tour: a Sociological Approach, *Annals of Tourism Research*, vol viii no 3 1981, pp 377 – 402

推荐阅读

Adcock, D, Halborg, A and Ross, C, *Marketing, Principle and Practice*, Prentice Hall, 4th edn 2001, ch 21 pp 401 – 24

Brassington, F and Pettitt, S, *Principles of Marketing*, Pitman, 2nd edn 2000, ch 21 pp 886 – 936

Frechtington, D, *Forecasting Tourist Demand: Methods and Strategies*, Butterworth Heinemann, 2001

Gunn, C and Var, T, *Tourism Planning: Basics, Concepts and Cases*, Routledge, 4th edn 2002

Heath, E and Wall, *Marketing Tourism Destinations: a Strategic Planning Approach*, Wiley, 1992

Horner, S and Swarbrooke, J, *Marketing Tourism Hospitality and Leisure in Europe*, International Thomson Business Press, 1996, part4 pp231 – 68

Vellas, F and Bécherel, L(eds), *The International Marketing of Travel and Tourism: a Strategic Approach*, Macmillan, 1999

第三章

营销研究及其在旅游业中的应用

学习目标

通过学习本章，要达到以下目标：

- 理解一个组织对系统、科学的营销研究的需要
- 描述营销信息系统及其要素
- 策划一个简单的研究项目，设计问卷并进行调查
- 解释及评估各种收集研究信息的方式
- 充分认识道德规范在研究中的重要性

一、何谓营销研究

营销研究可以定义为有计划、系统地收集、整理及分析数据，以帮助一个组织的管理者作出决策，并且在决策作出后监督其结果。它包括为促销产品所进行的各种形式的研究，从产品研究、价格研究、分销渠道研究、广告宣传研究到消费者研究。然而对于消费者及其行为方式的研究更普遍地被称为市场研究，使之与更广泛含义的营销研究区别开来。

营销研究与计划联系紧密，但是所有的公司都须要知道它们目前所处的地位，然后才能决定在一段时间内它们要达到什么样的位置。如果组织不知道它们的位置，不知道竞争者是谁，自己已取得多少市场份额，在未来会有何种威胁和机遇，它们就无法计划自己的未来。要获得这类信息就必须进行营销研究。某些研究信息可从商业或其他渠道获得，但大部分研究信息并非随手可得，这就需要一个组织进行自己的研究。收集研究数据不仅费时，而且耗费财力，但并不能据此就认为这只是大公司的事；中小型企业，甚至是最小的公司也应该根据可靠的信息而不是猜测进行策划并开展活动。

营销研究旨在帮助一个组织了解其所处市场的特性，并尽可能多地获得关于其供货商、批发商、零售商及竞争者和客户的综合信息。

我们可将营销研究的形式分为两种——描述性研究及分析性研究。描述性研究能帮助我们收集事实性的信息，即在市场中发生了什么，何时发生的，在哪里发生的，如何发生的及对象是谁；而分析性研究则试图揭示这些变量之间的关系。换句话说就是，提出“为什么”的问题，比如“为什么会发生这些事？”然而一开始我们就必须认识到，对于旅游观光业的从业人员来说，存在着信息缺乏的问题，即使是已获得的信息也常常不精确或有误导性。无论如何，这两种获取信息的研究形式都有助于管理者作出决策。尽管越来越多的人开始认识到缺乏诸如旅游者性格及行为等类的市场信息，但是旅游观光业容易获得的信息绝大部分都是描述性的——谁在什么时间去了哪儿；主要几个大公司的市场份额；每种旅游形式的总销售额等等。

在讨论研究形式时，了解定量与定性研究之间的区别很重要。定量研究方式是指通过类似“数豆子”的方式收集并分析数据。这通常包括问卷调查，偶尔几种实验形式也结合起来使用。例如使用两个小组进行测试，一个是实验性小组，其中某些变量经人工改变已发生变化并测量此变化；另一个是控制性小组用来与第一个小组的结果进行对比。定量研究的标准是所有研究结果都可通过统计数据测试以证实其准确性。通常对于只需要简单获取人数或数量的研究可使用这种方法。例如某公司想要获得前往某景点的游客人数，在某一饭店或餐馆的平均消费额，或选择自助去国外旅游而不是随团的游客所占百分比。由此我们可知大部分定量研究都是描述性的而非分析性的。更复杂的定量研究则是为了证实或推翻某一假设，但不管怎样，研究结果都必须是有效和可靠的，即它们必须确实代表了某一特定现象，即使研究人员重复实验，结果也应该是一样的。

而定性研究则是指分析解读资料而非提取资料。定量研究与定性研究之间有多种区别（请参考戴蒙和哈罗威对此所作的详尽分析），但两个关键性的区别是定性研究更注重对于文字信息的收集和解释而不是数字，其次定性研究中研究者与被研究者之间有交流，而不是刻意与信息提供者保持一定距离。这种交流与研究者采用的形式有很大关系，包括深度采访或解释性的观察而不是问卷调查或固定形式的访问。定性研究的目的通常是了解单个旅游者的行为方式或旅游者对某一问题的经历或感想。资料的收集和分析以平行、互动的方式进行，同时由于所收集材料的特性，其结果无法通过统计数据测试。因此，过去组织较少采用这种研究方式，尽管这种方式所获得的信息比通过一个简单的定量性的问卷调查所获得的信息丰富得多。当然，深度调查的结果很可能引发出此后需通过运用更加量化的手段推导出一些假设，而这就需要后期以更加量化的技术去验证假设。

其次，我们必须区分一手资料研究和二手资料研究。一手资料研究是指委托别人或自己进行新的研究，而二手资料研究则通过搜寻已有资料来收集研究所需信息。例如，如果在西班牙东南部将要开放一个新的旅游景点，到访该地区的游客人数及性质等可能存在的已知信息属于二手资料；而要获取市场上对该景点的需求等一手资料则需要进行调查，如对到访该地区的游客进行调查获知他们对建设新景点的态度及他们在假期参观这一景点的可能性。

营销研究方式还可以分为特定研究和持续研究。特定研究就好像是在某一特定时刻所拍摄的“快照”，通常是以调查访问的形式以获得对某一特定问题或一组问题的答案。例如，为获得较大的市场，一个旅游景点必须决定是将增加的投资用于扩建餐饮服务设施还是提高现有餐饮服务的质量。这是一个一次性的决定，因此必须进行研究以帮助决策。持续研究则指定期测量及监控各种变量，如每日、每周或每月的销售数据，对特定假日和目的地的需求模式，饭店的床位使用率等。这样，许多资料已经存在公司的计算机中了，可以定期下载以达到监控的目的。全国性的旅游数据也可通过定期在各机场和海港进行调查获得。

最后我们必须区分综合研究和联合研究。很多营销研究公司定期进行全国性的综合研究调查，委托它们调查的公司数目众多，提出广泛的问题。一家公司如果想要定期了解产品的销售量或是消费者对其产品的态度，可在调查中附上自己的问题，并根据所提问题的数量付费。这当然比自己进行同类大规模的调查节省很多经费。其他未参与调查的公司通过付费也可获得调查结果，这就使得中小型企业无须投入人力、物力进行一手资料研究也可获得关于某一行业或其竞争者的资料。在所有综合性研究的目标群体指数(TGI)与旅游相关的问题中，英国市场调查局（BMRB）定期进行的度假与旅游信息调查在英国最为知名。《关键数据市场报告》(*Keynote Market Report*)刊登的旅游、观光信息和《明特尔市场信息报告》(*Mintel's Market Intelligence Reports*)中偶尔对相关问题的调查也能提供有价值的信息。而联合研究则由一组公司共同负担调查费用且调查结果不会提供给其他组织。

二、为何进行营销研究

强调营销中的四类变量潜在的危险之一是忽视了营销中最关键的环节，而这一环节是所有营销活动的基础——营销研究。我们不知道消费者要的是什么，我们也无法保证自己的产品会受到消费者的欢迎。如果我们的销售额下降，我们必须知道这是否由于整个的经济不振导致所有产品受到影响，还是只对旅游观光业产生影响，抑或是我们的客户转而购买其他的旅游产品。不管是何种情况，我们都应该设计不同的营销策略以应对挑战。因此营销情报的收集对营销策划来说至关重要。

无论公司规模大小，营销研究在公司的经营管理中都应占有一席之地。很多小旅行社和小公司都认为营销研究是只有大旅行社才负担得起的奢侈品，这是非常危险且错误的观念。当然，只有大一点的公司才负担得起委托专业的营销咨询公司调查旅游产品购买趋势等诸如此类的费用；但这类研究报告通常也能在当地的图书馆或旅游类专业图书馆中各类媒体上找到，甚至在旅游贸易出版物中也能时常看到此类研究结果的总结。要想成为旅游市场专业人士，旅游管理者必须时时追踪这类报道。

在较大规模的公司中，进行专门的情报收集是非常必要的，原因有二：首先，由于规模较大，公司与顾客进行面对面接触的机会较少；因此公司要对不断变化的消费者需求和偏好作出反应。第二，大规模的公司往往投资较大，这意味着所面临的风险也较大。例如，一家航空公司如果需要重新装备所有运输设施，则每一架飞机所需投资都将超过一亿美元。想想如果一家连锁饭店决定在一个大城市购买新的产业又需要进行多大的投资。

大型的旅游公司在营销研究方面都富有经验且愿意花巨资。它们对于定量研究信息和定性研究信息的需要是由下述因素决定的：

A. 所有的经营者都在严密监视着他们的竞争对手。他们会时时追踪竞争对手占有的市场份额、广告支出、产品研发以及对手产品在市场上的形象。营销人员不仅试图找到并利用竞争对手的弱点，也需要一个能衡量本公司经营状况的标准。

B. 消费者的态度始终在变，而无法掌握这种变化的营销者最终将被淘汰。例如，最近有多项研究表明，旅游业的持续发展虽然到20世纪才成为一个重要的议题，21世纪更成熟的旅游者们却对此越来越重视。旅游者更加关注旅游业的可持续发展以及旅游业经营商们对此所持有的态度，他们显然愿意负担更大的花费以保证旅行社对此予以足够的重视。

C. 旅游经营商们需要知道消费者挑选和购买他们产品的过程以及旅游代理商在其中扮演的角色和起到的作用。面对着不断变化的分销模式和革新性的信息通信技术(ICT)对传统零售门市的挑战，现有的零售门市也应该迅速地作出调整。

D. 市场多变的特性决定了旅游经营商们必须不断地投资于"新产品"：它包括新的电视广告、新的宣传手册、新的品牌、新的飞机、新的旅游目的地和新的度假形式。这些投资不仅意味着在时间和金钱上的大量投资，也可能是决定公司命运的战略决策。营销研究显然对规避风险使之最小化起着至关重要的作用。

三、企业需要何种信息

所有的企业，无论大小，都需要了解自己在整个市场上所处的位置。对于现有产品，它们需要知道每种产品的销售量；一段时间后销售量的变化以及对未来销售量的预测；自己的产品与竞争对手的产品相比较究竟如何；自己和对手所分别占有的市场份额，等等。对于负责人或者旅游产品经营者来说，他们必须监控自己的分销策略，决定每个零售商销售多少产品，哪个点表现最好。所有的公司都需要知道自己的广告和宣传活动效果如何。它们必须知道每个产品的盈利情况及支付公司管理费用的情况，还必须知道顾客什么时候在哪里买了什么以及购买的原因。

一旦做了新产品开发的计划，公司必须研究产品在市场上的潜力，测试市场对新产品概念的反应，找到吸引顾客注意的办法，在尽可能多的地方对新产品进行测试，预测可能的销售额以及将已有的销售成绩与预测值进行对比。这些都将在第五章讨论新产品开发时提及。

四、委托进行营销研究

大公司都无一例外地拥有一支营销研究团队，有时候可能是一个部门，所以一旦有需要，他们完全有能力自己进行营销研究。然而实际上公司内部很少进行专门的营销研究，持续的研究通常也仅限于在公司内对一般的二手资料进行整理和分析。绝大部分专门的、持续性的营销研究通常都是委托某家专业的大型营销研究公司执行。委托专业公司进行营销研究有利也有弊。委托方可能须支付高额费用,进行研究的时间要在双方都方便的前提下,这也许导致研究结果无法如期获得,同时还会导致公司某一部门和整个公司最核心的计划和发展思路泄露给别的公司,因此要极其慎重和对对方相当信任。另一方面,专业营销研究公司所拥有的专业人才和知识远大于一个公司自己的营销部门,而且他们会对研究持客观的态度,不会别有目的,也不会对研究结果持先入为主的态度。这就表示他们的研究结果可能不会是委托公司所期望的,因此会导致委托方不愿接受研究结果或按研究结果制定策略。当然也有公司因为不想或推迟作出艰难的决定而委托专业公司进行研究,致使耗资巨大的研究结果被束之高阁。

五、营销信息系统

营销研究应该成为一个收集有关本公司及其产品和市场的所有信息的系统的基础。一般这类信息都是管理者们在日常的工作中非正规、下意识地收集到的,通常的途径是观察、倾听讨论,与业内的同事进行交谈和阅读与本行业相关的或其他的杂志和报纸。尽管这种方式能有所收获,研究也必须采取由一种系统、科学的方式提供的正规步骤收集。营销信息系统(MIS)保证了公司拥有一套长期的、有计划的收集、分析和传递信息的系统。要设计一套营销信息系统,一个组织要完成以下两项任务:

- 考虑管理层必须作的决策
- 选择以上决策需要的信息

当然,经济因素决定了一家公司能够获得怎样的信息。此时公司必须从实际角度判断,在除去每年用于不定期的特殊目的研究(如对于收购另一家公司的可行性研究)经费之后,利润或储备资金的多少可用于营销研究。

既然设立营销信息系统的目的是为了保证公司有一个长期的监控市场及营销活动收效的信息流通系统,年度预算中就应有一部分资金是划拨给这一系统的;而特殊的研究需要,例如对公司扩张的可行性研究则应该优先拨款,例如从储备资金处,甚至考虑贷款。营销研究预算资金的划拨不应与公司的规模挂钩,即使是中小型企业中最小的也需要定期获得有关公司经营情况的信息,因此也需要分配资源以收集信息。

就让我们以一个小型的区域性旅行社连锁机构为例,他们正考虑在本区域新建或购买一家新的旅行社。新旅行社的地点对于经营的成功至关重要,因此需要进行可行性研究以决定在这个区域的扩张是否正确以及可选择的地点中哪些能最大程度上保证经营的成功。当然只有大规模的旅行社才负担得起一个最全面的调查所需要的经费，适当的资金投入就可购得某些研究信息，而大量的实地调查工作可由旅行社的经理完成，所付出的仅仅是时间和精力而已。

图 3.1 详细介绍了一个营销信息系统的组成，指出了营销信息系统内获得信息的多种不同的方式：

- 通过使用*内部记录*，即使用公司内可获得的信息记录
- 通过识别和甄选可使用的*外部记录*
- 通过进行或委托进行*一手资料研究*
- 通过*调查*
- 通过*观察*
- 通过*实验*

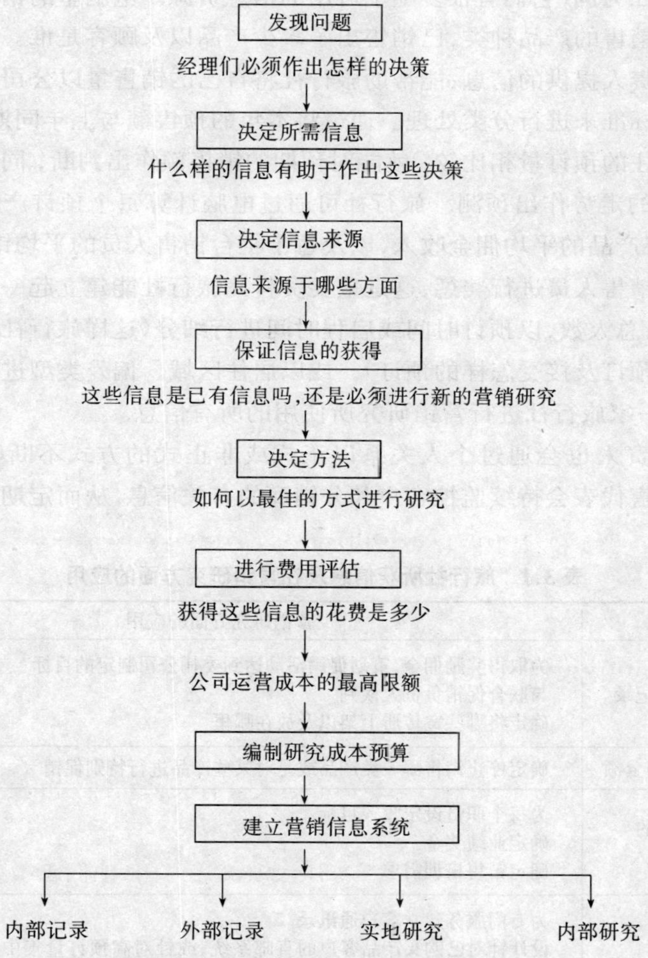

图 3.1　建立营销信息系统的步骤

我们将在后文讨论营销研究的各种方式。

1. 内部记录

从现有的、无论是来自内部还是外部的记录中收集信息，被称为书面信息研究，属于二手资料研究的一种，我们对于资料研究这一名词已不再陌生。从某种程度上来说这是最简单的收集信息的方式，因为大部分数据已存在，需要的只是对其作出整理和分析。建立内部信息系统来收集需要的资料相对来说花费较少。如今基本上所有的公司都把信息储存在电脑档案里，要把这些资料找出来非常简单，几乎不用花费什么时间和金钱。

以旅行社为例，它们有很多随手可用的信息资源。电脑里的销售记录能显示它们正在销售的产品种类，已销售出了多少产品以及顾客是谁。这些信息以及公司的负责人提供的信息，能帮助旅行社将自己的销售量以公司、品牌、目的地或其他的标准来进行分类处理。通过将本年的预售额与上年同期的预订量，或者任何以往的预订量相比较，就能对预期的销售额作出判断，同时对一定时间内销售量的走势作出预测。旅行社可通过电脑计算每个预订产品的平均收入，每种已售产品的平均佣金收入，以及每个柜台销售人员的平均销售额(如依据销售量对销售人员进行奖惩，这是重要资料)。旅行社能建立起一套客户资料的完整档案：总人数，以预订时间或启程时间进行细分(这样旅行社就能判断此后是否接受预订及接受怎样的预订)，或以居住区域、偏爱类型进行分析。表3.1显示了一家旅行社进行营销研究所使用的所有信息。

公司负责人也会通过个人关系以正式或非正式的方式不断收集这类信息。例如，销售代表会持续监控客户和分销商的有关信息，从而定期向销售经理

表3.1　旅行社所获信息及在营销研究方面的应用

信　　息	营销研究方面的应用
销售及收入记录	为取得奖励佣金，策划促销活动达到委托公司制定的目标 与联合促销负责人谈判 确定将哪些宣传册上架以及放在哪里
获得的平均佣金额	确定停止销售哪一类产品或是对某些产品进行特别促销
每人所得的预订额/收入	为每个职员设定收入目标 确定业绩奖金 确定销售培训需求
客户档案	为专门服务建立客户通讯录 设计针对已购买产品客户的直邮系统，或针对高预订量集中的区域的直邮系统

提供报告，这些报告也会成为信息系统的一部分。

电脑储存相关记录已成为旅游业的一项普遍做法，这也是定期为管理者的决策提供信息的有效渠道，时间是每日、每周或每月，视需要而定。但我们也必须认识到会存在信息过量堆积的危险。信息累积的速度远大于一个经理能完全阅读这些信息的速度，要保障信息的有效性及简单明了，就必须以一种规范的方式挑选及组织这些信息。

2. 外部记录

对一家旅行社来说，从现有的公共资料和档案中也能得到大量的信息，只对这些信息进行简单的分析就能获益无穷。当然并非所有的公共资料都与旅游业的需求直接相关，但是对公共资料进行选择性的研究可以获得大量相关信息。

(1)公共资料

通过分析公共档案可以获得与旅行和旅游业相关的信息，另外一部分信息与之虽无直接关联，但可以提供旅游业发展趋势的有用信息。例如，英国政府定期发布的某些数据表明带薪假日支出的增加，或单亲家庭自费旅游支出的增加，会对英国度假形式的变化产生重要的影响。

信息的来源不会一成不变，当然在不同的国家信息的来源也会不同，但是公共图书馆（或大英博物馆图书馆）会是一个不错的选择。当然还有一些向公众开放的其他类型的图书馆，如开设了观光度假或旅游专业的学院或大学的图书馆。有时候，专业图书馆也能提供非常有用的专业信息；如在盖特维克机场航空大楼中的民航局（CAA）图书馆里就能找到与航空运输相关的大量数据和信息。有些图书馆虽非免费，但门票也很便宜。

如果要在旅游业方面进行更专业的研究，也有专业的参考文献目录可供参考。有些目录已经出版，能在专业的旅游图书馆中找到。然而，参考文献目录大多很快就过时，收集公共资源必须包括研究刚出版的第一手资料，而这些资料在已出版的参考文献目录中是无法找到的。然而在网上可以找到这些资料，而且资料还在不断的更新中。类似于《CAB 国际旅游 CD》囊括了所有休闲、娱乐、旅游专业文章摘要的光盘的数据库对于想要进行进一步学术研究的人来说具有非凡的价值。通过某些著名的搜索引擎，如 www.askjeeves.com 和 www.google.com 也能找到旅游业的相关信息。

英国旅游代理商协会（ABTA），游览英国公司、英国航空公司、民航局以及英国旅客运输联盟（the Confederation of Passenger Transport UK）等机构的出版物和大的旅游观光企业如航空公司、连锁饭店和旅行社发布的年度报告都提供了很多有价值的数据信息。英国国内最知名的与旅游业相关的长期公众信息调查是由英国旅游者协会委托进行的《英国旅游业调查》(*United Kingdom Tourism Survey, UKTS*)。另一个同样有价值的信息来源是《国际乘客调查》(*International Passenger Survey*),这份调查包含了英国居民出国旅游的相关信息和由目的地列出的他们的出行目的。更多的信息则可以在《旅游管理》、《旅游研究年鉴》、经济学家情报局(Economist Intelligence Unit, EIU)出版的《国际旅游季刊》这样的旅游业的行业出版物和学术期刊中找到。

旅游业的有关数据和信息也可以在某些非常有用的综合性出版物中找到,例如《关键数据报告》(*Keynote Reports*)、《市场评估报告》(*Market Assessment Reports*)、《旅行与旅游业分析》(*Travel and Tourism Analyst*)、探访英格兰公司(即前英格兰旅游委员会)出版的《见解》等等。游览英国公司这一机构的图书馆也许是开始一项研究最好的地方,特别是当研究需要英国国内游客和入境游客资料的时候。

(2)订购研究结果

资金充裕的公司可选择委托别的机构进行某项特定的研究或购买一项正在进行的对于消费者度假或旅行方式相关信息调查的调查结果。

有很多机构都对消费者的购买习惯进行全方位的调查,调查的方式也因规模、报告提交的速度和其他因素的影响而各不相同。

对零售和消费者的统计是另一种方式的持续性市场研究。这些研究主要是针对消费品和服务需求,其结果可以通过订购获得。在旅游观光信息方面,英国市场调查局发布的目标群体指数是最知名的。

由于这些调查的综合性和广泛性,其订购价格也是比较昂贵的,只有最大规模的公司才能长期订购。广告公司经常订购这些信息以利于自己在不同领域进行的广告策划,聘用这些广告公司的旅游公司则可以通过这一渠道获得相关信息。

更具体的相关服务则是由“旅行与旅游业研究”这一机构提供的。这一机构定期对旅行社、旅游产品和对旅游刊物的订阅情况进行报道。其他的营销研究机构则提供类似新闻剪报这样的服务。通过阅读媒体监督服务机构(MMS, Media Monitoring Service)提供的报告,可以获得业内大的公司在广告业务上的支出等信息,这些信息可通过订购或从广告公司获得。

对于使用已出版的数据,有一点需要注意:不要把一般的数据应用于个别的事例上。某些数据显示随团去往海外度假的总人数有所增长可能会掩盖一个事实,就是去往某一国人数的增长可能会导致去往另一国人数的大幅下降。同样,去往英联邦游客人数的增长并不代表去往北安布里亚的人数的增加。英国西部游客人数的增长并不能代表对于普利茅斯、圣伊芙斯、布里斯托或巴斯旅游需求的增加。这些目的地每一个都有自己特定的旅客群,这一地区的总体的旅游信息数据对预测单个城镇或城区的旅游趋势没有多大帮助。这些地区需要自己进行研究以对本地的旅游需求有清晰的了解。实际上现在与此地区有关的旅游数据是非常缺乏的,更悲哀的是,由于资金的限制,国家一级的机构也缩减了用于信息收集的开支,导致了更大范围的旅游信息的缺乏。

3. 一手资料研究

如果一个组织通过收集二手资料无法获得所需的信息，就必须进行一手资料研究(也就是通常所说的实地研究),即直接从市场获得信息。通常进行实地研究有两种方式,一种是直接询问消费者,另一种则是系统地观察消费者的行为。

这种研究可以委托专门的营销研究机构进行,但费用极高。而小一点的公司可以自己进行简单的定量研究,但前提是研究必须是科学和系统的。而定性研究则最好交给专家来完成。

大规模的全国性市场调查须耗资数万英镑,只有最大的旅游公司才能负担得起。但是其中的一些数据可从商业性研究机构获得,所以最好是货比三家以最低的价钱获得所需资料。然而另一方面,对于一家旅行社当地市场的调查是无法通过二手资料研究获得的,这种调查只能由旅行社自己进行。例如,要知道现有的客户如果搬走后是否还会继续接受旅行社的服务，或如果可能的话，客户是否愿意花更多的钱从当地的飞机场包机前往希腊,而不是取道伦敦。这样的问卷调查都是比较直接的、只与数字有关的调查，如果设计完善，调查仔细，也可获得很多有用的信息。然而研究者必须注意到,事实上人们说他们会做的事与他们真正做的并不一致。现在有很多研究测试人们愿意为可持续发展旅游支付更高的价格参加可持续发展旅游团,但事实是当价格上涨时在调查中表示愿意的人们没有购买产品。

对于旅行社可以自己进行的一手资料研究,让我们举一个更复杂的例子。一家旅行社现在免费送随团出游的旅客到当地的机场以吸引客户预先签订合同,这家旅行社想要知道这种优惠措施能否有助于:

- 保住现有的客户不会转向其竞争者
- 将其竞争者的客户吸引到本旅行社

这家旅行社还想知道，在不增加成本的前提下，是否还有其他的优惠措施可以使他们获得更大的市场满意度,或者如果取消现有的优惠措施的话会导致多大的损失。如果只是在现有顾客中进行问卷调查,就无助于接近竞争对手的客户，因此必须在特定区域进行随机性的调查，例如在大街上与人们交谈或进行入户调查。这两种方式都有利有弊。入户调查较难安排，也更花时间，但遭到拒绝的几率较小（如果安排合理的话），而且由于受访者考虑问题的时间较长，回答也更准确。入户调查也使访问者有更多的时间调查受访者对于旅游的观点和态度，获得的数据也更有效，当然这也需要访问者具备相当的技巧。同时，整理和分析通过这种方式获得的信息比分析街头访问提出的简单问题中获得的答案要复杂得多。街头调查可以很快进行，而入户调查则需要时间整理问题和提出问题，而时机有时候是非常重要的。所以有时候要进行随机的电话抽样调查以争取时间。可是有些受访者对于市场调查者的这种“骚扰”非常反感。现在网上调查日益流行，这种调查方式将来应用的可能更为广泛。

毋庸置疑，在决定采取何种研究方式时有很多因素需要考虑。我们将继续讨论如何设计调查问卷以及进行调查研究可以采取的不同方式。

4. 调研项目的内容

在设计研究方案时需要采取以下步骤。

(1)找出问题，制定目标

企业必须清楚地知道自己的目的是什么——知道自己希望获得何种研究结果。这一点似乎众所周知，但令人吃惊的是，很多问卷调查中的提问似乎与要调查的问题无关，这些提问的存在只是因为研究人员觉得“知道市场对这件事的反应如何也不错”，因此反馈最后也没有起到什么作用。

从这一步骤获得的信息将形成整个研究的基础。

(2)确定信息来源

此时研究的目的是为了确定，如果对问题已经有所察觉，那么察觉到的是什么样的信息。如果能获得别人对同样问题的研究结果，自己再花钱进行同样的研究就没有太大意义了。然而事实是，大量的相关研究是由你的竞争对手完成的，结果自然就无法获得。本组织现存的记录中有多少对解决问题有所帮助？还可以从哪里获得相关信息？

(3)发展研究计划

以第二个步骤获得的信息为基础，现在可以设计整个研究的主要部分了，或者也可以先进行一些探索性的研究，作为其后更具体的研究的指南。

假设一家旅行社想要开辟一条囊括了美国主要旅游点的低价位旅游线路，各个景点之间的陆上交通乘坐灰狗巴士往返。英国游客使用灰狗巴士旅游的数据不难获得，但游客对于乘坐大巴进行长途旅行的态度却缺乏具体资料。在设计一个全面的问卷调查所需的提问之前，先进行小组访问（有时候也称作中心集体访问）了解人们对乘坐巴士旅行以及去美国度假的态度是比较有帮助的。本章稍后会对这一技巧有更具体的阐述。

（4）研究设计及方法

现在可以设计更具体的研究方案了。如果研究中还涉及到进行调查——这一收集事实最常用的方法，则研究方案包括：

- 挑选受访者，即将要接受访问的人。抽样调查的总人数和怎样挑选受访者
- 开展访问的形式（人员访问，邮寄问卷等方式）
- 设计调查问卷
- 实地访问的组织工作，包括招收、培训访问人员和向访问人员介绍情况
- 确定整个研究的时间安排以及全部预算

一旦所有的准备工作完成后，就应该随机挑选一些受访者，对调查问卷进行"试验性观测"。问卷中肯定有些问题需要完善，而试验会找出问题。通过测试也可以大概掌握完成一个访问所需的时间，这有助于设计所有访问的时间表。

在问卷经过完善并且研究的负责人对所有问题和问卷的结构没有疑义之后，研究工作就可以开始了。

通常调查数据的收集和整理都是由电脑而非人工完成的，这样就使得交叉制表（cross - tabulate），也就是比较问卷中对任意两个或两个以上的变量的回答变得相对容易一些。例如我们可以得知去年有多少 18 岁以上的女性去了海外度假且每人消费 600 英镑以上。这里我们考核了四个变量：女性、成年人、去海外度假的人、消费超过 600 英镑的人。这个过程就是所谓的分析（analysis），整个过程需要挑选相关数据，正确分析这些数据所折射出的信息，以便得出正确的结论并建议可以采取的行动。

调查的结果一般以报告的形式呈现，需要包括以下几个要素：

- 标题、日期、公司名称、受委托进行研究的机构名称
- 提要：研究事项、致谢辞、目标陈述
- 对研究方法的详细陈述：使用的方法、选择上述方法的原因、如何挑选样本的详细描述、完成访问的总量、实地调查时如何进行等等。
- 调查结果
- 结论和建议采取的行动

■ 附录:包括收集的所有数据信息(所有表格形式的结果)以及任何一份使用过的问卷

六、研究中的道德问题

到现在为止,本章还没有提及研究中的道德问题,但这并不是低估其重要性。戴蒙和哈罗威(Daymon & Holloway)曾经指出,在进行研究的过程中有很多道德准则必须注意,最重要的是:

■ 自由选择披露信息的权力
■ 保护个人和设备免受损害原则
■ 个人隐私、匿名及保密原则
■ 自主权原则:自愿的、对所有情况充分了解后表示同意
■ 诚实原则:不得省略、曲解和剽窃所获信息

专业的研究人员对这些要求极为重视,因为如果忽视了道德准则,即使是最常用的研究手段和结果也可能导致对他人的严重冒犯,在某些极端的情况下还可能使研究者陷入法律纠纷。请阅读以下事例。

事例

据报道,美国一家著名大学的商学院进行了一项假设性的研究,该项研究的研究者们给 240 个餐馆发出了抱怨信,声称因在该餐馆吃饭导致自己食物中毒。这项研究的目的是为了研究这些餐馆如何应对顾客的抱怨。当这一事件公开后,该商学院的院长不得不向所有有关的餐馆(这些餐馆在顾客中都拥有良好的口碑)发信致歉。因为据称如果任何一封抱怨信被新闻媒体披露,都可能导致某一家餐馆倒闭。

《观察家》2001 年 9 月 9 日报道

自由选择披露信息的权力意味着受访者有公开或保留信息的权力,不管是在研究开始时还是在任何一个阶段。在提出某些敏感问题时,如询问受访者的确切年龄或收入时,访问者经常会遭到拒绝,所以这类问题最好留在问卷的最后。

保护受访者免受损害原则要求访问者保证在研究过程中或在研究结论中不会造成受访者情感或身体上的伤害。在对 18 周岁以下的未成年受访者进行采访时必须更加小心。例如,关于未成年游客对一个旅游景点的游乐设施和儿童剧表演的满意度的调查非常重要,但在调查时必须注意告知家长调查的具体细节而且需要征得家长的同意。网上调查也存在将参加者的信息无意中泄露给

公众的危险,因此通过网络或电子邮件收集信息时也必须特别注意。由于深入访问常常会给受访者的精神带来较大的压力,所以在访问时需要一些技巧。访问者在使用录音机时也必须向受访者保证录音带在使用后其声音会洗掉,保证录音内容不会落入别人手中,被用于不正当的目的。

匿名原则同样很重要。大部分的研究结果最后都会以这种或那种形式公开,因此在调查时必须向受访者保证不会公布受访者的姓名。如果要提及某公司或组织的名称,也必须征得他们的同意。保密原则与匿名原则不同,是指如果要披露受访者提供的信息和看法时必须征得受访者的明确同意。在深度采访时受访者可能会表达对自己老板、同事或顾客的看法,一旦这些看法被公诸于众,将会给受访者的职业生涯带来不可弥补的伤害。

自主权原则是建立在受访者明确同意基础之上的,他们同意采访的基础是了解调查什么和对他们有何种益处。这就意味着研究者必须将研究的整体目标告知受访者。有时候研究的目标因为某种原因需要隐瞒一段时间,而一旦可以就必须告知受访者研究的性质,并获得受访者的许可。

事例

一项对于日间导游的调查要求研究者在旅游车上观察导游的行为。事先导游就被告知研究的目的是为了了解日间旅游行程的特点以及会有什么样的活动。旅行结束时导游会被告知研究的具体性质是以导游与司机和乘客的互动为重点以及他们是否准备接受更深度的访问。通常他们是不会拒绝的。

最后,研究者的诚实是最为重要的。这种诚实当然也指在收集和解释信息的时候必须秉持客观的态度。虽然可能会带来不便,但是与研究结果冲突的资料不应该被忽略。刻意编造访问内容、问卷答案和其他结果都是违背研究人员的职业道德的。剽窃早已完成的研究的观点和材料也是令人不齿的。所有的研究都需要一套审查和平衡系统以保证研究的公正性和诚实性。专业的研究机构通常会派员工对这方面进行适当的检查,而自行进行研究的个人和公司确保这种研究的公正性和诚实性也同样重要。

我们现在来更具体地讨论进行调查可以采用的不同方式。

1. 调查

调查通常是搜集描述性信息的最好方法,而且无一例外都会使用调查问卷,即一系列需要受访者回答的问题,有助于为某一组织正在调查的问题提供答案。调查可以以不同的方式进行，但不管采用何种方式，其过程都应是科学的。这就需要尽可能的避免或减少回答中存在的偏见。一家公司要采访所有潜在的受访者，这几乎是不可能的。所以那些被采访的人群，即所谓的样本(sample)，必须能正确地反映全体(universal)目标人群(这家公司想要采访的所有人)的一般意见。如果我们想要了解去往西班牙游玩的英国游客对某些事件的看法，就需要先确定目标人群的总人数，然后从人口统计学的角度选取具有代表性的样本。

我们的第一个任务就是决定受访对象。我们只是想获得所有英国度假者的看法还是所有去往西班牙的英国游客（包括因公前往西班牙和寻亲访友的游客）的看法？我们想要获得的只是随团旅游的游客的看法还是包括那些自助旅游或定期到西班牙长住的游客的看法？我们想要获得的是否只是成年人的想法，如果是，我们需要将受访者的年龄限制在16岁、18岁还是21岁以上？如果我们想要获得因公去往西班牙的游客的意见，我们只是访问使用这项服务的人，还是包括购买这项服务的人(有很多秘书为自己的老板安排行程)？如果我们想访问那些定期去西班牙的旅游的人，这种“定期”应该如何界定才能达到研究的目的？

我们的另一个要解决的问题是样本的大小。大样本所得的结果通常比小样本更可信，可是由于样本的增大，这种可信度的增加又显得不那么突出了。只要抽样过程是科学的，要获得英国5 600万人口的意见，我们只需要抽取2 000人进行调查，就能获得可信度高达95%的公众意见，也就是说我们的调查结果只有5%的偏差率。只要研究的是比较普遍的问题，对绝大部分的研究来说这种偏差率是可以接受的。为了降低偏差率而扩大受访人数从而导致成本的增加，这种做法是不可取的，因为只有将受访者的人数增加到原来的四倍才能使偏差率从5%缩小到2.5%。

要保证结果的可信度，抽样过程的科学性非常关键，因此必须挑选目标人群中的概率样本(probability sample)。如果是简单随机样本，则是在目标人群中以一种科学、随机的方式抽取样本，因此每个个体都有一次，也仅有一次相等的被抽中的机会。其他可用的科学的抽样方式包括分层随机抽样（stratified random sampling)，即将目标人群(如按年龄段等)分成几个互斥组，得出每组在目标人群中所占的比例，再按同比例在每组中随机抽取若干个体作为样本。第三种方式则是集群抽样（cluster sampling)，也就是将目标人群按居住区域等划分成几个互斥组，得出每组在目标人群中所占的比例，再按同比例在每组中随机抽取若干个体作为样本，每个个体只有一次相等的被抽中的机会。

大规模的研究公司会采用复杂的抽样方式以保证样本真正具有代表性。比如在全国性的调查中他们会确定受访者的人数以及按年龄、性别、社会经济地位、居住地等将受访者归类,每个类别的人数必须与以前的同类调查的标准一致。

研究者们还会采用权重(weighting)的方式来修正可能出现的不平衡,即由计算机自动调整结果使之符合要求。因此如果样本只是在按社会阶层划分方面不太平衡,其他方面都完全合格,则在最后分析的过程中会增加相关答案的比例,使没有表现出来的那部分人群的意见被予以应有的重视。

虽然上面说过在调查一般问题时挑选 2 000 个人作为样本已经足够了,但需要强调的是还有很多问题是相当具体的,也是需要不同调查方式的。比如要为获得少数人群的观点付出昂贵的代价。这可以用一个简单的例子来证明。

事例

几家主要经营团体旅游的旅行社提出了去“西班牙旅游,住当地的公寓而不是饭店”这一设想,一家旅游公司需要了解客户对此是否满意。

要获得相关信息需要分四个步骤对所得数据进行分析。

步骤 1:2 000 名受访者

去年你是否预订任何旅游行程?

否 65%　　是 35%

步骤 2:700 名受访者

是自助游还是随团旅游?

自助游 40%　　随团旅游 60%

步骤 3:420 名受访者

你去的是西班牙吗?

否 70%　　是 30%

步骤 4:126 名受访者

你住的是公寓吗?

否 80%　　是 20%

结果:相关受访者人数为 25 名

这 25 名受访者的回答是否能成为有用的信息取决于访问中所有问题的设计。如果一家市场研究公司每位受访者收费 2 欧元,整个研究的费用是:

2 000 × 2 欧元 = 4 000 欧元

25 名提供有效信息的受访者

= 每位受访者耗资 160 欧元

显然,只有经过很多复杂的步骤才能保证研究结果的可靠性,这也是这样的研究为什么花费较高的原因之一。因此有些公司有时候会利用非概率样本(non－probability sample),例如在大街上每经过10个人就找第10个人提问。虽然这种调查方式对解决问题有一定的帮助,但由于它的抽样偏差无法衡量,其结果的可靠性会受到影响,因为所有调查的结果都应是有效、可靠的。调查的有效性即意味着其结果能够证明进行调查之前的假设。而调查的可靠性指如果对同类性质问题的不同的受访者进行同样的调查能得到完全同样的结果(在确定的概率范围内)。

现在让我们以针对去海边某度假地度假的游客的街头访问 (street interview) 作为例子。访问者可以站在某一个街角,对身边经过的第十个人进行访问。这种便利型样本(convenience sample)有其内在的偏差。如去过该度假地的游客如果不经过那个街角就无法被访问,在一天的某些时间段或一周的某几天经过街角的游客人数也会较别的时间更多(虽然这些因素在分析数据时会予以考虑以便使结果更可靠)。不仅如此,可能还有其他的偏差出现。例如时间充裕的路人可能会比那些匆忙的人更愿意停下来回答问题,而访问者很可能更愿意向那些看起来很和善的行人或同一个年龄层、同性别、同样社会背景的人提问。来自少数族群的行人可能会被访问者忽略,而英语不流利的受访者也可能被访问者拒绝。通过对访问者进行良好的培训以及适当修正调查结果,以及使用对饭店的入住率进行调查或对停车场进行观察(车牌能提供很多与游客原籍相关的有趣信息)等其他的研究方式对调查进行补充。这样即使不能完全消除偏差也能减少偏差。这对很多小公司来说很可能是最现实的研究方式,特别是那些急于得到当地市场信息的旅行社。通过指示访问者特地根据年龄、性别、族群大小等类别交叉选择受访者(即所谓的配额样本 quota sample)可以获得更广泛的意见,虽然不一定更正确。

虽然街头访问是最常用的访问形式,调查也可以用其他方式进行。电话访问 (telephone interviews) 现在越来越流行,由于在英国电话的普及率已经接近100%,这种形式的访问也具有统计学上的重要性。然而现在越来越多的商家拨打骚扰电话(cold call)(例如不厌其烦地推销产品),因此消费者对这种访问方式日益抵制,认为这是对其隐私的侵犯。如果拒绝受访的人数增加,也会导致结果的偏差更大。但是电话访问能降低成本,特别是在进行全国性的调查时——打一个电话要比派访问者到英国最偏远的地区进行调查便宜得多！不仅如此,电话访问也更节省时间。

入户访问(home interview)最适合比较长的问卷,这种问卷往往需要访问者作周密的筹划和调查,所问的问题也都是了解受访者意见和态度的开放性问题。需要再次强调的是,受访家庭需要科学地挑选,以保证每个家庭被挑选的几率是相等的。访问者事先还需要打几个电话确认受访家庭是否有人在家，这可能使调查无法如期完成。由于入室访问所需时间较长，访问者与受访者之间可能会建立起一种较熟悉的关系，这也会导致结果的偏差。因为有时候如果受访者觉得对方能和自己产生共鸣，可能会按访问者的偏好来回答问题。

完全不用借助访问人员、最便宜的调查方式则是邮寄问卷(mailed questionnaire)。这就意味着响应率(寄回已完成问卷的人数)通常较低(虽然附上贴好邮票的回邮信封会增加响应率)，而且回信更多来自于对访问感兴趣的人。完成问卷的人中，去过国外度假的人肯定要比没去国外度假的人多，因为他们对这一调查更感兴趣。由于受访者在回答问题之前有机会看完整个问卷，他们后面看到的问题可能会对前面问题的回答产生一定的影响，使用这种方式就无法保证被挑选的对象能完成问卷，或对问卷中的问题予以足够的思考。

调查问卷还可以分发给在飞机上或旅游车上将要回家的旅客，也可以发给即将离开某旅游景点的游客并要求他们将答卷完成后寄回，或在离开前留在客房以便收集到前台。这几种方式各有好处和弊端。但是如果有机会在回程的途中将问卷发给乘客并完成，这种方式比其他几种要有效得多。首先，车上的乘客就代表了一个100%的目标人群。他们刚刚结束的旅行提供了最可信的材料，旅途中他们有充足的时间填写问卷，因此很少有人会拒绝接受调查。只要飞机上的乘务员或车上的导游能将问卷收集起来，这种调查方式的响应率总是出奇的高，同时导游或其他工作人员还能帮助受访者澄清某些问卷上的疑问。英国大的旅游公司，如TUI, MyTravel 和 First Choice(该公司拥有自己的航空公司运送旅客)可以大量利用这种机会调查旅客的满意度，以便对服务质量进行控制。

如果这种调查方式得到充分的利用，可以带来多项益处。不仅旅游公司可以知晓旅客在饭店或度假地遇到的任何程度的困难，还能够监控旅客对这个度假产品各方面服务的满意度，如乘坐的航班等。我们知道，当一家航空公司意识到自己的“排名”与其竞争对手相比正在下滑时，会采取措施改善服务质量，以给旅游公司留下良好印象并获得继续合作的机会。这个过程可以保证主要的几家独立经营游客包机业务的航空公司的服务质量。然而对这种调查方式的有效性也存在一些疑问，这在本章最后的问题与讨论中将列举出来。

问卷设计

好的问卷的设计需要高度的技巧，因为即使是提问的方式也可能使回答出现偏差。提问的方式应尽量保持中立，问题也应是明确、清晰的，语言应尽量简

单,使各种文化程度的受访者都能看懂。然而让人意外的是,要保持提问方式的中立是非常困难的。看下面这两个例子:

(a)你认为西班牙政府应允许人们在海滩上饮酒吗?

(b)你认为西班牙政府应禁止人们在海滩上饮酒吗?

实验证明,如果用“禁止”代替“允许”会使人联想起更严厉的控制,导致受访者不愿意对问题(b)给予赞成的回答。

一家交通管理机构在调查受访者对高峰时期某些公共汽车线路设计的看法时问:

你赞成在高峰时期给予这些公共汽车优先通过权吗?

此时受访者中有 62% 表示赞成。然而问卷的后面同一问题被换了一种方式提问:

你赞成在高峰时期给予这些公共汽车优先通过权吗?抑或也应给与其他的汽车这种优先权?

这时表示赞成者的数量降到了 40%。

问卷的设计者也应避免如下性质的问题:

- 模糊不清
- 模棱两可
- 含有双重否定的问题(使理解的难度加深)
- 有关受访者无法记起的信息
- 导致受访者以特定的方式作答

以下是应尽量避免的问题的事例,或者可以修改提问的方式,使之易于被受访者接受。

1. 你上次出国旅行时,在饭店的酒吧每天的平均花费是多少?

这是对受访者记忆力的考验,即使受访者就在这一年出过国,也可能想不起来。这个问题或许可以问正结束海外旅行回家的游客,或在他们旅行的最后一天提出这个问题,但即使是这样,访问者得到的也只能是一个猜测性的答案。

2. 你对你的家人足够关心吗?会确保他们在度假时通常投了足够金额的保险吗?

一个诱导性的问题。谁能回答说不呢。

3. 你度假时穿的衣服和在家时穿的衣服相比如何?

模糊不清。这个问题想要获得什么样的答案?这只会使受访者给出同样模糊的回答“没法比”,或“非常好”。除非访问者有机会对问题作出解释。

4. 你对 ITX 旅行强制收取附加费有什么看法?

即使提问的对象是旅游贸易的从业人员，问题假设受访者通晓技术性的词汇，这也是不可取的。避免使用任何专业术语，除非这对访问至关重要，如果需要，应对专业术语作出解释（ITX 是指旅行全包价格）。受访者绝不愿意承认自己的无知！

5. 你是如何找到你预订的这家旅行社的？（你觉得这家旅行社如何？）

模棱两可。你得到的答案可能是“我在电话黄页簿中查到的”和诸如“很友好，很有帮助”之类的答案。

6. 你更愿意不坐不准吸烟的飞机旅行吗？

天呐！这是什么意思？受访者可能会花很长的时间才明白是什么意思。

7. 你刚才所买的冰淇淋的颜色和味道如何？

你一次问了两个问题。受访者对颜色的看法也许和他们对味道的看法不一样。

为了使信息的对比和分类尽可能地简便，问卷中应使用封闭式问题（close - end questions）。封闭式问题列出所有可能的答案，受访者从中挑选即可；或者提问的形式使访问者可以得到所有可能的回答。封闭式问题从简单的只需回答“是”或“否”的问题到列举了所有可能的回答的清单（见下例），不一而足。

过去的一年你有几次是在国外度假五天以上？

一次	1
二次	2
三次	3
四次	4

使用这种形式的问题可以评估受访者对某个问题的态度：

你觉得饭店的食物味道如何？

很好	1
好	2
一般	3
差	4
很差	5

这类性质的问题需要在“正面”和“负面”的评价中取得平衡，否则整个结果会偏向这一边或那一边。很多旅游公司的调查问卷中会有这样的选择项：

很好

好

一般

差

这里提供了两个正面的，一个“中性的”和一个负面的选项。这种调查得到的结果与提供给受访者一系列更客观的选择所得到的结果相比较，会使产品显得比实际上更好一点。通常问卷中会提供分成五个等级的选项，但有时候也会提供七个甚至九个选项以使回答更具体。

有时也可将选项简单地设置成 1 分到 10 分以考察受访者对某一产品的意见：

你怎么评价这家饭店提供的服务？

(1 分到 10 分任选 1 个，如果你认为服务确实出色最高可打 10 分，如果你认为服务很糟糕最低打 1 分。)

这样很容易就可得到服务的平均分。同样，使用莱克特评分(*Likert scale*)可以调查受访者对某一句话同意的程度。

法国的饭店提供的食物比英国的饭店提供的要好

1	2	3	4	5
完全不同意	不同意	既不反对也不同意	同意	完全同意

当类似的问题不止一个时，适当变换一下各选项的位置是一个有用的技巧，所以有时“完全同意”会出现在最左边，有时候“完全不同意”又会出现在左边。这样就避免了这种现象的发生，即因为受访者对某种产品一贯持有良好的或负面的印象而在完成问卷就习惯性的只看某一栏，变换选项的位置可以让他们回答问题之前好好想一想。问卷中的问题也应反映不同的观点，这样受访者对其中的一些可能会同意，其他的一些可能会不同意，可以确保每一个问题他们都会仔细思考。

另一个相关技巧则是古尔福德常量衡量等级（Guilford constant - sum scale)，它需要受访者给两个变量打分，两者的分数加起来是 10 分。下面这个问题就是这样一个例子。由于这种调查方式相当复杂，需要详细的解释以确保每个受访者明白怎么做。

在下面这个问题中，你需要给两个度假地按左边一栏的特色打分，两者的分数相加为 10 分。例如关于每个度假地提供的食物品质，如果你觉得 Corfu 的食物比 Majorca 的食物要好得多，可以给 Corfu 打 8 分，给 Majorca 打 2 分。如果你觉得两地的食物一样的好，可以各打 5 分。

特色	***Corfu***	***Majorca***
阳光灿烂而温暖	______	________
美丽的海滩	______	________
适合儿童的度假地	______	________
作为度假地价格适中	______	________

调查问卷的头几个问题应该是很宽泛的(*去年你度过假吗?*),随着访问的深入问题则越来越具体(度假时你的食宿条件如何? ……你对饭店提供的娱乐活动有何看法?)。与受访者个人相关的问题如年龄段、职业、收入等最好留在问卷的最后。由于很少访问需要了解受访者的确切年龄,所以在问到年龄时最好给出一个范围:

15~24	1
25~34	2
35~44	3
45~54	4
55~64	5
65 或以上	6
不回答	7

在给出所有的范围时必须注意各类别彼此不能重叠,但这种错误也不少见(例如,年龄段 25~35,35~45)。

不管问卷是由受访者还是由访问者填写,对于如何填写都应有清晰的提示。问卷的完成应尽可能的简单、快速。例如,应清楚地告诉受访者在相应的选项上画圈。

你在哪里买的机票? (在答案上画圈)

从航空公司	1
从旅行社	2
从自动售票机购买	3
从其他渠道	4
不知道/不记得	5

这将大大简化计算机对答案的录入和处理的过程。

有时候问卷中不得不使用开放式问题(open - ended questions),尽管完全开放式的问题在问卷中很少见,因为这会加大给这些问题的回答分类使之能在计算机中进行处理的难度。类似于"你认为英国航空公司如何?"这样的问题得到的回答可能分属很多不同的类别以至于很难处理。如果将这类问题改变成分别询问受访者对航空公司的服务、食物、可靠性等的看法,则效果更好。

使用半开放性的问题,如将问句补充完整式的问题将使答案更易于分类:

当我走进一家旅行社时,我首先寻找的是……

本章在最后展示了一个精心设计的完整的问卷,它大大简化了信息输入计算机接受处理的过程。随着价格便宜的个人计算机和调查软件的普及,调查材料的整理和交叉制表越来越容易,小公司也可以独力完成。

2. 观察法

科学的调查方式不管有多少优势,也会有局限性。其他的调查方式如观察法也能够有效地得到通过问卷得到的数据。然而,一旦观察法被认真看待,成为一种研究方式,就应该科学地实施。这就需要两个条件:一是在实施有序、持续的调查过程中应用科学的程序,二是观察者能够与观察对象保持一定距离以便用冷静、专业的态度进行观察。第二项条件对未经培训的观察者来说有一定困难,因为我们的生活经历造就了我们的态度和行为,后者很难摆脱前者的影响。因此大部分观察法只会在研究的试验性阶段使用,而且是由受过心理训练的专业研究者实施。然而我们也必须认识到,只要通过仔细的观察,即使是非专业人士也能收集到大量有用的信息。如旅行社的经纪可以观察走进店里并在架子上挑选宣传手册的客人的各种行为;航空公司的经理们也可以在机场观察人们如何办理登机手续以及乘客在候机时的各种表现。但在观察时我们必须记住,这不仅仅是"收集印象"。在实施观察时,我们可以用笔记的形式或录音机长时间地将各种行为方式具体记录下来。大部分的观察所得最后可能被证明没什么用,所以整个观察的过程既冗长又浪费时间和精力。然而在研究竞争对手的产品时,这种方法特别有用。例如一个饭店经营者想要知道竞争对手的更多信息以及他们是怎样处理大型会议组织者的咨询时,可能会以会议组织者的身份打电话到该饭店,看看他们是怎么处理客户的咨询的;或者他会坐在该饭店的大厅听听客人对饭店的评价以及前台的工作人员是怎样接待入住的客人的。一位美国的饭店经营者(显然他的雇员不怎么认识他)经常假装成饭店的客人以检查服务的质量。他通常会让电梯的司机或饭店的行李员推荐一个吃饭的好地方(推荐给他的总是一些别的地方而不是饭店自己的餐厅)。通过这种方式他发现员工的销售技巧培训还需要改进。

总的来说,虽然这种方式最适用于对某些情况进行的假设,但还可以帮助研究人员确定问卷中应包括哪些问题。

3. 神秘客户研究法

在观察研究法中最常使用的方法之一就是"神秘客户"(mystery shopper)观察法,即一个研究人员假扮成普通的客户按照一系列事先定好的标准对零售店的雇员和门市的整体表现给出反馈。例如,旅游行业杂志《旅游周刊》(Travel Weekly)每周对同一个镇或同一个区的四家零售门市店进行调查,这四家店包括独立经营的和连锁经营店。研究人员从五个方面给这些零售店的经营打分:

旅行社外观（15%）；产品信息（25%）；营业人员态度（25%）；宣传手册摆放（10%）；销售技巧（25%）。得分低于30%的零售店被评为“最糟糕的零售店”，得分最高的零售店将获得一张奖励证书。随着这项研究而来的媒体宣传给这些零售门市带来了压力使其雇员不得不表现得更好。其他可在公司内部进行的研究包括监听销售电话——电话销售中心员工培训的一个重要的部分——或者假装成一个潜在的客户给员工打电话，看看他们是如何进行推销的。不管是哪种情形，基于道德上的考虑，必须事先告知员工这种研究形式是公司监控员工表现的一部分常规制度。

4. 实验法

只要提到实验，总是让人想起实验室的景象。确实，一些与旅行和旅游业相关的实验需要在实验室的环境内进行，例如测试不同的广告对交叉挑选的顾客的影响。然而，有些实验可以在远离实验室的地方进行。一个旅行社的经纪人不停交换放在架上的宣传手册的位置，借此来观察对于顾客挑选这些册子的影响，就是在进行一项受控实验（controlled experiment）。航空公司测试飞机上的座位看看哪个对于乘客来说更舒服，或者一家旅游公司尝试推出不同路线、不同目的地的旅游产品，看看这些变化是否会对销售量和顾客的满意度有影响，这些都可视为实验的不同形式。这种方法有助于发现两个变量之间是否有因果关系，即一个变量的变化是否会导致另一个变量发生变化。除了描述因果关系外，实验的目的还包括为这种因果关系提供解释。

七、定性研究法与定量研究法

本章开头就提到了定性与定量研究之间的区别，而我们以上所讨论的大部分都属于定量研究的范畴，即收集数据以描述发生了什么，也就是在回答谁？哪里？何时？以及怎么样？这一类问题。对这些问题的回答可以通过问卷调查获得。然而使用问卷也有严重的缺陷。获得的数据的重要性取决于受访者是否诚实、准确地回答了问题，但是对于这一点我们却无法得知。问卷调查也无法帮助我们解释“为什么”的问题。例如，如果我们想要知道为什么人们选择坐渡船、火车或者开车而不是坐飞机去法国南部，受访者可能自己也不知道真正的动机是什么或者不愿意说出来。有些人可能不愿意承认害怕坐飞机，有些人可能是买不起火车票，因为如今有些路线的火车票比飞机票还贵，抑或有些人根本没有意识到不同的交通工具之间票价的差别。即使受访者百分之百的诚实，也不知道他们潜在的动机是什么。每个人的动机可以非常复杂，从而导致许多不同的结果,而问卷只能揭示出一些更明显的动机。

这就是有时我们会采用类似深度动机访问这样的定性研究方式的原因。这种研究方式较少使用结构完整的访问,因为它的目的是让访问者随意就某一话题发表意见。这种访问一次可能会持续两到三个小时,显然不能与那种只持续十分钟的街头访问采用同样的方式进行。这种访问需要有经验的研究者进行,这可能大大增加研究的时间和成本。然而这种研究非常有价值,它能够揭示一般性访问中各种回答的深层次动机。

另一个在市场研究中广泛使用的调查方式是小组访问(panel interview),有时候也称为中心访问(focus interview)。这种访问通常有六到八位消费者受邀参加,由一位技巧娴熟的访问者指导和带领,在一种轻松、随意的氛围中讨论跟研究相关的某一个产品或话题。在群体动力(group dynamics)的作用下,人们关于某个话题的深层次的感觉被激发出来,一个参加者的回答会引发小组中其他成员的评论。这个讨论的过程会被录下来以备将来分析之用,作为一种实验性的研究,这种调查有助于指导以后的研究方向。

其他定性研究的方式还包括投射性试验(projective tests),试验中受访者被要求将自己想象成别人。投射性试验的例子包括完成图画(picture completion)——受访者先仔细观察一幅漫画或插图,图中一个角色说了一句话,然后受访者通过想象第二个角色会怎样回答将这幅画完成。另一个例子是主题理解测试(thematic appreciation test, TAT)——测试中会出现一幅图画,图画描述了一个故事,受访者需要解释他们所理解的故事的内容。通过这个测试,受访者可以将自己想象成第三者来表达自己的观点。

科学研究这种方法的吸引人之处就在于研究方式的多样性,而且研究人员还在不停地寻找新的研究方式以保证数据的可靠性。汤姆森旅游度假公司(Thomson Holidays)多年前进行的一项革新性的研究就很好地证明了这一点。这家公司想要调查自己在消费者心目中的形象以及自己的形象和其他的旅游公司相比如何。在调查中它们也使用了投射性试验,但试验中它们要求受访者将几家知名的旅游公司想象成真人。通过这个试验,汤姆森公司发现自己在消费者心目中的形象是一个稳定、可靠的居家型男人,而实业旅游度假公司(Enterprise Holidays)则被想象成一个事业蒸蒸日上的年轻主管,托马斯·库克(Thomas Cook)公司被想象成一个吹毛求疵、爱发号施令的大地主。在这项研究中,汤姆森公司留给客户的形象是亲切、和蔼,对待客户就像“家长对孩子”一样。该公司细心、周到,具权威性和保护性的形象非常明显,这对主流的、不爱冒险的随团旅游的游客非常合适,但对更具经验、富有冒险精神的游客来说则不太适合。

为了了解不同旅游公司在消费者心目中的相关定位,第一选择旅游度假公司(First Choice Holidays)进行了一项定性研究,通过群体讨论来确定不同旅游公司在消费者心目中的情感价值(emotional values)。他们还应用了心理学上一种叫做交替心理分析(transactional analysis)的技巧仔细分析了本公司广告的"语气"和用语。简单地说,这使该公司确定了自己在旅游度假者中树立"自由自在"的品牌形象的目标。研究的结果确定了与该公司的名字和品牌相联系的"情感价值"以及广告中"成年人对成年人"的语气。这种结果将大大有助于策划公司的营销策略,也使公司知道了以什么为基础继续努力。

如今的营销研究越来越重视一些新的研究方式。例如,美国的一家博物馆试图找到什么样的展品最受欢迎。他们采取的调查方式是研究博物馆内地毯磨损的方式以及展品周围玻璃柜子上的参观者的鼻子留下的痕迹。两种方式都能很好地反映出不同展品受欢迎的程度。

尽管我们已经指出,许多定性研究方式不可能提供以数据形式反映的测试结果,它们还是能够解决许多更常用的研究方式所不能解决的问题,因此这种研究方式应在任何市场营销研究中占有一席之地。

事例 英国航空公司

英国航空公司 1987 年开始引进公务舱之前,使用了定性研究来拟定计划,用定量研究确定在已有的预算内计划实施的先后顺序。根据这些研究,公司选择了最重、最贵的座椅,而不是它们的工程师们青睐的最轻、最便宜的座椅。结果整个投资回收的时间从预计的两年提前到了九个月。

八、经济衡量模型

每个模型都包含着一系列的变量以及它们之间的相互关系,设计这些模型的目的是反映真实的生活经验。通过识别各个变量之间如何相互作用、相互关联,这些模型有助于对将来的情况作出预测。然而它们在旅游研究和预测中的应用并不太广泛,尽管有一些研究机构如 EIU 正在开发这些模型以便从宏观的层面对旅游业的未来走势作出预测。EIU 就利用这种模型显示了波动的汇率和通货膨胀率是怎样影响了国际旅游业的走势。这种类型的研究对公共事业部门的计划非常重要,并且对预测旅游贸易未来的销售量也很有用。这类模型也可以设计得比较简单,比如只显示广告支出对销售量的影响,以及这两者之间的关系是如何受到竞争对手的支出和自由支配收入的变化等其他的因素的影响。

由于有许多变量可以影响旅游业的发展和旅游者的行为，所以构建一个可以预测旅游市场变化的模型是一个复杂且颇费资金的过程，而且这个模型还需要不停地修改和完善。

研究的效果

尽管旅游业内的很多公司以及旅游公共事业中几乎所有组织都会进行某种形式的营销研究，还是有很多小公司不愿意从年度预算中拨出一部分资金进行研究。它们觉得这种研究并不准确而且太浪费资源，用于营销研究的资源完全可以用于其他营销支出，而且得到的效果会更好。从好的方面来说这只是一种短视的行为，从坏的方面来说这可能会带来灾难，只要想想经营者们在背景信息不足的情况下如果还持续将大部分资金用于新产品的开发会带来什么样的后果。即使是今天，还是有太多的老板仅凭着自己的直觉就买下一间间小旅馆或是新开一间间小旅行社。

研究从来就不会绝对的科学，但是它能够减少仅凭直觉所犯的错误。可行性研究是任何一个新项目成功的前提，不管是开办一家新公司，使用一个新标识或是开发一个新产品。总之，研究的成功有三个前提：

第一，研究必须获得充足的资源已保证项目的顺利进行，不管这种资源是时间还是金钱。好的研究是需要充足的时间才能完成的，想要立刻获得研究结果或是只分配极少资金进行研究的经营者们只会使研究缺乏必要的资金和时间，其结果的可信度也会不高。

第二，经营者们应该愿意接受研究的结果，即使这种结果与他们先前预计的相冲突。

第三，研究的结果应该得到应用。很多时候研究的出发点只是为了避免立刻作出决定。这导致花费了大量资金进行的研究最后被束之高阁而不是得到应用以帮助经营者对于公司未来发展作出更好的决策。

2003 年国家信托基金会游客调查

（游览地名）

亲爱的游客，能否帮助国家信托基金会提供一些您今天旅游的有关细节？我们一直致力于让您在所有的游览地都过得充满乐趣并增长见识。您所提供的信息能够帮助我们做得更好。我们的问卷会严格保密而且只需要几分钟就能完成。我们还附上了一个已贴好邮票、注明地址的回邮信封，您也可以将问卷带走有空时再将问卷完成。您只需选择正确的选项或在题后作答。我们希望问卷只由一个人完成。感谢您的帮助。

1 到访时间？
日期 ____________________
时间 ____________________

2 天气如何？
晴朗 □　大雨 □
多云 □　变幻无常 □
小雨 □　其他 □

3 您是国家信托基金会的会员吗？
是 □请到问题 5　否 □请到问题 4

4 如果您不是国家信托基金会的会员，就价格而言您如何评价门票？

	非常便宜	比较便宜	便宜	较贵	很贵
价格	□	□	□	□	□

如果您选择的是“较贵”或“很贵”，请给出理由。
____
____

5 您去过国家信托基金会的其他游览地吗？
是 □　否 □

6 您以前到过本游览地吗？
是 □请到问题 7　否 □到问题 9

7 上次到本游览地大概是何时？
去年 12 个月中 □到问题 8　3 年多前 □到问题 9
1 年多前 □到问题 9　不知道 □到问题 9
2～3 年前 □到问题 9

8 过去的一年（不包括这次）您大概来过本游览地几次？
一次 □　超过两次 □
两次 □　不知道 □

9 您是从何处得知本游览地的信息的？可以多选。

公共汽车车身广告*（请在下面注明在何处见到）	□	布朗路旁告示	□
火车内广告*（请在下面注明在何处见到）	□	文章报纸/杂志/电视/收音机	□
来过的游客/当地的信息	□	广告报纸/杂志	□
度假住地由人推荐	□	招贴海报	□
另一国家信托基金会推荐	□	历史遗址/城堡指南	□
国家信托基金会刊物	□	其他宣传册*（请在下面注明）	□
国家信托基金会简报	□	本游览地宣传册	□
国家信托基金会网站	□	国家信托基金会当地宣传册	□
其他网站*（请在下面注明）	□	国家信托基金会手册	□
地图上看到	□	跟团	□
朋友或亲戚	□	其他*（请在下面注明）	□
游客信息中心*（请在下面注明地址）	□		

*公共汽车站地址 ____________________
____
*火车站地址 ____________________
*网址 ____________________
____
*游客信息中心名称 ____________________
____
*宣传册名称 ____________________
____
*其他 ____________________
____

10 是什么特别吸引您到本游览地来？请选择三个最重要的特质。

参加某一活动	□	宁静、安详	□
研究某一景点	□	散步	□
购物	□	野生鸟类	□
餐馆	□	花园/园艺	□
距离很近	□	有导游带领游览	□
天气不错/放松一下	□	介绍性的谈话	□
接待朋友/亲戚	□	对信托基金会游览地感兴趣	□
带孩子玩/教育孩子	□	跟团	□
风景优美	□	其他	□
空气新鲜	□		

*如是其他，请注明*____________________

11 总的来说，你觉得今天在这里玩得愉快吗？如果有孩子一起来，请询问他们的意见。

	很愉快	愉快	可以	不愉快	令人失望
您	□	□	□	□	□
孩子	□	□	□	□	□

如果您选择“不愉快”或“令人失望”，请注明原因。

____

12 您今天是否购买了任何导游资料？

是 □请在下面注明　　否 □

如果是，请注明______________________

13 您今天是否去过本游览地内的商店？

是 □到 14 题　　否 □到 16 题

14 您怎么评价国家信托基金会商店。请在每行选择一个答案。

	非常好	很好	好	不太好	差	不知道
店内商品种类	□	□	□	□	□	□
今天店内服务	□	□	□	□	□	□
店内商品价值	□	□	□	□	□	□
商品价格	□	□	□	□	□	□
商品品质	□	□	□	□	□	□

如果您选择了“不太好”或“差”，请注明原因。

____

15 如果您喜欢，您还希望别的商品在国家信托基金会商店里出售吗？

是 □请在下面注明　　否 □

您还希望看到什么商品？________________

____

16 不包括门票，您和您的亲友今天花了多少钱？

____

________________________________英镑

17 过去的 12 个月，您是否在国家信托基金会游览地参加过任何活动，如音乐会、演讲或讲座等？

是 □　　否 □

18 今天您在这里大概待了多长时间？

不到 1 小时	□	2～3 小时	□
1～2 小时	□	3 小时以上	□

19 您今天从哪里过来？

自己家里	□	朋友或亲戚家	□
饭店	□	度假屋	□
家庭旅馆	□	其他出租屋	□
露营地/房车营地	□	其他	□

20 您的住地离这里有多远？

不到 5 英里	□	25～49 英里	□
5～14 英里	□	50～74 英里	□
15～24 英里	□	超过 75 英里	□

21 您今天是以何种方式到本游览地的？（仅选一项）

公共交通	□	步行	□
客车（旅游团）	□	汽车	□
出租车	□	将车停在别处走过来	□
骑自行车	□	房车	□
摩托车	□	其他	□
搭便车	□		

*如果是其他方式，请注明*________________

____

22 您今天休的是何种形式的假期？

离家休息一天	□	周末或短假	□
在本地出差	□	上午/下午外出散心	□
其他	□		

*如果是其他方式，请注明*________________

____

23 请确定国家信托基金会各项特点的重要性。1为最重要，9为最不重要。每个数字只用一次。

安详、宁静 ______
- 提供了散心的好去处 ______
- 展示了过去人们的生活方式 ______
- 花园 ______
- 野生动植物保护区 ______
- 乡村景色保护区 ______
- 家具收藏品 ______
- 艺术收藏品 ______
- 古建筑保护区 ______

24 请从以下方面给本游览地打分。从每行选择最适合的选项。

	非常好	很好	好	不太好	差	不知道
游客接待区	□	□	□	□	□	□
可看到有趣的东西	□	□	□	□	□	□
对该游览地生活和时代的有趣展示	□	□	□	□	□	□
儿童游乐设施	□	□	□	□	□	□
很容易找到路	□	□	□	□	□	□
关于本游览地的信息	□	□	□	□	□	□
今天在本游览地接受的服务	□	□	□	□	□	□
餐厅内接受的服务	□	□	□	□	□	□
茶室内接受的服务	□	□	□	□	□	□
食物和饮料的种类	□	□	□	□	□	□
食物和饮料的价格	□	□	□	□	□	□
供应的食物和饮料的品质	□	□	□	□	□	□
导游手册	□	□	□	□	□	□

如果您选择“不太好”或“差”，请注明原因。

____

25 如果您读报的话，您经常读哪类日报？您可选择多项。

每日电讯	□	泰晤士报	□
每日邮报	□	太阳报	□
每日快讯	□	星报	□
每日镜报	□	当地报纸（请注明）	□
每日信报	□	星期日报	□
金融时报	□	无	□
卫报	□	其他（请注明）	□
独立报	□		

请注明______________________________

26 请在横线上填入您的完整邮政编码。如果您不住在英国，请填入您的国籍。

*完整邮政编码或国籍？*______________

27 我们可以得知您和与您同来的客人的大概年龄吗？请标明你们的性别和年龄段。

	男性	女性
5岁以下	□	□
5～11岁	□	□
12～16岁	□	□
17～24岁	□	□
25～34岁	□	□
35～44岁	□	□
45～54岁	□	□
55～64岁	□	□
65岁以上	□	□

28 您属于哪个少数族裔？

白人	□	巴基斯坦人	□
非洲黑人	□	孟加拉人	□
加勒比海黑人	□	其他亚洲人	□
印第安人	□	其他	□

*请注明*______________________________

29 请指出您家提供主要经济来源的成员的职业（头衔）（如果他们已退休或因某种原因没有工作，请注明他们最后的职业。）

____

关于本游览地的更多细节

30 如您还有其他意见，请在此填写。

____

____

补充性问题(2003 年)

参观决定

非常感谢您的帮助

1 如果您看过一份国家信托基金会的宣传册,您是在哪里获得的?
- 另一国家信托基金会游览地 □
- 另一本地景点 □
- 旅游信息中心(TIC) □
- 图书馆 □
- 本地的住所内 □
- 送到我家的宣传资料 □
- 酒吧/餐馆 □
- 朋友/亲戚家 □
- 其他 □

*请注明*______________________________

2 是您对(本游览地)建筑和花园的了解吸引您到这里来的吗?

是 □ 否 □

3 以下两个吸引您到某一游览地的因素重要性如何?

	很重要	比较重要	一般	不太重要	很不重要
花园	□	□	□	□	□
建筑	□	□	□	□	□

4 以下的哪两组选项更好地解释了您今天游览的原因?(请仅选两组)
- 历史/建筑 □
- 室内陈设/艺术 □
- 园艺专家 □
- 业余园丁 □
- 文学 □
- 野生动植物 □
- 散心 □
- 散步/野餐(带或没带狗) □
- 购物/吃饭 □
- 陪同朋友/亲戚 □
- 其他 □

*请注明*______________________________

到游览地旅游

5 如果您是乘坐公共汽车到此地,公共汽车站容易找到吗?

是 □ 否 □

6 如果您是驾车来此,您在路上是否碰到下列情况?
- 道路施工引起的堵车 □
- 一般性堵车 □
- 其他司机超速行驶 □
- 其他司机的驾驶行为引起您的担心 □

7 您很容易就找到本游览地了吗?

是 □ 否 □

8 如果您驾车,是从哪个方向来?

东 □ 南 □
西 □ 北 □
其他 □

9 如果您驾车来此,您的车停在哪儿?
- 城堡区的国家信托基金会停车场 □
- 西街停车场 □
- Norden 换车通勤点 □
- 路边停车位 □

10 如果您将车停在换车通勤点

	是	否
您是走路到城堡区的游客中心的吗?	□	□
您是乘坐蒸汽火车到达Corfe 城堡的吗?	□	□
您是否获得了火车与城堡的联合参观折扣券?	□	□

11 您以前换乘过通勤火车吗?

是 □ 否 □

12 您今天使用过换车通勤服务吗?

是 □ 否 □

餐馆和咖啡馆

13 如果与您近期到过的同类餐馆或咖啡馆相比,请给您在此地的花费作出评价。

	贵得多	更贵	一样	更便宜	便宜得多
Barn Restaurant	□	□	□	□	□
Edgcumbe Arms	□	□	□	□	□

14 如果您没去餐馆，为什么？
（请选择所有适合的选项）

不饿或不渴	□	餐馆人太多	□
自带了食物	□	找不到	□
时间不够	□	其他	□
价格太贵	□		

*如您选择其他，请注明*________________
____

15 如果可以，您是否希望可以在餐馆内买到别的食物？
是　□　否　□
如您选择是，您还希望买到什么？
____

16 您是否注意到（本游览地）提供私人活动场地？
是　□　否　□

商品

17 如果您去过以下任一地方，您怎么评价那里的商品种类？（每行只能选一项）

	很好	比较好	一般	比较差	很差
礼品商店	□	□	□	□	□
花卉店	□	□	□	□	□
码头画廊	□	□	□	□	□

18 如果您购买了本地制造的商品，商品上的标签是如何标注的？
标签注明为本地制造　□　没有标签　□

19 如果您购买了本地制造的商品，它

很值得	比较值得	一般	比较不值得	很不值得
□	□	□	□	□

20 如果您购买了一件商品，您是为谁买的？

自己	□	邻居	□
家人	□	其他	□
朋友	□		

21 如果您在商店寻找某样商品，您能很快找到自己想要的东西吗？

	很容易	比较容易	一般	比较难	很难
购物	□	□	□	□	□

请解释您选择该项答案的原因。
____
____

22 您是否希望在商店、磨房或茶室还有其他商品出售？
是　□　否　□
*如果您选择是，请注明*________________
____

23 您会在下列时间仅仅为了去商店购物和/或去餐馆来本游览地……
平时的开放时间　□
圣诞节购物　□
吃一顿庆祝大餐　□
其他　□
请注明________________
____

24 您会仅仅为了购物来（本游览地）吗？

是	□	不知道	□
否	□	不适用此情况	□

25 您是否注意到（本游览地）有茶室和商店？
是　□　否　□

26 我们正计划在（本游览地）开设一间专卖本地特色食品的食品店，这对您决定去参观重要吗？

很重要	比较重要	一般	比较不重要	很不重要
□	□	□	□	□

27 您会仅仅为了参观这间特色食品店而到本游览地来吗？

是	□	不知道	□
否	□	不适用此情况	□

28 如果您是自费游客，您会只去这间特色食品店但购买全额的门票吗？
是　□　否　□

已参观区域

29 您今天去过本游览地的哪些地方?

花园	☐	商店	☐
餐馆	☐	画廊	☐

30 请指出以下哪些地方您没有去,为什么?

	以前去过	今天没时间	找不到	走路太远
接待处	☐	☐	☐	☐
古建筑群	☐	☐	☐	☐
卫生间	☐	☐	☐	☐
花园	☐	☐	☐	☐

31 请指出下列哪些地方您没有参观,为什么?

	以前去过	没时间	找不到	很难走到	太贵	不知道
古代建筑	☐	☐	☐	☐	☐	☐
庭园	☐	☐	☐	☐	☐	☐
儿童游乐场	☐	☐	☐	☐	☐	☐
庄园	☐	☐	☐	☐	☐	☐
遗址散步小道	☐	☐	☐	☐	☐	☐
茶室	☐	☐	☐	☐	☐	☐
商店	☐	☐	☐	☐	☐	☐

32 以下这些方面对您选择去任何一个地方散心有多重要?

	很重要	比较重要	一般	比较不重要	很不重要	不知道
棕色路标	☐	☐	☐	☐	☐	☐
有趣的景致	☐	☐	☐	☐	☐	☐
游览地生活与时代的有趣展示	☐	☐	☐	☐	☐	☐
儿童游乐设施	☐	☐	☐	☐	☐	☐
不会迷路	☐	☐	☐	☐	☐	☐
与景点有关的信息	☐	☐	☐	☐	☐	☐
景点的服务	☐	☐	☐	☐	☐	☐
食品与饮料的种类	☐	☐	☐	☐	☐	☐
食品与饮料的价格	☐	☐	☐	☐	☐	☐
食品与饮料的品质	☐	☐	☐	☐	☐	☐
商店内商品的种类	☐	☐	☐	☐	☐	☐
商店内商品的价格	☐	☐	☐	☐	☐	☐
旅游指南	☐	☐	☐	☐	☐	☐
导游陪同参观	☐	☐	☐	☐	☐	☐
散步小道	☐	☐	☐	☐	☐	☐
安全信息	☐	☐	☐	☐	☐	☐

信息

33 如果有孩子跟您同来，您怎么评价提供给他们的信息？

	很好	比较好	一般	比较差	很差
信息	□	□	□	□	□

如果您选择"比较差"或"很差"，请注明原因。

____

____

34 您今天到达时收到《欢迎到本游览地》的小册子了吗？

是 □ 否 □

35 当您正为了参观一个历史古迹寻找资料时，您希望获得什么形式的资料？

旅游指南 □ 展览 □
宣传手册 □ 传单 □
录音带 □ 询问服务员 □
录像带 □ 其他 □
导游陪同参观 □

*如果您选择其他，请注明*______________

____

36 您今天买过《旅游指南》或宣传单吗？请评价您今天购买的宣传资料。

	很好	比较好	一般	比较差	很差
彩色旅游指南	□	□	□	□	□
导游宣传单	□	□	□	□	□
儿童版旅游指南	□	□	□	□	□
庄园地图&散步小道指南	□	□	□	□	□
树林指南	□	□	□	□	□

37 如果您今天没有购买《旅游指南》，为什么没有？

没人提供 □ 不够有趣 □
太昂贵 □ 其他 □

*如果您选择其他，请注明*______________

____

38 如果您购买了《旅游指南》，您如何从以下方面评价？

	很好	比较好	一般	比较差	很差
价值	□	□	□	□	□
容易理解	□	□	□	□	□
信息深度	□	□	□	□	□
信息有趣	□	□	□	□	□

39《旅游指南》中提供的信息有用吗？

很有用	比较有用	一般	比较没用	很没用
□	□	□	□	□

40 您今天参观用到了《欢迎到本游览地》的哪些信息？（可选择多项）

介绍性录像 □ 彩色旅游手册 □
口头介绍 □ 短程导游 □
导游陪同参观 □ 儿童导游 □
语音导游 □ 其他 □
免费欢迎宣传单 □

*如果您选择其他，请注明*______________

____

41 我们提供信息的方式应该如何改善？

____

____

42 请按重要程度给这些您将来来此参观需要的信息排序。1是最重要，9是最不重要。

介绍性录像______________
口头介绍______________
导游陪同参观______________
语音导游______________
免费欢迎宣传单______________
彩色旅游指南______________
短程导游______________
儿童导游______________
其他______________
*如果您选择其他，请注明*______________

____

43 当您寻找与花园有关的信息时，能找着吗？

是 □ 否 □

44 如果您参观了博物馆，您特别想获得哪方面的信息？

建筑物的历史 □
图片和内容介绍 □
在那里工作的人 □
建筑艺术 □
历史保护 □
生活方式 □
参观的内容和自己动手做的事 □
其他 □

45 您认为可供查询的信息量是

太少 □ 太多 □
刚刚好 □

46 在今天的参观过程中，您使用了哪些信息帮助您找到路？（可选择多项）

免费欢迎宣传单 □ 路标 □
旅游指南 □ 信息指示牌 □
已知信息 □ 工作人员／志愿者提供的信息 □

47 您注意到《欢迎到本游览地》提供导游服务吗？

是 □ 否 □

48 您还想获得关于《欢迎到本游览地》的哪些信息？

____

____

____

____

49 如果《欢迎到本游览地》提供短时间的（5 分钟）口头介绍，您会去听吗？

是 □ 否 □

50 如果您参观了中心和所有展品……

	是	否	不适用
它对您了解古城保有帮助吗？	□	□	□
它适合孩子们参观吗？	□	□	□
您带来的孩子喜欢它吗？	□	□	□

展览可以如何改进？________________________________

____

____

____

51 如果您没有参观《城堡景色》的展览，有什么特别的原因吗？

____

____

52 您利用今天的导游陪同参观服务了吗？

是 □ 否 □

53 如果是，您如何评价导游陪同参观？

很好	比较好	一般	比较差	很差
□	□	□	□	□

54 如果没有，是因为

出发的时间不方便 □ 不知道有导游服务 □
——今天没有导游服务 □ 宁愿自己参观 □

会员资格

55 今天以前您是国家信托基金会的会员吗？

是 □ 否 □

56 如果您曾是国家信托基金会的会员，您今天是被邀请到这儿来参观的吗？

是 □ 否 □

广告

57 过去的三个月在以下的媒体中您看到过任何与本游览地有关的信息吗？

报纸／杂志文章 □ 收音机广告 □
报纸／杂志广告 □ 电视报道 □
收音机报道 □

58 您在以下媒体中看到过国家信托基金会的广告吗？（可选择多项）

收音机 □ 宣传单 □
报纸／杂志 □ 其他 □
招贴画 □

请详细注明________________________________

____

59 这些广告对您今天决定到这里参观起到了多重要的作用？

很重要	比较重要	一般	比较不重要	很不重要
□	□	□	□	□

60 如果您是本地的居民，您通常阅读哪些本地报纸？

____

____

演出及活动

61 您会对本游览地提供的一系列演出感兴趣吗？

是 □ 否 □

62 您今天来这里是因为某一项特别的活动吗？
是 □ 否 □

63 您在活动日（某一特别的活动/展览举行的日子）到访过本游览地吗？
是 □
否 □
不记得了 □

64 如果前一题您回答了“是”，请选择与事实相符的一句话。
我来是因为某一特别的活动/展览 □
我就是那天来了，没有特殊的原因 □

65 您是如何得知这一活动/展览的？
本地新闻媒体广告 □ “2002 年本地活动”宣传单 □
收音机 □ 别人转告 □
电视 □ 其他 □
*如您选择其他，请注明*______

服务和价值

66 您如何评价在以下区域接受的服务和帮助？

	很好	比较好	一般	比较差	很差
接待处	□	□	□	□	□
商店	□	□	□	□	□
茶室	□	□	□	□	□
古建筑	□	□	□	□	□

67 请您从价格的角度评价以下区域。

	很好	比较好	一般	比较差	很差
商店	□	□	□	□	□
餐馆	□	□	□	□	□

68 请您从价值的角度评价今天的参观。

很好	比较好	一般	比较差	很差
□	□	□	□	□

租用设备

69 在本游览地您愿意租用以下设备吗？

	是	否
语音导游设备	□	□
望远镜	□	□

总体参观感觉

70 今天参观的过程中，有什么是您特别喜欢的？
______
______
______

71 如果有孩子跟您同来，有什么是他们特别喜欢的？
______
______
______

72 请从以下几方面对本游览地作出评价。（每行仅选择一个）

	很好	比较好	一般	比较差	很差
New Drake 屋顶	□	□	□	□	□
New Drake 日晷窗户	□	□	□	□	□
今天参加的任一活动	□	□	□	□	□

如果您选择了“很好”或“很差”，请注明原因。
______
______
______
______

73 就您个人而言，有什么原因使我们的游览地成为对您很特殊的一个地方吗？
是 □ 否 □
如果是，能否告诉我们为什么？______
______

74 您最近去过以下任一国家信托基金会所属的游览地吗？（可选择多项）
（本地游览地名单） □

75 您今天参观本游览地后，对这里的安全性评价如何？

很安全 □ 不安全 □

安全 □ 很不安全 □

请给出详细信息 ________________

____

____

76 您今天参观时看到了执勤的多塞特警局海滩巡逻自行车了吗？

是 □ 否 □

狗和垃圾问题

77 与您同来的游客中有人养狗吗？

是 □ 否 □

78 如果有，今天他(她)带狗来了吗？

是 □ 否 □

如果没有，请告诉我们为什么？ __________

____

____

79 您认为带狗来本游览地会带来问题吗？

是 □ 否 □

80 您认为本游览地存在乱扔垃圾的问题吗？

是 □ 否 □

关于本游览地

81 您今天参观时是否在庄园的小路上散过步？/您将来参观时还会在那里散步吗？

	是	否
今天是否在庄园散过步？	□	□
将来还会在那里散步吗？	□	□

82 您对庄园内标示的道路有什么意见吗？

____

____

____

____

83 在您来此参观前，您知道这里的限时进入的规定吗？

是 □ 否 □

84 您进入花园时需要等候吗？如果是，您等了多长时间？

我没有等候 □ 90 分钟 □

30 分钟 □ 2 小时 □

1 小时 □

85 这种等候会使您不想再来吗？

是 □ 不知道 □

否 □

86 本游览地目前冬季与夏季的周四与周五不开放，您希望开放时间有所变化吗？

是 □ 否 □

如果您选择是，请注明您希望的开放时间及原因。

____

____

87 如果本游览地全年开放，请选出您最想来参观的月份。

1 月 □ 7 月 □

2 月 □ 8 月 □

3 月 □ 9 月 □

4 月 □ 10 月 □

5 月 □ 11 月 □

6 月 □ 12 月 □

88 如果本游览地每日开放，请选择您最想来参观的三天(仅选择三项)。

周一 □ 周五 □

周二 □ 周六 □

周三 □ 周日 □

周四 □

本游览地的改进

89 我们很抱歉，由于 2001 年的一项建筑工程还未完工，您现在使用的某些设施是临时性的。对以下相关信息您完全了解吗？

	是	否
正在进行的建筑工程的名称	□	□
实施的原因	□	□
实施的方式	□	□
临时性设施的位置	□	□

90 我们正计划改变本游览地的生活展示和表现方式，如果您能给予一些建议，我们将非常感激。

	是	否
给展示物增添一些活力和色彩	□	□
重建	□	□

91 我们正计划改变本游览地的一些展示物和表演，如果您能给予一些建议，我们将非常感激。

____

____

____

____

92 在新的“展示和表演”中您想看到什么样的设施？

____

____

____

93 如果我们设有一个儿童游玩区，您会有可能到本游览地来吗？
更有可能 □　　不太可能 □
没有影响 □

94 从 2003 年起，为了保护的目的我们将每周关闭“展示和表演”一天。您最不想在哪天到那里参观？（只选择一项）
周一 □　　周五 □
周二 □　　周六 □
周三 □　　周日 □
周四 □

未来

95 如果您能为即将到此参观的游客改变一样东西，那会是什么？

____

____

____

96 您将来还会到本游览地来吗？
（只选择一项）
是的，就在今年 □　　不可能 □
可能 □　　不知道 □

97 如果跟您一起来的孩子有选择，他们愿意再来吗？
是 □　　不知道 □
否 □　　不适用 □

98 您会为了只是来以下的任一区域而到本游览地来吗？

	是	否
商店	□	□
餐馆	□	□
画廊	□	□
洗手间	□	□

99 以下哪些会让您想要再度参观本游览地？
古建筑内的另一风貌 □
花园 □
展览 □
家庭聚会 □
儿童活动 □
画廊举行的新展览 □
在茶室/参观吃饭 □

100 什么会让您再度造访本游览地？

____

____

____

问题与讨论

1. 在回程的飞机上由旅游公司或航空公司向客户发放满意度调查问卷，这已经成了一项惯例。有时候是由度假地的导游向游客发放问卷然后收回。通常这些问卷中也会有一些问题是调查游客对导游的满意度。

这一策略会带来什么样的后果？这种方式能保证结果的有效性和可靠性吗？这种方式会涉及什么样的道德问题？获得信息有更好的方式吗？研究的保密性能得到保证吗？调查者的一再保证“表格会被密封，我根本看不到”能够消除客户的疑虑吗？

2. 一个旅游专业的学生，在暑假实习时成为了地中海某一度假地的导游。作为论文的一部分，她在度假者和导游中做了一个正式的调查，想要了解人们对于艾滋病毒和艾滋病的恐惧会在多大程度上影响他们的性行为。

这种研究在道德方面有哪些应该注意？她的导师应该劝她放弃这项研究吗？她应该获得哪些忠告？

（请注意：这项研究的成果是非常有价值的。调查结果：只有导游会更加的小心，游客们大都毫不在乎！）

3. 为以上的研究设计一个方案，为你采取的研究方法给出理由，并对你将遇到的困难作出估计。

4. 以调查问卷为基础，自己设计一份问卷，调查你所选取的某一游览地的游客的市场以及他们在那里旅游时的行为。在你的同事中分发问卷。你的问卷因此做了哪些改动?问卷中有哪些问题如果使用定性研究方式可以得到更好的答案？

5. 与同事讨论如何设计一个调查，目的是获得一个离你最近的度假地的游客的市场资料。找到一份该度假地提供的问卷，找出最适合街头访问的问题，并且解释你选择这些问题的原因。你的抽样方式可能会产生哪些偏差？

6. 找到你所居住的城镇或地区现存的游客总人数和资料的来源。对现有市场而言还需要获得哪些资料？现有的资料还存在哪些不足？

在研究预算限制的范围内，建议应该采取哪些行动来获得还未获得的资料。

练习

分成各个小组设计一个观察练习，可以为本地的某家旅行社提供与客户有关的定性研究资料。完成练习，并将研究结果报告给这家旅行社。

参考文献

1 Daymon, C and Holloway, I, *Qualitative Research Methods in Public Relations and Marketing Communications*, Routledge, 2002

2 Ibid, ch 5

3 Economist Intelligence Unit, *Choosing Holiday Destinations: the Impact of Exchange Rates and Inflation*, London, EIU, 1987

推荐阅读

Brassington, F and Pettitt, S, *Principles of Marketing*, Prentice Hall, 2nd edn 2000, ch 6

Churchill, G and Iacobucci, D, *Marketing Research: Methodological Foundations*, South Western, 8th edn 2002

Finn, M, Elliott – White, M and Walton, M, *Tourism and Leisure Research Methods: Data Collection, Analysis and Interpretation*, Longman, 2000

Goodson, L and Phillimore, J(eds), *Qualitative Research in Tourism*, Routledge, 2004

Ryan, C, *Researching Tourist Satisfaction: Issues, Concepts, Problems*, Routledge, 1995

Veal, AJ, *Research Methods for Leisure and Tourism: a Practical Guide*, Longman, 2nd edn 1997

第四章

旅 游 市 场

学习目标

通过学习本章,要达到以下目标:

- 了解消费者需要与消费者欲望的区别
- 了解影响消费动机和消费需要的各种因素
- 了解心理学和社会学意义上的消费者购买行为基本原理,因为这些基本原理与消费者购买行为有关联
- 在旅游营销中应用行为学理论
- 了解市场细分原理及其在制定营销计划中的作用

一、引言

旅游广告激发了游客对景点的向往，游客期盼着自己的梦想能够成为现实。旅游机构把游客带进一个图画般的世界。

小柯里潘道夫著《度假者》第 33 页

营销学中的“消费者”通常指个体消费者，“市场”则指某个或整个消费者群体，所以市场可以定义为某一种或某一系列产品的特定消费群体。

这里的“特定消费群体”是指可以用某一个或一系列变量来衡量区分的任何一个消费群体。举个简单的例子，50 岁以上的人，或 18 至 30 岁的人按照年龄很容易和其他消费者区分开——在英国两者都是专业旅游经营商的目标消费群体。这两个市场人数好计算，规模可观，值得制定专门的战略，并可以通过专业杂志或其他手段与之交流。营销人员应该充分了解影响市场的各种因素以及其中消费者的行为，以制定可行的市场战略。

旅游者就是购买各种旅游服务的消费者。如果旅游企业的人能够了解谁购买了它们的产品，为什么购买它们的产品，就能量体裁衣，让产品更加适合顾客的胃口，并更好地选择广告或其他营销手段推销自己的产品。

我们曾提到过，旅游业的许多研究经费都用在研究旅游者买了什么、什么时候买的、哪儿买的、怎么买的等问题上。无可否认，这些信息都很重要，但是不能解释顾客为什么购买这种产品。比如说，为什么有些游客选择去佛罗里达而不去希腊度假？除了成本还有什么因素？他们为什么选择英国航班而不乘坐弗吉尼亚航班？为什么选择自助游不选择旅游团？为什么选择直接在航空公司订票而不在当地旅游代理商订票？诸如此类的问题对制定营销计划非常有用。

二、消费者需要与消费者欲望

就像本书的其他部分，我们先讲述基本原理，然后把原理和旅游业结合讲解。现在就从消费者的需要和欲望讲起，了解一下什么是需要，什么是欲望。

作为消费者，我们会经常说起需要一台新电视，一件新衣服，一次度假等等。我们真的需要这些东西，还是在表达想要更多商品或服务的欲望？所有发达国家都致力于增加物质消费，国民生产总值（GNP）是衡量一国物质财富的重要标准，也是一个国家成功与否的重要标志。一旦现有的需要得到了满足，我们就会有新的要求。这样一来，需要和欲望就越来越难区分了。许多人都会对着满满一衣柜的衣服抱怨度假没有衣服可穿。这些想买来穿去国外度假的新衣服究竟能够多大程度上满足人的需要？

要回答这个问题，首先的弄清楚到底什么叫需要。人类有生存的基本生理需要：比如吃、喝、睡眠、保暖的需要，繁衍后代的需要等等，这些都是人类生存所必需的。但除此之外，人类还有心理上的需要：爱别人和被别人爱的需要，自尊心的需要，自己的能力得到别人认可的需要，地位需要，尊敬需要等等。而且，每个人都想称职，想控制大自然，想自己的利益得到别人的理解。亚伯翰·马斯洛把人的需要分为几个等级（见图4.1），基本需要得到满足才会有更高一级的欲望，吃住需要得到满足后（“满足”是根据所在文化群体而定的）才会想到自尊心或控制大自然。

人们对需要的认识受信仰和行为的影响，而且和知识观念关系密切。就拿

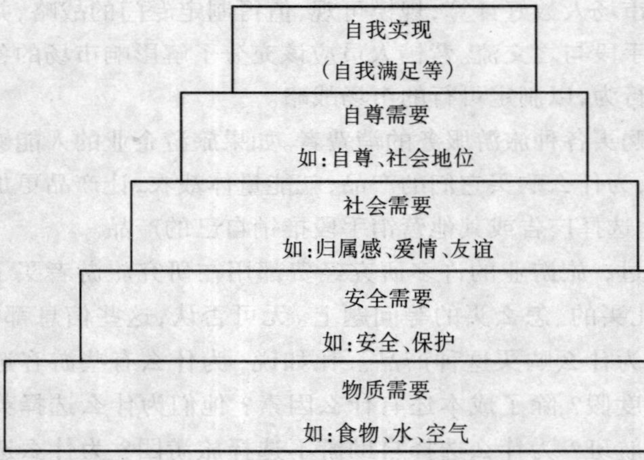

图4.1　马斯洛的需要等级图

买车来说，从最基本的层面看，车能为我们提供交通工具，而且买车需要经济基础。开车比坐公共汽车方便，买的车应该价格合理、性能可靠、维护保养方便、宽敞舒适。某款车的设计吸引我们，可能因为它漂亮，或是速度快，开跑车让人羡慕，显得有地位。各种颜色的车都能吸引顾客，我们可能想买辆宽敞的车以显示自己富有。买车和买别的东西一样，反映了我们看待自己的方式——我们眼中的自己是什么样子。

本书不是要对个人生活方式品头论足，而是提醒读者注意影响消费行为的各种动机，尽管不一定所有动机都健康。在这儿要强调一点，不论购买旅游产品还是其他产品，影响每一个购买行为的因素都十分复杂。

1. 依据需要和欲望细分市场

人的基本物质需要是一样的，但为什么不同的国家和地区的人物质需要会有差别？为什么美国人喜欢快餐，但坚持要立刻得到服务且同时喝杯冷饮，而法国人却认为吃饭是一天中最重要的事，可以边吃边聊，最好能再喝一杯红酒？为什么英国对个人电脑和录像机的需求是世界上最高的？为什么法国的牙膏销量相对其他西方国家较小？

本章重点分析把消费者市场区分开来的各种变量。这种依据变量细分市场的过程被称为市场细分。几乎没有哪个公司的产品能同时满足不同人群的需要，同样也没有哪个公司无法分割其产品市场。市场细分的方式有四种：依据地理变量、依据人文变量、依据消费心理变量、依据消费行为变量。下面对这四个变量逐一进行阐述。

(1)地理细分

也许最简单的分割消费者市场的标准就是居住的地方。可以根据不同的洲（如欧洲和北美洲），不同的国家（如加拿大和美国），或是地区、县、镇等更小的单位细分市场。同一个国家或几个国家可能拥有同一种文化，但营销人员应该认识到即使同一个国家或文化背景相同的几个国家也存在文化及其他方面的差异。比如，美国北端和南端气候迥异，当地人对产品和服务的需求一定不同。欧洲南端和北端的国家，美国南部和北部各州文化差异很大，气候的差异绝不是唯一的原因。即使像丹麦和瑞典，加拿大和美国这种我们认为消费特征相近的国家也表现出大相径庭的消费者行为特征。

(2)人口变量

人口变量包括年龄、性别、家庭组成和规模、生命周期、收入、职业、教育背景、民族背景等。营销人员不仅应该关注当前的人口统计数据，也应关注人口的发展趋势。例如，敏特公司(Mintel)的一项常规调查显示：英国出生率的下降导致家庭规模不断缩小，英国的度假模式也因此受到一定程度的影响。“英国住户统计调查”定期人口抽样调查显示，不久的将来，英国 45~54 岁，55~64 岁两个年龄段的人口数量将会有大幅上升，但上升最快的当数 65~74 岁这一年龄段。而且，单亲家庭数量会大量增加，达到约 340 万，其中 30% 以上都是 60 岁以上的单亲家庭。认识到这一趋势的旅游代理商，如阔尼旅游集团(Kuoni)，第一选择(First Choice)，萨迦假日(Saga Holidays)等，纷纷对此作出回应，适时增加了单身游、单人房间和游船单人包间等服务。当然，为了避免收入降低的风险，这些服务通常会避开旅游旺季。

一国年轻人的数量稳定或有所减少，而老龄人口不断增加等信息对专门针对老年人或年轻人开展旅游服务的旅游经营商来说无疑是十分重要的。

对消费者可支配收入有更好的了解有利于营销策略的制定（这里的可支配收入是指交完抵押贷款、保险、税收及其他主要家庭支出后剩下的可以购买产品和服务的钱）。在英国，可支配收入较多的两大人群是单身年轻人和“空巢者”——年龄在45岁以上，子女已经独立，在未来的15年内都有较为可观的收入的夫妻二人。发达国家的一个突出特点就是出生率下降，导致年轻人数量不断减少，中老年人口不断增加。这些中老年人口就是旅游业巨大的潜在市场，尽管他们对广告比较反感，对他们作宣传会有点困难。

一种常见细分市场的方式是把地理和人口因素结合起来，通过综合分析人口统计数据和邮政编码，就可以根据地理人口特点细分市场。英国CACI信息服务中心“居民区分类项目”依据年龄、家庭结构、生活方式、收入等标准把英国人口分为六大类，又进一步细分为17组54种类型。这六大类是根据行为特征划分的，据调查，居住在同一地区的人通常会有相似的背景和生活方式。这六大类人口中潜藏很大的商机，它们分别是：

a. 富裕型(thriving)
b. 扩张型(expanding)
c. 上升型(rising)
d. 稳定型(settling)
e. 抱负型(aspiring)
f. 奋斗型(striving)

第一类（伯明翰的索利赫尔区就是一例）包括居住在市郊的富有的成功人士、领取颇为可观的养老金的老年人和乡下生活富裕的老年人。这一类比较喜欢山湖地区的旅游；第三类指不断壮大的城市族，比较喜欢短暂的城市游；第二类和第四类主要是一般技术人员家庭，通常比较喜欢到海边度假。CACI信息服务中心最近又推出“莫尼卡”项目，声称只需根据姓氏和邮编就可以相当准确地给出每个人的性格、社会地位、年龄等。

销售人员借助电脑绘图，根据各项人口地理因素推断出最可能喜欢该公司产品的人群，并做成数据库，通过邮寄和其他营销手段直接和他们联系。旅游代理商经常通过邮寄方式和目标消费人群联系。

各国家，各民族都有自己的民族和宗教特点，这些是行为学理论分割市场的重要参照变量。近几年欧洲有大批来自西印度群岛、巴基斯坦、孟加拉国、中国、印度等国的移民，新近又有大批越南、伊拉克、阿富汗和巴尔干国家的难民涌入，其中大部分居住在英国和欧洲大陆的主要城市，因为在那儿能找到与他们文化背景相同的人。这些人群引发了对特殊食物、衣物及其他产品和服务的需求（包括往返祖国和现居住国家的长途客机的需求）。德国新出现不少专业旅游代理商以满足移民工带来的巨大境外旅游需求，如来自土耳其和前南斯拉夫的民工定期回国度假和探亲。纽约有很多犹太人，周末有很多人去卡茨基尔山（Catskill mountains）和迈阿密海滩（Miami Beach）度假，当地的饭店适时推出犹太菜谱，如熏鲑鱼和硬面包圈。

事例

一家英国饭店老板发现来英国旅游的日本游客增加迅速，但他们大多对文化和语言障碍有恐惧心理，而且吃不惯西餐。于是这位老板决定亲自学日语，并雇用了日本厨师，在房间提供绿茶和酱汤，而且在日本报纸杂志刊登广告。这一举措十分成功，大批日本游客住进她的饭店。

(3)消费心理变量

上面提到的几种细分市场的方式并不能帮助销售人员了解每个人的消费动机。比如有多少人喜欢彩色衬衫而不喜欢白色衬衫？年轻人穿天然布料（棉、亚麻、羊毛）不穿合成布料做成的衣服到底有多重要？有钱人选择长途文化旅行还是滑雪假日是由什么因素决定的？要回答这些问题就得更多了解消费者的心理需要和文化氛围。

每个国家和地区都有其独特的文化和价值观。比如英国人比美国人更注重隐私，所以对花园栅栏的需求就相对较多。游览英国公司的海外旅游市场调研中曾调查了赴英国旅游的不同国家游客的假日需求，发现德国人大都热爱美和艺术，懂得欣赏环境，注重身体保健，他们比较喜欢清洁简单，能提供健身设施和新鲜食品的旅店，如有着浓郁当地风情的家庭旅店。面向德国旅客的宾馆如果能掌握这些信息，会对市场方案的基本设计有非常大的帮助。

如果能根据民族和国家把人简单分为几种，那生活就简单了。但是一个国家内部民族差异巨大，行为特征不同，使得*亚文化*行为差异更加复杂。英国南部对所谓健康食品的要求比北方高得多，英国北部流行的豆泥在南方就卖不出去。像考文垂、不拉德福德、莱斯特等亚洲民族聚集的地方对民族食品的需求就较多。欧洲和北美，美国南部和北部及其东部和中西部的文化差异都很大。美国销售人员传统上都把美国市场分为九个部分（尽管美国公司在其他地方销售产品时会经常忽视这种地区差异）。

*社会阶级*主要依据家庭主要成员的职业来划分（现在一般定义为家庭主要收入来源者）。职业属于人口变量范畴，阶级尽管和职业密切相关，却属消费心理变量范畴。这种划分方式已经没有以前那么流行了。发展中国家的品味和行为差异不大，而且职业和所购买的产品也没有直接的联系。很多像管道工这样的技术工人的收入比像大学讲师这样的白领还高，管道工去长途旅游也很常见，供子女上私立学校的技术工人可能比所谓的中产阶级都多。

英国沿用到 1998 年的社会分级体系把人口分为六大社会经济群体：

A　高级管理、行政及专业人员

B　中级管理、行政及专业人员

C1　监管人员、办事员和下级管理人员

C2　熟练技术工人

D　非技术工人

E　退休人员、无业人员、临时劳务人员和最底层工人

依据这种分类方式，ABC1 属于中产阶级，C2 和 D 属于工人阶级。至于 E 类，尽管很难定义他们的社会阶级，但总体来说属于社会低收入阶层。其他欧洲国家划分社会阶层的标准也都大同小异，大多依据职业划分。1998 年英国官方推出划分社会阶层的体系，把人口分为 17 个阶层。划分标准包括所在单位规模、合同、福利、工作稳定性等。按照这一体系，高层收入是低层收入的七倍。尽管这一体系有助于依据购买力划分各阶层，但我们还是无法知道每个类别里购买力的差别。

对旅游代理商来说，还有一个重要的信息，那就是各人群度假时间。很多经理和专业人员回家也得加班，很少有闲暇时间。相对来说，体力劳动者享受早九晚五的八小时工作日，每年还有四到五周的年假，平均每年有时间参加两次或更多的境外游。

到这儿，我们已经学习了怎样依据国家、民族及其他背景划分消费者市场。除此之外，还有两个特殊人群需要研究，*周围人群*和*参照群众*。尽管这样的研究在性质上属于社会科学，但也可以从消费心理角度研究。

①周围人群

首先说说周围人群，周围人群通常指和一个人的生活紧密联系的人，包括同学、同事、朋友、亲戚、近邻等。一个人很可能遵从周围人群的规范和价值观，也就是说后者对个人的购买行为有很大的影响。想想我们上学时多想模仿同学的衣服和发型，你就会知道周围人群的影响力有多大了！像“紧跟琼斯步伐”这样的说法真实地反映出想追赶邻居购买模式的愿望。

事例 专业假日公司

专业假日公司试图改善其产品形象，和大旅游代理商竞争，推出去 Laskarina 和珈蓝神殿的希腊旅游团，声称加入它们的旅游团就会找到志同道合的人。这比低廉的价格更有吸引力。

②参照群众

除了关系密切的人群，生活中还有那些我们想要与之联系的人，也许因为崇拜，也许因为想追随他们的生活方式。这些参照人群其实对人们的购买行为有很大的影响，尤其是影视明星、足球或其他体育明星、皇家成员等，他们都是引领发型和时尚的先锋。很多人都崇拜明星，想模仿他们的生活方式，购买偶像买的产品。某种产品一旦得到明星的宣传，销量往往会大增，比如电影明星做香皂或香水的广告。所以很多商家都尽力让自己的产品和名人挂上钩。插图 7.4 就是不错的英国电视明星做的新婚旅游的广告。

大家都想追随上流社会的生活方式，这就产生了“引导效应”。好多产品刚推出时只有有钱人才买得起，后来慢慢进入平常百姓家，同时有钱人继续寻找新的产品，以显示自己高高在上。像备忘记事本、羽绒被、咖啡机、百叶窗等都是这样的例子。这种现象在旅游业也同样存在，圣特罗佩、昂蒂布近几年来就从高档度假中心转变为大众旅游胜地。上流社会的人总喜欢非大众型的高档消费，但随着长途旅游价位的不断下调，这样的地方越来越多的成为大众消费者的度假场所。价格也并不是唯一的因素，随着人们受教育水平的不断提高，消费者的品味也变得越来越复杂，越来越多的大众旅游者选择文化氛围浓厚的旅游地点。

社会阶层不仅是由职业和收入决定的，还与规范和价值观有关。所以销售人员真正应该关注的不是社会阶级，而是*生活方式*——各社会群体选择的生活和消费方式。各个人群中都有另类，但他们选择产品和服务时同样会受周围人群和参照群众的影响。他们会更喜欢健康原食物、天然衣料（手工胜于机织）、民族时尚设计、简单的民俗家具，会尽量少用化妆品。但需要指出的是，目前尽管这一人群对人们的消费方式产生了较大的影响，但人们对他们的旅游度假习惯还了解甚少，只知道他们可能更容易接受可持续旅游的理念。近年来，一些专业旅游代理商纷纷推出新型旅游团以迎合这一迅速增长的特殊人群的需要。有一家小旅游代理商推出法国自行车假日游；还有旅游代理商专为素食主义者推出素食游。独立旅游代理商协会（AITO）所属的小旅游代理商能更好地迎合这一市场需要，市场细分的进一步运用将在本章的后半部分讲述。

(4)消费行为变量

我们已经对消费者行为模式进行了总体分析。但要想有更全面的认识,还应该了解他们作为个体的行为方式。研究人类行为的理论五花八门,但有一点是大家公认的,影响产品选择的变量很多,而且相互之间的关系十分复杂。本章主要是对消费者选择作个简要介绍,帮助读者了解市场营销是怎样帮助消费者选择产品的。

描述消费者反应的模型有很多,霍华德和西斯认为,所有消费者的行为都可以分为三个阶段:第一阶段叫早期粗略解决问题阶段,这一阶段的消费者对要购买产品或品牌都知之甚少,他们会通过各种渠道获取信息;第二阶段叫进一步解决问题阶段,在这一阶段选择范围已经缩小,信息搜集也更直接;第三阶段叫做惯例行为,这一阶段的购买行为多数出自于习惯或是从以前购买的产品中得到的满足感。

消费者购买某种产品肯定是认为这种产品能最好地满足他们的需要,也就是想购买这种产品带来的*利益*。想购买减肥产品的消费者一定想选择低热量、有营养、味道好、价格合理的产品。他们对产品的了解一部分来自从前购买同样或同类产品的经验,一部分依靠来自各种渠道的信息。获得信息可能是主动的(消费者有立即购买的需要),也可能是被动的(消费者获得信息为以后使用)。信息的来源可以是商界,可以是社会。商界提供各种产品信息,刺激消费者购买——比如做广告宣传产品的质量、价格、服务以及它独有的品质。社会信息来源包括家人和朋友的推荐及报纸、期刊或其他媒体对产品的介绍等。本书前面提到的各种变量都是消费者获取信息的来源,如社会阶级、个性特征、文化和群体影响,以及像金融手段、时间压力、购买重要性等经济影响。个人的购买行为主要还是取决于他看待这一新产品的方式。研究表明,个人的购买决定主观性还是很强的。我们通常会把太简单、太复杂或太熟悉的信息过滤掉,更容易接受以前对我们有过影响的信息。例如,我们想去度假的时候会更留意各种假日广告,但对信息的理解是有偏颇的:有时会扭曲信息,让其和自己头脑中的框架相吻合。许多没去过英国的人都认为那儿不是下雨就是有雾,这种认识对英国旅游局扩展海外市场造成了很大的障碍,通过亲身经历和家人朋友的推荐这种偏见可以得到改变。

2. 习得理论

最简单的习得理论模型如图 4.2 所示。根据这一理论,需要驱使人采取行动满足自己。如果行为满足了需要，就会重复这一经历，导致习惯性购买行为和消费者对某些品牌的忠诚。同样，人们习惯推广过去某种产品的消费经历，以前坐过游船，以后可能还想坐或者参加同一公司举办的其他类型的旅游。霍华德和西斯指出，多次重复购买同一种消费品可能会让人觉着单调，进而寻找新的产品或品牌，这时的消费者就又回到最初的解决问题阶段。有些销售人员认识到这一点，试图说服使用竞争对手的产品的忠实顾客转向使用他们公司的产品。

*刺激*和*外来变量*的相互作用引起购买者的几种反应。第一种，消费者的注意力转移到新产品上。第二种，消费者对这种产品及其效用产生怀疑，也许经过反思还会再次购买。第三种，消费者对这种产品非常感兴趣，想在以后的什么时候购买。第四种，消费者会实施购买行为，也就是说他将在某个时间在某个零售点以某种价格购买一定数量的产品。

图 4.2 习得理论模型

这种等级反应模型被称为 AIDA——注意力（attention）、兴趣（interest）、欲望（desire）、行动（action）。它代表消费者对某种产品反应的四个阶段。营销战略就是要达到消费者反应四个阶段中的一个或多个。这一问题会在第十章详细阐述。

对销售人员有意义的另一系列行为学变量是消费者的购买模式。顾客是初次光顾、经常光顾还是偶尔光顾，是节约型的还是挥霍型的。这些消费者对产品和品牌的忠实程度等变量对销售人员学会吸引顾客有重要的意义。当然，这些变量也可以在心理学或人口学范畴研究，但每位顾客对产品的态度和满意度，对产品的了解程度，购买的欲望等都难免有很大差异，这些对销售人员才是真正的挑战。一些旅游机构成立专家部门，量身定做旅游产品，尽力满足各种消费者的需要。事实上，旅游业的将来不是在于服务大众消费者，而是在于满足各类消费者的需要，这也是独立旅游代理商和大型连锁旅游代理商竞争的优势所在。

三、团体营销

至此，我们已经讨论了单个及大众消费者的需要，除此之外，还有一个重要的市场，那就是团体市场。团体市场主要指某一商业机构、政府或机关的旅游消费者。团体营销也叫做商业营销或公司对公司营销(B2B),但很多机构并不是商业性的,所以这些称呼不够恰当。布拉星顿把团体营销定义为产品或服务的生产商和他们的消费者团体的交易管理过程。团体营销需要不同的方法和策略,有时比个体营销复杂得多,所以从事团体营销的职员通常需要更高的水平,当然薪水也更高些。

团体营销的特点主要包括:

- 买方通常不是消费者本人。购买决定通常由各级职员共同参与,被称为"决策单元"。除了最终使用者,决策单元还包括影响层、决策层和把关层。影响层指能对购买哪家公司的哪种产品施加影响的人;决策层通常是掌握购买预算的高层人员;把关层通常是决策者或购买者的秘书,是有能力阻止买方和卖方或买方和洽谈方接触的中间人。有时决策权不是掌握在个人手里,而是掌握在一组人手里,所以营销人员必须了解各机构的"决策单元"组成情况,恰当地和各层人员沟通。
- 和一般性购买相比,团体购买规模较大(或包括较高金额),但购买频率相对较低。所以销售角色显得更加重要,也更靠私人关系。"决策单元"通常希望能对他们的团体需要给予特别关注。
- 价格通常可以商定。有人会认为团体购买对价格不敏感,可以索取额外费用。但事实上更多的机构迫于成本压力不得不讨价还价。出差旅游是航空公司收入的主要来源,但现在很少有商务旅行者愿意原价购买头等舱和商务舱的机票。
- 团体购买对产品质量、货源可靠性、售后服务等要求更高。
- 团体购买通常不经过中间人,而是买方和卖方直接接触。当然也有例外的情况,比如会议的主办方就是想召开会议的单位和宾馆或会场之间的中介。
- 团购市场相对大众市场更为集中。团购市场的消费者更容易确定。例如,即使一个地区有足够的公司,需要一家商务旅行代理商来处理员工们的旅行安排,但这些团购单位数远远比这一地区的普通消费者人数少。
- 做购买决定时品牌相对不太重要。比起品牌形象这一类感情因素,团体购买者更关注价格、送货、信用、效率、服务等经济因素。

最后一点不是指感情因素在做决定时一点都不重要。和国际知名的大公司打交道还是很有吸引力的,一些团体在购物时也会充分考虑自己的社会地位。同样,个人关系对销售很有帮助,所以很多大公司都鼓励员工广交朋友。

事例 商务旅游代理商

商务旅游代理商需要提供比常规旅游代理商更高层次的服务。票要亲自送上门，通常要有人 24 小时电话值班，以应对可能出现的紧急需要，包括签证、外币兑换等，一般时限很短。

下面再举两个案例进一步说明团购营销形式的多样性。套餐饭店（卖方）想向航空公司（买方）出售为乘客（最终消费者）提供的甜点和饮料。这家饭店需要充分考虑到买方和最终消费者的各种需要，比如买方期望成本低、分量大小合适、操作方便、干净卫生、质量可靠；消费者期望味美、量大、品种多、符合市场需要，除此之外还要考虑到许多食物和饮品在海拔过高的地方味道会有所不同，而且头等舱的食物一定要比经济舱的高级。飞机上提供的食品和服务是航空公司之间相互竞争的重要手段，所以选择恰当的食物是件很重要的事情。为机组人员提供食宿的饭店面临的是另一种挑战，关键是要保证随时都能提供食宿，有时飞机因故延误也只能临时通知。饭店要以最低的价格保证提供好的食宿，但回报是定期经常光顾。其他同等级别的饭店接待的顾客大多是临时的，所以营销方式也应有所区别。

关系网有助于保持和未来客户的私人接触，对所有产业都很重要，当然旅游业也不例外。“世界旅游市场”（WTM）每年在伦敦举办一次，对于建立和维持旅游商之间的联系有重要作用，类似的大型旅游博览会也经常在欧洲中心城市举办，如柏林国际贸易局（ITB）和“米兰国际旅游交易会”（International Tourism Exchange Milan）。关系网是我们下面要讲到的关系营销的关键部分。

四、关系营销

关系营销是指建立、保持和强化与顾客及其他伙伴的关系，强调和经常打交道的机构及个人建立亲近、持久联系的重要性。尽管这里的关系通常指和客户建立关系，但有时也包括和其他关键人物建立关系，如本公司职员，他们对公司的成功起着重要的作用。定期交流改善和本公司职员的关系，加强培训，更新设备，提供更多的提升机会，强化个人职责等一系列措施，都有助于提高公司整体实力，进而改善和顾客的关系。职员关系管理有时也被称作内部营销，对旅游营销的重要性也是近几年才显现出来。旅游业的从业人员相对不需要太高的技巧，薪水较低，培训不够而且通常社会地位较低。

事例　埃可塞特饭店(Thistle Hotel)

埃可塞特饭店推出"不仅提供住宿"方案,对主动提供额外服务的员工给予奖励。由同事或顾客提名受奖励的员工,公司奖给马莎百货代金券。这一方案得到广泛赞许,大大提高了员工的工作热情。

顾客关系营销(CRM)是和重要顾客建立长期、持久、有益的关系的一种或一系列技巧,包括从保留顾客信息到提供资金或其他形式帮助等各种亲密持久的合作。例如旅游经销商为旅游代理商提供橱窗陈列,组织联合展览会,开办专科院校培训职员等。

旅游产业一直非常重视顾客关系。比如航空公司的老顾客有权享受一些特殊待遇,包括累积一定飞行里程可以以同等价位享受更高等级的机舱。饭店和游轮公司也经常用类似的方式吸引回头客。

事例　柯纳游轮(Cunard Line)

和许多航运公司一样,柯纳游轮通过柯纳国际俱乐部自动会员制及定期发放会员简讯《柯纳人》等方式和老客户保持联系。所有会员都享有特殊待遇,包括部分航线大幅折扣、俱乐部热线、俱乐部代表、柯纳会员网页等。旅游一次就可以成为柯纳国际俱乐部银卡会员,根据旅游的次数和总里程数还可以成为金卡会员和白金会员,享有更高的待遇,包括柯纳会徽、参加船上国际俱乐部聚会等。最高级别会员享有部分港口登记和登船特权,或邀请参加船上高级官员聚会等。

需要指出的是,并不是所有的机构都会从关系营销中受益,相反,很多公司有意回避使用这一策略。一家旅游代理商的经理曾这样说道:

> 实行低价战略的公司使用关系营销战略不会有任何效果。

前面曾提到过,像瑞安航空公司(Ryanair)这样靠低价战略吸引顾客的公司使用关系营销策略时必须灵活变通。安耐特旅游营销网(Anite Travel Systems)和Gensys的研究显示,关系营销更常见于小型旅游代理商和旅游营销商,这需要初期的高投入,但是从长远的观点看也会取得高回报。关系营销策略提倡必须在电话铃声响几声内就接听电话。大家都已经厌倦了自动答言机,不想没完没了地选择正确按键,这样的时候人工接听电话一定是有效的营销策略。像贝斯(Bales)和拉美旅游代理商(Journal Latin America)这种中型旅游经营商仍然提供这种服务。

信息通讯技术为关系营销提供了更多手段。数据库能存储大量顾客信息,其他电子商务形式如网络营销、电话中心、交互数字电视等对建立公司和顾客的紧密联系都起到了重要的作用。

五、基本理论在旅游营销中的应用

介绍完顾客和团体营销的基本理论之后,我们现在要看看这些理论能怎样帮助旅游机构提高营销能力。

单个消费者的行为十分复杂,但可以根据他们的共同点将其分为几种类型。营销人员早已经认识到,没有哪个公司能满足所有消费者的需要,因为这样做的成本是巨大的,尤其对于面向国际市场的大公司来说,这种"猎枪"战略无法确定最可能的消费者群,所以无法有效利用资源。

很少有哪种产品能让所有的消费者都感兴趣,所以更合理的方式是面向某些类型的消费者,最大化地满足这一人群的需要,以此来和其他公司竞争。这就是人们通常所说的"猎枪"战略。这一理论在本章前面已经讲过,叫做"市场细分理论",先确定目标市场,再推出产品来满足这一市场的需要。这种*集中营销策略*符合市场计划制定的基本理论——市场导向理论。

一般的公司在分割市场前都要先确定一下消费者习得理论模型中所说的五个反应阶段的人数。在总人口中,由公司自己划分国际人口、国内人口、区域人口,只有一部分人可能成为目标消费群。例如英国的总人口中只有超过50岁的人群可能是萨迦假日的*目标*人群。但其中还有一些人,比如在皇家监狱(Her Majesty)服刑的囚犯,因为无法沟通应被排除在外,剩下的人群是萨迦假日能够交流并对其产品感兴趣的*目标*人群,其中有购买萨迦假日产品欲望的人群叫做*集中消费群*。集中消费群只占目标人群的很小的比例,但确定这一人群有利于公司实际测算自己的市场规模和增长潜力。在一个可能的市场中,公司能定位自己的几种消费群。

细分的市场指整个消费者市场的一个分支,这个群体在对某个产品的购买和使用方面有着共同的特点。市场分割的标准之一是所选市场应该能通过广告等形式和其消费者进行交流。下面看看旅游市场细分的几种方式。

六、旅游市场的细分

细分市场的方式有很多种,我们先以前面学过的影响产品和服务需要的几种变量为标准细分市场。

我们可以根据消费者的年龄、社会地位、地理分布细分度假人群。假定我们想面向某一地区开发旅游潜在需求，可以通过提供当地机场登机便利，免费交通，机场免费停车等形式吸引消费者。当然，和大型旅游营销商相比，我们的游客相对较少，无法实现规模效益，但顾客可能愿意为各种便利和优质服务多掏一点儿钱。可以强调我们只是支持当地经济的小公司，愿意积极参与当地建设，这样一来，当地人在考虑旅游时就更可能把我们公司考虑在内。

事例　Palmair

Palmair 就是一家这样的英国公司。作为巴斯航空公司的分公司，Palmair 和伯恩茅斯国际机场合作，面向距离伯恩茅斯很远的西郊推出地中海旅游团和欧洲城市一日游。这些旅游团通常都由当地的旅游经理陪同，由总经理亲自送行。（真是个以顾客为中心的公司！）

也有些旅游公司依据年龄划分市场。比如专门为 18 ~ 30 岁青年提供旅游服务的*青年俱乐部*，专为 50 岁以上游客提供服务的萨迦假日等都是集中营销战略的典范。越来越多的旅游经销商开始专门为来自日本、美国、以色列的游客提供服务，特意雇用当地人搞接待工作，有效地减轻了游客的心理压力。美国的一些旅游经营商专门面对黑人市场开展旅游服务，比如针对美国黑人的“西非寻根游”。

下面说说依据消费心理变量细分旅游市场。有些公司推出专门面向年轻人的别墅假日，有些公司组织生活方式相近的游客集体旅游。爱尔兰旅游局(ITB)一项调查显示，爱尔兰的游客多数想通过假日反省认识自己，也就是处于马斯洛需要模型的自我实现阶段。推销爱尔兰假日游的公司充分利用这一信息，强调爱尔兰是净心修养和自我反省的最佳地点。爱尔兰旅游业打出的最新广告(其主体部分共同推销爱尔兰和北爱尔兰)，反复强调其精神家园的优势，同时强调其价位低，回头客多等。

美国的史丹尼·朴克认为，游客可以粗略地分为两大类：保守型和冒险型，前者是习惯型，害怕冒险或不愿冒险，更喜欢跟团去阳光沙滩、海滩之类的流行度假场所；后者更喜欢冒险，爱好广泛，愿意开发新地方，寻找新事物，而且更喜欢自助游。

这种分类方式过于简单。人的性格通常比较复杂，例如应属于保守型一类的游客可能在几次出境游后信心大增，也开始变得喜欢冒险了。他们可能租辆车，开车去游客不太常去的地方。但这种分类方式有利于旅游经营商确定购买游乐设施的类型。

另一种细分方式是根据产品带给消费者的满足感。很多时候，同一种商品带给不同的消费群体的满足感是不同的。饭店就是典型的例子，饭店主要面向商人和度假者，有时饭店能同时吸引两个市场的消费者（如大城市的饭店，尽管周末的客人多数以休闲游客为主）；有时同一种产品会在不同的时候吸引不同的类型的消费者。海滨饭店在旅游淡季时，游客以年长的高档次游客为主。

一些饭店，尤其是乡镇饭店，为满足不同游客的需要，把游客细分为“过夜客”（只住一晚的游客）和“终点客”（把饭店当作旅游的落脚地）。包括美国在内的一些国家的城市饭店发现了一个新的市场，城市里一些购物或短暂旅游的人可能需要地方存放东西、短暂休息或洗个热水澡，各宾馆纷纷推出按小时计价的房间。这也就是说，对同一种产品可以采用不同的消费方式。

一些大型连锁饭店认识到职业女性顾客的数量不断增加，于是专门针对这一人群提供专门的设备，包括更多的女性化装饰、提供化妆镜、吹风机等。在某些情况下，有些大型饭店甚至留出某些楼层专为女性开放，但并不是所有职业女性都喜欢这种方式，更重要的是不要向外公开单身女性的房间号。

美国汽车旅馆是针对特定需要改变营销策略的成功案例。过路旅客登记入住和退宿都很方便，尽管服务很少，又大多几人共用一间，但停车方便，价格低廉，所以很受欢迎。

事例　拉斯维加斯

著名赌城拉斯维加斯主要面向美国市场，但近期推出了不少家庭娱乐设施，增加了其作为度假胜地的吸引力。它想摆脱单一赌城的形象，把赌博和度假两个市场结合起来，吸引更多欧洲游客。

有人可能认为大型旅游经营商可能不需细分市场，但事实上他们尽管不会像小经营商那样细致，但产品也是面向不同的市场。为满足国内市场的不同需要，各大旅游经营商推出一系列旅游目的地、各种长度的度假产品、各种等级的饭店，餐饮服务分为全自助、提供部分膳食、提供全部膳食几类，还提供各种机场便利。

数量细分

另一种需要提及的市场细分方式是数量细分。顾客被分为经常光顾和偶尔光顾两类。饭店给经常光顾的顾客一定的折扣或其他优惠待遇，如定期为员工订房间的公司和需要给机组人员提供食宿的航空公司等。前面讲过，顾客关系营销的技巧之一就是给经常乘坐该公司航班的乘客提供优惠待遇：乘坐该公司航班一年内超过一定的里程就可以获得一次免费的飞行。这一策略对于吸引老顾客特别有效，各大航空公司纷纷效仿，现在已经成为典型的营销策略，到写这本书为止，据估计现有需要补偿的里程数已经积压了23年，世界上大约9 000万人还有价值超过5 000亿美元的里程需要兑现。

七、马斯洛模型与旅游营销

了解消费者需要对营销的成功至关重要。那我们就把消费者的旅游需要总结一下，并结合马斯洛模型进一步探讨。

依据旅游动机可以把旅游分为以下几类：

- 假日旅游
- 商务旅游
- 健康旅游
- 探亲访友（VFR）
- 宗教旅游
- 经济旅游（如：购物）
- 教育旅游（学术访问）
- 体育活动旅游（参加或观看）

可以把上面这些活动归为五种需要：物质、文化、关系、地位尊严、商业。尽管有些类别间可能会有重复，我们还是有必要研究一下旅游设施和旅游景点是怎样满足这些需要的以及它们和马斯洛需要等级模型的关系。

休闲旅游和商务旅游区别很大，商务旅游多数不是自己的选择。在本章前面讨论团体营销时曾提到商务旅游和休闲旅游的区别，如果从商人的需要角度来说，商务旅游，也就是我们平常所说的出差，有比较明显的特点。第一，商务旅游的价格弹性较小，因为通常是公司而不是个人付账（请注意先前的警示）。第二，出差多数在工作日，所以没有季节波动。第三，出差多数是临时通知的，所以很必要有定期航班和方便快捷的服务。

从心理学的基本层次，旅游有时对健康很重要，比如去国外做复杂手术，去温暖干燥的地方以促进关节炎或风湿这样的疾病的恢复。这都属于生存的基本需要。许多工作压力大的人都需要定期旅游以缓解身体和精神压力，避免把身体累垮。从这个意义上说，旅游也是生存所必需的。就连大家都认为是出于经济需要的商务旅游也可以说是为了公司应对国际竞争的生存需要。但要承认有些人出差是为了自己的声望——要求参加一流的旅游，住顶级宾馆等——会议旅游可能出于工作称职的需要。

有些人可能因为害怕坐飞机或害怕遭袭击不愿旅游。从这个意义上讲，旅游和基本安全需要密切相关。这时营销员的任务就是帮助游客克服这种心理障碍，如国家旅游局应努力让游客对他们国家的安全局势放心，或向政府施加压力，让其出面保护游客的安全。航空公司应想办法让游客了解飞行的安全性，如英国航空公司曾专为有飞行心理障碍的人设计安排一系列飞行。

旅游团通常能满足人的归属感等社会需要，多数游客都认为旅游团是交友和寻找浪漫的好地方。游轮是理想的交友浪漫场所，并能为最近丧失亲人，需要暂时忘记悲痛的游客提供发泄的机会。作个日光浴尽管可能不够健康，却能让人更有魅力。去别人很少去的地方旅游能提高你在朋友中的威望。文化游能提供自我实现的机会，也就是发挥潜力的过程。

以上这些例子足以表明旅游能满足人的生理、社会和心理的需要，而且，旅游动机可能既是一般性的又是特定的。我们可能只想换个环境，远离枯燥的工作，寻求全新的经历，同时又只想去某个特定的地方做某些特定的事情。

游客物质和文化需要得到满足的方式如表 4.1 所示。需要指出的是，游客通常不只是满足了一种而是同时满足多种需要。最成功的产品是能同时满足某个消费群体的多种需要的产品，皮尔斯曾说过，某个景点能吸引游客不是在于其特有的品质或吸引力，而是因为它能满足游客的某些心理需要。

表 4.1 旅游需要与营销对策

需 要	对 策
生理需要	
休闲、放松	海滨假日 湖泊山脉
行动、冒险	徒步旅游 骑马出游、滑雪 独木舟、帆船 游猎公园
健康	郊外小路 温泉、高山避暑胜地 健身场
文化需要	
教育	航游演讲 学术访问
历史/考古	战争遗迹巡游 诞生博物馆 尼罗河游览 铁桥峡

续表 4.1

需　要	对　策
政治	列宁墓、毛泽东纪念堂、胡志明墓 参加政治集会 参观联合国 议会大楼、布兰登堡门
科学/技术	美国宇航局太空中心 威尔士国家煤矿博物馆 汽车组装车间 好莱坞电影制作中心
艺术	音乐节 参观剧院 民间舞蹈展 手工艺或绘画节
宗教	麦加圣地和麦加朝圣 卢浮宫 "净修" 奥伯阿玛高
商业	商场/饭店 会议设备 自由港 手工艺中心 红酒/啤酒博览会

讨论完消费者的旅游需要，下面我们研究一下消费者行为的另一个重要方面——旅游决定。

八、旅游购买的决定

近几年对旅游的决定过程研究有了很大进展，研究的重点不仅包括怎样作出决定，还包括什么时候作出决定，为什么会作出这样的决定等。

本章前面讨论消费者习得理论模型（AIDA）时曾提到消费者是如何被吸引，进而受到影响购买某种产品的。购买行为包含的风险大小也会影响购买过程。决定买一块巧克力几乎没有什么风险，但度年假可是一笔不小的支出，而且有诸多的不确定性。消费者作购买决定时通常缺少足够的经验，而经验又是习得过程的关键因素，而且得到新景点的比较客观的信息绝非易事。所以，熟人口头推荐能有效降低风险，帮助游客作出购买决定。

降低风险的方式有几种。第一，熟悉感。如果对产品比较熟悉，就会比较有信心，就会重复购买这种产品。有很多比较保守的游客每年都去同一个海滨胜地（产品忠诚），或者选择同一家旅游经营商的其他景点（品牌忠诚）。

第二，降低期望值也是减少风险的有效方式。消费者容易把购买的产品理想化，这对于旅游产品尤其不实际。但还是有不少游客受主观判断的影响，对旅游有过高的期望。

第三种降低风险的方式是尽力获取最多的信息，从多种选择中找到最佳地点。这也要取决于每个人的性格特征，有些人会比较仔细地选择，而有些人，尤其是权力主义者会比较粗略地选择，更容易满足。旅游预订反映了寻求安全稳定的心理，不仅是出于个人预订的习惯，而且需要提前了解大量的相关信息。而英国人越来越不愿意提前预订，可能因为英国的公共旅游已经日渐成熟，游客愿意为得到可能的折扣冒一点点风险。

事例 额外销售

额外销售，如游船上的海岸风光游览，旅游团里可以选择参加的远足等都是旅游经营商重要的收入来源，如果订金能提前几个月到账就更好。旅游经营商为了鼓励旅游订购，总是反复强调该旅游团多么热门，不赶紧预订，名额就满了，所以如果真想参加就赶快报名。有游客抱怨预订的价格更高，但预交订金还是能避免因人满无法参加的风险。

旅游订购一旦被延误，会造成不同的影响。旅游经营商和旅游代理商之间的关系是很微妙的。旅游经营商极力想通过旅游手册打造一流的品牌，推出一流的广告。宣传手册越清晰，越实用，对旅游经营商越有好处。不论是专门经营某种度假产品的小旅游经营商还是通过广告和价格赢得市场的大型旅游经营商，如果手册没有一点自己的风格，一定很难销售出去。

旅游代理商能为旅游经营商增加特色，吸引更多的游客，而且能为游客省去复杂的价格计算过程，并能以专业的眼光帮助游客更清楚地了解旅游手册上的信息。旅游代理商如果没读过旅游手册，不能增加一点宣传手册以外的东西，也无法吸引游客。

普通产品的消费者如果对产品比较熟悉，就能有效降低风险。但旅游业有时更需要新奇才能吸引游客。那么究竟怎样平衡产品的新奇性和消费者的熟悉性呢？对北美旅客的研究表明这一问题可以有几种解决方式。美国人第一次出国旅游可能更愿意去墨西哥，因为在心理上感觉比较近，比较安全。美国人通常都会选择英国作为欧洲旅行的第一站，因为两个国家的语言和文化都非常接近。人们去国外旅游喜欢乘坐本国的航班，喜欢住在本国在国外的连锁饭店，这样做在心理上感觉更安全。

为了吸引英国游客，泽西被描述为“有英国味道的法国岛”，直布罗陀被标榜为“有英国的味道，地中海的风情”。它们成功地把外国景点的温暖气候和熟悉安全的感觉融为一体。法国的海外殖民地，如瓜达鲁佩岛、马提尼克岛、罗本岛等也采用同样的手段吸引法国游客。

旅游团能给游客一种安全感。来自同一个国家的游客在一起，可以用母语交谈，可以买熟悉的食物，同时也有机会尝试新奇的食物和异域的风情。由本国导游带领的旅游团尤其能给游客带来安全感，导游不但能帮助游客克服文化和语言障碍，还能促进旅游团成员间的相互沟通。

家庭旅游决定

如果一个决定不是由一个人，而是由几个人共同作出的，就应该充分了解参加决定的各成员以及各个成员的影响力大小。一个家庭去哪儿旅游？什么时候去？是由一个人决定的还是家庭成员一起决定的？有证据表明，女性在这方面通常有更大的决定权。还有一点需要指出，旅游决定尽管是家庭成员一起作的，但每个成员的需要和目的会有所不同，所以同样的事物传递给男人和女人的信息是不同的。旅游手册常以穿着性感泳装的女郎做封面，这主要为了吸引男游客，但有时对女游客也很有吸引力，她们可能会认为自己去这样的地方旅游，就能变得同样性感。

九、市场细分对营销计划制定的指导作用

在本章最后，我们来研究一下英国各大旅游经营商细分旅游市场的实例。前面已经讲过，旅游市场纷繁复杂，可以依据旅游景点、游客年龄等多种标准进行细分。一种有趣的市场细分模式是根据不同的原型和游客的心情状况分类。当然游客的心情不会一直不变，随着经历的增加，一个人的心情也会随着改变，例如同一年的第二次旅行可能就更在意价格了。

这一研究进一步指出，不同的消费群体对旅游营销商的不同期望（如表4.2所示），不同类型的旅客的期望有很大差别。研究得出结论，旅游机构应该推出不同的旅游产品以满足游客的不同需要，而且广告是最有效的推销方式。

这种高质量的深入研究极大地帮助了旅游公司策划并推出各种度假产品，满足不同消费者的需要，并使用恰当的营销手段吸引游客。

表 4.2 旅游经营商市场细分实例

模型特点	游客对旅游经营商的期望
1. 终生只旅游过一次的游客 特别旅游,如新婚蜜月、退休旅游、结婚 25 周年纪念游 ■ 高情感投资 ■ 高期望值 ■ 期盼难忘的经历 ■ 追求"完美"	旅游经营商要认识到这种旅游的重要性和特殊性,游客想要被宠着的感觉,想要国王/女王一样的地位
2. 主流跟团游客 通常是需要多样的有孩子的家庭,对自助出境旅游信心不足 ■ 喜欢旅游团这样的小团体 ■ 寻求地中海的英国味道	旅游经营商要全面负责并起缓冲作用,既要提供应有的帮助,又要保证不过多干涉。重要的是提供形式多样的设备和游览,让游客有熟悉的感觉,包括提供熟悉的食品
3. 度假胜地常客 是旅游胜地和宾馆的忠实顾客。喜欢老手对什么都很在行的感觉 ■ 要求自己的需要总能得到满足 ■ 期望熟悉带来的安全感 ■ 非常清楚自己想要什么	对旅游经营商的期望相对较低。想要舒适感和安全感;期望自己的知识能够得到认可;寻求旅游团的友好气氛;希望能以较低的价格参加相对宽松的团体
4. 高端跟团游客 价格各异,不想和平常老百姓一样,经常是还没有子女的或子女已经独立的夫妻 ■ 可能只想参加长途旅游 ■ 旅游地点最重要 ■ 喜欢独一无二的感觉	旅游经营商应该多提供一些高质量、量身定做的特殊服务。游客追求个性和被认可的感觉,越能让游客有高高在上的感觉越好
5. 有抱负的个性主义游客 比高端跟团游客参加的旅游团少,这类游客通常很有经验,而且对大众社交不感兴趣 ■ 可能因为对旅游地点没有信心才参加旅游团 ■ 喜欢当"先驱"的感觉 ■ 经常选择比较冷门的景点	旅游经营商应提供专业高效的组织服务,不要过多打扰。这类游客更想要不像旅游团的旅游团
6. 讨价还价游客 要求打折,一般要求不多,像许多有阳光、大海、沙滩、便宜酒水的景点就能满足他们的需要	指望旅游经营商给予折扣,想要"便宜但有趣"的旅游,期望高效的组织和必要的帮助,旅游经营商一般在他们身上赚不到什么钱

续表 4.2

模型特点	游客对旅游经营商的期望
7. 高端讨价还价游客 属于高端度假产品的讨价还价者 ■ 通常喜欢长途上流假日旅游 ■ 不愿或不能过多支付 ■ 短途旅行经验丰富 ■ 经验让他自信	指望旅游经营商给予折扣,想要高质量服务和特殊照顾,需要旅游经营商的专业向导,想参加与众不同但又不太陌生的假日旅游
8. 自信的个人主义者 这类游客不愿参加旅游团,喜欢自助游,非常了解市场价格,想要任何旅游经营商都无法做到的独一无二的旅游 ■ 需要帮助 ■ 可能做了独立研究	想通过旅游经营商获得低廉的价格,想让旅游经营商提供咨询并在紧急情况下提供帮助,但不想受到打扰

问题与讨论

1. 以下旅游地点都属于哪个社会阶层?各自吸引哪种类型的消费者?(别忘了价格/地点是决定吸引力的重要因素——远东的假日景点在欧洲游客看来可能很遥远,但对于澳大利亚的游客可能只是相对便宜的短途旅游了。)

马丘比丘、哥斯达黎加、加拉帕格斯群岛、普吉、澳大利亚黄金海岸、撒丁、昂蒂布、佛罗伦萨、马贝拉、马略尔卡岛、拉斯维加斯、西安、琅勃拉邦、巴塞罗那、里加、奥斯坦德、安提瓜、多米尼加、夏威夷。

2. 前面曾提到,营销就是要满足顾客所需——但是和“入乡随俗”的说法又有冲突。许多外国饭店不断改进其产品以迎合消费者的需要,比如许多西班牙度假胜地都为英国游客提供英国食物,为德国游客提供德国食物。你认为这样做是对当地文化习俗的贬低还是只是常见的营销手段?如果只是常见的营销手段,那当地产品调整幅度究竟应该多大?几年前,泰国旅游部长宣布泰国欢迎性旅游,因为这样能吸引大批外国游客,极大促进泰国经济的发展。泰国性旅游尽管不包括未成年,但还是属于比较极端的做法,恐怕大多数国家都不会效仿。但也有些灰色区域,比如建议英国警卫应该经常更换以满足游客的需要。你还能想出其他贬低本国文化的做法吗?你对这种做法持什么态度?

提示:可以从第二章和第五章提到的可持续发展的角度看这个问题,看看你的观点是否符合可持续发展的理念。

3. 研究分析:

a 影响你近期度假选择的各种因素。

b 你想参观的世界任何景点。

这些选择的动机都是什么，会受到怎样的影响？

4. 充分了解消费者需要能有效提高旅游代理商的销售吗？作个抽栏调查，看看有多少人喜欢直接订购度假产品，多少人喜欢让旅游代理商代办。对自己的需要不够了解会在多大程度上影响旅游选择？

对于直接订购的人群，再进一步调查他们分别对网上订购、电话订购和直接拜访(如航空公司)的看法。有没有明显的特点(如年龄、性别、社会背景、旅游经历等)？可以把人群分为几种类型？

5. 有什么证据显示"引导效应"存在于旅游市场？营销者欢迎这种效应吗？如果不欢迎，怎么消除这种效应？从旅游官员的角度，在制定旅游方案时怎么消除"引导效应"？(一些大众旅游景点可以通过努力重新成为上流的景点，如马略尔卡岛、卡萨布兰卡等。)

6. 描述一些游客成功平衡新奇刺激的欲望与安全熟悉需要的例子。

练习

你最近在一家旅游经营商的市场部研发中心获得一个职位。研发中心所作的一项调查显示，35～55 岁的中年人群其实在度假需要上有很大的差异。

你被指定负责对这一市场作进一步调查，确定这一市场需求的度假产品类型，然后针对这一特定市场制定一份度假产品计划。你可以以任何你认为恰当的方式细分这一市场。

以小组的形式对这一人群作一次问卷调查，结果用于旅游方案的策划。

- 旅游景点(乡下，度假胜地)
- 可以提供的食宿形式
- 旅游团安排（自助还是集体？需要伴游吗？什么样的饮食安排？包括什么活动？有什么特别注意的事情？）

设计旅游手册封面，不必考虑具体印刷和成本事宜。

你们组需要为擅长非常假日旅游的独立旅游代理商做一次现场演示，现场介绍方案并说出要求被选中的理由。

参考文献

1 Maslow, A, *Motivation and Personality*, London, Harper and Row, 1984

2 Mintel, *Family Holidays, the UK Market*, London, 2002

3 See for example Kotler, P *et al*, *Principles of Marketing*, ch9

4 Howard, J A and Sheth J N, *The Theory of Buyer Behaviour*, New York, John Wiley, 1969

5 Brassington, Fand Pettitt, S, *Principles of Marketing*, Harlow, Prentice Hall, 2nd edn 2000, ch4

6 Kotler *et al*, op cit, ch11

7 Simon Beeching, MD Wexas International, quoted in *Travel Weekly*, 18 March 2002(Wexas has invested heavily in CRM, and aims to answer its phones within three rings)

8 Plog, S, Why Destination Areas Rise and Fall in Popularity, paper presented to the Southern California Chapter of the Travel Research Association, 10 October 1972

9 Turbulence Threatens Currency of the Jetset, *The Times*, 7 December 2002

10 Pearce, P, *The Social Psychology of Tourist Behaviour*, Oxford, Pergamon, 1982

推荐阅读

Engel, J, Blackwell, R and Miniard, P, *Consumer Behaviour*, Dryden Press, 8th edn 1995

Horner, S, *Consumer Behaviour in Tourism*, Butterworth Heinemann, 1999

Kotler, P, Bowen, J and Makens, J, *Marketing for Hospitality and Tourism*, Prentice Hall, 2nd edn 1999, ch 6 pp 177 – 209, ch 7 pp 211 – 35, ch 8 pp 237 – 69 and ch 11 pp 352 – 60

Krippendorf, J, *The Holidaymakers: Understanding the Impact of Leisure and Travel*, Butterworth Heinemann, 1987(2nd edn 1999)

Peck, H, Payne, A, Christopher, M and Clark, M, *Relationship Marketing: Strategy and Implementation*, Butterworth Heinemann, 1999

Ross, G, *The psychology of Tourism*, Hospitality Press, 1994

Ryan, C(ed), *The Tourist Experience: a New Introduction*, Cassell, 1997

Solomon, M, Bamossy, G and Askegaard, S, *Consumer Behaviour: a European Perspective*, Prentice Hall, 2nd edn 2002

Urry, J, *The Tourist Gaze: Leisure and Travel in Contemporary Societies*, Sage, 1990

Urry, J, *Consuming Places*, Routledge, 1995

Voase, R, *Tourism: the Human Perspective*, Hodder & stoughton, 1995

第五章

旅游产品决策

学习目标

通过学习本章,要达到以下目标:

- 解释产品决策及其在营销组合中的地位
- 描述产品如何实现差异化
- 理解品牌决策在产品决策中的角色和重要性
- 描述产品生命周期以及推出新产品和振兴处于衰退期的产品需要采取的措施
- 理解产品效用及附加值的概念

一、什么是产品决策

安德鲁·格里夫,"发现英国"栏目的执行董事,在 2003 年春季的《旅游业》中写道:

> 不幸的是,很多时候这个国家(英国)的旅游景点和酒店服务业提供的旅游产品和服务是极其糟糕的。

开发适用的产品是营销活动中最重要的一个步骤。如果产品无法得到市场的青睐,即使是调整价格,可靠的送货保证或是诱人的促销活动也无法吸引消费者购买产品,也可能消费者只买这一次。而且,没有什么公司生产的产品是"一生买一次足矣"的。另一方面,如果产品能够让消费者满意,他们还会再次购买,他们会买这家公司生产的其他产品,还会向其他消费者推荐这家公司的产品。这就是为什么一家公司必须确保自己的产品正是市场所需要的三个最根本的原因。

我们在第一章已经指出,产品是任何一种能满足市场欲望或需要的东西。因此这个名称包括有形的商品、服务、人员、地方、组织和构思。

实际上旅游产品的形式是非常复杂的,它包括一个地方(旅游目的地),一项服务(某个旅游公司提供的包团旅游,加上飞机上的座位,饭店的房间以及其他设施),有时候还包括有形的产品,如免费的航空旅行手提袋和其他赠品,例如饭店房间里免费的酒或新鲜水果。与旅游目的地相关的营销则更加显示出目的地本身也是一个复合型的产品,这个概念涉及了一个区域(例如某个乡间,某个国家公园或野生动物园,或一片面积相当于南极洲的陆地),一个城镇(包括一系列彼此并无关联的景点,如历史性的建筑、博物馆、商店等),一个海滨度假村(包括海滩、海水浴、阳光)等。以上列举的每种产品都包括了一系列有形的景点,也包括无形的对于环境的感觉,以及一系列设施如饭店、餐馆和当地的交通,等等,还有游客与当地居民的往来,如商业意义上的服务和普通的交流。甚至进入景点的难易程度也应该是产品的一个组成部分。

当消费者购买产品的时候,他们购买的其实是特色,一个反映了产品质量和设计风格设想标准。通过借助于一个统一的品牌也许能进一步提高产品的形象和价值,因为这个品牌能帮助消费者识别符合某一标准的产品。产品的包装也能提高产品的形象,它不仅能保护产品,还能使产品更具吸引力。品牌有时候也是可靠的物流系统或售后服务的标志。以上都是任何一种产品的特色。现在让我们通过一个例子来了解一个包价旅游产品的特色。

假设琼斯夫妇计划在国外的某个海滩度两周的假,而且还要带上两个年龄分别为8岁和5岁的孩子。他们对于去哪里并不太在乎，只要那里够热，价格也在预算以内。实际上他们的需求已经包含了一系列复杂的产品特色，有些他们在旅行社预订行程时甚至都不会明确提及，因为他们以为这是理所当然应该包括的（而一旦没有享受到这些服务，他们很可能会有所抱怨）。表5.1列举出了琼斯夫妇可能预期会得到的服务。这个列表并不完整，我们也可以对之进行扩充使之更具体。但它也足以展示被购买产品的复杂性以及产品所应满足的需求了。毫无疑问，不同的需求之间可能会存在矛盾，例如成本与质量之间，或者不同的家庭成员之间的需求也不一致（琼斯夫人认为好看的饭店装修可能她的丈夫并不喜欢，孩子们对于娱乐的概念也与父母的不会一样）。消费者在选择时总要作出一些妥协。

实际上，表5.1中所列的需求都不是核心需求（core needs），而是次等（second – level）需求。讨论消费者行为的那章已经提过，核心需求是直接导致消费者产生对旅游的需求的所有原因。琼斯先生的直接需求可能是想远离自己的工作环境，而琼斯夫人可能是想让自己从24小时不停照顾孩子、做饭、做家务的劳累中暂时解脱出来，她还可能想交些新朋友，扩大自己的社交圈子。在这次度假中他们可能还有对于健身、社会地位、冒险和浪漫经历等方面的需求。

表5.1 团体旅游产品构成

产品类别	特色
1. 目的地	乘飞机去不太远、干净、有沙滩和适度阳光的地方，那里有精彩的娱乐节目、好的商店、合理的价格，友好的当地人，安全的环境，英语被广泛使用当然必不可少
2. 机场	去机场、停车都很方便，不太堵车，免关税
3. 航空公司	航班时间合适，可靠、安全的飞行记录，礼貌、周道的服务，飞机的型号
4. 旅游客车	干净、现代化的客车，可靠、称职、友好的司机和乘务员
5. 饭店	位置：去海滩、购物等都很方便。工作人员：可信赖，会说英语，称职，友好；设施：维护良好，装修精美，晚上很安静，足够的公共空间，有游泳池和代为照看儿童的服务。酒吧内饮品的种类充足，价格适中。客房的空间较大且有能欣赏海景的阳台，舒适的床铺，电话，彩电，壁橱空间较大，木质（非铁丝）衣架，淋浴设备，马桶，剃须台，灯光明亮适宜化妆。饭店/餐饮：精心烹制的可口食物，趁热端上，供应量充足，种类丰富，气氛融洽，座位舒适，随到随点，快速、礼貌、友好的服务
6. 度假地导游	知识丰富，称职，友好，可靠，随叫随到
7. 旅游公司	价格公道，安全，可靠，服务有保障及其他特色
8. 旅行社	位置便利，合格，可信赖，友好、愉快的购物环境，提供额外的服务（如免费送到机场，免费提供保险）
9. 其他	有共同兴趣、令人愉快的旅伴，“满怀的期待”，知识和兴趣的增长，旅行的愉快回忆

二、产品差异化

此时我们应该认识到消费者需要的并不是产品，甚至不是产品的特性，而是这些产品提供的价值。消费者寻求的是对于自己需求的满足；或者如西奥多·莱维特（Theodore Levitt）幽默的说法，"消费者购买的不是四分之一英寸的钻头；他们买的是四分之一英寸宽的洞。"我们的需求各不相同，因此某一产品满足的需求越多，就越受消费者的欢迎。

而营销最主要的功能就是赋予产品额外的或独特的益处，从而使营销人员能够区分产品。营销人员肯定会问："如果我供应的产品无法提供优于我的竞争对手产品的益处，我的顾客为什么不应该去买我竞争对手的产品呢？"

正是为这种给产品注入独特价值的需要产生了独特促销构成（unique selling proportion, USP）这一概念。它是指产品所拥有的某项或几项特性，而这种特性是其竞争产品不具备的。有很多旅游度假公司专门瞄准青年（18～30 岁）旅游市场组织团体旅游。由于注重这一细分市场的公司提供的产品在很多方面大致相同，他们尽力使自己的产品与其他公司的产品有所差异。例如，20 世纪公司就强调他们提供只允许自己的客人入住的饭店，而"18～30 俱乐部"则强调他们会提供额外的冒险活动，还有些可能会公然给出性方面的暗示。2002 年，我的旅行公司（MyTravel）推出针对年轻人的品牌——逃离，将自己的产品清晰定位于"18～30 俱乐部"和 20 世纪公司的产品之间。

事例　JMC 产品组合

2001 年，JMC（隶属于托马斯·库克集团）将旗下的低价旅游公司 JMC Essentials 重新命名为 Holiday Essentials。JMC 的集团产品经理约翰·菲尔宣称，"我们的目的是推出一个独立、自主的低价品牌，而不是 JMC 旅游产品的廉价版本。"他们维持了一贯的低价，并且将原来的附加产品转变成了固有项目，例如免费班车和预订机位。然而 JMC Essentials 却替换了自己的知名品牌"落日"——而新的名字又没能注册成功；所以客户一直在询问以老品牌命名的产品。2002 年，"落日"这一老品牌作为低价旅游产品被重新起用。这一年底，该旅游公司的销售总监承认，由于这个品牌已经家喻户晓，在家庭市场中颇受欢迎，所以这次改名对低价产品市场和主流市场没有什么影响。

产品的差异化可以通过多种方式实现。有些企业可能在既定的价格范围内尽量增加产品的附加价值，其他的企业可能会强调产品的可靠性。品质是产品的重要特性之一，并非只有价格昂贵的产品才注重质量。日本的汽车制造商因为对产品的制造工序施行了严格的质量管理，在世界范围内赢得了良好的信誉，其产品之工艺精良、安全可靠是竞争对手无法企及的。旅游业中，航空公司则往往强调其产品的可靠性（“安全飞行百万英里飞行员”，“到达及时”）。汤姆森旅游度假公司在一则广告中着力强调的是自己如何细心挑选国外的度假地和饭店以减少顾客的抱怨，赢得他们的满意。

与此截然相反的是，有些公司实现差异化的方法是使自己的产品比竞争对手的产品便宜，因此他们的营销手段是尽力降低产品生产成本以及/或销售成本。这样会降低单个产品的利润，但低价格带来的销售量的增加以及产品市场份额的提高也足以吸引厂家采取这种低价促销的方式。Tesco 超市曾经一直奉行的“薄利多销”政策也已经被旅游业的很多商家奉为圭臬，特别是一些低价航空公司，虽然有时候是以牺牲产品的品质为代价。其实，“低价是销售成功的关键”这种说法只能被视为一种神话，因为一旦厂商以低价作为产品的唯一特性进行促销，很快消费者会期待并且要求产品以低价供应，同时他们又绝不会放弃对其他特性的要求，例如可靠性和品质。这样只会导致消费者满意度的下降。很多旅游公司不得不承认，他们提供的低价旅游线路往往招致顾客较多的投诉，通常是由于顾客报名较迟结果无法入住指定的饭店。必须记住的是，价格并非商品的唯一特性，劳动力成本相对较高的发达国家已经成功地将经营理念转移至注重商品的价值、附加效用和高品质上来。众多曾经依靠低价格促销的旅游公司也转而采用新的营销策略以获取较高利润，增加消费者的满意度。实际上，Tesco 在竞争中也已经修正了自己的策略，不再将薄利多销奉为上策，反而使自己的市场占有率得以提升。

独到的设计，或是风格也能成为产品独树一帜的保证。对于实体产品，风格尤为重要。古琦时装和饰品公司，Bang and Olufsen 音响设备公司，博朗电器公司或是 Macintosh 电脑公司在消费者心目中都已经成为独特个性和品质的代名词。独到的设计能够使消费者从三个方面获益：它代表了产品的价值；它能帮助产品树立独特的个性；由于定期变换风格，消费者可以不断购买更时尚的产品以替换过时的产品。

旅游业中风格的作用也不可小觑，不管是有形的旅游产品还是企业所刻意塑造的形象，风格都不可或缺。饭店、游轮与飞机的设计和装潢能帮助企业实现产品的个性化及定期更新。实际上某些饭店和运输企业正是利用了游客的怀旧情结来吸引顾客，东方快车公司就是旅游产品风格设计的一个绝佳范例。全世界首屈一指的几家大饭店在饭店的风格设计方面也一直处于时尚的前沿；例如，哥本哈根的斯堪的纳维亚饭店 SAS 就曾大肆宣扬他们时尚的内部装潢是著名的丹麦设计师 Arne Jacobsen 的作品，而 Schrager 饭店则延请了法国顶尖的设计师 Philip Starck 为旗下的几家饭店的提供了时尚、简约的装潢设计，其中就有伦敦的 St Martins Lane，纽约的 Royalton 和 Paramount，西好莱坞的 Mondrian。五星级的游轮度假公司如 Crystal 也非常注重游船的内部装潢设计的风格。然而，对时尚风格的倚重也潜藏着危险，除非企业有能力定期重新进行装修，否则随着时尚的快速发展，一个饭店的装修风格很快会过时——这也是 2003 年 Schrager 饭店的财政状况岌岌可危的原因之一。还有一些饭店因为传统的装修风格以及饭店内萦绕的某种气氛而脱颖而出，备受瞩目，这种独特的气质是他们的竞争对手无法企及的——例如纽约的 Algonquin 和 Plaza 饭店，伦敦的 Brown's 和 Claridges，巴黎的乔治五世饭店，香港的半岛酒店和新加坡的拉菲尔酒店。一段历史或某种传统无疑有助于营造这种气氛。

然而，风格也是一把双刃剑。和其他产品一样作为变幻无常的时尚的追随者，饭店需要定期进行重新改造和装修，并设计新的主题以吸引顾客，除非它们的装修已经成为时尚的标志（例如早期的 SAS 饭店和 Pragon 的新艺术派风格装饰的饭店，它们的装修已经被奉为经典）。

有时产品独特的风格需要经过岁月的洗礼或其他方式的变革才会慢慢显现出来。当然这种风格也可以刻意地塑造出来。一个公司的产品特殊形象及个性的塑造也是一种精明的营销手段，对于那些非实体产品，这种塑造尤为重要。营销人员会着力围绕产品营造一种氛围或强调产品某些优良的特性，从而使该产品与其竞争对手的产品区别开来。例如旅游公司会极力使自己的产品不同于竞争对手的产品，即使是推销同样的旅游路线和行程安排，这些公司也会强调某些无形产品的优势，如个人服务或者服务的专业性。航空公司是提供同质性产品最典型的例子，然而有些航空公司在创造独特的个性方面还是大获成功。有时航空公司可以因为其颇具个人魅力的领导者而拥有鲜明的形象，例如维京航空公司的理查德·博朗森爵士和易捷（easyJet）的 Stelios Haji - Ioannou（本书写作之时这些形象过多久会改变或被改变还未可知，因为后者已于 2002 年辞职）。较小规模的美国航空公司，如西南航空公司和 JetBlue 则通过塑造“友好”或“亲切”的形象刻意将自己与较大的竞争者区别开来。所以旅游产品的营销经理们决不能忘记的是，顾客购买的是美好的经历，一间饭店、一艘游船、一家航空公司或某一旅游目的地的氛围将是旅游者总体满意度的一个重要组成部分。

三、品牌决策

为一个产品命名不仅有助于将产品差异化，而且也能增加产品的价值。一个有品牌的产品能让人联想起它的某些性能，也决定了新上市的产品的价值如何。品牌能影响产品的定价及单个产品的边际利润。

一个品牌可以定义为“名称、标记、符号、设计或它们的联合使用，以便消费者能识别厂商的产品，将之与其竞争对手的产品区分开来”。这种名称，符号或它们的联合使用在产品的促销活动中被称为“标识”，而品标则专指设计、符号等品牌中的视觉元素。品牌可以注册成为商标，即从法律上保护厂商在国内和国外独家使用该品牌的权利。商标注册后，一旦竞争对手模仿产品的设计将被视为非法行为。同理，一个品牌想要注册成功就不得与已注册的产品有相似之处。

事例

黑牛标识

Osborne OsborneBodega(酒窖)，西班牙ElPuerto de Santa Maria 的一家久负盛名的白兰地酒公司，邀请了当地一位著名的艺术家 Manuel Prieto 为他们设计企业标识，形象是一头黑色的公牛，1956 年后，这个标识被制做成巨大的剪影式的金属标牌。这些标牌被随机安放在西班牙各地的主要公路旁，从而有无数的国内和国外的游客看到过这个标牌。该公司的销售额短时间内迅速上升，因为这个黑色的公牛已经使这家公司的名字家喻户晓。公司最终在全国安放了将近有 600 多个这样的标牌。

西班牙的交通部曾打算禁止在路旁安放广告牌以保障行人的安全，这些标牌也无法幸免。然而，交通部的官员们完全低估了这些标牌在西班牙人心目中受欢迎的程度，在安达卢西亚这个斗牛还很风行的地区，人们已经完全将这些标牌视作国家遗产。人们发起一场全国性的运动来保留这些标牌，政府因此于 1994 年同意修改这个禁令，允许这些标牌留在原地，但禁止在标牌上出现该公司的名字或产品。而此时这个标志已经与该公司的产品密不可分了，所以这条禁令对产品的销售量或人们对该品牌的辨识度几乎没有任何影响。可惜的是，只有四分之一的原始标牌被保存下来，不过那些被保存下来的标牌很受游客的喜爱，并且永远地留在了当地出售的明信片上。这个裁决也使 Gonzales Byass sherry 公司颇为受益，他们制作了一个瓶子状带着吉他的人形标牌宣传自己的品牌 Tio Pepe，结果也大受欢迎。

注：黑色公牛标识和 Osborne 皆为注册商标，本书已征得 Groupo Osborne S. A. 公司的同意在此复制。

为一个产品命名是产品营销活动中最古老的策略之一，也是现代营销组合中颇为有效的一个工具。几乎任何东西都可以被命名，从火柴(Swan Vesta)到汽油(壳牌汽油)和火鸡(Bernard Matthews 公司的成功故事已经广为人知了)。通常有形产品的包装也是其品牌的一部分——只要想想可口可乐饮料瓶的形状(也已经成为注册商标)和某些香水瓶就能意识到品牌作为一种概念和产品联系是多么紧密了。如今为一项服务命名也同样盛行，这样可以加强这种无形产品的效用，因此有很多旅游产品的品牌已经为大众所熟知。例如所有飞机机身上标识性的图案和颜色，船运公司船只上烟囱的颜色，或是假日饭店(Holiday Inn)那些我们非常熟悉的标识，这些都显示出品牌对于旅游业有多么重要。然而近来试图给旅游目的地命名的做法引起了不少争议，因为对于品牌无法给予有效的控制，而且每个旅游点的特点纷繁复杂，无法用一个品牌概括。本章对此将进行更深入的讨论。

1. 给产品冠名的益处

给产品命名或赋予产品某种形象能给营销人员带来多项益处。首先，正如我们前面所提到的，它易于消费者识别产品，从而将之与其竞争对手的产品区分开来。其次，它与产品能提供的效能紧密相关，成为影响消费者购买决策的一个诱因，也使厂商能锁定特定的目标市场。更具体地说，由于同一品牌有一系列的产品面世，消费者对这些产品的质量的预期是完全一样的(这也是为什么赋予产品品牌的公司应该施行严格的质量管理的原因)，所以品名能提示消费者该产品的质量如何。第三，对于无形产品，如旅游产品来说，由于消费者不能事先看见或试用产品，购买有品牌产品可帮助消费者规避风险。

对某品牌产品满意的消费者很可能会重复购买该产品，并成为该品牌的定期购买者。久而久之，这种重复购买会成为习惯性的购买，此时这样的顾客我们称之为“品牌的忠实拥护者”。很多旅游公司的经营开始取决于顾客的品牌忠诚度。例如，像 P & O 这样的游轮公司就声称该公司有 60% 的顾客长期购买该公司产品。品牌忠诚度对于面向大众市场的旅游公司尤为重要，尽管对价格的过多重视可能会削弱他们在建立品牌忠诚度方面的努力。

给产品冠名也是对市场进行细分的一个重要工具。在某种产品的整个市场已经饱和的情况下将自己的品牌与某一细分市场联系起来，可以帮助企业扩大市场份额。以快速流动消费品市场为例，为扩大自己的市场份额，宝洁公司、联合利华公司就推出了多种不同品牌的洗衣粉(尽管洗衣粉一直被认为是最同质化的产品之一)。

最后，企业可以通过使用品牌采取一种名为品牌延伸的策略——在同一品牌内引进新的产品。在快速流动消费品市场中，这种策略是亨氏或次贝尔这样的公司推出新产品的重要手段。像 TUI 或 Cosmos 这样历史悠久的旅游产品品牌可以通过引进新的旅游产品如游船度假或只提供座位的飞行旅程使之得以延伸，这样新产品在市场上也能很快获得可信度。同样，旅行社的导游也愿意介绍这样的新产品，竞争的激烈使产品的宣传册要出现在旅行社的展示架上殊为不易，因此产品是否为知名品牌变得越来越重要。易捷品牌的创始人 Stelios Haji – Ioannou 就意识到了 easy 这个品牌的影响力，他正计划将这个品牌旗下的产品扩展到如游船度假、饭店和电影院等等领域；他不顾一切地——必要时还会采取法律手段——保护 easy 这个品牌，不让竞争对手有机会染指。

随着网络营销的盛行，品牌的辨识度日渐重要。品牌延伸策略另一个好处就是对于像 TUI 这样的联合品牌，对于任一产品的促销都会提升所有品牌中核心品名的知名度。

2. 命名决策

一个企业可以采取几种不同的方式推出一个品牌。企业可以推出一个单一家族品牌，亨氏采取的正是此种策略。或者像宝洁公司那样每种产品都拥有一个品牌。上述任一策略在旅游业中都不乏先例。雅高饭店集团就推出了从四星级饭店到中级或低价产品等多达 17 个品牌（其中包括许多声誉卓著的品牌如 Sofitel, Novotel, Mercure, Ibis 和 Formule）。但是该集团最近第一次将雅高这个名字加入到旗下所有饭店的品牌标识中，在强调每个饭店自身品牌的同时也加强了对集团形象的宣传。另一方面，假日饭店（Holiday Inn）推出的则是单一的企业品牌，强调所有饭店提供的是同一标准的服务。在交通运输领域，许多提供固定航班的航空公司还推出冠以不同品牌的包机服务（如汉莎公司的 Thomas Cook 品牌和 Iberia 公司的 Aviaco 品牌）。即便是一些旅游目的地也将自己的名字视作一种品牌，而且在其营销活动中大力宣传这种品牌。例如巴利阿里群岛中的马佐卡岛（Majorca）、米洛卡岛（Minorca）、伊比萨岛（Ibiza）和佛门德拉岛（Formentera）就通过联合促销活动结成了一个统一的品牌，并设计了新的标识和宣传口号“小岛之家”。卡纳利群岛（Canary）也使用了同样的策略将自己定位为“名牌”旅游目的地。

当然也有人对于品牌的价值有一些疑虑，他们无法确定保留一个老的品牌和推出新的品牌哪种营销方式更有效。以下关于 Airtours 公司的事例就充分显示了人们的这种疑虑，起源则是这家公司曾试图将公司的品牌重新定位成 MyTravel。

事例　Airtours

Airtours 是英国最大的旅游公司之一，旗下的企业包括使用与公司同名的品牌的旅游公司、包机公司以及一家大型零售企业 Going Places 和两家连锁子公司：Travelworld 和 MyTravel Group。2001 年，这家公司宣布尝试把公司重新命名为 MyTravel Group；所有的门店，飞机，游轮和电话销售中心都将更名为 MyTravel。该公司计划在第二年的年底之前将所有 730 家旅行社门店更名。然而业界很多人质疑这种放弃一个已经广为人知的品牌的做法是否明智。果然，由于财务制度上的某些疏漏，该公司第二年的销售业绩不尽如人意，只有 146 分店被更名。此时该公司宣布将保留 Going Places 这个品牌，并立即着手恢复已被更名的分店的品牌。该公司的执行总裁史蒂夫·恩达科申明："此时更名要付出 400 万到 600 万欧元的代价，太不值得。"他们将这种保留原品牌的举措称之为在经营不善的情况下节省开支的行为而非营销策略上的改变——"更名行动将推迟到（公司能够）负担得起的时候"——但该公司也证实，由于他们大部分的信心来源于 MyTravel 这个品牌，他们将保留MyTravel 航空公司，新设立的低价位航线MyTravelLite 和网站 MyTravel. com 的名字，不会做任何改变。

2002 年，为了与第一选择（First Choice）公司的 Sunstart 品牌和 JMC 公司的 Sunset 品牌竞争，这家公司将 20 世纪 90 年代初购入的低价旅游路线品牌 Aspro 重新定位为 Aspro Holidays for Less。

英国航空公司的一些做法也反映了人们对于品牌的困惑，近年来该公司的标识被一再更改。然而，很显然公众和业界对于这种改变所带来的益处的看法也是众说纷纭（以下对此进行详述）。

事例　英国航空公司

为了彰显其全球性特色，英国航空公司将飞机尾翼上传统的徽章型标识改变成了一系列色彩斑斓、具有异国风情的图案，这一举动受到了人们的批评。该公司辩称说，"英国航空公司并非一家经营全球业务的英国航空公司，而是一家世界航空公司，只不过总部刚好设在了英国。"然而新标识还是遭到了广泛的批评，其中最著名的批评者当属首相玛格利特·撒切尔夫人，后者强烈抨击新标识的设计使英国的风味丧失殆尽。2001 年，随着管理层的变动，英航重新审视了自己的标识，放弃了深具异国风情的尾翼标识，取而代之的是英国国旗的图案。但也非人人都对此举动表示满意。行业性报纸《旅游周报》的一位评论者就评价说，“英航的国旗设计图案既过时、古板又落后”。在这位批评者的眼中，原来尾翼上的图案赋予了英国航空公司现代、时尚的意义，使它摆脱了长久以来形成的略显浮夸、自命不凡的形象。

其实品牌延伸策略也同样饱受争议。反对者认为这会损害品牌的吸引力或信誉。一家提供高价优质产品的公司在推出同品牌的低价产品时会格外小心，同理，一个被认为是低价产品代名词的品牌也不适合推出同品牌的高档次产品。然而，对品牌做一点小小的改动可能会使品牌延伸策略获得成功（请看下面这个事例）。

事例 bmi British Midland

2001 年，中等价位的 British Midland 航空公司更名为 bmiBritish Midland。该公司的首席运营总监保罗·霍根说：“英国特色是我们生存的法宝，我们决不能弃之不理。这使我们能获得英航与维京航空公司之间的中间市场。”然而到 2002 年的时候，该公司名字中的 British Midland 已经消失，这意味着该公司正在重新思考自己的定位，或者他们相信 bmi 这个名字获得的知名度已足以使之独挑大梁。稍后该公司就以 bmibaby 为名推出了新的低价航线。

如果一个现有的品牌和某一产品联系太过紧密，要延伸该品牌以及赋予其新的概念都已经太难，则应该考虑选择新的品牌。例如南斯拉夫旅游（Yugotours）、奥林匹克（Olympic）、澳大利亚旅游（Austrotours）或巴黎旅游（Paris Travel）这样的名字，都反映了创立这些品牌的旅游公司专注于某一特定旅游目的地的政策，但他们最终会发现，要在同一品牌下推出新的目的地非常困难（尽管有的公司曾试图这样做——确实，南斯拉夫旅游公司在倒闭之前曾经想要开发新的目的地，甚至创立一个新的品牌，但 20 世纪 90 年代南斯拉夫的分裂彻底摧毁了这个地区的旅游业）。拥有更广泛意义的如，享有“环球”或“大都会”这样品牌的公司将在引进新品牌上拥有更大的自由。

在开发品牌的初期需要仔细考量设立品牌所要达成的目的。一个品牌起到的作用并非仅仅只是吸引消费者对产品的注意，它还应该代表着某种意义。它应该能暗示消费者产品的诸多特性，包括其品质。该产品是劣质的、普通的或高品质的？它是否能使消费者觉得物有所值，抑或因其昂贵的价格带给消费者高档产品特有的心理上的尊崇感？只要想想唐娜·卡伦（Donna Karan）、凯文·克莱因（Calvin Klein）或是马克斯与斯宾塞（Marks&Spencer）这样的服装标签带给消费者的复杂感觉就能体会到品牌在向消费者传递产品特性方面的强大力量。

品牌可以帮助企业巩固自己的形象,因为消费者对品牌的感觉折射出消费者对企业的感觉。像壳牌公司就利用自己的品牌来提升公司的形象,在旅游业中像新加坡航空公司、Cunard 公司和希尔顿饭店连锁集团也采取同样的做法。

3. 品牌重新定位

当公司转入他人手中或某些事件的发生可能危及某一品牌的声誉时，就需要对该品牌进行重新定位。当汤姆森集团（Thomson Organization）旗下的旅游企业被德国旅游集团 TUI(Touristik Union International) 收购后，TUI 的标识和宣传口号“TUI 的世界”就与汤姆森旅游企业和卢恩 · 玻利(Lunn Poly)零售门市的品牌结合在了一起。同时 TUI 还采取了数项措施以提高新品牌的知名度,其中就包括资助 Tottenham Hotspur 足球俱乐部(第十四章将对此进行更深入的讨论)。

事例 托马斯 · 库克

1998 年，德国两家公司 Condor 和 Neckermann 合并后成立了 C&N 公司，接着这家公司收购了一家名为托马斯 · 库克的英国旅游公司。这一决策是为了将在德国鲜为人知的 C&N 品牌更名为托马斯 · 库克,同时他们还在英国投资了两亿欧元将几个最知名的品牌结合在一起组成一个统一品牌 JMC(托马斯 · 库克公司创始人的儿子约翰 · 梅森 · 库克〈John Mason Cook〉名字的缩写)。Sunser, Flying Colours, Inspiration 和 Caledonian Airways 都将逐步被 JMC 航空公司和 JMC 旅游度假公司所取代,然而在零售连锁店方面他们保留了托马斯 · 库克这个品牌。C&N 声称这一做法是为了“避免因公司的经营范围太广而导致的所有权混乱的局面”，但观察者认为他们另一方面的考虑是担心与之竞争的零售商们不愿意销售与一家大型旅游连锁企业同名的产品。然而这家大型旅游公司/零售连锁店的定向销售活动又改变了人们的猜测。同时,托马斯 · 库克品牌标识背景上醒目的英国邮箱普遍使用的红色被换成了 C&N 在德国使用的黄、蓝背景色,该公司声称这样可以赋予托马斯 · 库克品牌“更具活力”的形象。

人们对 C&N 公司的举措一开始就批评不断。他们认为新品牌不能清晰地传达这一品牌的特性、价值和品牌的定位。很快该公司发现新品牌无法成功延伸到市场的各个层面。到 2002 年初,市场上对于新品牌的辨识度不高以及品牌形象定位混乱的缺点已经逐渐显现出来。C&N 此时决定将旗下的航空公司重新定名为托马斯·库克航空公司，并宣称“我们有一个托马斯·库克这样的历史悠久的品牌，如果不好好利用就太不明智了”。只有少数几个产品沿用了 JMC 这一品牌，而 Sunset 作为低价品牌被重新起用。

4. 品牌的持有

一旦一家公司决定引进新的品牌，有几种不同的策略可供选择。首先，这家公司可以选择开发和使用一个独家品牌。其次，该公司可以通过授权使用其他企业的品牌。第三种选择是通过特许经营某种品牌。在此种情况下，拥有该品牌的公司可以准许其他公司在满足某些条件的前提下销售这种品牌的产品，这些前提条件可以是只能从某个供应商那里购买原材料，或者将收益的一部分（特许经营费）交给特许授权商。特许经营能够使一个品牌得以快速扩张，也能保证顾客购买的产品质量稳定，而且合乎公认的标准。当然，特许经营某个品牌的前提是该产品上市已久，且享有良好的声誉。快餐业正是借助特许经营才发展如此迅速，所以肯德基、麦当劳和汉堡王在全世界已经家喻户晓。而在旅游业内，假日饭店和希尔顿国际饭店集团也是通过特许经营迅速发展成为饭店连锁集团，同时旅游业的其他领域也已经开始尝试使用这种经营方式。特许经营作为一种分销策略将在本书第八章有所探讨。

5. 卓越品牌的要素

对于如何开发一个优质的品牌，市场营销理论研究者们已经贡献了诸多指导原则。由于一个品牌的首要作用是吸引顾客对产品及其效用的关注，所以品牌的名字、标志或设计都应该能准确地将产品的特性传达给消费者。品牌的名字必须易读易记，同时有助于宣传产品的价值。品牌的标志必须独树一帜，它们的设计和颜色都应能很好地传达产品所蕴含的理念。尽管与创立者的名字有联系的品牌（如汤姆森，希尔顿等）很盛行，能传达产品特性或能使人有愉快联想的品牌（如日升，蓝天旅游度假）有助于在消费者头脑中强化产品的性能。吸引人的品牌名称与母公司原来的名字保持了关联，但又使其简化，标识语更加琅琅上口了。

有一点必须注意，一个企业的品牌在这个企业力图涉足的所有国家都应该能够注册成功，而且对于这些国家的消费者都应该是易读易记的，这一点对于旅游业这样一个国际性的行业尤为重要。对于所选择的品牌我们应该仔细斟酮，以免在其他的语言里引起不同的联想：例如法国人要在英国推销法国流行的软饮料 Pschitt 就绝非易事（因为 Pschitt 与英语中的大便同音）。现在有很多公司通过仔细审查新产品的品名并剔除任何不适合的名字来帮助企业确定国际化的品牌——这是一个很好的预防措施。

词语或标识的简单易记能帮助消费者回忆或识别一个品牌。这在旅游业中也很重要，因为相关品牌可能会在一个快速移动的物体如飞机或旅游巴士上展示。

最后我们还要注意，总有一些企业并没有遵循所谓的规则却意外获得了成功。谁能够想到川崎（Kawasaki）或者三菱（Mitsubishi）在英国会成为家喻户晓的名字？然而这些公司却通过良好的产品品质树立了自己的声望。当然这与我们的规则也并不相悖，如果他们的产品名为本田（Honda）或马自达（Mazda），也许他们的营销任务会轻松得多。

一个品牌能提升一个企业的形象，最终使产品与企业在消费者的心目中密不可分。然而要使品牌起到最大的影响，企业要在营销活动的各个层面充分利用品牌。一家旅游公司应在该公司的文具、宣传手册、销售代表的制服、各门店的店面、宣传手册展示架及其他营销辅助手段如各种旅行袋或各种免费赠品上尽量展示其品牌。其品牌的标识也应醒目地出现在该公司网页的首页上。这就是现代营销中非常重要的"整体营销"手段。

6. 重新定位品牌

一家企业有可能需要定期对品牌进行重新定位，即对品牌进行某些调整以扩大它的吸引力或将其吸引力转向另一细分市场。例如，某一品牌所面向的原有市场的占有率下滑或消费者偏好改变时，就需要对该品牌进行重新定位。这通常会导致产品本身的某些调整，但这种调整只在必要时进行。从 20 世纪 80 年代开始，几家日本汽车公司的营销策略就给我们提供了定期进行品牌重新定位的最好范例。最早进入英国市场时，日本汽车被定位为替代英国汽车的、质优价廉的产品。日本人通过重新定位产品，改善已售产品的形象，成功地进军更高档的产品市场。他们的做法是将高档产品的某些设计元素引进到产品中，从而吸引愿意以更高价格购买更高档配置汽车的顾客。这样他们不仅使自己的产品形象大幅度地提升，也增加了产品的效用和边际利润。然而，实施这项策略必须经过深思熟虑，因为，产品的形象一经形成就很难改变。连锁超市 Tesco 就发现很难摆脱原有廉价产品的形象而涉足更高档的市场。

某些旅游目的地或度假地由于太热门而对游客失去了吸引力，对它们进行重新定位是非常普遍的做法。最近刚经过重新定位的两个旅游点是塞浦路斯和泰国的芭提雅海滩，本章稍后的"产品生命周期"这一节将对这两个事例进行探讨。

7. 品名的意义与品牌的力量

我们早已指出，旅游产品市场可细分为很多不同的部分，各部分对于产品的要求各不相同。这对较小规模的“补缺市场”的经营者非常有利，他们可以为自己的特色产品找到准确的市场定位并借此树立独特的产品形象。但对于大众旅游度假市场的经营者来说，要避免使产品的形象流于“平庸”却非常困难。

相关研究早已揭示了不同品牌的品名及其标识和设计风格，会深刻地影响消费者对这些品牌代表的旅游度假产品的印象。

事例 维京航空公司

2001年品牌咨询公司德拉根(Dragon)就公众对某些公司的了解及其发展方向进行了抽样调查。旅游业内有三家公司——维京航空公司、易捷公司和英国航空公司——参与了调查。这三家公司得分都较高，而其中超过80%的受访者对于维京航空公司的品牌定位非常清楚。然而这家咨询公司也警告说维京公司的品牌延伸过长，而且该公司的形象与理察德·布朗森爵士本人联系太过紧密。受访者对英国航空公司的信任度较低，他们对英航的事故预防及应变能力评价也较差。

年龄在40岁以下的顾客通常会比较注意品牌的设计，并且认为设计的好坏标志着企业的实力。在使用某些人们极为熟悉的图案如鸟类或落日时需要格外小心，因为这种设计有可能会被认为没有创意且已被滥用。色彩的使用也会影响心理上的预期，在宣传手册封面上大量使用蓝色可以强化一种畅游“湖泊和山林”的假期的印象。

尽管度假者的要求千差万别，研究却揭示出消费者所不喜欢的东西有着惊人的相似。消费者特别不能接受的有：

第一，管理过严，或者任何被视为限制个性的行为。例如，无视母亲的反对坚持小孩必须穿上儿童俱乐部的统一T恤或试图将游客组织起来一起跳康茄舞(Conga)。

第二，拥挤。母亲们害怕将孩子弄丢；年轻人想要在沙滩上安静地睡会儿；让自己从前晚的宿醉中恢复过来，为下一晚的狂欢做好准备；老年人则视人群拥挤的沙滩为廉价的度假地，他们宁愿多花钱去一个安静的地方。

第三，孩子。所有的游客都不愿意与太多孩子为伍。年轻人不愿意一大早被别的游客的孩子吵醒，也害怕被别的家庭投诉晚上制造太多噪音。孩子已长大离家的父母会觉得好不容易有了一个“无忧无虑”的假期。即使是母亲们也不愿意团里有太多孩子，只希望有少数几个孩子能和自己的小孩做伴（这样孩子们可以玩在一起，她们自己也就无须操心怎么陪他们玩了）。

消费者的这些担心会强烈地左右他们对于不同品牌的反应，也会影响他们挑选哪家旅游公司的宣传手册以备参考。

因此汤姆森公司的"小而友好"的宣传口号很奏效，因为消费者不用担心旅游地的拥挤或管理过于严格。第一选择（First Choice）公司的宣传口号"自由自在"也蕴含了强烈的个人意识。而像 Transun 公司，"太阳俱乐部"和"小号曲（Fanfare）"这样的名字则让人联想到拥挤的人潮和严格的管束。

除了不会引起任何负面联想，消费者还希望品牌能成为身份和品质的象征。因此任何听起来"很傻"或向邻居提及时会引起尴尬的名字都会使品牌的经营者陷入不利的境地。例如，第一选择（First Choice）公司提供的名为"君王"（Soverign）的度假产品会被消费者视为高档产品，象征一种较高的社会地位，而另一同层次的名为"向日葵"的度假产品带来的感觉就远不如前者。

对于准确传达度假产品性质的品牌来说，情况更是如此。单身假期这一度假产品之所以不受青睐，就是因为即使是最中意这种度假方式的顾客也会不好意思承认是独自一人去旅行。另一个原因则是单单这个名字就足以使一大批非单身游客对这种度假方式敬而远之。同理，"狂欢"（Spree）这种名字则会在所有的顾客心中引起不好的联想。

旅游公司的名字或其品牌若平淡、没有创意，会让消费者觉得该公司或该品牌的旅游度假产品也是毫无创意、平淡无奇的。如果询问消费者"太阳星"（Sunstar）是家什么样的公司，他们会有诸多联想。他们会说太阳星一定是：

- 一家地中海地区的旅游公司
- 便宜但很有活力
- 主营阳光地带及海边度假
- 经营地点是在伦敦牛津街一个脏乱的上世纪 60 年代的商业区
- 信誉很差，很不可靠

当被问到"第一选择旅游公司"（此时 Owners Abroad 还没有采用这个名字，因此对消费者来说这同样是个虚构的名字）是家怎样的公司时，消费者一致认为它一定是：

- 提供的旅游目的地的选择多样
- 提供品质优良的高档产品，但价格也不会高得令人望而却步
- 除了提供阳光地带及海边的度假产品，还有更多选择
- 办公地点应在装饰着玻璃幕墙的摩天大楼内
- 公司的工作人员都身着制服并具有很好的专业素养，公司外停的都是宝马车

既然如今人们开始倾向于以品牌来识别旅游目的地，一个有趣的问题出现了，我们应该给旅游目的地冠上品牌吗？Ritchie and Ritchie 认为：

一个目的地品牌是指可以帮助消费者识别和区分这个目的地的名字、标志、词语、符号或其他图案；不仅如此，它应该能带给消费者一种期望，即他们在这个旅游地获得的经验将是独特且难忘的。它还能在消费者回忆这次度假时帮助他们强化旅行时的愉快记忆。

Mundt 则认为“目的地”这个词太宽泛，它所涵盖的意义太广泛。目的地可以小到是一个村庄或海边度假村，也可以大到是一个国家或大洲，有的目的地一年中不同时期提供给游客的体验也是截然不同的，这就需要给同一个目的地树立两个截然不同的品牌了。然而，他赞成可以给一个人为打造的旅游目的地树立品牌，例如瑞士的“海地岛”，其实是阿尔卑斯的一个山区，它只是借用了 Johanna Spyri 一本关于海地的书中一个虚构的地名，正如 Doone Country 已成为一个 R. D. Blackmore 的小说 Lorna Doone 中描写的西部地区的一个虚构品牌。本书后的“案例研究 6”——关于旅游目的地韦塞克斯的品牌建立分析，对此是很好的例证。

表 5.2 揭示了为一个旅游目的地树立品牌会遇到的困难，并将有形商品与传统的旅游目的地和其他旅游服务产品树立品牌的困难进行了比较。

表 5.2 商品、旅游服务和目的地与品牌相关的特性

有形商品	服务(接待、交通)	传统旅游目的地
生产商		
■ 可确认	■ 可确认	■ 无法确认
产品和服务		
■ 同质 ■ 全部产品设计由制造商决定	■ 同质(外部因素如天气、人员、其他顾客，都对服务质量有重要影响) ■ 服务水平可由制造商决定	■ 完全同质(取决于不同的独立的服务提供者的数量) ■ 目的地的管理组织无法决定服务的水平
品牌确立		
■ 产品的品牌完全由制造商确立 ■ 可多元化 ■ 严格的质量管理法律问题 ■ 法律框架内无任何问题	■ 服务品牌由公司确立，但会受到员工和客户这两个客观因素的损害 ■ 基本可多元化 ■ 直接的质量管理 ■ 法律框架内无任何问题	■ 品牌由目的地管理当局确立，但其对产品的影响极为有限 ■ 不可多元化——受地理位置的限制 ■ 只能实施间接的质量管理(例如给当地的观光服务部门进行质量评级) ■ 根据欧盟法律不可为地名树立品牌

来源：Mundt，J，343 页

四、产品组合

很少有公司只生产一种产品。因此公司所面临的营销上的问题就是向消费者提供怎样的产品组合。产品组合包括公司所生产的不同产品线（产品广度 product width），以及每个产品线内提供的产品的种类（产品深度 product depth）。像胡佛电器这样的家电生产商不仅得决定产品的种类（洗衣机、干衣机、洗碗机、吸尘器、烤面包机、电熨斗等等）还得决定每种产品的不同规格——不同的发动机、设计、容量、颜色等等。所有这些决定都和营销组合有莫大的关系。例如，不同产品针对不同的细分市场，也需要不同的广告和促销策略。有些产品面临的是异常激烈的竞争环境，其定价和边际利润需要不停地调整。还有些产品因为技术复杂或其他因素需要特别的营销手段予以支持，而其他产品可能适合消费者自行选择，从而对其分销策略有所影响。

在产品的制造过程中，如何利用现有的资源如机器设备和熟练劳动力生产不同产品是一个非常关键的因素。如果一台机器的产能过剩，可以用来制造一条新的产品线，那么一家公司试着生产一条新的产品线是否有利可图这一问题就值得好好探讨了。经营者必须熟知每条产品线的相关市场：谁在购买这些产品；为什么购买；自己的产品与竞争对手相比竞争力如何；产品所占有的市场份额是多少；目前已取得的销售量及其占企业总收入和利润的比重。以上这些信息都有助于作出与新产品相关的决定：是否应加强或延伸现有的产品；是否应将某些产品撤出市场；是否应引进新的产品线；现有的产品种类是否应保持不变或者企业是否应引进全新的产品线等。

和其他产业一样，观光旅游业的绝大部分经营者也必须决定自己产品的广度和深度。例如，一个大众市场的经营者就必须作出很多营销方面的决定。尽管乍看之下我们会以为，一项旅游行程安排是一个单一的产品线，实际上团体旅游的性质使产品各不相同，吸引的是不同的细分市场，满足的是不同的需要。过去大规模的企业通常将自己的产品进行分类，由不同的产品经理负责，设计不同的宣传手册并以不同的品牌宣传各自的产品。尽管近来这种做法渐渐转变成为将不同的产品精简组合成一个产品线并使用同一个品牌，我们也已看到这种转变并不奏效。本书写作之时，托马斯·库克旗下的产品种类，包括作为主要产品品牌的托马斯·库克，面向家庭和年轻人的品牌 JMC，低价品牌 Sunset 以及小规模的次分品牌如“18～30 俱乐部”，尼尔森（Nielsen）和时尚（Style）。经营者必须决定以上每种产品的深度：应提供多长时间的行程（3 天、7 天、10 天，还是 14 天）？从哪个机场出发？到达哪个目的地和机场？每种产品应如何定价才能保证完成公司的利润目标？

产品线也可以适当"延伸"以覆盖新的细分市场。现有的市场增长缓慢或竞争日趋激烈时往往需要作出这样的决定。当一家处于低端市场的公司发现很难获得利润时，会试图把产品重新定位为高端产品以获得较高的边际利润；或者一家处于高端市场的公司会选择充分利用自己的产品在高档市场中良好的品质信誉来扩大产品的吸引力，以获得更大的市场。但这种措施暗含的风险是会导致该公司在市场上的形象混乱使公众无所适从，致使该公司固有的特定市场和营销优势丧失殆尽。例如，某些船运公司为了扩大产品的吸引力进军游船旅游这一新的大众市场，降低了原有产品的品质，结果连原有的忠实顾客也失去了。有趣的是，现在世界上最大的游轮公司嘉年华(Canival)吸取了别人在这方面的经验和教训，极其谨慎地保留了它所收购的其他品牌，如 Cunard, Holland America, Seabourn, Princess 和 Windstar, 并将它们与自己的主品牌嘉年华(Canival)区别开来，使每种品牌针对某个特定的目标市场。

五、产品生命周期

所有产品都有生命周期，尽管每种产品的具体生命周期我们无法预测，但是这种生命周期可以用图表的形式表现出来，如图 5.1 所示。这幅图表的"钟形曲线"显示，通常一个产品的销售量在刚推出时会因为不太知名而经历缓慢的增长。随着销售量的增长它渐渐为人们所熟知，并享有了一定的声誉。其销售量会一直平稳地增长，直到所有该产品的潜在顾客已经购买了产品，随后销售量变得平稳。由于销售量的增加，产品面临的竞争也日渐激烈，因此在饱和期要维持现有的市场份额愈加困难。如果消费者认为其他新产品比现有的产品更好，则其销售量会开始下滑。此时公司必须采取行动，决定继续保留该产品还是从市场上撤出。

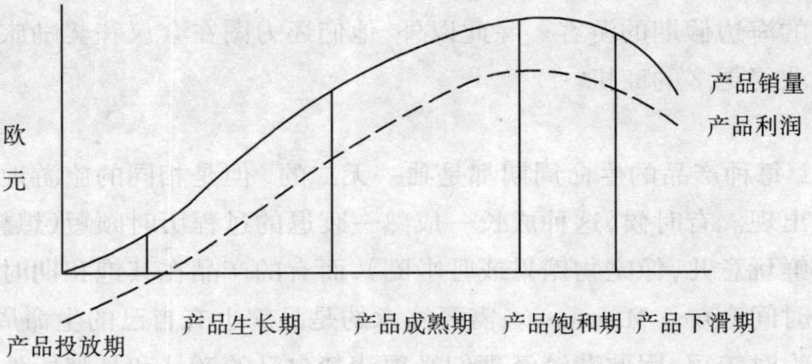

图 5.1 产品生命周期

这种理论模型适用与所有产品，旅游产品也包括在内。一个旅游目的地一开始会吸引少量游客，然后逐渐在游客中打开自己的知名度。随着它的知名度的扩大，其他运输公司和旅游公司开始利用这个目的地经营自己的业务，其销售量开始快速增长，也许会形成一个不同的市场。随着这个度假地独特性的丧失，它成为又一个大规模旅游目的地，吸引了更多低端市场的旅游者。在这个度假地内，旅馆和其他设施的大量兴建开始导致供给大于需求，而这个旅游点受到的各方面的破坏会使游客逐渐失去兴趣从而去往别的地方度假。最后这个地方的旅游业完全萎缩，而其他的产业会受到扶持逐渐兴起。对此，当地政府会采取措施改善这个旅游地的面貌使它重新受到瞩目。

事例　塞浦路斯和芭提雅海滩

塞浦路斯的负面形象源自它的某些主要度假地如 Ayia Napa 等地夜总会的盛行，最后所有媒体都将注意力放在了那里的酗酒、闹事和偶尔的街头暴力事件上。2002 年，塞浦路斯旅游局发起了一场新的营销推广活动，旨在将这个国家的形象提升到高端市场。该组织的营销总监迈克·马特克斯指出："我们想要将塞浦路斯定位成一个高品位的小岛，而不仅仅是一个享受阳光和海浪的旅游目的地。"但是批评者指出，他们想要提升这个岛国形象的努力并不成功。不仅如此，由于与这项活动同时进行的是一系列五星级宾馆的建设，反而增加了游客的负担。

同样，2001 年芭提雅海滩由于过度开发和被冠以性行为过于自由的旅游地而声名受损。该地的旅游管理部门试图通过改善旅游设施来改变本地区的形象并吸引家庭和情侣游客。他们新建了一个污水处理厂以减少对海水的污染，还整饬了海滨大道和海滩以期吸引一流饭店的投资。当地旅游管理部门意识到他们可能永远无法摆脱长久以来形成的恶名，因此他们将整个旅游地划分成不同的区域，各区域之间界限分明，分别开放给来此寻求夜生活和享乐的人和来此享受悠闲的海边假期的游客。除此以外，他们还力图在会议和奖励旅游市场上获得更多的商机。

当然，每种产品的生命周期都是独一无二的，但是相同的旅游地或其他产品还是会出现。有时候，这种成长—成熟—衰退的过程历时颇短（想想魔方，或者一些新鲜玩意儿，像宠物糖果或呼啦圈），而有的产品在其饱和期时也能持续走俏很长时间（Oxo，Marmite）。需要注意的是品牌也有自己的生命周期，尽管这种周期为时较短。因此营销经理们必须清楚自己的产品和品牌所处的生命周期的阶段。随着市场上竞争的日益加剧，品牌的生命周期越来越短，这就需要引进新的营销策略以增加销售额，或者将现有产品撤出市场为新产品让路。

要预测一个产品的生命周期或是产品何时进入生命周期中的下一个阶段都殊为不易，但我们还是能感觉到一些危险信号，如某一品牌或某一产品线内的某一产品销售量或市场份额下降等等。已有证据表明，当厂家试图对产品的生命周期作出预测时，结果往往惊人地准确。当然，了解产品与其生命周期之间的关系总是有助于营销经理更有效地策划营销活动以及更好地判断产品的销售量和潜在的利润。

从图5.1中我们可以看出，随着产品的利润在不同生命周期阶段内的上升和下降，我们可以通过考察产品所处的不同阶段预测产品对公司整个利润目标达成所做的贡献。在引进阶段，由于公司试图引起市场对新产品的注意，其营销费用的投入颇高。只有当产品的销售额不断增长时，公司才可能收回投资并开始盈利。成熟期内该产品的利润值达到最大，接着产品销售量下降，利润下滑。但是经过精心的操作，成熟期后还是可以使产品的利润保持在较高的水平，通常使用的手段是减少广告支出，依靠产品自身的信誉推销产品。这在业内被称之为“收割战略”。只要产品的忠实消费者继续购买该产品，那么公司生产该产品就有利可图。

要理解产品生命周期的特性就必须理解其与营销策略的关系。对产品生命周期的理解可以在其处于转折点时采取积极的措施改变营销策略，使产品能够继续畅销。但最重要的是产品生命周期的不同阶段需要的营销组合也不同。

首先，当一个新产品刚进入市场时，其购买者的类型和其生命周期中第二阶段的购买者肯定不同。这就使企业能根据产品生命周期的不同阶段使用市场细分的策略。新产品的早期购买者肯定是一些愿意冒险的消费者，他们喜欢尝试和拥有不太为人熟知的新产品。这部分细分市场的消费者拥有较多的可支配收入，属于“价值关注型”而非“价格敏感型”。这样产品的形象应强调其独特性，以提醒这部分消费者对产品所代表的社会地位的认知或唤起他们的好奇心。所有的广告和促销活动都将致力于通过最适宜的渠道将这一信息传达给特定的消费者，尽最大可能将与产品性能有关的信息告知潜在的消费者。此时产品的价格相对较高。其分销渠道也是经过精心挑选的，因为产品可能很难获得所有分销渠道的支持与接受。

一旦产品在市场上被广泛接受，企业的竞争对手就会推出类似的产品。由于可选择产品种类的增加，消费者此时可能会犹疑，不知选择哪一个产品。这时营销人员的角色则转换成劝说者，他们会不断提醒消费者该产品的性能并通过营销渠道最大化保证消费者能方便地购买产品，他们还会强调与产品相关的品牌形象以劝说消费者购买产品。

最后，当产品的销售额达到顶峰并开始下滑时，企业应该决定是否使产品升级从而减缓其退出市场的速度或是直接将它撤出市场并找到新的替代品。

六、升级产品

企业要使产品升级，可使用的方式多种多样，所选择的方式应该取决于产品最初衰退的原因。如果产品衰退是由于一个拥有更多功能的新产品进入市场时，企业可以选择给产品增加同样的功能，或者添加新的不同功能，也可以降低产品价格从而强调产品的价廉物美并且进入一个对价格更加敏感的新市场。在公司看来，竞争者的产品并不优于自己的产品，只是增加广告支出，或是进行促销就可以重新获得市场份额。营销的实质就是选择不同的策略以应对危机或利用现有市场中的机会。如果你还记得营销理论中的四要素，你就应该知道企业可采取的行动只能限制在这四个领域：它可以改变*产品*、*价格*、*促销活动*或*地点*（产品销售的地点及方式）。我们来看一个假设性的事例。

Maddington Hall：升级产品

Maddington Hall 是英国在每年的复活节到 12 月末之间开放给公众参观的具有历史意义的乡村豪宅。这里不是一个知名的旅游点，它的规模虽小，但是它现在的主人所属的家族在这里已住了 300 多年了。这个宅子与英国内战有关，之后又成为伊丽莎白一世王室一位主要成员的私宅。这个宅子与美国也有着莫大的关系，因为住在这里的那一家族的某些成员 18 世纪初移居到了美国的新泽西。

每年慕名到此参观的游客人数多达 20 000 人次，但是近年来到此参观的游客人数不断下降。

1992 年至 2002 年到 Maddington Hall 参观的游客人数

1992	27 120
1993	26 580
1994	26 084
1995	25 312
1996	26 033
1997	25 441
1998	25 256
1999	24 802
2000	23 403
2001	20 857
2002	18 912

2001年底和2002年全年游客人数的急剧下降可以归因为人们对疯牛病及口蹄疫的恐惧，以及2001年9月美国纽约世贸大厦遭恐怖袭击的后遗症导致来英国，特别是英国乡村旅游的美国游客（大部分是来参观历史文化遗产）人数的锐减。然而，主要的问题并不在于由外部原因导致的短暂的人数减少，而是十年来参观人数的持续下降，甚至在经济相对繁荣时期也是如此。

该旅游点的管理方面临以下几种选择。他们可以投入更多的资金做广告，但是整个景点的收入只够维持维修和日常运转的费用，用于广告宣传的预算极少。他们可以花钱调查建设一个网站吸引感兴趣的游客，但由于游客的身份各不相同，要直接针对海外游客做广告并不现实。预算的大部分都用于印制传单分发给游客常光顾的景区附近的饭店和其他场所。由于业内各旅游公司认为该景点的名声或可观赏性不足以吸引顾客，所以他们试图劝说旅游公司将该景点纳入团体旅游线路的努力也以失败告终。

这个景点的管理方还可以降低门票价格，但他们认为这会导致收入的减少，因为参观人数的增加不足以弥补降价损失的收入。该景点甚至可以提高票价，如果他们认为增加的收入可以大大抵消参观人数的下降带来的收入损失。

他们还可以想方设法增加景点的吸引力从而获得更多的顾客。例如，他们可以开辟更多的商业用途以增加收入——增加茶室、纪念品商店或其他可增加收入的设施。他们还可以在一年中某些特定的日子举办一些活动，如重现内战时的某些战役，或举办骑马长矛比赛以吸引参观的人群。如果宅子的主人愿意，他们还可以帮助某些只为了与主人（特别是被授予了爵位的）及其家人见面而一掷千金的参观者安排烛光晚餐。以上的某些活动肯定需要大笔的资金投入，他们可能需要向银行贷款或进行集资。为了保证盈利，管理方必须仔细考虑这些活动是否会带来参观人数的大幅增加。

最后，他们还可以考虑设法改善销售渠道，例如，他们可以寻求与国外对该景点感兴趣的专业旅游公司合作，或者加入所在地区其他旅游景点组成的行业协会，或者与其他乡村历史性景点合作共同出版宣传手册以吸引更多的顾客。

不管他们做何决定，都应该经过慎重的思考和全面的研究。每种选择的益处需要仔细衡量，就如推出一个新产品一样慎重。

由于对于所有产品的需求都会随着时间的推移有所改变，因此按照顾客的需求对产品进行定期的更新或对产品线内的产品进行适当的调整会有助于销售额的增长。这里我们只须举一个例子：对于更加灵活的行程安排的需求促使很多旅游公司对自己的产品进行了调整。汤姆森度假公司（Thomas Holidays）就允许它的短期旅游产品在行程规定的时间内有适当的变化。而托马斯·库克也在 Cultura Trips 这一品牌下推出了为消费者量身订制的旅游产品。旅游景点也需要定期升级自己的产品，这对一些博物馆来说不太容易，因为这些博物馆的馆长仍然认为自己承担的只是看管的责任，而不是给参观者提供娱乐。然而，即使现有的某些展品也可以用更富想象力的方式展现出来，以增加这些展品的吸引力。

事例　梅德斯通博物馆

由于梅德斯通博物馆位于一个登录入册的文物保护建筑内，所以该馆不可能进行扩建。馆内收藏的藏品数量是能够展出的展品的九倍。

为了更新展品，这家博物馆在一家报纸上举办了竞赛，并邀请竞赛的十四名获胜者从库藏品中每人挑出两件进行展出。这些展品在一个名为“藏品中的惊喜”的特别临时展出中亮相，其中的一些展品已有多年没有出现在公众面前。毫无疑问，这次展出引起了广泛的关注，而其他博物馆也开始竞相效仿这种做法。

七、推出新产品

推出一个新产品，不管它是飞机，渡船游览路线，饭店或者团体旅游项目，都是营销管理中最为冒险的一项活动。虽然所推出新产品的失败率高得惊人，但通过仔细的审查还是确定，可以降低新产品失败的可能性（虽然无法完全根除）。条件是我们必须充分了解何谓“新产品”。改善现有的产品使之焕然一新，可以让潜在的顾客认为它就是全新的产品。同理，如果现有的产品进入到一个对之全无了解的新市场，这个产品无论如何也可以被视为新产品。图 5.2 很好地诠释了这一点。

显然，企业所能采取的最保险的做法就是对现有产品作出调整。例如，增加产品的功能，使之在现有的市场上更具号召力。如果产品在现有市场上已不受青睐，也许此时应该对产品进行重新定位，即针对另一细分市场进行促销，或将产品销往海外市场。这可能需要改变产品的性质和营销的理念以迎合新的消费者。

产品 \ 市场	现有市场	新市场
新产品	将新产品引进现有市场	将新产品引进新市场
现有产品	对现有产品进行调整以适应现有市场	对现有产品进行重新定位以吸引新市场

图 5.2　新产品

事例　第一选择旅游度假公司(First Choice Holidays)

2002 年，第一选择公司决定对自己的旅游产品品牌进行重新定位，使三个主要品牌在各自市场上的定位更加清晰。“第一选择”这一品牌针对高档的大众市场，提供给游客住宿的都是高档酒店。“Unijet”这一品牌则面向经验丰富的旅游者，去掉产品中廉价的假日旅游产品。而“日落”作为低价品牌的定位更加清晰，它囊括了所有曾经以其他名字出现的廉价产品。该公司宣传手册上的产品价目单也更为简洁，“第一选择”和“日落”这两个品牌使用蓝色条状图案和“海星”图案，这两个图案组成的标识会出现在空中客车 2000 的尾翼，以及公司的旅行巴士和机场入关接待处的桌子上。

2003 年，该公司决定将所有的零售店统一成一个品牌，从而废除了曾经家喻户晓的 Travel Choice、Holiday Hypermarket 和 Bakers Dolphin。该公司的执行董事声称，“所有的大公司中我们的规模最小，我们却拥有三个品牌，这在很多方面都会导致效率低下。”

另一个选择办法是针对现有顾客开发一个真正的新产品(或新品牌)。这个做法的好处是，如果这家企业的信誉卓著，现有顾客又对该企业的新产品深感满意，就很可能会试用新产品。最后，企业可以选择开发一个新产品投入到一个新市场——这会使风险加倍，但研究表明，从长远来说，这种做法能带来巨大的潜在收益，因此也值得一试。

要确定一个产品何时才能定义为真正的新产品并不容易。我们购买的产品绝大部分都早于现有的产品面世，或者是对现有产品进行改良之后的产品，然而只要产品的理念标新立异，与市场上其他的产品绝不雷同，那么就可以被称之为全新产品。例如圆珠笔，虽然它是现有书写工具的改良，但由于圆珠笔使用了前所未有、非常独特的技术，就可以被视为新产品，正如复印机或者折叠自行车一样。在旅游业，Concorde 提供了空中旅行的一种全新的理念，而 catamaran 引进了短途海上旅行这样一种全新的、快速的旅行方式。在饭店业中，汽车旅馆的独创性也足以使之被称为新产品。20 世纪 30 年代，比利 · 巴特林（Billy Butlin）一直在寻找一个好办法使在海滨度假的游客在各种天气条件下都能尽情享受假期，后来他引进了度假营这一概念，这一度假方式有别于当时大规模旅游度假市场的任一产品的形式。

市场空缺

任何新产品的上市都是为了找到“市场空缺”(Market gaps)——产品获得一个未经开发的市场的机会。当然，这就意味着在开发新产品的过程中采取以市场为导向的策略，而第一步就是研究消费者需要的是哪种新产品或对现有产品作何种改良。斯堪的纳维亚饭店的过高的劳动力成本导致饭店的食物价格过高，最后这些饭店推出了自助式的早餐。虽然这种方式改变了饭店的传统服务方式，如今却越来越盛行。因为它不仅降低了价格，也为饭店的客人提供了多种品质、多种口味的食物。海神号(Sea Goddess)游轮的尾部设计就相当有趣，当游轮停泊靠岸的时候，其尾部可以放入水中，从这里游客可以跳入海中游泳或玩帆板。这个营销上创造性的举措，满足了豪华游轮市场中一部分新型顾客的需要，同时，低价游轮市场上这一部分顾客的需要也没有被忽视(请看一下这个事例)。

事例　陆上旅游与海上旅游相结合的营销方式

2001 年，第一选择旅游公司和皇家加勒比国际游轮旅游公司(Royal Caribbean International)组成合资公司，并针对较年轻的游轮旅客推出了一种新型的游轮旅游产品。当时的游轮度假市场主要瞄准的还是年纪较大的顾客，而这条新的游轮航线针对的是年纪约在 30~40 岁的顾客，特别是初次尝试这种度假方式的顾客。研究表明，这种产品潜在的顾客认为游轮上对乘客的管束过于严格，他们并不喜欢这一点。他们想要更随意的氛围，还可以在游轮上不同的餐厅想吃什么就吃什么。这条新航线的定位就是新鲜、欢乐的旅行体验和游轮上轻松、随意的生活方式。

为了吸引进行商务旅行的高层管理者们，设计者对豪华旅游巴士上的座位进行调整使游客在旅行时能够围着一个桌子召开会议。这种做法是基于改善现有产品，使之有别于并优于现有产品，从而满足消费者明言或潜在的需要。但是这种产品的推出不应该是基于某些管理者的直觉而作出的孤注一掷式的决定。这种产品应该是新产品开发过程中的最终成品，并且在开发过程的每一个环节中都经过精心的设计和仔细的论证。

八、可持续发展的产品

可持续发展性已成为新型旅游度假产品的开发和经营中一个关键的议题，人们也越来越关注旅游业对环境的影响。过去，旅游业的开发商们大都采取一种“砍林烧山”的方式开发新的旅游景点，极少考虑景点的环境敏感性，而这些景点一旦由于过度利用和人口拥挤而遭到破坏，就被更新鲜的景点取而代之。对景点开发负有规划责任的地方政府更关注的是经济的增长而非环境的保护，对于土地的过度开发也放任不管，这就是地中海沿岸各国如法国、西班牙、希腊和土耳其被过度开发的原因。各航空公司考虑的也只是高满座率和利润的增加，他们推销的都是很受欢迎的旅游景点。而随着大型海边度假地的人气越来越旺，大批游客纷至沓来，他们只想尝到熟悉的食物和饮料，只想要更好的设施和更流行的娱乐活动，结果导致景点当地的文化逐渐消失。人们最终认识到了这一点——尽管对一些景点来说已经太迟——即大规模的游客参观会导致景点的魅力被破坏殆尽，而这种魅力正是游客慕名而来的原因。于是景点当地的政府开始进行必要的管制。人们对地球资源被掠夺更广泛的关注催生出1987年布朗特兰报告（Bruntland Report）中对于可持续发展更迫切的呼声，而旅游业也被视为影响地球资源最主要的经济活动之一。这个星球上现在的居民不能以牺牲子孙后代为代价来满足自己的需求和需要，这一点毋庸置疑。

旅游业的发展不仅要考虑土地的保护，也要保证东道国的人民能从经济上获益，这一点已获得广泛的认同。各国政府鼓励旅游企业雇用和培训旅游景点当地的劳动力，尽量减少景点开发对当地环境的负面影响，降低资源的浪费并从整体规划上协助当地经济的发展。

如今，大量保证旅游景点可持续发展的举措得以实施，旅游业的经营者和游客越来越关注自己的行为对景点环境的影响。绝大部分刚上市的旅游产品都考虑到了对环境的影响，而顾客也更加注重旅游的可持续发展性。

乡村地区对于旅游业的影响尤为敏感，而绿色生态旅游就鼓励游客在当地的民居、农场或森林小屋中住宿，而不是住在连锁饭店内。游客最好在当地的餐馆和小酒馆而不是在大型连锁餐厅和饭店餐厅内用餐。游客还被鼓励在当地的商店和手工艺品中心而非各景点的商店内购物。

和其他发达国家一样，英国也认识到旅游业对于社会的责任是企业社会责任中一个关键的因素，并且急于去弥补早期旅游业造成的对环境的破坏。英国几家主要的旅游公司就联合起来策划了“旅游行业行动”，除此以外，他们还在塞浦路斯和冈比亚开展了一些项目以支持当地的经济发展。2002年对外及联邦事务局发起了由四家最大的旅游公司支持的“可持续发展旅游业行动”，并最终于2003年成立了旅游基金会（与此有关的更多细节请见第十四章关于企业责任的论述）。其他旅游公司也起草了一些行为准则以保护第三世界的儿童免遭性侵害。每个公司都对环境的绿化作出了自己的贡献。例如英国航空公司就设立了饭店审查机构，检查饭店对废物的处理和能源的保护及其供应品的来源。专业的旅游公司像丽晶旅游公司(Regent Holidays)就为景点当地想要进行旅游营销活动的经营者提供语言协助服务。下面这个事例就记述了英国一个新的旅游景点是如何成功地贯彻绿色生态旅游的。

事例　丹卡斯特，地球中心的餐馆

“地球中心”是由千年基金会兴建的一个旅游景点，它旨在展示人类对环境的影响以及怎样消除这种影响。地球中心的自助餐厅能为80%的游客提供餐饮服务，充分体现了地球中心的核心理念——可持续发展性。所有的食物中有10%是中心自己种植的有机蔬菜，只要可能他们就尽量使用本地的农产品(两小时之内就能运到)。所有的农产品也是使用环保包装，并尽可能购买有机产品。地球中心只使用第三世界国家输出的公平贸易产品如茶叶和咖啡，咖啡豆是大量成袋购买而不是铝箔纸包装的，因为浪费极大。供应的茶水是使用新鲜茶叶而非茶包，咖啡也是现磨以保持新鲜。调味品都盛装在调味瓶中以防浪费。如乘客需要，带走使用的也是可循环利用的纸杯。地球中心使用的是无氟环保型的冷藏设备，餐厅的所有家具用材也都是可循环再利用的橡木。所有的清洁用品都是可降解的，空瓶也被退还厂家以再次使用。所有的垃圾都按来源分别投放在8个垃圾箱内供循环再利用；所有的废水都通过一个芦苇床（reed bed)水净化系统净化后再利用。餐厅的背景音乐是录制的鸟叫声而不是预录的音乐。

九、为什么产品会失败

在了解新产品的开发过程之前我们要问问自己，为什么很多产品都遭遇了失败？如果仅仅说是因为竞争太激烈可能不够全面。有些产品在竞争异常激烈的环境中非常成功，有些产品即使竞争不很激烈也会遭遇失败。我们对此的解释应该再次集中在营销的四大要素内。

如果某一产品并非真正的新产品——如果该产品只是试图模仿市场上的现有产品，并不能提供优于现有产品的功能——那么该产品成功的机会非常渺茫。当然，也有可能因为市场上的竞争过于激烈使新产品成功的希望很小，但是供过于求并不会影响新产品的成功。

事例　假日饭店（Holiday Inns）

20世纪70年代，当假日饭店集团宣布计划在利物浦修建一个新饭店时，业内人士纷纷表示异议。该市的饭店房间已经供过于求．而且饭店的入住率也很低。但是这家饭店连锁集团对自己的市场定位非常准确。市内现有的商务旅行客人对饭店的设施并不满意，但为了生意他们不得不住在市内。一旦有更现代化的饭店出现，饭店内的设施又更令人满意，他们会很快搬离原来较传统的饭店入住那家新饭店。最后，某些老饭店因此被迫关闭。

这个事例很好地揭示了一个规律，即市场上的需求不止一种。实际上，我们可以明显识别的需求有四种：

1. 现有需求。即顾客需要的产品供应不足产生的需求。

2. 替换需求。即顾客对现有产品不满意导致的需求。

3. 潜在需求。即营销人员创造的需求。这种需求是消费者还没有意识到的、潜在的需求，但可以通过有效的营销手段唤醒并加强。

4. 未来需求。即由于人员流动和人口上其他方面的变化在未来会自然产生的需求。

对新产品未来销售量的预测应该将以上四种需求考虑在内。

产品的定价也必须准确。产品的准确定价取决于多种因素，这一点在第六章会有详细讨论。在此只需要指出与竞争对手的产品相比价格要合适，这就意味着产品的定价首先应能保证企业的合理利润，同时又在市场能够接受的范围以内。

虽然促销对于质量差的产品是无能为力的，但是没有足够的促销，好的产品的销路也不会好，因此促销是产品打开销路必不可少的环节。产品再优秀，如果不是促销使顾客注意到产品，他们也不会购买。这就意味着宣传媒介的选择必须适合产品所针对的目标市场。刊登在《留声机》（The Gramophone）上关于周末古典音乐会或者经典游轮度假的广告受到的关注应该远高于登在《高尔夫球手周报》（Golfer's Weekly）上。

最后，如果消费者无法方便地购买产品，那么仅仅创造对于这种产品的需求也是于事无补。你要么设法获得那些已经准备将你的产品宣传册上架并销售你的产品的旅行社经纪的支持，要么就选择别的同样有效的分销渠道。你还需要有效地简要介绍你的产品。很多时候由于企业向零售商介绍新产品及其功能时不够准确，结果失去很多生意。如今，通过电话销售中心或网站直接推销产品的做法日益风行，对零售中介的依赖渐渐减少。本书稍后对此会有更多讨论。

十、筛选新产品

图 5.3 描述了新产品的筛选过程，我们会依次探讨每个步骤。

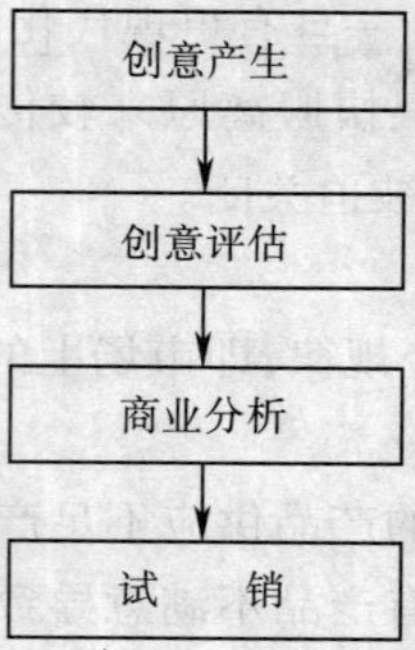

图 5.3 筛选新产品

新产品的设想可从多处获得，包括公司内来源和公司外来源。最典型的做法是由公司某一主管提供新产品的设想，然后提交一组负责开发新产品的主管人员讨论。然而如果受到鼓励，较低阶层的雇员也可以对新产品开发作出重要的贡献，那么企业要做的就不仅仅是设置一个意见箱。由于销售人员经常与经销商和顾客打交道，他们可以将有利于产品改进的设想反馈给高层管理者，这些设想要么是受到竞争者提供的产品的启发，要么反映了经销商和顾客的需要。对零售门店必须进行定期的访问，以保证企业的产品在市场上仍然具有竞争力。较大规模的公司中，部门领导可以鼓励员工根据自己的专业知识对产品的改进提出相应的建议。

对于中小企业——如某些小型的旅游公司或景点以及旅行社，新产品开发设想的来源肯定有限。尽管如此，某些小企业主或经理却天生具有冒险精神，他们时时刻刻都想着如何在不破坏有限的资源的情况下开发新产品。然而由于这些人不必对企业内的任何一个人负责，他们有时会对自己的正确性深信不疑，忘了可以到企业外寻求帮助。如今旅游企业快速应对变化的灵活性和能力非常重要，因此中小企业的经理们决不能忽视从企业外部获得建议的可能性，不管这种建议来自何方。

无论关于新产品的设想源自何处，都应该得到仔细的评估，这样可以过滤掉一些优点不太突出的设想。最简单的做法就是将每个设想的优点和缺点列一个清单。当然首先必须界定出产品所针对的市场，新产品优于现有产品的性能，以及产品的建议定价。

一旦找到最佳的新产品设想，就需要测试这项设想的商业可行性。新产品开发人员必须预测该项产品的潜在销售量、预期购买该产品的市场、产品的潜在利润以及现金流量，这样管理层就能清楚地了解新产品多久才能实现盈利。在此阶段还需测试公众对该项产品概念的反应如何。如果反应是正面的，则新产品开发可以进行到最后一个阶段，即生产少量产品进行试销。

有形产品的试销是指在英国的某一地区销售产品看是否能达到预期的销售量。如果达到预期的产品销量，就开始大规模地推出产品。

对于旅游产品，要进行试销则不太容易。飞机无法进行试销，饭店一旦建成即使经营不成功也不可能推倒重来。然而，我们可以通过测试产品概念的受欢迎程度来降低风险，不仅如此，还有很多新方法来解决这个难题。例如，饭店如果想要改变现有的装饰风格，可以将某些房间重新装饰，然后请客人对房间的装修作出评价。航空公司也可以采取同样的做法，例如在改变某条航线的主题之前，先重新装饰某一架飞机或一架飞机的某个部分以测试消费者的反应。旅游公司在倾其所有推销一个新的景点之前，也可以在小范围内推出新的团体旅游线路以测试市场的反应。然而，我们必须认识到推出一个新的旅游产品所蕴含的风险远远大于其他产品，因此，在按照上面的步骤筛选新产品时应该格外谨慎。

问题与讨论

1. 比格力(Bulgari)是高档时装饰品市场一个历史悠久的品牌。2002 年，比格力公司宣布将要建立一个新的饭店品牌——比格力饭店(Bulgari Hotels)。这样的品牌延伸策略属于好的营销策略吗?像这样历史悠久的品牌能延伸到其他任何产品，或旅游业其他产品如旅游观光产品中吗？像古奇（Gucci）、普拉达(Prada)、D&C(Dolce et Gabbana)、阿玛尼(Armani)这样的品牌作为饭店品牌还能同样成功吗？

2. 巴特林(Butlin)多年来一直是英国大众市场上最大的度假营品牌，然而随着 20 世纪 60 年代后海外度假的盛行，该品牌的声势每况愈下。80 年代，该公司试图以“度假中心”的口号重振这个品牌，而90年代经历短暂的复苏后，整个品牌的颓势已不可避免。一位旅游度假产品的专家曾在2000年5月5号的《旅游周报》上说：“巴特林似乎一方面被自己的品牌束缚住，因为它已经成了度假营的代名词；另一方面因为它是一个很重要的品牌，他们又需要保留这个品牌。”

这仅是该品牌的问题，还是整个度假营产品的问题？在一个品牌或产品进入衰退期后，可以不用花太多钱就能振兴这个品牌或产品吗？该产品处在波士顿矩阵中哪个位置？你建议该公司采取怎样的行动以确保公司的前途？

3. 根据英国旅游者协会（British Tourist Authority）（现为 VisitBriatain）前主席大卫·昆比（David Quarmby）的看法，英国作为旅游目的地的形象应该是以区域、次区域和各地特色的结合为基础，而不是一个统一的形象。他认为，英国的游客吸引物可分为以下四大类，正是这些特色使英国的魅力倍增：

- 乡村和沿海地区
- 历史和文化遗产
- 文化和艺术
- 体育和户外活动

你赞同他的这种分类吗？这些分类与英国其他地区——如威尔士、苏格兰、北爱尔兰的特色有何不同？我们无法为向海外宣传英国的营销活动设计一个统一的英国形象，这种说法对吗？

英国留给外国游客的是何种形象？英国的形象设计者们试图摒弃过去他们最钟情的伦敦塔的仪仗卫兵、友好的警察、快乐的小酒馆和绿色草地上的板羽球这些典型的英国形象，而使用更现代化的手段去宣传英国，因此他们将重点放在了 Tate Modern，盖茨黑德的 The Baltic 和其他类似的现代化的建筑物上。这样以现代化的英国为号召的营销活动能成功地吸引海外游客吗？

4. 本章曾提到2003年第一选择旅游度假公司决定放弃旗下三个颇具声誉的零售连锁品牌——Travel Choice，Holiday Hypermarket 和 Bakers Dolphin，并以一个统一的零售品牌 First Choice 取而代之。Bakers Dolphin 这个品牌是该公司于1998年收购的，收购之前已有40多年的经营历史。这个品牌在英格兰的西南部地区知名度很高，也广受好评，这一点第一选择公司在收购时也非常清楚。

仔细考虑是否应该保留这个品牌，提出自己的建议并给出原因。

5. 2003年，Stelios Haji – loannou 公司宣布将推出 easyCruise 品牌的低价游轮旅游产品以进军一个全新的游轮旅游市场。通过以下这些举措旅行费用下调的幅度将不小于50%。

- 将客舱的面积缩小到不超过90平方英尺

- 将所有的餐饮服务和活动迁移到甲板上，由乘客负担相关费用
- 床单将另行收费
- 船上乘客和职员的比例提高到 8∶1 而非传统的 2∶1 或 3∶1

游轮将主要在地中海地区游弋，由于游船频频停靠在各港口，可以允许乘客预定港口至港口的为期只有一两天的短程旅游。

你觉得这个产品的成功率多高？它会吸引哪种市场？它会对现有的游轮旅游产品或其他形式的团体旅游产品构成威胁吗？

练习

本章的重点是旅游目的地的品牌确立。本练习旨在让你体验如何为旅游目的地建立品牌。以任何你所知的度假地、城市或地区为例，为这一目的地设计一个新的形象以吸引更多的游客。你需要了解这一地区现有的和潜在的(如果涉及外国游客，也包括国内和国外的)游客市场，并策划一个研究项目(包括一手和二手研究)以获得相关材料。一旦资料齐备，为这个目的地设计一个主题，创作一个合适的口号，为了加强效果，还可以设计一个标识以及构成品牌形象的其他要素。

想想该怎样去推销这个目的地，让你的顾客注意到这个新形象。要开展这个项目可以进行怎样的试销？

参考文献

1 Ritchie, J R B and Ritchie Robin, J B, The Branding of Tourism Destinations: Past Achievements and Future Challenges, pp89 – 116 in Keller P (ed) *Destination Marketing: Scopes and Limitations*. Reports of the AIEST 48th Congress in Marrakesh, Morocco. St Gall, Edition AIEST, 1998

2 Mundt, J W, The Branding of Myths and the Myths of Branding: Some Critical Remarks on the 'Branding' of Destinations, *Tourism* vol 50 no 4, 2002, pp339 – 48

推荐阅读

Honey, M, *Ecotourism and Sustainable Development: Who owns Paradise*? Island Press, 1999

Kotler, P, Armstrong, G, Saunders, J and Wong, V, *Principles of Marketing*, Prentice Hall, 3rd European edn, 2001, pp 456 – 94

Kotler, P, Bowen, J and Makens, J, *Marketing for Hospitality and Tourism,* Prentice Hall, 2nd edn 1999, ch 9 pp271 – 313

Laws, E, *Tourist Destination Management: Issues, Analysis and Policies*, Routledge, 1995 ch 4

Middleton, VTC with Clarke, J, *Marketing in Travel and Tourism*, Butterworth Heinemann, 3rd edn 2001, pp121 – 37 and 327 – 47

Morgan, M, pritchard, A and Pride, R(eds), *Destination Branding: Creating the Unique Destination Proposition*, Butterworth Heinemann, 2001

Seaton, AV and Bennett, M M, *Marketing Tourism Products: Concepts, Issues, Cases*, International Thomson Business Press, 1996

Vellas, F and Bécherel, L(eds), *The International Marketing of Travel and Tourism: a Strategic Approach*, Macmillan, 1999, ch 4 pp121 – 40

第六章

产品定价

学习目标

通过学习本章，要达到以下目标：

- 了解定价策略对顾客产品需求的影响
- 阐释价格与需求之间的经济关系
- 了解定价术作为工具如何达到营销目标
- 解释成本如何影响价格以及边际成本在观光旅游业市场营销中的重要性
- 认识价格只是影响旅游产品需求的因素之一
- 列举重要的定价方法
- 懂得如何在营销计划中运用战略性定价和策略性定价因素

一、引言

我们已经让消费者学会期望以一星级的价格购买五星级的产品。

歌德斯旅游公司执行总裁大卫·歌德斯之言，摘自2001年5月7日的《旅游周报》。

什么决定了产品的价格？和促销一样，价格也是市场营销中的重要一环，它在营销组合中占据着重要的，甚至是关键性的地位。产品的价格不应该仅仅被看作是市场作用的结果。一个营销经理将会意识到价格能将产品的属性传达给消费者，通过操控产品价格使之与产品质量、促销信息相结合，产品销售可以进入一个新市场，或者取代竞争对手的市场份额。

要了解如何将价格作为营销工具加以应用，我们应该先弄清楚消费者是如何看待产品价格的。公平定价的准则是至高无上的。购买者判断一个产品的定价是否公平的标准是衡量产品是否物有所值。然而，不幸的是产品究竟是否物有所值，消费者对此持有的意见并不一致。原因是，即使我们拥有的可支配收入完全相同，我们优先购买的产品也不尽相同，对产品应提供的效用也有不同看法。

很多人对于狂热的收藏家们愿意耗费巨资购买一幅艺术品而感到迷惑不解。有些人不惜负债累累只为获得他们觊觎已久的一辆车或一套房，而有些人的梦想却是坐游轮环游世界，他们甚至可以用遗产来换取这样一趟豪华之旅。

如今伦敦的Knightsbridge地区仅一个车库的售价就高达100 000英镑，而一个珍藏限量版的玩具熊在拍卖会上竟然拍出32 000英镑，公平定价的原则开始变得难以把握。在美国，由棒球赛当天的主力球手打到观众中的球价值高达300万美元，而已故威尔士王妃的个人物品也是价值不菲，因为她已经成了大众偶像。据报道，1997年25只古巴“Trinidad”雪茄售价为9 980英镑，一瓶1787年的Lafite庄园红葡萄酒在1985年的拍卖价高达10 5000英镑——而这瓶酒几乎永远不可能被打开。美国金融家丹尼斯·蒂托付给俄罗斯政府1 100万英镑只为成为第一个遨游太空的游客。这些钱花的值得吗？

二、价格的经济学原理

价格与需求

从以上的例子我们可以清楚地看到价格和成本几乎没有什么关系，而在于买者愿意为产品付出什么价钱。如果市场上某一产品是独一无二的，或者没有令人满意的替代品，又或者某公司制造的产品垄断或近乎垄断了某一市场，那么该产品的定价肯定很高。能提供给购买者某种优越感的奢侈品定价也会很高，例如乘坐一次协和飞机（在这种飞机于 2003 年退出市场之前），或坐游轮环游世界，这是我们从旅游业中找到的两个例子。最重要的是，由于最贵的包厢和高价舱给人带来的优越感及其相对稀缺性，在预订游轮环球旅行时它们总是最先被售完的。

然而，多数时候旅游产品市场上的竞争是非常激烈的，产品的价格因为该产品极易被同类产品替代而受到制约。要了解价格与需求之间的相互作用，我们需要了解单个消费者对于同一产品的不同价格会有何种反应以及总体需求（即个体需求的总和）是由哪些因素决定的。

(1)个体需求

我们知道，单个消费者对产品的判断一部分是建立在价格基础之上的。价格代表着质量，是消费者比较同类产品的一种标准。产品的价格既不能太贵也不可太便宜。如果产品的价格超过消费者可接受的范围，消费者要么会放弃该产品，要么会在决定购买之前寻求更多与该产品有关的信息。图 6.1 对此有清楚的描述。如果度假产品价格处于 AB 或 CD 之间，消费者就想要获得更多与产

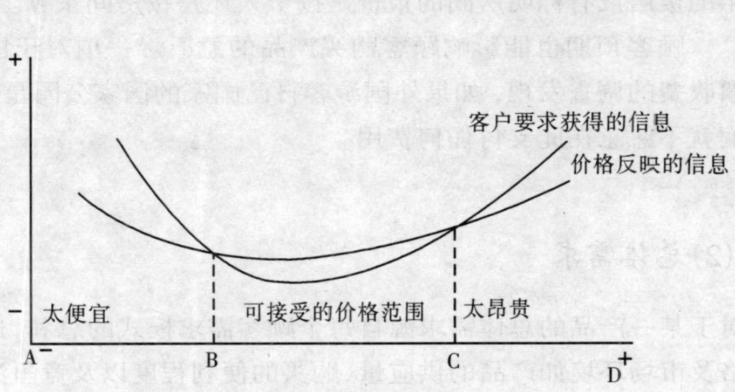

图 6.1 价格传递的信息

品有关的信息以确定产品是否物有所值。

消费者无法在购买前检验产品，要判断产品是否物有所值是非常困难的，绝大多数旅游产品都属于这种情况。例如，在海外度假营团体旅游项目中，旅客会带着帐篷乘坐长途旅游巴士，住在拖车式的活动房屋或度假营里，而且其价格低廉，许多游客对此趋之若鹜。由于顾客都是第一次购买这类产品，他们对露营点、度假地以及项目的特性都一无所知，也无法确定产品的合理价格范围，结果往往发现一切并不如预期的好。不论是通过宣传册的介绍还是旅行社经纪的提示，顾客都应该事先对产品有充分的了解，不过将来各种网站都可以为顾客提供很多相关的具体信息。但是由于这些产品直接面向公众出售，宣传册提供的信息便不足以使顾客获得对于产品的客观评价。

定价清晰是产品定价方法中重要的一环，旅游产品定价尤其应该清晰无误。旅游产品经常因为其定价混乱、卖方刻意隐瞒附加项目的收费而受到指责。旅游产品定价混乱一个很好的例证就是旅游饭店业的收费，从以下这个事例中我们可以一窥究竟。

事例　旅游饭店业定价

旅游饭店业定价混乱是面向消费者的产品定价混乱的一个很好例证。最常见的就是同一产品——饭店房间——的定价从未相同。例如饭店所提出的一个假设性的“折旧率”，或者一周中的不同日子，一年中不同日期，以及预订房间的不同个人或机构，甚至一天中的不同时间所决定的“特别折扣”，或者由于客人在晚上订房间时就可以由前台的经理来决定他们所能给予的最优惠的房费，而不是让房间空一晚上，顾客对此简直是一头雾水。特别是在某些饭店进行促销时，房间的报价到底是按房间（按饭店业行业标准）来算，还是按个人（按旅游业行业标准）来算？一项对于大型连锁饭店网站的研究发现，超过一半的饭店没有标明房间的报价是按个人还是按房间来算。

顾客预期也能影响顾客购买产品的意愿。一项对于国家公园门票收费的调查发现，如果外国游客自己国家的国家公园是免费的，他们就不愿意在此支付任何费用。

(2)总体需求

对于某一产品的总体需求源自每个顾客需求模式的总和，这种需求也会随着价格及市场环境如产品的供应量、购买的便利程度以及竞争激烈程度的改变而改变。因价格改变而引起的整体需求的改变就是我们所知的需求的价格弹性，请看图 6.2 中的图(a)和图(b)。在图(a)中，Q_1 代表价格为 P_1 的产品的数量(例如某家旅游公司提供的去某一景点的团体旅游产品的数量)。现在，假设该公司通过与航空公司及饭店的更有利的谈判可以将产品的价格降至 P_2，有更多的度假者想要购买该产品，则产品的销售量升至 Q_2。如果销售量增加带来的销售额的增加超过了降价带来的损失，我们可以得出需求较有弹性的结论。同样，价格从 P_1 增至 P_3 会导致产品的销售量降至 Q_3。

图 (b) 表现的是另一种情况。这里 Q_1 代表的是以 P_1 价格售出的产品的数量，此时价格不是购买产品时考虑的主要因素，例如购买主营类似从法兰克福到伦敦的商务旅行航线的航空公司的商务舱机票时。在这种情况下，如果产品的价格降至 P_2，销售量只会增至 Q_2，因为大部分商务旅行的乘客只会去往一个固定的目的地，不会因某些因素的影响而去得更多，也不会因此改变路线。如果经济舱与商务舱票价的差距缩小，只会导致少数旅游度假者转而购买商务舱机票，但是这样的人数增加不会太大，而且乘客人数增加带来的收入的增加可能不足以抵消降价带来的损失。与此同理，如果航空公司将票价升至 P_3，商务旅行的乘客也不会因此取消行程。但是如果价格上涨的幅度过高，就可能会使乘客所在的公司寻求其他的旅行方式如火车，或者减少员工出差的次数，以及减少出差员工的人数。这时售出的座位数量只会降至 Q_3。于是我们可以得出该产品的需求相对无弹性的结论。这可以通过图中较陡的 D_1D_2 这两条需求曲线表现出来。然而，由于每个航空公司可以自行决定非定期航线的价格，这种产品的需求模式会大大不同。一个廉价航空公司参与竞争时，此时产品的需求模式也会有很大的不同。如果是后一种情况，商务旅行者们可能会换乘另一家航空公司的飞机，除非票价较高的那家公司能说服顾客他们付出的价钱是非常值得的——例如航空公司提供的航班时间更便利，航班更准时，机上或地面的服务更周到，以及其他条件的改善(如提高不收费行李的重量)。产品的定价通常会受到向消费者提供的产品数量，消费者对价格的敏感度，以及可接受的替代品数量的影响。在上述例子中，如果飞往荷兰的马斯特里赫特或卢森堡的票价更低，可能会吸引一些游客先飞往那里，再坐汽车或火车前往法兰克福。

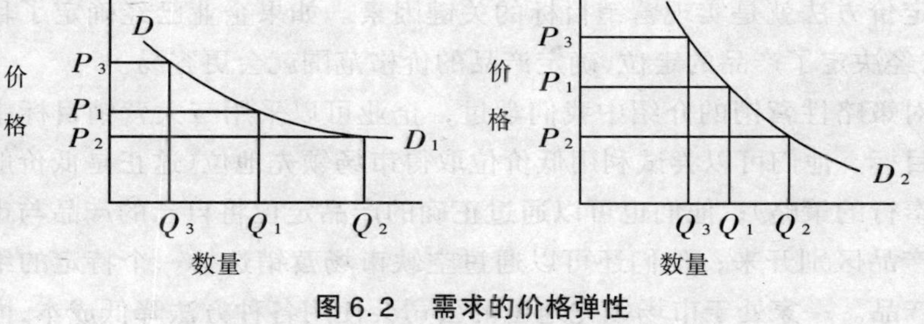

图 6.2 需求的价格弹性

公司在定价时要搞清不同的价格会带来的需求量,但对于新产品这是难以估计的。两种最常用的需求预估方式是:

- 询问潜在顾客对于产品所愿意付出的价钱
- 在不同的地区以不同的价格试销产品

第一种方式的难处在于当产品进入市场时,人们先前所说的和自己的实际行为不见得相符;第二种方式的难处则在于无法控制不同地区内除价格以外影响消费者购买决定的所有因素。像旅游产品这样的大额支出项目,其他地区的顾客可以享受其他区域的低价格。例如,如果德国的东非团体旅游项目的价格远远低于英国同类产品的价格,为了省钱,英国游客完全可以飞往德国参加这类团体旅游,即使这样会很麻烦并且他们还要多花一张机票钱。

三、定价与产出管理

定价的目标是使企业整体上获得一定的收益,因此产出管理是市场营销一个重要的方面。对于旅游观光业市场营销来说尤其如此,因为旅游产品本身就很不稳定。各国之间的汇率不停地变动,某些旅游目的地因此颇具吸引力——本书写作之时,英镑对南部非洲的所有国家和越南(15 000 越南盾兑 1 英镑)的货币走强,而此时阿根廷的比索全线崩溃,旅游公司可以乘机推出去往这些国家的价格极便宜的旅游产品——虽然有时候价格的优势会被其他因素所抵消,例如越南官方向来自发达国家的富裕游客收取高额费用的决定,或者飞往阿根廷的机票价格被抬高。然而,到 2003 年中——旅游旺季开始的时候——英镑对欧元走低(15% ~20%),英国国内对欧洲国家的旅游需求减少,但英国本身对其他国家的游客及本国游客却更富吸引力。我们都知道,旅游业是一个季节性很强的产业,糟糕的天气使游客一年中有很多时候无法前往一些国家。市场上的竞争变化无常,导致产品价格变化迅速,因为未售出的存货不可能长期存放下去,而旅游高峰时期各景点的容纳人数也是有限的(人潮过度拥挤的目的地也会让游客望而却步)。因此经营者必须长袖善舞,使收入最大化,而不是使顾客人数最大化。

而定价方法就是实现营销目标的关键因素。如果企业已经确定了目标市场,也已经决定了产品的定位,确定产品的价格范围就会更容易。

在对策略性营销的介绍中我们学过,企业可以采用三大营销目标中的任意一个目标。他们可以尝试利用低价位取得市场领先地位(这正是低价航空公司强力奉行的策略);他们也可以通过正确的产品定位将自己的产品与市场上的领导产品区别开来;他们还可以通过空缺市场营销选择一个特定的细分市场销售产品。一家处于市场领先地位的公司会使用各种方法降低成本,同时保持或适度提高产品价格使利润最大化，或者通过降价和降低成本获得更大的市场份额。市场份额较小的公司就不得不降价以求得生存，或尝试将产品差异化——例如利用价格提示消费者产品的质量。

我们已经学过，低于或高于一定价格范围的产品是不会有需求的。而在这个范围以内，厂商可以根据三大原则灵活地调整价格：

第一，盈利定价。即定价高于市场价，以反映产品的质量或独特性。这种产品可能是新产品，也可能拥有其竞争产品不具备的性能，也可能是因为厂商本身信誉卓著，单是其"品牌形象"就足以使产品享有如此高的价格。采取此类定价法的组织或企业包括那些高档旅游目的地如萨丁岛（Sardinia）的克斯塔·斯马拉尔达（Costa Smeralda），或是类似加勒比海地区的英国维京群岛，或是土耳其和凯斯群岛（the Turks and Caicos），或者阿尔卑斯山上的滑雪胜地马里贝尔（Meribel）这样的更加高档的旅游胜地。像克里斯托（Crystal）和拉迪森（Radisson）这样的五星级游轮公司以及里兹饭店和巴黎的乔治五世这样的高档饭店采取的也是该定价方法。

第二，价值定价。即产品的定价适中，并强调以此价格购买的产品是物有所值的。Marks & Spencer 采用该种策略并经营得非常成功，不仅使公司建立了良好的声誉，还获得了丰厚的利润。西方的很多大型旅游公司也开始采取此种定价方法。

第三，低廉定价。此种策略的目的是从通过低价进行竞争，用价格在短时间内刺激购买力。虽然单位利润较低，产品的高成交量却带来了令人满意的总体利润。一家想要快速扩张其市场的公司或者一个刚刚在新市场站稳脚跟的公司通常会采用这种低价策略。低价航空公司就是奉行这种策略的最好例子。

事例　低价航空公司

像易捷和 Ryanair 这样的低价航空公司使他们的收益最大化的办法是向提前预订机票的乘客提供非常优惠的价格——当然机票数量有限，而越接近登机时间机票越贵，请看 2002 年易捷公司伦敦到巴塞罗那的机票价格等级：

最便宜的座位	45 英镑
提前 20 周预订的座位	69 英镑
提前 16 周预订的座位	80 英镑
提前 10 ~ 12 周预订的座位	66 英镑
提前 7 ~ 8 周预订的座位	98 英镑
提前 5 ~ 6 周预订的座位	78 英镑
提前 3 ~ 4 周预订的座位	89 英镑

提前 2 周预订的座位	110 英镑
提前 1 周预订的座位	137 英镑
提前 5 天预订的座位	132 英镑
提前 2 天或更迟预订的座位	160 英镑

我们可以清楚地看到，这里持续变化的机票价格并不代表价格会随着飞机起飞日期的临近而不断下降。相反，它代表的是公司所预见到的不同时间内价格的敏感度。这些价格都是通过因特网提供给顾客，藉由网络售票，航空公司可以随时改变价格，因此也反映了瞬息万变的市场形势。

尽管有些公司因为获得了高于平均水平的利润而招致批评，这里需要强调的是以上任何一种定价方法都应被视为“公平定价”策略。市场的最终导向就是让消费者对以某种价格购买的产品感到满意，因此所谓公平的价格可以定义为能让消费者乐于接受而厂家也能获得满意的利润的价格。如果顾客认为产品提供的性能值得付出这样的价钱，那么最高定价的策略也是可取的。只有当厂家提出的高价违背了消费者的意愿时，例如垄断企业的垄断性定价，才可以视为非公平定价。

旅游观光产品的定价则更为复杂。尽管顾客希望产品宣传手册上的价目表能简单易懂，然而现实是，由于旅游产品的特性复杂，更专业的产出管理使本产业内很多部门的产品价格随着环境的变化而变化多端。而企业可以通过万维网上的订票网站迅速更新价格以及可以灵活商议价格的网络媒介的发展，更加剧了价格的瞬息万变。

事例　票务在线(Priceline)

票务在线是一家在线票务拍卖网站，在这里顾客可以对想要乘坐航班上某一座位的票价进行竞拍。然后票务在线与航空公司接洽咨询以竞拍价格能否拿到机票。一旦顾客接受了竞拍价，价格就无法再更改，而航班的确切时间只有在预订生效时才告知顾客。

其他的例子还包括层出不穷的拍卖网站，在这里，出价最高的顾客获得机票。灵活定价对航空业来说是一项有利的工具，可以保证几乎百分之百的乘坐率(load factor)。但是提供多种等级舱位的航空公司必须注意，应避免让本来愿意购买高价机票的顾客因受到打折票的诱惑转而购买折扣机票。由于高价票只占座位总数的 10%，而所得收入却占重点航线总收入的 30% ~40%，航空公司通常采用限制性购票政策避免这种情况的发生。饭店的定价政策也极为灵活，这一点众所周知，而所谓的"折旧率"（即公认的折旧率）和实际的房间价格没有什么关系，因为房间价格随着需求的变化在每季度、每天、甚至一天中的不同时段各不相同。即使顶级饭店的前台也准备着和晚上入住的顾客讨价还价，其目的就是让房间住满，因为空房间就意味着损失。

一些知名旅游景点的价格是变动的，这对于经常外出旅游的游客来说也是司空见惯的事。这些景点给当地人报的是最低价，给熟知当地语言的游客报价略高，而给大众游客的报价最高。这种做法在一些著名的旅游景点已奉行多时，尤其是发展中国家的一些旅游景点，在某些地区甚至已经规范化。例如意大利的威尼斯，游客乘坐渡船收取的费用是当地人的四倍，使用当地厕所收取的费用是当地人的两倍，佛罗伦萨则向所有的游客收取进城费。很多博物馆也给予当地人减免门票的待遇。不少旅行社为了使旅游线路的基本费用尽量保持在极低的水平，努力将本该属于基本收费的某些项目转变成复杂的附加性收费。例如，2001 年 Airtours 公司推出了三种价位的旅游产品，包括 Holiday Plus、Economy Plus 和 Sundeal Holidays。每种产品的价格并不固定，乘坐交通工具往返各景点、预订飞机票、机上用餐、机场入关、行李打包（wallet packs）和公司儿童俱乐部的成员资格都会收取一定的附加费用，根据价格高低，订金额度，日期的变更，食宿及航班等条件上下浮动。

然而，专营横渡英吉利海峡业务的 Eurochannel 公司对从英国到法国短途渡海产品的定价却与通常的做法背道而驰。这家海底铁路公司采取的是"即来即走"的做法，这就意味着乘客无须提前订票，该项业务的票价非常灵活，这使该公司比经营同一航线的渡轮公司更受欢迎，因为渡轮公司经营的渡轮不仅时间表固定不变，票价也不那么容易改变。然而作为反击很快渡轮公司也推出了同样的"即来即走"的服务，很快 Eurochannel 公司又规定乘客必须在规定的时间进行预订，如果乘客不是在预订的时间出发就要缴纳 10 ~ 30 欧元的罚款。这一规定的初衷是为了增加公司的营业收入，岂料乘客对此规定颇为不满，无形中也增加了渡轮对乘客的吸引力。

四、影响定价的内部因素

从长远来讲，商业组织只有在某种产品盈利时才会继续生产这种产品；然而利润的定义却有好多种。

毛利（Gross profit）是用产品的售价减去直接生产成本之后的利润额。对于旅行社来说，毛利是指购买各种旅游服务所支付的成本与向客户收取的费用之间的差额，也就是从旅游及其他旅游服务部门获得的佣金。旅行社抽取的佣金一般占旅游服务总成本的 7% 到 10% 之间。在本产业的一些部门，特别是旅游部门，以旅游及服务产品的销售量为基础，还会获得 1% ~5% 甚至更高的奖励佣金（Override commission）。将这种佣金转化成给予客户的折扣，已经成为各旅行社应对竞争的一项有利的武器。对一家旅游公司来说，一项团体旅游产品的成本是必须支付给航空公司、饭店和提供其他旅游服务的企业所需的所有费用——原材料成本。除此以外，还应加上企业的经营成本（overheads），即企业的正常运营所需的费用，包括企业的经营费用（一般是租金及各种税费、电费、暖气费及电话费等等），员工工资，各类营销费用包括广告，分销，网站及电话预订系统，印制宣传手册和企业经营过程中所需要的其他杂项费用。将以上所有的成本和费用从毛利中扣除就可获得税前净利润。

会计惯例规定总成本分为可变成本（variable costs, VC），即随着产品数量的变化而变化的成本，和固定成本（fixed costs, FC），即短期内很难改变且不会随着产品数量的变化而变化的成本。例如，租金和企业的保洁费用短期内不会因企业销售产品数量的多寡而改变。

营销经理要搞清楚在销售的哪一阶段可以达到收入的损益平衡点（break - even point）。总成本与销售总收入在该点达到完全平衡，此后就可以测定损益平衡点将如何受产品不同价格的影响，从而揭示出在较低的价格下应多售出多少度假产品（或其他单位产量的产品）才能使收支相抵。

让我们以一个主题公园或景点为例，假设他们正在考虑从三种价位：4. 50 英镑、5. 50 英镑和 6. 50 英镑中选择一个作为基础门票的价格。在图 6. 3 中，VC 和 FC 两条线代表的分别是企业经营的可变成本和固定成本。在这样的企业中，固定成本通常占总成本的绝大部分，因为需要大量的资金投入进行景点建设和人员配备。而可变成本所占比例很小，仅包括一些人工成本（季节性兼职人员）、饮食服务和能源成本（园内各种娱乐设施所需电力等），以及因为客流量过大导致园内设施过度磨损引致的预算外维护成本。通过该损益平衡表，营销人员可以算出每种价格必须卖出多少张门票才能使收支平衡。

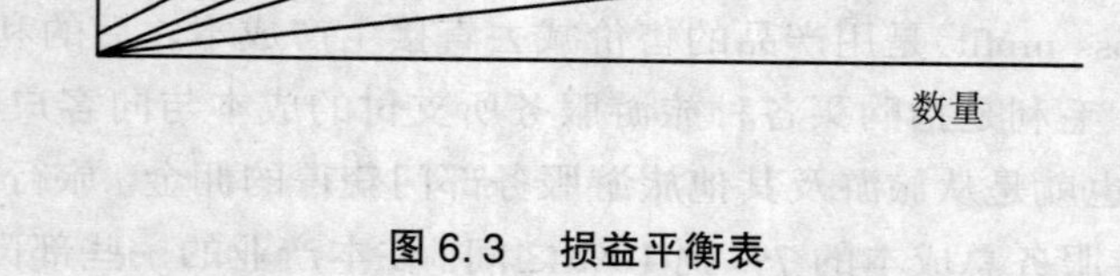

图 6. 3 损益平衡表

图 6.3 中，TR_1，TR_2 和 TR_3 则分别代表门票定价为 4.50 英镑、5.50 英镑和 6.50 英镑时的总收入。这种形式的表格不仅告诉我们收入何时能达到损益平衡点，也告诉我们一旦收不抵支时，每种价格水平上的总收入占固定成本的比例。虽然销售额无法达到损益平衡点，但是只要收入大于可变成本，就会对支付景点的固定成本起到有益作用（contribution），因为不管有无游客，这种固定成本始终存在。

认识到这种作用的重要性是旅游业定价政策的一个重大进步。以固定成本较高的铁路公司为例，他们要投入大量资金用于轨道和信号设备的建设和维护以及购买机车。除了某些繁忙线路和高峰时期，很多机车都闲置不用，因此他们设法在非高峰时期以低廉票价吸引部分乘客以利用这些闲置机车。运行这些设备（其实就是提供更多的电力以搭载更多的乘客）所需的可变成本微乎其微，远远低于非高峰期乘客所带来的收入，不仅如此，铁路公司的高额经营费用中有很大一部分也可用这笔收入填补。在英国，铁路机车和轨道的所有权是分离的，轨道所有者与铁路公司签订的合同通常规定，不论搭载乘客的数量多少，后者都要定期为使用轨道支付定额费用。该种做法降低了轨道所有者的风险，以 Eurotunnel 公司为例，这种规定对该公司极为有利，因为 Eurostar 铁路公司乘坐火车横渡海峡的乘客人数从未达到过原先设想的数量。教育机构在学期结束后将学生宿舍和餐厅提供给度假者以获取盈利则是设法对企业经营费用进行贴补的另一个例子。大学生们一年中几乎 20 个星期的时间不在学校。这些时间有一部分正是旅游高峰时期，而且不少教育机构又正好处于景色优美的风景区。这些学校发现，以稍高于可变成本的“边际成本”价格将宿舍出租出去以避免在假期关闭非常有利可图。他们甚至还宣传将学校的公共教室出租用于召开各种会议，以刺激假期内对学校宿舍床位的需求。

成本确定了产品的价格底限，销售产品时企业绝不会将价格定得低于成本。然而，简单地先确定成本，然后在此之上武断地增加一定比例的价钱来确定销售价绝非营销人员的定价方法，因为这种做法完全无视市场的决定因素——竞争对手的定价，产品的需求弹性以及市场所能接受的最高定价。这样做也没有考虑到价格通过产品的销售量对成本的影响。低价能够刺激需求从而导致营业额的增加，也使销售商在与供应商谈判时获得较大的主动权。例如，旅游公司向饭店许诺将预订大量房间以获得较低的房价，从而将成本压得很低。如果暂定的销售价高于竞争对手，就要对成本进行考察。能适当削减成本吗？例如，采用新的分销渠道如直销来降低成本，使产品在价格上具有竞争力吗？正是这种想法导致了近年来航空业的竞争。随着低价航空公司的进入，大型航空公司被迫想方设法降低成本。方法之一就是减少或是取消付给导游的佣金，通过独家直销（利用最便宜的分销渠道提供最优惠的价格，通常是利用互联网）的方式销售机票,或者要求导游支付机票的全价,而由机票的购买者支付一定的服务费。

确定产品的成本时更为复杂的一个步骤是确定产品的固定成本。一个可行的办法是用一种适当的方式将企业的固定成本分摊到每个产品以及每条产品线上。一家航空公司可以按航线的数量、乘客的人数和飞行的公里数为基准,或是以某一条航线预估收入为基准来划分成本。任何一种划分成本的方式都不可能是完美的,然而,分摊给新产品(例如一条新开通的航线)的固定成本较低已经成了普遍的做法,目的是让新产品更快地实现赢利。

五、定价与产品组合

一个产品的定价不仅对于其自身价值是合理的,对于企业经营的其他产品来说也应该是合理的,这一点颇为重要。如果某一产品的价格与同系列的其他产品相比较为低廉,消费者就会改变他们的购买模式,导致总体销售额下降;或者,消费者会对低廉产品产生疑虑,除非厂商能对这种价格上的差异作出令人满意的解释。如今大部分的旅游产品都被视为同质产品,因此如果希腊境内的度假产品价格低于西班牙,则会将游客吸引到西班牙,除非旅游公司大力宣传在西班牙度假的益处。然而,我们也经常会发现,对于许多旅游产品而言,同一产品线内的不同产品面对的市场环境截然不同。一家航空公司的某一条航线可能面临着价格和服务两方面的激烈竞争,而另一条航线则完全处于市场领先地位。通常航空公司都不愿失去独家经营一条航线的优势,让竞争对手涉足这一市场;只要在一年中他们能从整体上获得可观的利润,他们宁愿用较为盈利的航线获得的利润去交叉贴补亏损的航线。

这里有一个交叉补贴的假设性的例子,假设有一家名为 Britainair 的英国航空公司,这家公司经营着三条航线。该公司在营销计划中设定公司的整体利润率应不低于 7%。要达到这一目标,可以对以下各航线的利润水平进行平衡。

A 航线最近才获准经营,面临着已在市场上立足的其他航空公司的激烈竞争,而这些航空公司也正在降价以扩大市场份额。Britainair 公司急于在市场上谋得一席之地,而这条航线将来要盈利就必须取得 10% 的市场份额。

B 航线是该公司已取得一定市场地位的一条航线,Britainair 公司与其他两家航空公司的市场份额大致相当。各公司的市场份额稳定,取得的利润也令人满意。然而这条航线的利润并没有继续增长,上座率虽然不低,但仍具备增长的潜力。因此三家航空公司都不希望有新的竞争对手进入这个市场。

C 航线是一条 Britainair 公司居市场领导地位的航线。公司在主要市场享有很高的品牌忠诚度,因此信誉卓著。

表 6.1 显示了该公司下一年度营销计划中确定的价格等级。

表 6.1 以目标利润为基础的定价方法

销售量	每个座位平均单价(英镑)	每条航线总收入(英镑)	以平均价格计算的目标利润率	目标利润(英镑)
A 航线 50 000	180	9 000 000	3	270 000
B 航线 250 000	220	55 000 000	5	2 750 000
C 航线 200 000	200	40 000 000	11	4 400 000
所有航线,总收入		104 000 000		
整体目标利润				7 420 000
总体目标利润率(加权平均值)			7.13	

此类交叉补贴只能在短期内适用,目的是达到如表内设定的短期目标。从长远来说,每条航线或"产品"都应该是盈利的(当然也有一些为公众服务的航线无法盈利,必须由政府的公共事业部门予以补贴使之继续运营)。然而,有些公司通过横向或纵向合并将自己的产品"销售"或转移给公司其他部门时愿意接受低于正常水平的利润,这已经成为一种普遍做法,也就是我们通常所说的"转移定价"或"隐蔽定价"。

例如,当一家旅游公司拥有自己的航空公司,而激烈的竞争使行业内的利润普遍较低时,航空公司会以人为制定的低价将飞机"出租"给旅游公司以保证其竞争力。不过必须指出的是,那些拥有自己的航空公司的大型旅游公司通常都否认在自己的经营过程中曾有这样的做法。然而,因为可以通过销售免税商品获利,很多国际渡轮航线(现在欧盟地区的航线除外)的票价被人为保持在很低的水平,这一做法已经得到广泛的接受。实际上,渡轮公司以低价吸引顾客为的是在船上销售商品和服务来获得较高的整体利润。航空公司则无法采取这种做法,因为乘客大都在机场而不是在飞机上购买免税商品——然而,由于机场获得的这些额外利润,机场落地费的征收已经受到限制,以便从最大程度上保证乘客的利益。

六、定价在旅游产品营销组合中的作用

我们已经强调过,定价只是营销组合中的一个工具,而定价决策的制定应该考虑到组合中的其他部分。尽管有很多证据表明,价格是影响旅游产品购买决策的主要因素,但它决不是唯一的因素。虽然到目前为止,品牌形象确实没有在旅游产品营销中起到很大的作用(当然也有不少的令人瞩目的例子),但旅游产品的象征价值也并非毫无意义，而且有证据表明，随着个人可支配收入的增长，对旅游产品的品牌形象和情感价值的重视也随之增加。

然而，很多大型旅游公司在很大程度上都刻意在自己的营销计划中忽视产品附加值的创造，而将重点放在产品价格上——只要看看英国（以及其他国家）周末报刊上旅游专版内的广告数量就足以证明了。国内的大型旅游公司更是宁愿降低利润水平而以低价作为扩大市场份额的手段。毫无疑问，这种政策在20世纪后期非常奏效，尽管一部分原因也许是各公司之间的价格战引起了公众的关注，使消费者更关心价格而非产品的价值。对销售量长期过于乐观的估计往往导致航空公司在最后关头给予临时订票的顾客大量折扣以便将没有售出的座位“倾销出去”，这也使得消费者习惯货比三家，在最后关头才订票以便买到最便宜的机票。现在回想起来，即使旅游公司不使用折扣的手段，不断增长的个人可支配收入及其他有利因素（如汇率）也足以使团体旅游产品的销量大幅度增加。相反，业内很多公司长期惨淡经营却只获得最低利润，20世纪也有很多大的旅游公司倒闭或近乎倒闭。随着21世纪的到来，航空业受到了恐怖袭击和经济萧条的重创，传统航空公司与新的低价航空公司之间的竞争日趋激烈，这种对低价的重视和使用又转移到了航空业。

七、其他影响定价的因素

在本章前面的部分，我们已经对一些影响定价的因素进行过探讨，而企业对这些因素又无法加以控制。这些因素主要有：

A. 一个国家（或地区）的经济形势。很显然，20世纪90年代末及21世纪初的经济衰退对英国各地区的影响并不均衡。从整体上来看，英国受到的影响也不及欧洲大陆的其他国家如德国和法国严重。

B. 旅游观光产品的需求弹性。

C. 客源地国家和目的地国家经济环境的不稳定性，例如相关的汇率和税收（如增值税税率，机场或其他当地税收）变动。

D. 各公司之间的竞争水平以及竞争产品的可替代性。

E. 目标市场的性质，决定了消费者会以怎样的价格购买何种度假或其他旅游产品。

当然我们还必须考虑到道德因素。企业如果关心自己在公众心目中的形象，就会向公众保证自己不会获得超额利润，他们甚至会伪装出假象，以免受到英国的公平竞争委员会，或别的国家其他管理机构的质询。只有目光短浅的公司才会在政治环境倾向于对价格进行控制时还试图大幅度提高价格，即使市场能够接受这种提价。

1. 法律上的限制

在某些情况下,价格的确定还必须考虑到一些法律因素。过去在英国,价格和工资曾因为政治原因被冻结以抑制通货膨胀,而立法机构也以多种方式对定价方法施加影响。例如,公平贸易办公室(The Office of Fair Trading, OFT)就规定,旅游经营商宣传手册中的价目表应该清晰、准确,因为有些公司刻意在价目表中略去搭乘飞机旅行应缴纳的税费,给顾客在比较各公司之间的价格时带来一定的障碍。该办公室禁止旅游经营商要求旅游代理商接受维持转售价格(resale price maintenance),因此只要他们愿意,这些代理商可以随时减少自己的佣金以降低产品价格。英国的法律也规定观光接待部门应清楚地公示其定价。例如,《旅游业(住宿接待部门价格公示)规定》(1977)中要求拥有四间及以上公寓的饭店应在接待处标示其房间价格,而《(旅店食品及饮料)价格制定规定》(1979)中也同样要求各饭店公示食品与饮料的价格,使顾客在进店前就能清楚地看到。而《(可议价商品)价格制定规定》(1979)则要求任何降价都应是真正降低了商品的原始价格。

2. 行为准则

除此以外,还有一些准政府和行业组织对产品的定价措施和策略有一定的影响。这种影响通常是以《行为准则》的形式施加给企业,一旦企业需要被认定为专业性的正规企业,就有义务或被强烈建议遵守这些准则。独立广播业协会(The Independent Broadcasting Authority, IBA)就有自己的与广告有关的准则,相关内容请参看第十章。无独有偶,代表本行业所有营销人员的营销组织协会(Chartered Instiitute of Marketing 也有自己的观光旅游部门——旅游业营销研究会(Chartered Institute of Marketing Industry Group, CIMTIG)。该协会也有自己的《行为准则》,而英国旅游代理商协会(ABTA)也为其成员旅行社和旅行社经纪制定了《行为准则》。例如,《旅行社行为准则》有一部分就规定了宣传手册编制的标准,要求宣传手册上应印有"总价,或总价的各个组成部分,以及对所有服务的详细描述"。手册上应清楚地指出会有哪些附加收费,如何收取这些附加费用,而且还应向顾客详细解释为何收取这些附加费用。所有的欧洲度假产品的报价应包含机场及海港的各项税费。

按照公平贸易办公室(OFT)的规定,旅行社经纪可以向旅客收取服务费,但这种服务费应视情况单独确定,而不得与英国旅游代理商协会"共同秘密制定"。类似于航空运输用户委员会(Air Transport Users' Committee)(旨在保护乘客利益）这样的组织会密切关注所有航空运输费用的变动，一旦他们发现价格的任何异常变动（这种变动也可以是指价格过低，如果这种低价被认定为“损害性定价”——指低于成本的定价，旨在将某一竞争对手驱逐出市场）。全国消费者理事会（National Consumers' Council）、消费者协会（Consumers' Association）以及传媒本身都起到了将他们认为使企业获得了不合理利润的价格曝光的作用。

八、制定价格策略

策略是确定企业未来发展方向的指导计划。因此一个公司营销计划中的定价方法就显示了该公司在定价方面的目标。有时候，某些公司的定价方法只是对市场力量的反应或是源自某项失败的计划，但是好的营销策略应是对如何使用价格进行更积极的思考，并制定一项有效利用价格影响市场的计划。现在让我们一一检验这些定价方法。

1. 利润最大化定价法

这是一个经常被提及的目标，包括制定一个市场能够接受的价格并力图缩减成本。实施这项策略的一个难处在于必须准确找到市场能够接受的定价，因此不断调整价格带来的麻烦使很多公司妥协于一个“令人满意的”价格策略，而不是力求获得最大利润。当然在获得最大利润的同时公司会遭遇竞争。将利润保持在适中水平，而产品价格持续较低，可以阻止一些投机主义的公司进入同一市场。

当然，也有一些不支持将产品成本降至最低的反例。例如，一家饭店可以选择在旺季时雇用临时工，而在淡季时将饭店关闭以获得最大利润。即使考虑到饭店全年经营所带来的边际收益（对此前一部分已有论述），这种做法也是对的。然而，在失业率较高的地区，这样做必须承担一定的非歧视性雇用及解雇劳工的社会成本。而且这种性质的工作吸引到的总是不太尽责的临时劳动力，而对于饭店业来说，优质服务是利润与生存的根本，临时性质的工作则很难吸引到合格的员工以保证饭店的利润与生存。一旦顾客对饭店感到失望就不会再次入住，这种长期效应只会导致利润的流失。

2. 目标投资回报率(ROI)定价法

一种普遍的做法是计算每年获得的利润占公司总投资的比例。这样企业可以将实际所获利润与假设用这笔资金进行其他形式投资所获得的潜在利润相比较。许多小的旅游公司经营所得还不及进行其他形式投资所获得的利润(实际上，在利息较高或者很高的时期，将资金投入购房互助协会也许更有利可图)，因此我们可以想象得出，利润并非仅仅是，也并不是经营一家旅行社的最重要的动机。很多中小企业主满足于他们投资所获得的微小回报只为了一种为自己工作，或是经营自己的企业的满足感。小旅店和客栈的主人们也持有同样的想法，他们通常更中意家庭式的经营方式。而旅行社和旅游业其他经营者追求的是通过自己的工作让人们花费不多就能获得愉快的旅游体验。而大型的旅游公司则倾向于用效益来衡量经营是否成功。

我们还必须认识到，在旅游业的某些部门中，企业资产的资本增值与经营效益同样重要。例如，过去的 20 年中，伦敦市中心的建筑用地越来越稀缺，使市内各饭店房地产的价值节节攀升，远远超过了饭店的经营利润。

最后必须指出的是，投资回报率并非衡量一家旅行社经营是否成功的最适宜的标准，因为开设一家旅行社所需的实际成本非常之小，而且还不用囤积存货。购买一家经营历史悠久的旅行社所需的成本则在很大程度上取决于这家旅行社的“信誉”，即现有的客户在旅行社换了经营者之后是否还会继续光顾。

3. 以市场份额为目标的定价法

许多公司某一层次的定价都是为了保证企业能获得一定的市场份额。这种做法在业内被贬为“玩数字游戏”，为此企业不能把价格定得太高，特别是在产品生命周期的前几个阶段，目的是贯彻市场渗透策略(penetration)(与产品生命周期后阶段的市场扩张策略“expansion”正好相反)。然而，如果说在产品生命周期的早期刻意压缩利润的目的是获得一定的市场份额，那这么做隐含的目的则是希望获得长期的盈利。否则长期陷身于价格战却无法最终获得利润，这种做法就太没有意义了。

英国的旅游企业经营利润持续下降的原因在于各大旅游公司的共同目标是抑制价格以夺取市场份额。这种做法已使一些中小型企业被逐出市场，但几家较大的旅游公司销售量的大幅增长保证了它们未来会有更大的营业额及利润。然而，正是这种增长导致了企业的国际化扩张，特别是欧盟内的旅游企业的扩张，但大型旅游企业的集中以及 21 世纪早期多变的环境却也使得企业获得更大利润的希望渺茫。

要使低价策略获得成功，产品本身必须具有需求弹性，而且单件产品的成本必须随着“产量”的递增而下降。(旅游产品确实具有此种特性，如果旅游产品供应商能获得更多的顾客，他们可以给出更低的价格。）除此之外，产品必须具有较长的生命周期（人们闲暇时间与可支配收入的增加使业内人士相信旅游度假产业会继续拥有较好的增长）。当然，任何采取这种低价策略的公司都需要具备较强的经济实力，以应付可能会遭遇的价格战。

尽管这样的例子很少，读者还是应该注意，有时候企业制定某种价格的目的是减少自己的市场份额。如果企业预测到更专注于某一细分市场能获得更大的利润，就可以采取这样的策略，即对所选择的顾客收取更高的价格（假设该产品的需求不具弹性）。如果企业感觉到自己的市场份额已经高到使自己在市场上占绝对统治的地位，而这一状况可能会引起某一规范性机构如竞争委员会（Competition Commission）的注意，则采取上述策略也是可以理解的。在竞争委员会调查之前分散自己的市场份额可以降低调查所带来的风险。

当企业所处的市场已经达到饱和时，采取以市场份额为目标的定价方法是关键的一步，因为增加销售量最好的办法就是使企业远离竞争。绝大部分旅游产品增长的潜力还很大，但也有些旅游产品增长的潜力极为有限。例如，由于征招新兵入伍的规模不再扩大，在军人度假时运送他们以及他们的家属这一市场就已经饱和或者正在下滑。提供特价可能会帮企业从竞争对手那里抢走一部分生意，但也可以促使用户增加使用服务的次数，例如促使现有客户重复出游。

4. 增加营业额的定价法

我们必须注意到以增加营业额为目标的定价方法与以增加市场份额为目标的定价方法之间的区别，这一点很重要。当然，营业额比市场份额更容易计算，但以营业额为标准来衡量经营是否成功可能会掩盖公司的市场份额实际上正在减少的事实。例如，当对境外航班的需求出现大规模增长时，某家航空公司的运营量会增长3%，但它总的市场份额可能会下跌10%或更多，这表明该公司的管理层并没有最大限度地利用机会。对营业额的重视还会带来另一风险，即导致利润正在下降的情况被忽视。以下任何一种方式都可以使营业额有所增长：

- 吸引更多的人购买产品
- 使现有的购买者更经常地购买产品
- 找到产品的新用途
- 提高产品价格

事例　老天鹅(The Old Swan)

老天鹅是一家大型乡村饭店，现在正试图吸引更多的客人到访。这家饭店整修了所有房间，价格却没有相应上涨，并且在主要客户集中的地区大力宣传这次饭店的改造。他们还鼓励夏季入住的客人在冬季再回来小住三天，采取的手段就是向在夏季订房的客人提供特别的套装优惠价格。后来，他们又对饭店进行了扩建，增加了新的会议室和休闲设施(游泳池和健身房)，还请来了一位著名的专业厨师在厨房掌勺。这些举措吸引了会议举办者和参加者，而价格也可以有少量的提升。饭店还与零售商直接签订出租合同或签订协议分享一定比例的零售营业收入。此外，将大厅分包出去，也使饭店的公共空间得到了更有效地利用。通过计时的方式将一些房间出租更使饭店在淡季的入住率有一定上升。

这家饭店的价格策略只是通过合适的定价政策来增加营业额，而以上所有措施都可以帮助它达到这一目标。

5. 价格限制定价法

有时企业决定维持或降低现有价格只是为了保住现有的市场。通常这是针对销售量下降所作出的反应，或者是在经济普遍不景气时对市场的讨好。此外，也可能是政府为抑制通货膨胀而主动进行限价所致。这类措施通常都是短期性、为适应当前的市场环境而采取的措施。

6. 挑战竞争对手的定价法

这种定价政策表面上非常吸引消费者，因为这使他们放心在别处不会有更便宜的产品。使用这种定价方法最突出的例子是 John Lewis Partnership，这是一家宣称“我们总是最低价”的非旅游业内的企业。旅游公司也已经开始采取这种政策，例如托马斯·库克就在自己的“价格承诺”中提出如果消费者在别处能找到更为便宜的团体旅游产品，公司愿意补偿差价。由于游客们对价格越来越在意，总是喜欢在不同的旅行社之间、咨询中心和网上货比三家，以期找到最便宜的价格，因此也有越来越多的旅行社经纪为了完成交易不得不接受与竞争对手相同的定价。

如果几家大的供货商同时采取这种策略，就会引发一场价格战，而小型企业则会采取“生存性定价”的策略以求自保。如果小型企业的库存不够，就会在竞争中被淘汰。这种价格战的结果是几家大型企业共同垄断市场，这一结果有损于消费者的长期利益，因为新的企业会发现很难在这个市场上立足，而这些垄断性企业则会强制提高价格以获取更多利润，这反而又形成了新的市场空缺等待更便宜的旅游度假产品来填补。

事例　公主号游轮公司(Princess Cruises)

英国的 P&O Princess Cruises 公司本已答应与美国最大的游轮公司 Royal Caribbean International 合并，但其后来自世界最大的游轮公司 Carnival Cruises 的反收购使这次合并未能成功，P&O Princess 成为 Carnival 这个庞大的帝国中的一员。据测算，如果 2002 年中 P&O Princess 与 RCI 合并，将使 RCI 获得美国游轮市场 40%、英国市场 30% 及德国市场 24% 的市场份额。而 P&O Princess 与 Carnival 公司的合并使该公司获得了美国市场 48%、英国市场 35% 及德国市场 27% 的市场份额。这次合并使 Carnival 公司获得了如此之高的市场份额，居然得到了美国联邦贸易委员会(Federal Trade Commission)、英国贸易与产业部(Department of Trade and Industry)以及欧盟竞争管理委员会(competition directorate)的批准。

7. 短期利润最大化定价法

这种策略也被称之为“撇脂定价法”，即企业在刚推出产品时定下最高价，随着产品的市场地位越来越稳固，再逐步降低价格，直到产品生命周期的结束。我们在第五章已经讨论过，在产品销量下降时有两种选择可以重振产品的销量，一种是对产品进行革新，而另一种则是降价。此定价法如图 6. 4 所示。大部分产品在其生命周期的第一阶段都属于创新产品或市场上独一无二的产品，抑或是供应量有限的产品，对这些产品的需求因此居高不下，而这一定价方法正是利用了顾客对这些产品的高需求量。而像柯恩沃尔(Cornwall)的伊甸园(Eden Center)这样有着许多展品的新博物馆，或是一个新添了惊险刺激的游乐设施的主题公园，它们在游客数量达到高峰时想要扩大销售量是非常困难的——实际上，有着现代化穹顶的伊甸园在刚开放的第一个夏季，其参观人数就已经大大超过预期，因此运送游客到达博物馆的交通干线承受了巨大的压力，他们甚至不得不开始定量供应门票。在旺季时延长开放时间也许可以增大需求，但一个受天气影响又有着很多户外设施的景点每年能延长开放的时间并不长，而且在夏季如果不实行定量供应门票，游客会在售票处排起长龙。在这样的情况下，每年的高峰时期收取相对较高的门票费使利润最大化在商业上是非常合理的。类似的案例是查尔斯·达尔文故居肯特郡的 Down House。这个小景点为便于管理，要求游客事先进行预订以限制参观人数，而像每年一届的伦敦切尔西花园展（Chelsea Garden Show）这样很受欢迎的展览，利用定量供票以及高票价这样的措施来控制需求也是很有必要的。对于愿意在某些时刻（例如首次开放的晚上、预展或一周中人最多的几天）付出高额票价的顾客收取高价，并且参照不同细分市场的价格弹性逐步降低价格能够使需求得到有效的管理。博物馆通常在一周中人最少的那天，或者闭馆前一个小时，降低门票价格甚至免费接待参观者，以吸引那些不愿意或无力负担高额票价来参观颇受欢迎的特别展览的游客。

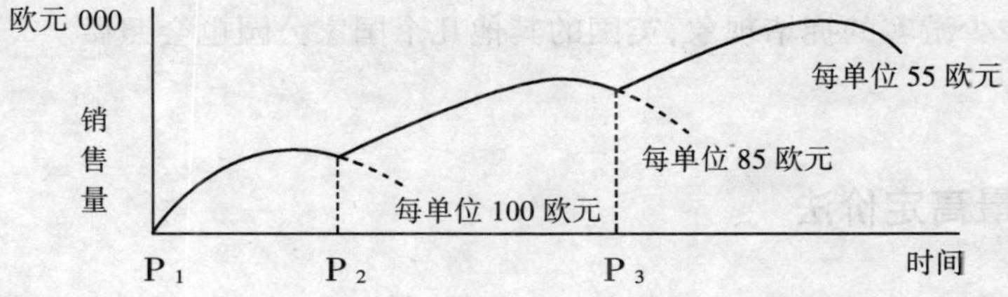

图 6.4　撇脂定价法

如果供应没有问题，在产品推出后的第二阶段企业的目的应是利用最高价获得最大的销售量。这就要求在产品刚推出的阶段企业付出高额宣传费用使消费者尽快注意到新产品并说服他们购买产品。

这项策略最突出的贡献在于使企业在营销支出最高的阶段获得了高额资金回流。旅游产品的高价格能够增加旅行社经纪的收入，也可以使产品获得经销商的支持。对于生命周期较短的产品，例如一些赛事旅游产品像观看奥运会之旅等等，其组织及营销成本急需快速收回，采取这种定价政策也是可行的。但我们必须小心，不要为了短期利益而引起消费者的不满。例如在一些重大活动（如世界博览会）期间，饭店经常大幅提高房价，结果很多长期客户无法入住或觉得价格过高不愿入住，消费者对此会有一定反应：忠实顾客可能会入住别处，甚至永远也不再回来。

九、非商业性定价方法

并非所有的定价都是出于商业上的考虑，认识到这一点是很有用的。与旅游业相关的某些组织，例如政府机构，在确定游客愿意为产品支付的价格时会有纯经济因素之外的考虑。在需求过高的旅游目的地，特别是环境保护及其重要的敏感地区，地方及中央政府会考虑限制这种需求。国家公园就是很好的例子，那里一般会对游客人数进行限制或是征收道路使用费以降低需求。在英国，匹克区国家公园就是利用道路使用费限制游客人数很好的一个例子（请看下文）。

事例　匹克区国家公园

这个国家公园每年接待的游客数量超过 2 200 万人（世界第二，仅次于日本的富士山），而很多游客又是集中在夏季高峰时期的几个月内到来。2003 年，德比郡县理事会宣布他们会在第二年对所有进入该国家公园的车辆试验性地征收道路使用费。如果这种做法能成功地减少游客的拥堵现象，英国的其他几个国家公园也会照做。

1. 最高定价法

使用最高定价法的目的是使价格长期保持较高水平，利用价格反映产品的高质量，或产品的象征意义。比如一些高档的旅游度假产品，这类产品的市场需求完全不具弹性，但产品本身也必须能使消费者感到物有所值。产品的稀缺性也许是这类产品的主要吸引力所在，因此旅游业内经营此类产品的通常是一些小型的专业化公司。例如，主要面向北美市场的某一团体旅游产品就包括参观英国的一个具有历史意义的乡村大宅以及与宅子的主人共进晚餐。这个例子充分显示出了这类产品所具有的稀有性以及带给游客的那种尊崇的感受。

前面所列的所有定价方法都是通过价格积极地影响市场，也有一些企业采取的是被动的定价方法，以下就是其中的三种：

- 跟随价格领导者定价法
- 协议价格定价法
- 成本加成定价法

2. 跟随价格领导者定价法

有时候这种定价法也被称为现行价格定价法。采取这种定价法的厂商通常认为自己的产品与领先的竞争对手的产品并无区别。他们往往依据竞争对手的价格来定价。

这项政策的不利之处在于企业只有等竞争对手的定价公开后才能确定自己的产品价格或推出产品。小的海滨旅馆、客栈和提供食宿的小旅店在确定当季的产品价格之前总是会等待和观望整体的价格走势，而英国的很多旅游公司也会等大型旅游公司的宣传手册上市之后参照他们的定价来印制自己的宣传手册。因此这项策略肯定会阻碍接下来的产品销售。

3. 协议价格定价法

现在市场上几乎不存在什么卡特尔（Cartel）——几个公司联合起来制定一个统一的价格，实际上，在英国——以及所有国家——这种做法都是违法的。OFT 已经申明，不允许旅游公司就团体旅游产品与旅行社经纪签订价格协定；ABTA 也不允许旅行社经营商就服务佣金达成统一价格，同时要求经销商们确定自己的产品价格，如果他们愿意可以在减少自己佣金的基础上给予客户折扣。

然而旅游产品也是一种国际性的产品，会受到其他法规的约束。直到 20 世纪 70 年代，航空运输业还是极少数几个经官方批准的卡特尔的产业之一，其产品价格由国际航空运输协会（International Air Travel Association, IATA）协商并达成统一价格。随着政府对航空运输业进行管制的撤销，首先是在北美洲，接着在欧洲，国际性航空运费卡特尔宣告终结，但在一些（绝大部分为第三世界国家）航线中价格联盟仍然大行其道。在英国，公平贸易办公室还会对旅游业其他领域中存在的任何有价格联盟嫌疑的事件进行调查。

4. 成本加成定价法

这是所有定价决策中最简单的定价方法。企业首先确定某一产品的成本，再加上一定比例的企业经营成本以及一定百分比的利润，最后得出的就是产品销售价格。显然，这种定价方法很少考虑到市场的因素，然而成本总需要很长时间才能收回，因此正如本章前一部分已经提到的那样，定价方法需要更多地对不断变化的市场状况以及“市场能够接受的程度”作出响应。

然而，确定边际成本——确定多生产一个单位或更多单位的产品所需的成本，是成本加成定价法中一个重要的概念，因为它为营销经理确定价格提供了一个灵活的工具。在此之前我们已经了解了收入对固定成本的作用这一概念，从而也可以确定多生产一个单位的产品需要的可变成本。以一张飞往美国的机票为例，多搭载一个乘客所需的附加成本微乎其微：多提供一餐饭、多加一分钟油，以及多签一张机票所需的极其微小的成本，等等。因此，一旦已经达到损益平衡点，将“边际座位”（超过了使成本与收益达到平衡所需的座位数量后的任何座位）的价格定位在能够吸引到不愿付全额票款的乘客是绝对可行的。定期航班会降低剩余机票的价格，使飞机能坐满，包机服务商最开始推出的“只售座位票”要达到的也是同一目的。而饭店在达到损益平衡点之后将剩余的床位削价出售给临时入住的客人也是考虑到了这种收入对成本的贡献。

所有的企业都需要预先确定自己的价格策略，但实际上这么做的都是一些大型企业，他们对营销理论和实践更为重视。通过营销策划将定价方法与企业的经营目标有机地结合在一起，这一理念在旅游观光业中还未得到广泛的应用。

定价方法对于营销组合中的其他元素也有重要的意义。一个产品的定价会影响采取“推动”或“拉动”哪一种促销方式更合适的决定，企业会以此为基础制定相应的促销策略。一旦企业的定价以快速进入一个新市场为目标，就要求产品拥有尽可能广泛的分销渠道。如果企业决定采取“榨取最大利润”定价法，就意味着应该对分销渠道进行更仔细的挑选。

接下来我们会探讨作为整个营销活动的一部分，定价方法是如何被贯彻实施的。

十、策略性与战术性定价

策略定价与实施定价政策的全盘计划有关。而战术定价则关乎每日执行定价政策的具体方法，这种方法可以迅速调整以适应瞬息万变的市场情况。因此差别定价的策略是指作出针对不同客户群（例如商务旅行者和度假者）制定不同价格的决定，但实际制定的价格以及价格调整的方式则属于战术性决策。

企业必须作出的策略性决策之一是企业应不应该对不同地区制定不同价格。企业制定的价格是否应对所有顾客一视同仁，还是应该有所不同以反映同一国家不同地区或不同国家之间并不一致的市场需求？例如，在美国销售一个新推出的团体旅游项目所需成本可能就比在法国高得多，或者企业是否应该提高付给某一国家旅行社经纪的佣金水平以确保获得他们的支持？英国的长期度假产品曾经比德国同类产品的售价便宜，一部分原因在于欧洲大陆的营销成本及工资水平较高，另一部分原因则在于那时的德国市场惯于接受高价格。但是随着世纪之交的到来，这种状况发生了改变，其原因在于德国经济表现欠佳，旅游业的日趋集中化导致各旅游公司之间的竞争加剧，使顾客对价格也越来越敏感。如果地理位置接近的两个国家旅游产品价格相差颇大，游客可能会坐飞机到价格较便宜的国家参加那个国家旅行社组织的旅游团。随着欧元在欧盟很多国家的使用，价格之间的差异也越来越透明。而网上订票系统在更多领域的应用使国际间价格的比较会越来越普遍。或者,企业也必须考虑是否应对所有市场制定统一的价格,只在某些情况下做一定的调整——例如晚间航班与日间航班或淡季与旺季的不同。

比利·巴特林(Billy Butlin)第一次推出度假营产品时执行的价格策略是单一价;即一个价格就包含了营内所有娱乐设施的使用权。这就意味着,即使在恶劣的天气下度假者也不会无事可做,这项策略果然非常成功。后来法国一家名为 Club Mediterranee 的旅游公司使用同样的策略在全世界范围内建立了自己的度假村王国。近年来这种包价旅游——即一切费用,甚至连酒水饮料也包括在一个基本价格内的策略在欧洲和地中海地区都被证明是非常成功的营销策略。一些游轮公司在高端市场也引进了这种全包价,将旅行、饮料甚至小费也包含在一个价格内。旅游公司也可以采取另一种完全不同但也很重要的策略,即制定较低的基本价格,通过附加产品(add-on)的销售提高利润。目的地为远东和拉丁美洲的长期团体旅游产品的基本价格可能偏高,但是这个价格通常包括所有旅行费用,绝大部分的正餐、饮料以及陪同导游的服务费;而同样一个去往美国的团体旅游产品会仅仅以机票、到达饭店的交通费以及饭店房费为基础定价。在短期旅游产品市场上,我们已经介绍过了企业是怎样制定低廉的基本价格而通过附加服务收费提高利润,虽然这些服务微不足道。不管作出何种定价决策,都应考虑到产品本身的性质以及出发地和目的地国家的市场状况。上面所举的两个长期旅游产品的例子就处于两种完全不同的旅游产业机构中,因为在美国,从没有将用餐或地面交通包括在报价中的传统,要把这些包括在内,那么该产品的价格会比世界上其他任何地方同类产品的价格都要贵,而且也更不容易将这些项目包括在内。

企业也必须针对竞争对手的营销活动制定相应的价格策略。如果一个市场领导企业意识到了竞争对手要等自己发布产品宣传册之后,再调整并调低自己的价格,就需要采取战术扰乱对手的步伐。这就意味着该企业会在产品价格调低后重新发布宣传手册——近年来,这在英国已经成了普遍使用的一种营销策略,并且在第一次印制宣传手册时就已做好重印的准备,如果市场对早前的定价没有兴趣,或是这个市场领导者的定价已不具竞争力,企业就会以"第二版"的形式对价格作出调整。虽然这么做会大大增加印刷的成本,但也使企业能够更加灵活地调整价格。

一个企业在价格受到挑战时应该如何应对?立刻大幅削价并不一定是最好的选择,这样只会使大家的利益受损。如果有证据表明市场对价格极其敏感,或者企业认为市场份额一旦失去就无法再夺回,那么这种做法是可取的。然而,如果企业的品牌形象卓著,又对自己的产品质量充满信心,而且也有较强的经济实力应对价格上的挑战,就完全可以对威胁置之不理并安然渡过难关。企业也可以通过提高产品质量或加大促销力度来进行反击。如果产品具有较强的独特性，企业甚至可以提高产品价格以扩大自己的产品与对手产品之间的心理“距离”。一言以蔽之，面对挑战，企业有多种解决办法，当然也包括降价，受到挑战的企业对每一种选择都应该认真考虑。

事例　乡村大屋——Beaulieu

Beaulieu 是英国南部罕布什尔的一个历史遗产景点，它提供给我们一个有趣的利用战术性定价政策解决难题的范例。这个景点的定价策略是收取较高的门票费，但游客可以探访一系列不同的景观。然而不熟悉这个景点的人也许会以为这些景观非常无聊，也根本想不到自己会在里面待很长时间。这个景点想出的解决办法是事先不让游客知道门票实际价格，而将停车场设在离入口较远的地方。当游客已经停好车并步行了很长一段距离走到入口的时候，就不愿意仅仅因为门票太贵而放弃参观。他们往往不情愿地付了钱，最后却发现在里面看到的内容和亲自参与的项目远远超过自己的预期。一项对游览过该景点的游客的调查显示，他们对于参观非常满意，也认为这次参观非常值得。

其他景点采取的却是与之相反的策略——即抵消性定价 offset pricing（有时候也称为诱饵性定价 bait pricing）。为了吸引游客，他们的门票价格很低，有时候甚至低于成本，但游客接下来会发现，几乎每个项目都得另行交费（哥本哈根的 Tivoli 那样的露天游乐场经常采取此种政策）。美国拉斯维加斯的很多饭店也是采用诱饵性定价的有趣例子，因为可以从饭店附设的赌场获得高额利润。他们提供的房价和食物价格非常低廉，每间饭店的大厅，公共空间，甚至泳池旁边都有果汁机。因为无论如何轮船不能停运（为了运营的需要），渡轮公司 DFDS 也在淡季使用诱饵性定价吸引游客搭乘他们经营的英国—丹麦路线，但乘客 24 小时的旅途中在船上的消费也可以使他们获得满意的利润，其运营收入在冬季也可以对运营成本有很大的贡献。

十一、折扣战术

过去 20 年间，折扣已经成了旅游业最显著的标志。这反映了在一个动荡的世界市场上本产业无力去准确地预测未来，因而很难使供给与需求保持一致的事实。这是一个“降价”策略被广泛使用的市场，饭店的接待人员和前台经理被赋予几乎无限的自由为临时入住的客人调整价格；旅行社的经纪为了保住一单生意也可以与旅行社和客户平分自己的佣金;而电话销售中心或互联网上也可以对机票或者旅游产品进行竞拍。所谓固定价格的概念在旅游业内很快就会消失,这也许是政府撤销对旅游业的管制加上旅游业对战术性定价的重视带来的不可避免的结果。这种对战术性定价的看重使得某些航线机票的价格等级非常复杂,以至于某两地之间的单程航线会有100多个价格。尽管游轮旅游业发展迅速,但大量新船只的建造大大超过了快速增长的需求,加上在20世纪初本行业所遭受的许多危机,也使游轮旅游公司不得不采取"深度折扣"的策略。在加勒比海地区这样的游轮公司聚集的地方,游客得到的折扣大部分都能达到40%~50%。

显然,旅游产品折扣的现象还将继续存在。但问题是它们能否受到控制,这种做法是会促进还是损害旅游业的发展?有很多事例表明我们已经过分地将折扣作为主要的促销手段而忽略了其他营销工具。

营销理论指出,旅游观光业使用了虽不是所有,但至少有六种折扣方式:

(1)付现折扣,或尽早付款折扣(discounts for cash paymentor early settelment of invoice)。这是接受信用卡付款的行业中经常使用的一种折扣形式。

(2)大宗交易价格折扣(price reductions for quantity purchase)。这在旅行社与产品供应商的谈判中比较常见,也常用于商业性团体机票的销售。

(3)行业折扣(trade discounts)。这是为业内人士自己旅游时提供的折扣。

(4)换购折让(trade-in allowance)。只适用于用有形产品折价换购新产品。然而,类似航空里程优惠(Air Miles schemes)这样的忠诚计划(loyalty programms)也属于此种定价策略的范畴。

(5)季节性和阶段性折扣(seasonal and period discounts)。在淡季将旅游产品的售价降低,这是很常见的做法,因而晚间航班的票价低于日间航班,旅馆的房价周末的时候比其他时间便宜。

(6)出清存货折扣(distressed stock)及其他同类性质的折扣。例如提前预订以及临时购买折扣。前者通过鼓励顾客提前预订给企业带来两个好处,一个是帮助企业获得关于预订产品的准确信息,另一个是(如果顾客同样提前付款)企业可以利用预付款进行投资。而后者与前者性质相同,但适用于不同的情况,即将未售出的存货出清。这在旅游业中具有双重重要性,因为未售出的产品无法保存以备日后销售。

临时购买折扣在旅游产品的购买者中大受欢迎,使得消费者为了找到便宜货每年都倾向于推迟购买产品。然而除了提前预订机票,提前预订折扣在旅游业中的使用并不多见。近年来,由于旅行社试图改变顾客这种推迟订购产品的趋势,提前预订折扣取得了一些成功。也许提前预订折扣最普遍地应用于大型会议的预定,是因为主办者必须提早作出召开或取消会议的决定。

折扣(discounting)与折价销售(money - off)有着重要的区别,前者是正常的定价方法,而后者在实施的时候还伴有特别的促销活动。对于后者的使用,将在第十二章内有进一步的讨论。

毫无疑问,只有在产品具有价格弹性,例如降低产品价格能提高产品销售量时才适宜使用折扣手段促销。折扣策略要取得成功,折扣数量必须大到使消费者感觉确实便宜。这里我们必须理解什么是引起足够注意的差价(just noticeable difference, JND)。它是指产品降价的幅度应刚好引起喜好便宜货的消费者的注意。有些公司进行连续降价直到存货出清,这也是旅游业惯用的临时购买折扣这种促销手段的特点之一。

另一种在业内经常使用的定价方式是心理折扣。采用这种手段的公司通常制定一种虚拟的指导高价,但他们并不期望以这种价格销售产品。相反,他们提供给市场的都是远远低于这种虚拟价格的"价廉物美"的产品(bargains)。在耐用消费品市场,零售商往往参照"厂商建议售价"来制定自己的价格。然而这种做法在旅游观光业并不普遍,只有一些饭店会印制价目表,然后以此为基础给予一系列的折扣。饭店和游轮公司也可以提供顾客这种价廉物美的产品,他们的做法是先收取基本住宿费,在不另行收费的前提下让顾客入住更高级的房间;航空公司也可以在条件允许的情况下将乘客从经济舱调往更高级的舱位。这些方式都属于折扣的范畴,但又没有造成成本的增加。现在旅游公司也惯于在宣传手册的价目表里加上各项"人为附设"的费用,并准备好给绝大部分产品打折,不管折扣是直接给予消费者,还是让旅行社的经纪在与客人谈判时打折。

经营者可以使用的定价方式数不胜数,关键在于使用者要达到的什么样的目的。价格从来都是对市场进行操控的一个强有力的工具,也是对变幻莫测的市场环境快速作出反应的一种方式。

问题与讨论

1. 本章介绍的一个有争议性的定价策略是游客报名参加廉价旅游团时,预订飞机票必须交纳一定的额外费用。尽管这样可以保证家庭成员能一起旅行,因为不这样做他们可能会被分开,这个规定还是不太为团体旅游成员所接受。你认为这个做法在多大程度上是合理的,它还有其他的弊病吗?

2. 价格作为一种机制正日益被用于鼓励顾客在网上进行预订,因为网络服务供应商的运营成本更低。这种趋势会导致其他销售渠道(如电话销售中心,电话预订系统,旅行社等)的终结吗?这些销售渠道会受到何种影响,它们怎么做才能继续生存下去?

3. 一个旅游公司在何种情况下不适于使用"挑战竞争者价格"这项定价策略？

4. 有哪些证据支持对于顾客提前预订而不是临时订购的行为应予以降价的优惠？为什么没有更多的旅游公司采取这项措施？

5. 在 Eurostar 与廉价航空公司经营的伦敦到欧洲大陆城市巴黎和布鲁塞尔之间的航线的竞争中,价格起到的作用有多大？

6. 餐馆制定的产品价格体现了食物、酒水、服务以及用餐环境的好坏。选择你住地附近的三家餐馆——一家豪华的，一家价格适中的，一家便宜的——并且解释为什么每个餐馆的定价都很好地体现了产品的实际价值。

练习

阅读国内报刊上的旅游专版,思考旅游产品广告在多大程度上将价格作为吸引顾客的主要手段,不管产品类别是交通、团体旅游还是住宿产品。找找同一页上的一组使用了其他手段而非价格来吸引顾客的广告,按照这些促销手段出现的频率为它们排序。

在所有的广告中，价格作为促销手段与其他促销手段相比，在吸引顾客的询问和预订方面有多大效果？你对所有以价格为导向的广告在形式与诉求,对视觉的吸引力和冲击力方面的雷同,以及无法宣传产品的其他特性等方面有哪些批评？你认为哪种促销手段最能吸引消费者进行进一步的询问？

现在,选择一个以价格为导向的广告,使用价格以外的任一手段为同一产品设计一个不同诉求的广告。

参考文献

1 Quoted in *Leisure Opportunities* 18 February 2003

2 Cawley, M, Park Entry Charges, *Annals of Tourism Research* vol 21, 1994, pp 158 – 60

推荐阅读

Greene, M, *Marketing Hotels into the 1990s: a Systematic Approach to Increasing Sales*, Heinemann, 1983, pp 38 – 43 and 46 – 67

Herbert, D, Prentice, R and Thomas, C(eds), *Heritage Sites: Strategies for*

Marketing and Development, Avebury, 1989, pp 231 – 71

Kotler, P, Bowen, Jand Makens, J, *Marketing for Hospitality and Tourism*, Prentice Hall, 2nd edn 1999, pp 401 – 47 and 694 – 5

Middleton, VTC with Clarke, J, *Marketing in Travel and Tourism*, Butterworth Heinemann, 3rd edn 2001, pp 138 – 52

Morgan, M, *Marketing for Leisure and Tourism*, Prentice Hall, 1996, pp 170 – 86

Shaw, S, *Airline Marketing and Management*, Pitman, 3rd edn 1990, pp 182 – 201

第二部分

接触顾客

第一部分
基础阶段

第三部分
案例研究

第七章

营销沟通与信息传播技术的应用

学习目标

通过学习本章,要达到以下目标:

- 了解营销中沟通的作用
- 列出促销组合中的各种要素并估价其所具备的沟通作用
- 评估编制沟通预算所用的相应策略
- 了解成功地创造促销信息所要求具备的条件
- 认识销售人员技能在旅游及旅游业中的重要性
- 认识信息通讯技术在促进营销人员与其供货方和消费者之间的沟通中不断增强的作用

一、引言

产品一旦开发出来并确定其价格后,其市场营销的重点便转移到寻找最佳的传送方式,将产品信息有效地传播到消费者那里。任何产品,无论自身有多好,也不能自动销售出去,而必须将关于产品的信息传播到消费者——目标市场。虽说消费者常常通过自己的语言向别人推荐产品,有效地支持了销售工作,但是大多数传播形式都要求运用技术,并且需要借助于工具,这些都是营销团队研究的内容。了解这些技术和工具的使用,并且分析其运作方式将是本篇第二部分的目的。

一个组织不仅必须确定如何以最经济的方式使其产品引起市场注意的最佳方式,而且(多数产品)还必须以最理想的方式将这些信息发送到消费者那里,前者涉及到促销的过程,后者是分销问题。虽然旅行和旅游产品从实质上讲属于无形产品,但是分销仍然是旅游营销中的重要因素,也就是说,首先要创造消费者对产品的认知、引起他们的兴趣、激发他们产生购买的愿望,接着要说明将来的客户怎样、在何时、何地才能买到产品。旅游产品中甚至还存在着实物因素,比如产品宣传册、旅行线路、门票、优惠购物券、保险单等,这些物品必须以实物的形式发送。在分销中选择适当的接近顾客的渠道和恰当的支持手段是非常必要的,这项内容将在下一章中详细论述。本章将着重向读者介绍促销的任务,然后一一学习促销的技巧。

二、沟通的程序

图 7.1 描述了一个组织与目标市场沟通的程序。

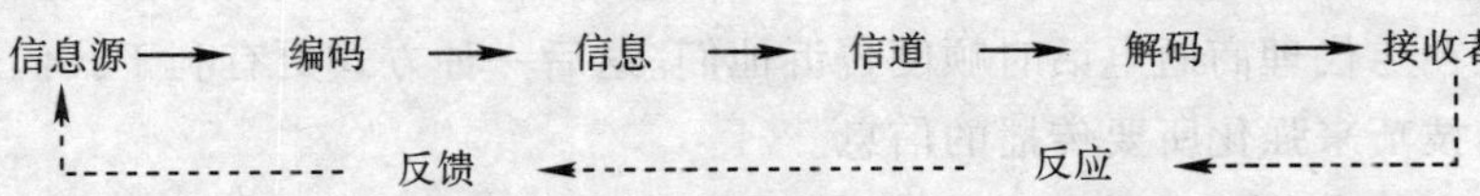

图 7.1 沟通程序

任何沟通都开始于信息源——要发布信息的个人、组织或公司。信息源必须确定向目标,即接受者发送什么信息。仅举一例,一个航空公司有许多不同的信息需要向众多不同的服务目标市场发送。针对商业性客户,发布信息的目的可能是详细地介绍早晨飞往欧洲各国首都较为便利的航班,或者一再强调该航线所创造的准点抵达目的地的纪录,而对于休闲性的顾客,则会侧重于宣传机场的免费停车、或者介绍该航线经过的主要景点和所提供的最新优惠价参观服务项目。所发布的信息种类将决定信息出现的形式,换句话说,我们怎样编码才能最大限度地确保目标市场能够收到并理解这些信息。如果有大量的事实需要传播给顾客,比如一份低价机票及其有效日期的清单,我们很可能需要将此信息打印出来,以便顾客详细地研究、消化,乃至将它撕下保存以便将来使用。编码不仅意味着要确定发送信息的最佳方式,而且要确定出特定的公司运营条件限制下可以找到的最经济实惠的方式。如果资金不受什么限制的话,让每一位潜在客户获悉产品信息相对容易做到,只要源源不断地向大众进行信息发布就可以了。许多全球性公司,如可口可乐公司,就是采用这种广告饱和的方式进行宣传的。但是对于多数公司,当然也包括中小企业,资金总是有限的,利润水平制约着我们的促销预算。编码就是将信息编成一种目标市场能够清晰地理解和消化的形式。例如,我们可以选择在大陆杂志(*Continental*)投放一则英文广告,目的是吸引人们光临不列颠参观游览。但这样做几乎没有什么效果,因为不仅许多不讲英语的欧洲人不懂这则信息,而且那些讲英语的人也会非常气愤,他们认为不译成客户的语言,就说明我们根本没有去尽力销售产品。另一方面,如果我们的广告是针对一位日语非常流利、将负责接待来临的旅游客户的新工作人员,那么就应该在英文报上刊登一则以日语拟写的广告,这样才不至于浪费时间去接收和阅读许多无用的申请书。我们务必尽最大的努力设计我们的信息,使其具有最大的作用力。

下一步要求决定采用哪些渠道发送信息。如果我们已经决定信息必须是印刷形式的,这就相当于部分决定了使用的媒体。我们可能在目标顾客阅读的杂志上或报纸上刊登这则信息(如图 7.2 所示),或者在专为旅游代理发行的旅游贸易出版物上刊登广告,使他们了解我们的产品特征,进而向其客户推荐。我们也可以给通过邮寄向旅游代理投递一份信息相同的信件,或给销售人员一份通知以便在与代理商通电话时顺便告诉他们。这后一种方式更有利于我们通过个人推销技巧来强化所要传播的信息。

完成信息编码的战略之后,我们就可以坐下来静候订单源源而来。可不幸的是,如果接受者不能解读信息,那就意味着我们所做的努力没有取得应有的效果。在沟通过程中,有许多干扰可以以各种各样的方式影响信息的解读。如果一则特大新闻出现在广告当天的晨报上,那许多顾客就可能注意不到我们的信息了。

邮寄给旅行代理商的广告,可能会出现因当天代理工作压力颇大且没有时间阅读普通邮件而被忽视掉。火车脱轨可能意味着某国家的某个地区报纸没有送抵,当地的人就无法看到我们的广告。有些潜在的客户可能在阅读我

来自西班牙旅游部长的一封信

亲爱的朋友们：

我写这封公开信，是给那些来自英国的参观者们的，去年，这个人数达 1 280 万人次。热情地邀请您在即将来临的几周内能到西班牙度过一段美好的时光。

今日西班牙假日市场的一派成功景象，完全得益于英国的顾客和与英国的旅游贸易。从很高的顾客满意度（96%）和＊重复休假率（78%）＊＊中，可以清楚地看到你们依然喜欢西班牙人民的热情好客，享受西班牙拥有的世界一流的旅游设施。

美丽的马略卡岛（Majorca）、米诺卡岛（Minorca）、伊比沙岛（Ibiza）一直以来都是英国的朋友特别喜爱的游览胜地，我们已经确保了巴利阿里群岛（Balearic Islands）游览区的服务质量并使之持之以恒，使之更加美丽、更加迷人。

事实上，目前是您到此游览的最佳时机。我们现在推出众多非同寻常的豪华假日游组合供您选择，质优价廉，物有所值，尤其对于正在寻找快速订购旅游的度假者们更是如此。

衷心希望您能考虑充分利用此次大好时机，我们在此恭候您在不远的将来能光顾西班牙！

您忠诚的朋友

胡安·科斯塔

西班牙旅游部长

注：＊引自马德里旅游研究所（Institute of Tourism Studies, Madrid）

＊＊引自马德里旅游研究院

（供稿：西班牙旅游办公室）

图 7.2　一则来自高层的不同寻常的信息沟通：西班牙旅游部长通过广告召唤游客，广告登载在 2001 年 7 月的《英国国家报》（*British National Press*）。

们的广告时心不在焉，于是视而不见；也有些客户可能因为在过去某时遭受到我们劣质的服务从而对我们的广告信息不屑一顾。还有一种可能就是潜在客户正准备一边吃早餐一边看报，这时突然一个电话中断了看报。总之，我们的信息因干扰而受阻有成千上万种可能，其中有很多是我们无法控制的。即使人们接受并相信了信息，许多潜在的顾客在几秒钟内就忘得一干二净了；人们一生中每天都处于信息轰炸环境中，可能只有很小的一部分会保留在记忆中。所以，我们所能希望的只能是在一开始就精心地设计信息，尽量使传播中的遗失现象最小化。

一句著名的而且非常恰当的描述出自利弗休姆勋爵，“我的广告一半是没用的，可问题是我并不知道是哪一半。”任何一个广告制作者都不能确定自己的信息能否畅通无阻，但从一开始他就必须承认，与客户的沟通过程不会只依赖于哪一次广告或促销上，成功的广告要靠不断重复，是永无止境地向市场一点一滴地渗透信息的过程。这是一个多种不同信息形式和不同沟通方式——广告、邮件、个人联系——长期共同作用的结果，它们最终帮助消费者建立起对一个机构及其产品的印象。

三、确定促销组合

营销经理通常有四种方式向公众传播情报和促销的信息：

第一，通过选定的媒体，如电视、出版社和广告宣传其产品。

第二，通过职员进行人员推销，即柜台销售、电话销售，或以销售代表身份亲自造访客户。也可以雇用中间商，如零售商，其员工代表公司完成销售任务。

第三，通过开展诸如橱窗展示或展销会等促销活动。

第四，通过公关活动，如邀请旅游作家体验产品以期他们在文章中给予赞扬性的介绍，来广泛地宣传产品。

应该予以认可的是，大部分关于产品的沟通是通过口碑完成的。一个客户对产品满意，向另一个潜在的客户推荐，公司就会从中大大受益。这种销售不需要公司任何成本，却是最有效的传播方式，因为在潜在的客户看来，这种渠道既可信，又是最客观的评价。

当然，反过来也一样，接连不断地传播坏消息无疑会不利于促成购买行为。研究发现，许多人谈论坏事的次数往往十倍于谈论好事，即所谓的“好事不出名，坏事传千里”，这是人性使然。

认识到影响那些能够影响他人去购买新产品的人的重要性，两步沟通法的概念便诞生了，即公司将信息直接传播给那些意见领袖，而不是普通的公众。意见领袖一般指代表大众媒体的和那些很可能最早购买新产品的人们。一个旅行公司如果促销预算有限的话，就最好集中财力去影响旅游作家，直接给他们提供体验产品的机会，因为媒体上一篇赞扬性报道的影响将远远超过同一媒体上花费相同金额刊登的种种广告的影响。负责旅游地营销的人们早已认识到电影对拍摄地区的巨大影响——约20部关于007詹姆士·邦德的电影给作为电影选景点的地方带来非常可观的利益，包括印度乌代布尔的帕勒斯湖（Lake Palace）（至今当地人在提到电影《八爪女》时仍然很骄傲）（Octopussy connection）和泰国的Khao Phingkan（在那儿随着电影《金枪人》的出名，大众旅游蓬勃发展，带来当地各方面的发展，打破了原来拍摄点的平静）。新西兰是电影《魔戒》第一部的拍摄地，这使新西兰在电影发行后的那一年成为最富有吸引力的游览地之一，当时的新西兰旅行董事会不失时机地在其出版物和电视广告上充分利用了这一因素（见插图7.3）。

好多电视节目也同样能够激发人们对于戏剧的拍摄地区的好奇心。古装剧是近几年英国流行的电视剧目，并销售到世界各地的电视台，其销售额居世界电视的领先地位。好奇心很快就为影视类产品的拍摄地带来潮水般的游客。

影响选择促销组合的因素

是什么因素决定营销计划中这四项促销工具的组合呢？在某些情况下，有的公司会选择其中一项作为促销组合，有的公司则四项结合起来进行。虽然如何组合并没有正确与错误之分，但是根据下列标准确定的指导方针还是有些裨益的：

A. 产品特性。显然，如果没有销售人员的建议，复杂产品或技术性产品的销售会非常困难。许多从事假日贸易的人士会辩论说，虽然旅游胜地可以认为是同质的，而且可以互换的，可是顾客在决定选择哪个景点或入住哪个饭店时都需要掌握一定程度的信息。旅游景点上有什么样的海滩，饭店可以提供何种设施，这些用小册子、录像带便可清晰地给予描绘或展现，但对于更主观的问题，文字和录像就显得有些力不从心了。像景点的环境如何，饭店的餐饮质量问题，还有顾客在旅游景点可以遇到什么样的度假者等问题，只有面对面的销售方式方可给予答复。此时，销售人员应该具备使出售的产品满足消费者需求的能力，进而确保顾客满意。

B. 沟通的目标。根据顾客和贸易的需要去制定沟通的组合方式。致力于贸易的沟通方式经常使用人们熟知的“推拉战略”，即公司将其目标定位于鼓励经销商囤积公司的产品，然后推销给自己的顾客。这种战略常涉及直销，并借助于商业广告的支持或采用某些促销技术，如给完成指标者发放奖金。

在另一方面,“拉动战略”旨在激发顾客对产品的需求,将顾客引领到商店中,通过高涨的需求鼓励零售商们囤积产品。此时重点应放在全国范围内广泛的广告上,有时亦可配合一些促销活动。英国的旅游零售代理商不能因为大品牌的名气,纯粹销售小公司的产品而忽视一流的旅游经销商的产品,如 TUI、托马斯·库克或第一选择假日饭店(First Choice Holidays),这些经销商的产品是最基本的生意,代理商们不能拒之不理。

C. 发现产品所处生命周期的阶段。传播新产品的任务首先在于帮助顾客们认知产品的存在,这就意味着经常通过大众媒体广告,辅以一些销售方面的支持,让尽可能多的人获悉产品信息,知道正在销售什么样的产品,它们有什么功效。接下来,随着产品竞争的日趋激烈,传播的任务将转移到说服公众认为你的产品是现有产品中最佳的选择,这时需要加强促销。在产品有了名气且销量达到顶点时,沟通的任务就转变为提醒客户该产品的存在,鼓励他们在进货时首先考虑自己的品牌,这要求广告提示(也许只是品牌名称的频繁重复)和显示销售业绩结合起来使用。这些技巧在后面的章节中给予充分的讨论。

D. 公司看到自己在市场中所处的位置。在高度竞争的市场环境中,与主要的竞争对手选用相同的促销技术以确保同样的顾客们能够注意到自己的产品,公司会感到压力很大。根据不同地区力量相对强弱的不同,公司可能需要调整在不同地区的沟通组合,这在境外销售时尤其突出,传送产品信息和传送信息到达顾客那里的渠道均可能与国内的情形大不相同。

E. 公司促销策略的预算。公司促销策略的预算是任何公司头等重要的事情。预算当然包括为利用突发事件中可能出现的机遇而安排的专门活动的费用和确保计划项目活动进行有足够的资金。

四、信息通信技术(ICT)

我们今天生活在一个上一代旅游业工作人员只能在梦境里才能见得到的高科技时代。1967 年,首台简陋的自动提款机在英国开始使用(在埃菲尔德的巴克莱银行),那是改变银行业务的一举。稍早一点引进的电脑预订系统得到了迅猛的发展,在几年内旅游分销系统经历了同样的改变。

就在最近的十年中,因特网和万维网的发展已经使以前所有的分销模式,如果还没有过时的话,变得没有当时那么的重要了,前一版本的文章只是刊登了简短的资料,介绍当时旅游业正在开始采用的几种 IT 新模式,可就是因为近十年的发展,营销业已经彻底改变了面貌。在 2003 年年初,英国有 1 150 万个家庭能够登陆因特网，到那年的年底这个数字可望上升 17.5%。2001 年，英国有 2/3 的生意已经在使用电子营销了，主要是通过使用网页进行。电子化对旅游和旅游业的影响之大，是任何地方都比不上的，电子化使旅游业中的沟通需求和分销（以信息和预订方式）得到了理想的满足。

信息通信技术（Information and communications technology，ICT），正像现在人们了解的，已经在现代营销组合的各要素中成为一个关键的角色。这个新的词汇体现出了沟通在企业与顾客之间的重要作用。电子化或在线沟通已经成为企业，哪怕是中小型企业，都能承担和使用得起的方式，旅游行业的每一个部门都受到电子革命的影响。前缀"e"被各行各业广泛使用，电子化意味着行业效率的提高，以 *e-commerce*（电子商务）描述通过电子手段进行的买和卖、*e-marketing*（电子营销）囊括所有电子营销方式。

电子沟通主要为企业提供四项好处。第一，电子沟通为企业负责人提供与顾客直接互相影响的机会；第二，电子沟通非常经济核算的，特别是在分销和预订部门能够节约大量的成本；第三，电子沟通为定期接触的组织和顾客提供一个高效便捷的联系方式；第四，电子沟通的速度之快是其他任何传媒都无法比拟的，这一点对于旅游供应商能够及时更新和改变其产品供应，旅游经营者卖掉最后一分钟的预约和航线、航空公司根据需求修改票价都是至关重要的。

事例　托马斯·库克

1966 年，托马斯·库克创建了一个网站，不久便以点击该网站的 17 000 个电子邮件的地址编辑了一个初始数据库。他们给所列的每个人都发去一份电子邮件，谁愿意将来定购邮件就能获得一份奖品。以这种方式，他们获得了 3 000 名初始定购者的数据库，然后又通过提供一份免费度假奖品鼓励这些定购者为该数据库拉客，这使得数据库拥有 250 000 人的名字，而且这个数字很快上升至 500 000 人。顾客访问网上零售店时就会被加列到数据库，并且询问他们是否愿意接受公司的电子联络。托马斯·库克小心翼翼地维系着与顾客的良好关系，他保证未经许可不向他们发送邮寄广告，然后又了解他们的需要以及他们喜欢的宣传方式。

电子营销在创造旅游业利益方面的潜力还远没有被开发出来，可以相当有把握地预测，下一个十年内在沟通方式的改进上将会取得巨大的进展。在此仅引用一个例子，目前正在研究中的光纤通信，可以把多种颜色的光沿着一根纤维的两个方向发送 622 兆位的信息，这可以极大地扩充电子发送的信息量，其中任何一束光纤都可以满足英国任何一个普通规模的城镇因特网的接入需求。

在第八章，我们将分析预订系统是如何从ICT的发展中受益的。除了信息和预订，网络可以连接广告，将客户信息储存到不断更新的数据库中，处理代理商和越来越多的顾客本人的付款，还可以发行电子票据和其他文件。其中节约的成本是相当可观的，以至于有几家大型航空公司向使用电子票航线上使用纸机票乘客们索取订纸机票的费用。无纸航空旅游迅速成为主流，尤其是办理商务旅游者的订票。

可是，在本节结束前有一点应予以注意。尽管对供应者有种种利益，通过因特网预订仍存在着不少阻力。多数情况下，网络营销系统缺乏可信度，顾客去旅行时除了一个参考号用以保障预订外再没有任何书面的凭据，电脑用户担心不速之客侵入自己的档案库、病毒可能袭击其软件（尽管病毒屏蔽越来越有效），有许多人因担心滥用而不愿意将自己信用卡信息输入电脑。供应者也会在判断安装成本方面出错，新系统仍很容易出这样那样的故障严重影响销售。然而，随着新技术的日渐熟悉，越来越多的消费者会喜欢使用电脑，这是毋庸置疑的，而且随着厂商们通过高效地使用电子商务，坚持不懈地削减成本，因特网将继续对传统分销方式产生强大的冲击。

五、传播的预算

一个公司究竟需要花费多少去促销自己的产品呢？理论上非常简单，不断投资于促销直到达到生产和促销的追加成本大于销售收入为止。用经济学术语表达，是坚持对促销的投入，直至边际收入超过边际成本。实际上，这个点是不易确定的，这时营销经理们就会回到某种传统的确定预算的办法。

在旅游业中，依据已发生的专门活动来确定促销费用的现象仍然很普遍，人们几乎或根本就没有提前预算的意图，采用的准则是“我们目前能承担得起多少促销费用？”，只有到有需要的时候才在某地方报纸上插些广告。这种安排只能看出公司对市场变化是有反应的，但是缺乏预见性和计划性，往往是面对机会大笔支出，却没有作广告的资金（例如，旅游经营者向零售商提供一宗五五分成的生意，需要共同为此作广告）。因此，在每一财政年度初对预期的促销费用进行预算会更有意义。

这样做最起码可以确定来年公司能够承担的支出，它既可以按照上一年销售额的一定百分比来确定，也可以依据下一年的期望销售额来确定。这个再分配的百分比具有随意性，有些经理们在确定促销费用占销售额的多少为适宜时有明确的做法：旅游业中的选择范围常常在1% ~6%之间，尽管许多旅行社事前不承诺任何促销费用。如果销售额呈线性增长，就是说每年以基本相同的比率增长，那么就会找到确定预算费用的依据了，尽管在考虑到诸如通货膨胀之类的环境变化因素时还需要作出精心调整。显然，营销中任何大的变化，如推出新产品，都需要重新对这个系统作出整体评价。

如果没有与具体的促销目标相匹配的促销资金，就会出现营销经理们为了避免在一个财政年度的后期可能发生销售下降而在前几个月内超支的危险。当面临销售下降时，旅游业就会思考怎样才能降低成本，而传播预算很容易成为保证储蓄的目的。

在像旅游业这样不稳定的行业中，精确地预测未来年份的预期销售量无论如何是有难度的，但是对于这种预算方式有一种更严厉的批评，即销售应该决定促销，而不应该是促销的结果。有人甚至辩论说如果下一年度销售可望以多少数额增长，那么还有什么必要投资搞促销呢？应明白的是，备妥促销所需的资金仅仅是确立预算标准的一个方面，如果它成为唯一的标准的话，那么就有错过许多促销机会的危险。

另外一些公司是根据主要竞争对手预算支出的力度设定自己的预算水平的。如果所有的公司花费的金额相同，那么至少可以减轻促销竞争，从这一点上这种方法可以看作是安全的做法。然而，我们是无法猜得到别的公司是否能够更为妥当地判断促销预算水平，而且他们的环境很可能也不相同。大型公司开支金额给予明确公布（《广告统计概览》，(*Advertising Statistical Review*) 刊登这类信息，在英国内发行)，而这种信息在某公司编制预算的时候却可能无法参照，况且多数旅游公司比较小，在比较小的预算规模下运行，其预算的详情不可能轻易得到。

更值得一提的是用于促销的预算应该建立在来年销售目标的基础上，这种技术叫做目标—任务编制预算法。公司预先确定以什么作为促销的标准，例如，首先确定是将顾客对产品的认知度提高到总市场的 60%，还是将销售额增加 10%，然后留出足以实现这些目标的预算。

在预算规模与产品所瞄准的市场大小、份额之间应该有一个清晰的分界。市场的大小和份额决定预期利润，促销计划应致力于在该市场达到一个满意的销量，这在策划广告活动时可以给予最有效的量化。第十章将描述预算与目标之间的相互关系。

六、确定信息传播的目标

目标明确，而且要力求尽可能地实现这些目标至关重要。这意味着从一开始我们就必须对公司和产品的市场知识以及公司对此的态度有一个非常清楚的认识。公司必须明确的几个问题是：

- 市场上有多少人知道我们是谁，生产什么产品，产品具有什么价值？

- 顾客对我们公司的印象如何？是肯定的吗？我们的市场份额是公认的吗?是不集中的吗?人们对公司的价值观是否具有不同或模糊的看法呢?
- 公司及产品的哪些印象或信念需要我们去改变?
- 我们当前的目标是想获得什么?

对传播持短期态度的人，认为传播仅仅是向市场宣传目前的促销机会，他们可能觉得强调印象的创造是出于学术需要，或者最多也仅仅适用于最大的公司。这是完全错误的。一个公司为自己塑造的形象对于顾客区别这个公司及产品于其他公司至关重要。旅游代理商当然应该把一些近期优惠的活动在橱窗展出作为促销活动的一部分，而且要在地方的新闻媒体上做广告宣传。也有许多颇具远见的代理商们对形象很关心。他们可能定期在地方的媒体上设置专栏，刊登一些职员的图片，以吸引公众们注意到员工们定期去参观国外的旅游景点，改进公众对旅游产品的认识。这是打造公司形象的一部分，即通过构建公众视他们为亲切的、内行的和有专人负责的舆论。例如，如果第一次在广告中出现的公司职员个人照片旁标着他们的姓名，新的或潜在客户会很快熟悉这个公司的名称、位置和印象，在预订假日活动时首先会想到这个代理商。出于对个人安全原因的考虑，建议出版职员照片时不要带姓氏。

信息通过传播程序可以在三个不同的层面上到达顾客那里：

A. 在认知层面上，一定要让顾客认知产品，明白该产品对他们有何价值。

B. 在情感层面上，要做到激发起顾客对于所传播信息的感情，要相信并赞同这一信息。

C. 在行为层面上，顾客了解到信息后，该信息一定要能让顾客采取行动，简言之，就是激发顾客去购买该产品的欲望。

这些会让我们想起在第四章学过的购买或采用过程。购买步骤模型如下所示：

认知→兴趣→评价→试验→采用

在此，认知代表认知因素；兴趣和评价代表情感阶段；试验和采用代表行为因素。公司的目标不仅是让顾客第一次试用产品，而且要让他们确信这种产品能最好地满足他们的需要，因此他们在购买时候或者购买同一的产品，或者购买同一公司生产的其他产品。简单地说，就是将消费者转变成公司产品的忠实用户。

在任何给定的时期，公司全部市场中的消费个体会分布在购买过程中的不同阶段。有的将成为定期购买产品的顾客；有的已经试用过第一次，仍然在评价中；有的只想认知产品而已；还有些潜在的顾客尚未知晓产品。每一个购买阶段，对于传播人员都是不同的挑战。

在拉塞尔·科利（Russel Colley）在所著的具有创新性的作品里，对所有的传播目标进行了很好的分类。在这本著作里，他研究出经典的 DAGMAR 模型

(Defining Advertising Goals for Measured Advertising Results)。科利方法的价值在于它迫使传播团体使用可以测量的术语定义其传播目标，这样便于判断传播的效用(规范了侧重广告结果的广告目标)。设计传播活动必须要明确每一条信息要收到什么样的效果，是针对购买过程中哪一个阶段，以及需要多少投入。此内容将在第十章中给予详述。

科利总共确定了大约50种目标，但是在此我们只需要列成三组：

- 只通知客户关于产品的信息目标
- 说服顾客购买产品目标
- 提醒顾客记住公司及其产品的目标

正如前面所示，传播的目的与产品所处生命周期有密切的联系，但是还存在着其他的影响信息传播形式的标准。

一个包价假日旅游可以是任何内容，从面向大众市场的包括日光、大海和沙滩的高度相同的项目，到面向一小部分有钱、但很有鉴别欣赏力的、准备去游览蕴涵丰富的文化旅游项目的客户，这种项目在市场上可能独具风格。在前一种情形下，度假产品在高度竞争的环境中经销，其价格成为影响销售的关键因素，几乎或者根本没有品牌忠诚，而且公司与公司之间的产品几乎没有什么区别。如果某产品已经建立了良好的声誉，那么传播的任务很大程度上就变成说服客户购买本公司的产品，而不是竞争对手们的产品。在后一种情形下，我们面对着一个很挑剔的市场，在为数较少的几个特别的假日游项目中作出选择。如果按照人头支付3 000英镑或更多些，客户就会要求了解大量更详细的内容。宣传册刊登异国风情的图片可以引起他们的兴趣，但仅此一点难以实现销售，必须辅之以大量的全面介绍历史性文化景点的材料、随行导游演说资料的背景知识以及参观团体的规模及组成情况。虽说有些信息可以通过精心制作的宣传册传播，但是销售人员的亲自销售很可能更加有效。如果顾客向零售部门征求关于此类假日游的建议，知识渊博的旅游代理(很可能是独当一面的专家)是不可或缺的。那么这种假日游就很可能成为直接销售，经验丰富的旅游经营人员会接听电话，与客户们讨论旅游项目的具体细节。

七、设计信息

信息设计务必考虑以下四个因素：

- 信息来源
- 信息吸引力
- 选用的渠道
- 目标观众

信息来源是建立信息可信度的主要因素，可信度对于有效传播至关重要。

信息赢得信任有几种方式。第一，如果来源公认是可靠的话，就会相信信息。如亲密朋友或亲戚的推荐，我们很重视他们的评价，这将是产生购买行为的强有力刺激，这种刺激又被人和人的沟通所强化。使用这种方式沟通可以使信息接受者有机会向信息源提问，并且带出更多的有关产品的信息。如果产品信息来自于陌生人，那就必须寻找其他方式证明其是否值得信赖。

如果发出信息者是被看作所探讨问题的专家，就可以大大提升其可信度。旅游作家在 BBC 假日游(*BBC Holiday*)节目中评价一个假日项目，这将完全可信，一来因为这是公认的专家意见而且具有客观性，二来因为信息是由 BBC 本身来播报的。(假日游节目似乎体现出 BBC 电台在发布广告的规则方面非常有趣)。

第二，信任度可以借助那些与所宣传产品有密切联系的名人或受欢迎的人士获得。在产品广告中利用名人，尤其是体育界或演艺界的名人，是常见的做法，在旅游产品和旅游目的地的促销中也是如此。可更为常见的是，这种联系今天出现在国家级出版物的旅游板块中，而且经常是通过目的地旅游当局组织的公共关系活动来进行的。仅作为该领域中崇拜名人的例子，一份英国星期天报中的文章就引用了如下这些关联：名人沙伦·斯通(Sharon Stone)、格里·哈洛韦尔(Geri Halliwell)、迈克尔·巴里莫尔(Michael Barrymore)、斯廷(Sting)、查尔斯王子(Prince Charles)的护卫卡米拉·帕克·鲍尔斯(Camilla Parker Bowles)在毛里求斯圣吉伦(la Saint Géran)逗留；英国首相托尼·布莱尔(Tony Blair)携妻子在塞舌尔的拉迪格岛(l a Digue in Seycheelles)度过假；好莱坞明星布拉德·皮特(Brad Pitt)和珍妮弗·阿尼斯顿(Jennifer Aniston)在塞舌尔的弗雷格特岛(Frégate Island)度假；同一时间，前甲壳虫乐队(披头士乐队)的保罗·麦卡特尼(Former Beatle Paul McCartney)与希瑟·米尔斯(Heather Mills)在附近的库辛岛(Cousine Island)度过蜜月；足球经理人斯文·戈兰·埃克里松(Sven-Göran Eriksson)和流行歌手加雷恩·盖茨(Gareth Gates)在马尔代夫(Maldives)住过一段时间，前者具体是在索尼沃吉利(Soneva Gili)景区度假的。这种名人效应具有后现代旅游界的特征，既使旅游目的地出了名，同时又吸引了那些寻求仿效心目中崇拜的男女主人公的人们。

可是这种以名人做广告的方法也隐含着风险：如果选用名人的一些负面活动被暴露出来，广告的可信度将随之受到影响。1994 年百事集团创设的以迈克尔·杰克逊(Michael Jackson)制作的广告的撤销就是其中一个例子。此外，在 2002 年电视明星麦克尔·巴里莫尔(Michael Barrymore)晚会上客人之死的丑闻，从毛里求斯方面来说是不利的影响，不愿意使这件事曝光。

第三个提高信任度的方法是确保信息的亲和力。自然、直爽或能给信息注入一缕幽默之彩的人发布信息有助于增加信任度。维克托·基安姆为雷明顿制作的系列精彩广告之所以实现了预期目标，原因就是证明信息源是真实的——不是演员在扮演一个角色，而是成绩斐然的一个公司的真实、自然又幽默的总裁本人。事实证明，这些因素的组合在创造让人难以忘怀的电视广告系列上是非常成功的。可是，有一点要告诫的是，研究结果表明，传播的信息如果过于幽默就会产生危险，因为幽默可能干扰人们获得信息的过程。广告商要人们记住的是产品，而不是名人！（见插图 7.4）利用电视明星戴维·迪金逊增强了 MyTravelLite 广告的吸引力。

信息可以通过两种设计方法来吸引听众。首先，理性吸引力，使用经济论证来打动观众：一个航空公司可通过其主要航线来突出自己的低价位，或利用其准时抵达的历史记录来招徕顾客。第二，情感吸引力，新加坡航空公司(SIA)在其广告中突出其机舱女乘务人员的可爱、迷人来吸引商务乘客，尤其是男性商务人士。当然吸引力不一定就是互相排斥的。如果 SIA 的目的是鼓励乘客相信其女乘务员能够提供独特的服务，是别的航空公司没有做到的，那么这种吸引力就包含了逻辑和情感两种作用在内。可是在西方，这种性别歧视的广告是有危险的。我们可以利用情感的作用获取利益，如通过体现恐惧来强调安全（尽管需要谨慎小心，以免因此产生反作用力；暗示竞争对手的飞行不安全会产生一种危险，人们会普遍恐惧乘坐飞机！）。英国航空公司(British Airway's)在传递信息中有一种更加巧妙的方式，这种方式体现出“世界上最受人喜爱的航线”这样的主题。

在 20 世纪 80 年代后期，托马斯·库克推出一系列颇有争议的电视广告，其目的是鼓励消费者们选择库克斯，而不是其他旅游代理，因为广告中暗示只有库克斯才具备十足的财政稳定性。这种失去假日游的“恐惧吸引力”具有很强的市场冲击力，虽然这种等同于诋毁性广告的决定会招致其他许多代理对英国旅游代理商协会(ABTA)的抱怨，以库克斯在扩散没有根据的疑虑、是在破坏旅游行业为主要理由。这种形式的信息如果让消费者们认为旅游零售业中普遍存在着不稳定性，就会产生反作用力，这只能促使直接订购的增长。

在传播中究竟选用理性或经济吸引力还是情感吸引力，值得牢记在心的是除非精心制作过。对于受过良好教育的消费者们，通常合情合理的信息更具吸引力。

插图 7.5 是由托马斯·库克制作的三幅图画（见插图 7.5），提供了很好的、说明顾客之所以购买他们产品的合乎逻辑的例子，是公司认真、细致地审查自己的包价旅游的结果，插图 7.6 描述了一种迥然不同的吸引方式（见插图 7.6）：阿拉伯酋长国航空公司（Emirate Airline）的一则针对高端市场的使用情感吸引力的广告。

人们有时批评说促销信息的论点过于片面。对信息传播者来说,发布商业信息的目的就是尽可能地给公司的产品罩上最美丽的光环。可是有时候,公平合理地宣传产品会获取更多效果,这对于受过良好教育的或者可能对产品的概念充满敌意地区的消费者尤其如此。在旅游界,虽然英国旅游代理商协会的行为准则和成文法使控制力度的增加都明显地改善了宣传信度,但是广告文稿撰写作家的夸张手法和过去曾发生过的宣传手册不真实,已经引起人们对旅游宣传品的普遍置疑。可是,有些公司已经开始对景点和饭店给予客观的宣传,展示出令人耳目一新的诚实的双面性,这极大地增进了客户对代理商们的信任和忠诚。

八、成功的传播

通过对传播过程的介绍,我们可以总结出,优秀的传播要求公司必须做到:

- 明确传播的目的,并且用可以度量的术语予以定义。
- 分配足额的资金支持传播活动,确保完成使命。
- 限定传播目标,以便接受者彻底明白所传播的信息并牢牢记住。
- 不论在哪里,信息要导向一个特定的市场,其特色和特征鲜明,为人所熟悉。
- 设计的信息要求短小、引人注目、可信,能够强化公司及其产品所期望的印象。
- 发起传播活动之前要测试传播的各个方面,确保成功。

较大的旅游公司花费巨额资金进行促销,像那些一流的航空公司、船运公司、连锁饭店或旅游经销商发动的大型传播活动,耗资经常会超过100万英镑(数目巨大,不可抱有赌博的态度)。这些公司必须竭尽全力地保证传播战役达到既定的销售水平或其他指标。在后面的八章中,我们将继续详细地学习营销组织所用的每一种传播工具,探讨如何才能使之发挥最大的作用。

问题与讨论

1. ECPAT(英国),一个旨在根除儿童从事卖淫、色情和不法活动的组织,最近得到英国旅游代理商协会和英国政府团体的合作,准备制作一种传单发给旅游经销商,然后再向其客户们传送,目的在于引起后者对新刑法中关于禁止与国外儿童从事色情或禁止向儿童宣传色情活动的重视。虽然传单上很明确地说明,其目的是鼓励有责任心的旅游者们要将他们在国外旅游时碰到的任何违背新刑法的事件通知有关当局，但是旅游经销商们的反应是消极的。在他们看来，这样做很可能是对他们客户的一种侮辱，而且有置疑客户本身道德问题之嫌。

你相信这是向旅游者传播这条信息的最佳方法吗？还是认为这种方式没有什么作用呢？假如这种信息对旅游业有很重要的影响的话，你有什么别的办法能使该信息有效地传递给旅游经销商和/或经销商的客户们呢？

2. 比利时和加拿大被冠以世界上枯燥、平庸的名声，这当然是非常不公平的。请收集这两个国家的旅游促销材料，包括这两个国家旅游部门发行的宣传类小册子，研究其战略性广告对这种印象产生何种程度的强化或超越。每一则广告在你国家的年轻人市场中是怎样强化这种印象？

3. 收集旅游业中相似部门的两则促销广告（例如交通、饭店、目的地），其中之一提供的是理性吸引力，另一则是情感吸引力。解释它们各自的目标定位，并估量各自具备的相应吸引力和有效性。

练习

(a)从以下方面评估旅游网站的效用：

- 易操作性
- 易沟通性
- 表达清晰性

选择六个大众可以进入、具有可比性的网站（如酒店连锁店，酒店中间环节、便宜的航空中间环节和新近可供的假日游），依据以上准则，对每一个网站从开始到预订的环节进行评估，写一篇研究报告。

(b)多数这类网站在刊登未经请求的广告，广告常常覆盖部分屏幕，若要进行下一步操作就必须对其先行消除。作为一位浏览者，你觉得这些广告有多大的帮助？它们是有助于强化该网站，还是容易激怒浏览者呢？通过与其他形式的促销媒体比较，你相信它们有效吗？你认为哪种广告最好？为什么？曾经有过广告出现在你的屏幕上吗？是一个还是很多？就网上冲浪过程中遇到的每则广告的正面和负面效应拟一份清单。

参考文献

1 Colley, I R, *Defining Advertising Goals for Measured Advertising Results*, New York, Association of National Advertisers, 1961

2 I'm a celebrity... Get me into here, *Observer Weekend Magazine*, 26 January 2003, p 8

推荐阅读

Amor, D, *The e-Business (R) evolution: Living and Working in an Interconnected World*, Prentice Hall, 2000

Blythe, J, *Essentials of Marketing*, Prentice Hall, 2nd edn 2001, ch 9

Gold, J and Ward, S(eds), *Place Promotion: the Use of Publicity and Marketing to Sell Towns and Regions*, Wiley, 1994

Horner, S, and Swarbrooke, J, *Marketing Tourism, Hospitality and Leisure in Europe*, International Thomson Business Press, 1996, pp 204 – 27

Kotler, P, Armstrong, A, Saunders, J and Wong, V, *Principles of Marketing*, Prentice Hall, 3rd European edn 2001, pp 624 – 60

Theobald, W and Dunsmore, H, *Internet Resources for Leisure and Tourism*, Butterworth Heinemann, 1999

第八章

旅游分销

学习目标

通过学习本章,要达到以下目标:

- 识别影响选择分销系统的各种因素
- 认识新分销方法不断涌现的现状以及信息通信技术在其中的重要作用
- 了解作为旅游服务业中传统零售商的角色的变化
- 认识合作分销方法并评价其优点
- 了解旅行旅游预订系统中存货控制的功能

一、引言

将分销看作营销中全部沟通功能的一个部分很重要，因为它涉及到一个组织与其供方和需方沟通渠道的选择和操作。技术上，营销理论中有两个方面涉及到分销。一是与分销渠道有关，其功能是代表供方或委托方处理咨询和销售；二是与发送实物产品到分销渠道，最终到消费者有关。后者有必要进行存货以确保供需、仓储与囤积，并寻求产品在供方、经营商和顾客之间运输的平衡。可是后者的许多功能是关于有形商品的营销，与旅游产品关系不大，旅游服务的顾客必须被带到产品面前，而不是将产品发送到顾客所在地——在这一点上，发货和服务是同时发生的。

商品和旅游分销都具有的一个重要特点，即要求旅游业中许多部门都建立存货系统，在旅游行业中称为预订系统，是营销多个部门产品的关键因素。正像我们将要看到的一样，它意味着具有同时进行预订和售票的功能。预订系统相当于一个销售终端和一种存货控制手段，起平衡供求的作用。将预订系统被看作“旅游分销系统”更为方便，它与分销渠道的管理方式密切联系，对我们分析认识分销渠道的作用和功能至关重要。而且，信息与通信技术近来的发展为使用全新的方法操作预订系统创造了机会，拓宽了分销渠道的范围，带动行业结构发生巨大变化。

二、分销渠道的选择

在考虑如何选择渠道之前，我们首先应该了解在策划分销战略时有哪些渠道是可以供旅游类组织使用的。图 8.1 解释了所有产品和服务经过一连串的分销后到达顾客的过程，从厂商发货开始，到顾客收到发货为止。本图只简单地列出分销链条中常见的典型环节，现实中某些产品的分销中还会有许多中间环节。

一个公司，比如航空公司、游轮公司或饭店，可以按照自己的愿望选择完全向顾客直销、完全通过中间环节或者采取直销与通过中间环节销售结合的方式。中间环节是指在一个组织和其顾客之间的分销链条上的任何经销商，相当于一个连接点，大多数规模较大的公司都有一个或更多的中间环节承担着分销任务，这样做一部分原因是因为成本：一般公司通过代理机构销售比建立自己的零售商店网络成本更低，向中间环节支付佣金或其他协定形式的酬金就可以得到分销网络的使用权。这样设计系统也是为了方便消费者，因为他们在一个

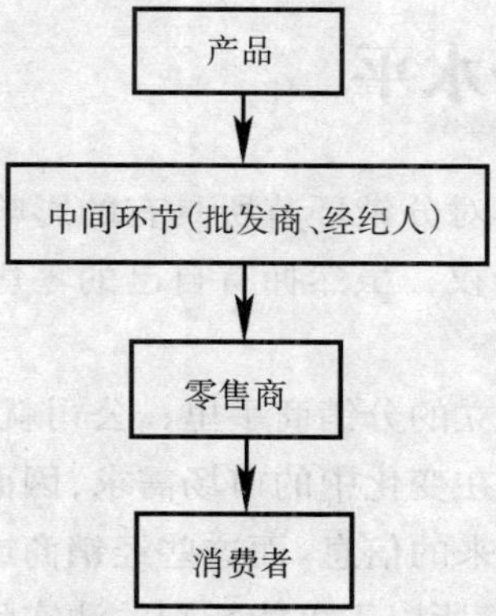

图 8.1　分销链条

地方就可以选择许多厂商提供的不同的商品，而不必依次光临每个厂家的商店去选择所需要的产品。

旅游业的每个部门都有各自不同的分销需求，我们将逐个给予剖析，但是有一些是所有部门都需要考虑的内容，基本上可以归纳为三个类别：

- 成本
- 控制和服务水平
- 效率

三、成本

委托方首先考虑的就是如何以尽可能低的成本销售自己的产品。旅游业中竞争激烈、价格压力大，委托方（特别是航空公司）总是在不失去核心竞争力的前提下不断地寻找降低分销成本的方式。通过零售商销售的公司与那些主要靠直销的公司相比具有强大的优势，即相当一部分分销成本是可变的，就是说只有在销售发生时才产生。任何供货商开立自己的商店都会连续不断地发生经营商店的管理费，无论卖不卖产品。正如一个电话中心，不管有没有客户打电话，都会承担销售人员的费用和电话设施的运行成本。这就意味着直销要想使开设商店、甚至是电话中心的成本合理就必须有高营业额。可是中小企业受产品数量和产品自身属性的限制，获得零售连锁店的支持比较困难，因而选择的余地远远小于大公司。这就使规模较小的公司大大地依赖于电话销售队伍。

四、控制性和服务水平

委托方也必须考虑其对分销环节所具有的影响程度。委托方使用中间商必然导致失去一定的自治权，虽然拥有自己的零售店可以施加相对较高的控制水平。

如果销售权掌握在独立的分销商手里，公司就失去了与客户的亲密接触，更难了解市场或者认识正在变化中的市场需求,因而变得更加依赖于定期从经销商或代理商那里反馈回来的信息。而这些经销商或代理商因在公司的产品中没有什么特别的个人利益,所以不可能特别关注实际的市场状况。有效营销中一个更大的问题是，一个旅游代理商由于经销着数百种产品，对其中任何一种产品都不会像公司自己的员工那样富有责任心。分红佣金可以提供某种刺激，但是其他公司同样也可以提供类似的报酬来增加销售。旅游代理自己有选择推销什么产品的主动权。在一个几乎没有品牌忠诚的领域中,这种缺乏分销控制权的状况是委托方一个很大的担忧，尤其是对于航空公司这样的委托方，投巨额资金购置飞机,但是对于卖座率的控制却非常有限。

拥有自己的分销机构还具有一个深层次的益处,即通常情况下更容易协调和控制公司的服务水平和营销活动。一个航空公司推出一条新航线,可以确信其零售商店的橱窗里一定展示着这条航线，且备有大量的宣传材料以隆重推出。销售人员有责任了解产品并突出销售对象的特别之处,引起顾客们对产品的注意。

零售代理商的产品知识在委托方看来是个很重要的问题。任何公司如果能够使代理商确信其员工对所宣传的目的地非常熟悉，而且掌握着第一手资料，那么就会比其他经营者具有更大的销售优势,因为这样代理商在向该公司的职工打电话探讨自己客户的需求时会觉得更加自信。同样,公司零售自己的产品，在组织安排促销活动时会更加有效地支持其销售，而且可以确保各环节的配合。任何代理商对所代理产品中的任何一种所给予的促销支持必然是有限的，其员工的产品知识也必须是广泛的，对所代理的成千上万种产品都要有所了解,因此,他们对其中某一公司的某一产品的了解就一定是更加粗浅了。

五、效率

一个公司最后要考虑的是分销安排是否可以保证销量最大化。通过选择直销,一个企业必须依靠有效的营销(以很高的成本)来确保所有潜在的顾客都能认知产品并知道如何去购买。冲动的购买机会可能会失去,就像零售商不得不使顾客的需求去适应公司的产品时机会将丢失一样。每个公司都有抓住每一次销售来增加收入、扩大市场份额的愿望，这种愿望驱使他们继续通过零售商及他们自己的销售终端和其他许多精打细算的分销方式进行工作。

直销非常重要，需要用一章的篇幅介绍，我们将在第十三章考查直销的过程。现在旅游代理商的角色仍然是旅游分销方法中最重要的，将在本章和下一章中详细讲解。本章的剩余篇幅将介绍通过中间渠道的分销。

运输公司、膳宿和旅游经营部门需要预订系统。预订和售票功能在诸如博物馆和展览馆、展览会、类似的游客景点和剧院中也需要，虽然并不是所有这些都需要提前预订设施。其他组织，如旅游者委员会(tourist boards)，也必须有某种形式的分销机构。这个分销机构可以提供信息，也可以在世界的某些地区从事管辖范围内服务项目的预订。让我们依次探讨这些内容。

六、运输分销

虽然其他交通形式，包括游轮、渡船、铁路、长途汽车和出租车公司都在各尽其责地满足游客或旅行者的需要，但是航空公司在旅游业中居支配性的地位。航空业如此重要。近年来，航空业的诸部门在分销系统中引发的种种变化对旅游业的其他部门产生的冲击最大，在零售领域也一样。

当然，航空公司是一个生产运输产品的公司，因而它处于旅游分销链条的开端。这时虽然读者会想到实际的产品链可以向上延伸，从飞机生产商到飞机生产所用原料的供货商，但是飞机生产商和航空公司之间的企业—企业(B2B)的营销不是本文的焦点，因为这种交易严格意义上不属于旅游业的一部分，但我们必须认识到分销链中的这些关系完全与委托方和顾客之间关系一样重要。

航空公司出售座位的方式多种多样，可以通过电话，也可以通过航空公司自己设立的零售店，越来越多的是通过电子方式直接向顾客销售，还可以通过旅游代理商销售。航空公司也可以通过旅游经营商或“航空经纪人”大批量地销售座位。旅游经营商将这些座位组合进包价旅游项目。有人争论说，他们这样做是在创造新产品，更准确地说，他们是产品的生产商而不是批发商，他们的产品直接或通过代理商出售。有些航空经纪人在航空销售链条中处于航空公司和旅游经营商之间，以批发价格购买大量的座位然后向旅游经营商出售，有些则相当于航空包机的飞行组合，帮助座位占有率低的旅游经营商与其他处境相似的经营商整合利用班机资源。其中有些拼合的座位向市场出售是通过旅游代理以“最后一分钟预订的票价”逐一向公众出售。旅游经营商自己可通过中间机构，如在线旅行社或通过代理或直接以“特价”向公众出售剩余的座位。这样航空座位的分销系统就变得非常复杂了,座位通过许多不同的经营商售出,请看图 8.2。

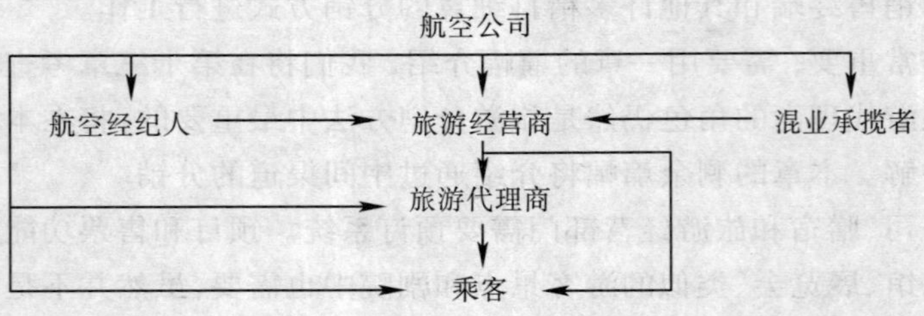

图 8.2 航空座位的分销渠道

一个既经营航班又有包机业务的航空公司将突出地利用所有这些分销方法,以便实现座位利用率的最大化,但是务必经常重新评估链条中每一环节所提供的服务,确保当前系统能够以与所要求的服务质量相称而又尽可能低的成本,提供最有效的接近顾客的方式。有些航空公司,尤其是新出现的廉价客机,如瑞安航空公司(Ryanair),已经选择完全直接接触乘客,另一些则向在线预订者提供折扣,鼓励他们直接订购。事实上,即使那些表面上支持传统代理网络的航空公司也正在尝试着分销以降低成本,它们对于直接订购者以低于报价出售机票是不争的事实,这令零售商非常气愤。

正如我们在前一章里看到的,航空公司最先使用全球分销系统进行预订。这起初是为满足零售部门的需要而设计的,显然它迟早会普及到普通大众——先是商业旅游者,最终走向休闲旅游者。飞机座位也可以通过一体化的在线直销系统买到,如 Opodo,这是一个由包括英国航空公司(British Airways)在内的一些一流航空公司联合组建并经营的在线预订中介机构。接下来座位预订可以通过一种称为 e-tailing 或电子零售系统中的在线机构,如 travelocity. com 或 lastminute. com 向公众进行零售。

在线预订系统在商业和普通大众中的广泛使用,使其越来越成为航空收入主要的和增长最快的来源,取代了传统的对零售旅游代理商的依赖,虽然零售旅游代理商的销售(在笔者撰写此书时)继续在大多数航空公司的业务中占大部分的比例。

在线预订系统的竞争力在于预订内容可以随时更改,这样价格就可以随行就市,因而具有无限的灵活性。而且事实证明,这些系统正在成为乘客得到通知和进行预订越来越便宜的方式,对代理形成极大的威胁。在线预订开发出的无票旅游可以降低飞行成本,简化订票程序(虽然旅行者不是没有担忧,有些乘客在走向机场时除了只有一个参考号码可作为通行的保障外没有什么感到不舒服)。预订系统正在花样翻新,最有名的莫过于人称“电脑拍卖”的系统了,这在美国已经很普及,而现在正向英国推广。电脑拍卖为乘客在线标价预订座位的方式灵活多样,而且拍卖的技巧有很多种,如在 priceline. com 上,标价是根据既定日期到指定目的地的航班座位分配。在其他的情形下乘客确定出他们想出的价格,网站就会尝试找出愿意按照这个标价出售座位的航空公司。完全灵活多样的机票费用使新出现的廉价航空公司几乎要放弃某些促销航线上的座位,从不列颠到大陆的最高价格低至 19 英镑,甚至 9 英镑。事实上,几家新廉价公司已经在部分特定时期提供免费或几乎免费的座位以带动交通需求,瑞乃尔(Ryanair)就是其中的一家。

就传统的旅行社分销而言,航空公司常常对这种分销形式的支持水平进行重新评估。航班航空公司由于受到世界恐怖袭击的严重影响,已经不再执行传统意义上的佣金机票制(代理商经常能得到 5% ~10% 的佣金,外加高销量时给予的上浮奖励),而是提倡大幅度降低佣金水平或按照统一费率支付各航线的销售部门,这严重地损害了代理商的收入。开始时人们试图转向销售那些保留着更多的传统佣金结构的航空公司的机票来予以抵制,但随着多数一流的航空公司接受了这一新政策,这种行动也就以失败而告终。

美国的许多航空公司也通过自己在国内主要商业中心的零售店来弥补销售的不足,但是这种战略只有那些对航空旅游有着旺盛需求的国家才能承担得起。在英国,对航空机票的需求仅可支撑英国航空公司(British Airways, BA)在主要城市中有限的几个零售店,但是大多数旅游者仍然觉得通过当地的旅游代理商(写作本书时销售量仍然占总机票额的 70% 左右)预订英国航空公司(BA)的机票更方便。虽然航空公司试图从上述代理商那里转移销售,但是他们不愿意激怒他们,仍然在小心谨慎地处理着与代理商的关系,以免威胁到代理对自己的支持。在飞机乘客中不存在明显的品牌忠诚,因此代理商会毫不犹豫地努力转移阵地、去经销他们认为有利可图的机票。

航空公司经常会探索新的分销方式以便提供更方便和快捷的服务,并且降低成本,尤其是在信息通信技术不断进步使得分销方式得到迅速发展的时候。计算机网络分销成本普遍急剧下降,但也有例外。例如,全球分销系统(GDS)通过四大系统的分销费用在 1995 ~2002 年之间上升幅度在 28% ~45%,这使部分航空公司考虑欲将机票转移到别的系统去分销。自动售票机已经在机场出现,某些国家的航空热线已经配备了无须预订的无票登机的飞机。目前(写作此书时)另一创新正在飞速发展,这就是交互电视(iTV),旅游者可以通过自己的电视而不是电脑在线浏览旅游频道,进行预订并收集包括航线所达目的地的设施照片和景点的信息。随着数字电视的引进,到 2010 年,英国将通过交互数字电视(iDTV)频道进一步促进直接分销,鼓励现在可能并不愿意网上冲浪的消费者自己去搜索产品。

游轮公司需要考虑的分销问题迥然不同，特别是巡航，销售起来难度颇大。巡航线路各异，船舱种类繁多、船票结构多样、船上设施和面对的顾客不同，在销售这些产品时需要专业技术。其中豪华游轮经营者采取的做法是选择小部分零售商，请他们代理自己的产品，集中起来给予额外的支持，特别是对职员进行培训。尽管游轮公司自 2001 年 9 · 11 恐怖分子袭击纽约和随后爆发的伊拉克战争以来，一直在竞争非常激烈的环境中运行，这种竞争环境鼓励通过相应的分销机构以及代理商进一步打折，但是传统的佣金和分红提成支付仍然是该行业中的标准做法。

建立游轮公司的电脑控制预订系统（CRSs）比建立航空公司的更难。游轮公司的电脑预订可上溯到 20 世纪 60 年代，具有悠长的历史，而且在利用 ICT 创新方面毫不落后。虽然完全交互式的网站至今（写作本书时）尚未开发出来，但是可供在线预订的网站已屡见不鲜了。佛瑞德 · 奥尔森巡航公司（Fred Olsen Line）已经建立了一个网站，可以虚拟展示其所有轮船，帮助消费者轻而易举地理解非常复杂的产品，这确实是颇具价值的销售工具。

相比之下短程海上摆渡公司的产品销售起来要容易些，而且也建立了在线预订系统。在英国和法国，短程横跨海峡（英吉利海峡）的摆渡公司与海峡航道公司（the Channel Tunnel）竞争，实施"即到即走"（turn up and go）售票制并频繁地派出航船，以此消除预订某次航行的必要性。

事例　横跨海峡隧道服务的营销

欧洲隧道公司（Eurotunnel），除了由欧洲之星（Eurostar）的专营项目之外，经营所有的横跨海峡隧道服务项目。二者的营销和分销战略受到业内和消费者的批评——不只是因为早期明显没有给予零售商足够的支持，而坚信旅游者是自愿直接订票的。欧洲隧道公司（Eurotunnel）起初对小汽车司机实行即到即走制，并频繁派发车辆（高峰期每小时多达三次）——这是超越竞争对手的主要营销优势之一——后来被强迫改为对具体车船进行预订。再后来，对于那些早到的希望提前出发或者是中断了连续发车的司机给予罚款，责成他们在下一个可能的时间发车，定价根据市场需求进行，变得如此飘忽不定，以至于印有价格的票据都不再有用，所以顾客只能要求定时出发了。

同样，欧洲之星公司（Eurostar）没有抓住从伦敦到欧洲大陆的全程铁路的营销机会。在越过巴黎和布鲁塞尔的铁路线终点后，预订的票只在有限的几个车站有效。更严重的是，尽管 ELGAR 系统是一个高效率的电脑预订系统（CRS），但是零售终端被急剧削减，甚至许多干线上的车站都没有办法销售欧洲之星开往大陆目的地的车船票。

零售商总体上对销售火车票缺乏热情,因为销售收益低微。面对这种情况,英国和欧洲其他地方的铁路营运公司竭力通过网站普及销售,尤其是对于特殊的发盘和预售打折订票,但成效有限。事实上,铁路连同公共汽车、长途汽车的运输网络一直属于创新最缓慢的行列,仅仅靠各自的售票方法取得平庸的业绩。

七、旅游经营商

英国和欧洲其他国家的几家旅游经营商为了提高对分销的控制大力发展和购买自己的零售机构。这样,TUI 这个欧洲最大的旅游经营公司和英国托马森假日饭店(Thomson Holidays)的产权所有人,也拥有了英国最大的零售超级代理商之一的伦恩·波利(Lunn Poly);Mytravel 拥有了一流的旅游经营者航空旅游公司(Airtour)和英国两大零售连锁店 Going Places 中的第二大连锁店。托马斯·库克集团 JMC,现由德国拥有,已向自己系列的零售代理组织投资,拟在英国和欧洲大陆建立自己的旅游经营业。这些都是纵向合并的公司,旅游组织完全拥有旅游经营公司、零售机构、承载顾客的包机公司以及其他旅游业务(例如,TUI 也经营游轮业务)。

这种纵向合并为保障销售该组织的产品提供了强大的优势。随着竞争的加剧,这种合并使被完全控股的零售子公司的销售呈现出很强的方向性:在公司总的方针指引下,组织对把握自己的旅游经营公司开辟销售渠道方面日益驾轻就熟、稳操胜券。

这种运行模式发展到 21 世纪初的今天,虽然已经成型稳定,但是也产生了一些问题。旅行社采取其他直接销售与大型连锁店间没有联系,导致了与独立的零售联盟形成了商业性关系,或者和某些零售商建立了更为密切的联系。这些经营商在零售业中不认为是彼此的竞争对手,它们从独立的零售商那里得到的支持多于总公司所给予的支持。

为建立所谓的"直销",经营商通过取消中间环节而直接向公众销售产品会更加便宜的信念,旅行社已经做了大量的工作,但事实上,究竟是好还是坏并不十分明确。当然,有些度假产品的直销比通过较多的传统渠道销售要便宜,但也并不总是这样,而且可得的利润水平也不一定相同。降低产品价格的关键要素在于降低成本,而降低分销成本并不是低价格的唯一因素,还可能与其他因素有关,例如与航空公司和饭店在合同谈判时多一些机敏和聪明睿智,或只是与供货商有更多的来往保障充足的床位或座位供应。

通过零售商销售产品的公司与直销经营商相比有一大优势。如我们在航空旅游中看到的,大部分分销成本属于可变成本,只在交易时才发生。直销经营商承受着固定的营业成本——例如电话销售,配备人工操作的预订系统(大型经营公司配备着电话中心)处理公众的提问和预订,或者在经营一个商店(较少见的情形)时,所有的生产准备成本和营业成本都与公众是否来买产品联系在一起。那些选择了直销方式的大众市场经营商,如波特兰直销(Portland Direct)和埃克里普斯(Eclipse),在推出产品时需要的促销以及后来的引导顾客认知产品、说服他们购买产品而进行的广告等,这些对于许多消费者来说仍然是比较新颖的方式,需要投入大量资金;向潜在的顾客邮寄产品宣传册也会产生较大的直接邮寄费用。其中任何环节的不力都会使顾客重新回到他们比较熟悉的旅游代理那里。因此,信息和预订系统一定要能够充分支持和满足系统所创造出来的需求水平。可是,一旦直销公司获得了满意的市场份额,使其具备了降低相对于其他成本的营销成本时,就会取消给予中间商的佣金并且按照预期计划稳步地减少在线营销成本,这种分销方式就越来越具竞争力。

有一点必须记住,这里所讲的行销方式是供大型的大众市场经销商参考的。旅游经营中的中小企业无论直销还是通过零售商销售几乎没有什么选择的余地,因为很少有代理商去考虑囤积产品——当然不是指那些超级代理商。相对而言,中小型经营商的顾客不多,不论从促销方式还是宣传品供应方面都不具备支撑全国性零售连锁机构的实力。可是,除了小部分寻找经销大型经营商的供货外,大多数中小企业都在经销专业化的产品,并且经常拥有一个忠诚的回头客数据库,以及良好口碑所引来的新生意。他们通过电话预订系统提供高水平的人工服务,既有关于产品的专业知识,又有一种公司到顾客(B2C)——在今天来说是一种非同寻常的个人接触(例如,如果向贝尔斯和旅游拉丁美洲这些公司咨询,直接找该公司的销售人员就可以)。

英国顾客的购买习惯相当保守。2002年的一份研究报告显示:假日旅游家庭中41%是通过旅游代理商进行的(52%自己安排)。虽然网站正在不断涌入,但现在主要被当作搜集信息的手段,而没有被当作预订的端口,而且许多人相信旅游代理商在今后的许多年中仍将是销售链条中的主要分销商。区位方便性是任何代理成功存活的一个关键因素,正像其在快速运送消费物品方面的作用一样。对于缺乏品牌忠诚的旅游产品,零售店的便利性和易接近性是分销中仅次于价格的重要因素,当然服务质量的高低也是一个非常重要的因素。随着电子零售方式的不断增多,代理商不得不面临历史上从未经历过的挑战,而且只有那些在销售渠道中能够提供价值增值的代理商才有望存活下去。

八、接待业分销

现在，我们要转向探讨接待业的分销渠道。在这里，我们主要研究一下饭店业，但也不排除其他方面。大型连锁店营销方面很成功，饭店业在组织分销网络方面是最有成效的。可是，客房、床位以及连同供应早餐的住宿，传统的日式饭店、西班牙政府经营的饭店以及世界上所有其他形式的膳宿供应也都必须找到各自接近顾客的方式。

饭店拥有广泛的产品分销渠道，包括旅行社和旅游代理商、饭店代表处（代表社）、地区旅游办公室、GDSs（Global Distribution Systems，全球分销系统）和许多网站，因特网各中间环节以及第三方机构，如许多试驾组织。直销是通过电话中心和饭店预订系统、销售的人员接触，特别是与诸如俱乐部、教育机构、会议组织者等团体的接触来完成的。大型机场经常给饭馆连锁店或它们的代表处提供桌子般大小的空间供新客人预订住宿；有时还安装着免费拨打的电话（有时在市中心地带也可以发现这种电话）供顾客直接预订客房使用。在某些区域，特别是在市中心，冲动购买是构成销售的重要组成部分，顾客可以就临时预订折扣率与服务前台工作人员自由地讨价还价。显然，这是来自于汽车试驾假日游组织的重要生意，特别是在像美国这样的汽车旅馆遍地都是的国家。

设立饭店代表处的目的主要是为了向海外市场推销旅馆的服务产品，尤其在那些不论是直销还是通过旅游代理都很难接近顾客的国家。这些代表处，包括像犹特尔国际（Utell International）、海外饭店（Hotels Abroad）和温德特尔（Windotel）这样的公司，收到的金额足以使他们像中间商一样从代理商手中承接预订，随后向代理商提供正常的代理金。有时饭店和代表处之间签订的合同中含有这样的条款，即后者不能代理该饭店的主要竞争对手的任何产品。

尽管设立在许多国家的旅游办事处会向打来电话的人提供地址，甚至按照协议收取一定费用后帮助预订，但是较小的饭店和其他的提供膳宿组织，如农舍、法国乡间住所和住宿早餐式旅馆，发现分销对它们来说是更大的挑战。在欧洲，农舍旅馆和乡间住所很受假日游组织者的青睐，许多专业旅游经营者出售的包价旅游组合中包含这些设施。这些小企业也正在彼此联合，组成地区联盟以期更加高效地营销它们的产品。它们可以联合编印出版宣传册，通过汽车服务中心、旅游信息中心和类似组织散发出去，这样每个公司的产品都能够接触到更广的市场。同样，3W（world wide web）的蔓延正在帮助小型旅馆通过建立各自的网站或直接利用因特网经营此种形式的膳宿服务来接触国际市场。

饭店经营者出清剩余床位的愿望使得膳宿业成为通过 3W 销售的运输业的重要附带产业。这些剩余的床位，尤其在世界各大城市，是通过如 lastminute. com 的在线中间环节或者通过如 AA 汽车协会的网站被大范围地分销出去的。

九、密集型分销与选择性分销

正如我们已经看到的，一个中型或大型公司在策划分销战略时比小公司更容易选择向其开放的方案。如果该大型公司经销对大众市场有吸引力的产品，而且市场在地理上广泛地分散在所在国家的各地，那么预计这个公司通常会追求销售站点的数量，这样用户就可以通过这些站点买到该公司的产品。这种战略称作密集型分销。

前面指出，通过向旅游代理商支付佣金而实现的销售额，其固定成本因素占总交易成本中很小的一个比例，但是建立一个经销商网络对于一个公司却意味着需要承担实实在在的营业成本，这是不容置疑的事实。在英国，有将近 7 000 个旅游代理商的分支机构，要想让这些机构具有很强的销售力量、对公司有贡献的话，那么公司务必给每个代理商提供一定的服务，哪怕是最低级别的服务，即除了向它们提供产品宣传册以外，还需要定期邮寄资料，通知它们有关公司的新产品或者现有产品的变化信息，提供商品之广告推销辅助以及诸如提供橱窗展示材料、传授产品知识的教育或其他形式的培训。另外，销售能力很强的代理商希望通过网站或者是公司销售代表的电话或者访问，定期与供应商取得联系。

所有这些支持性的服务都必须是根据销售数量支付给代理商的佣金之外的，规模较小的公司显然无法提供这样的服务。虽然许多公司会允许按照所完成的销售额给予代理佣金，但几乎没有哪个饭店甚至是连锁饭店会主动地通过代理商去促销房间。一个小型的旅游经营商，期望一年内接待比如说 5 000 ~ 6 000 名游客，不可能去考虑采用密集型战略，因为平均每个代理连一个预订也收不到。相反，该经营商将适合直接销售或者采取某些选择性分销网络。例如，如果公司在法国的市场是集中于巴黎的，那么公司在当地选择有限的几个零售商即可；如果市场更均匀地分布于整个法国，那么就可以选择独家总经销，在每个大都市指定一个“总代理”。

十、通过旅游代理商分销

代理商的角色将在下一章详尽地分析，但在这里顺便讨论一下委托方如何决定选拔择零售商作为自己的一个分销渠道。

自从1994年欧盟统一了旅游分销的限制性惯例以来，以前那些对旅游零售的限制措施就都被取消了，在英国，那些英国旅游代理商协会的成员们再也没有旅游产品专有销售权了，价格控制也被禁止，允许代理商降低佣金以打折销售旅游产品。结果，分销系统更加自由化，英国旅游代理商协会也失去了以前的地位和权威。委托方已经找到了新的零售旅游的方法，最典型的是通过在线旅游代理（如在线电子零售商奥普多，Opodo），这种代理在某些情况下是由委托方完全控股的。一个新的、不属于英国旅游代理商协会的旅游代理组织类型出现了，这种组织可以自由地销售任何委托方的产品（这些零售商必要的金融安全通过新的契约给予保障）。

英国旅游代理商协会会员可以分为大旅游经销商旗下的零售商和小的独立零售商，其典型的模式是有一个或两个分支，尽管有一部分中等规模的零售商拥有多达60个左右的分支机构。正像我们前面指出的，对于小规模企业来说，通过零售代理商去分销产品是不实际的。情况是这样的，一个代理机构内的陈列面积不可能容纳超过100～150册宣传品——甚至最大的也很少超过300册。由于可供使用的陈列空间有限，首选经营商——大公司（最终其产品无论如何都要卖掉的）的宣传册和那些支付奖金和佣金并得到准许经营的公司——的宣传品摆放到架子上后，那些上市新品或小公司的产品，即使吸引人，展位也所剩无几了。如果旅游代理商渴望在某地代理某种新产品，那么在代理区域内的消费者和公司的目标市场之间一定要有一个良好的匹配。在某种程度上，公司的形象可以通过分销商的形象而反映出来。

当可供销售的假日游产品种类繁多时，我们就不能指望代理商能够提供专业性的产品知识，尤其是付给柜台人员的工资较低可能会使招收的职员只限于经验和培训经历有限的年轻员工时。结果，大多数代理变成委托方的便利店，而不能成为顾问，独立的零售商固定选择储存一部分经营者的产品、超级连锁店侧重于销售自己母公司的产品。2002年的市场和意见研究院（Market and Opinion Research Institute, MORI）组织假日旅游调查显示，1990年78%的组合旅游消费者是从代理商那里购买自己的假日游，截至2002年，60%的人这样做，而且集中在相对简单、易懂的旅游预订上。代理商的销售量下降很大原因在于电话中心和因特网的增多。

代理商之间的竞争日益体现为价格问题，那些提供最高折扣者往往储存着较大份额的预订数量。超级代理商因占有市场份额很高，所以有资格与委托方协商争取最高额的佣金，进而向购买者提供最高的折扣。独立的代理商以可以提供更人性化的服务和更好的产品知识来应对这种竞争，并且试图以加收一些费用（有一些取得了成功）来弥补因佣金降低而造成的收入损失。

一个地方销售点是否便利只是服务的一个方面：销售点向公众开放的时间

至关重要。有些代理商尝试过深夜营业,一周开放 1 至几个晚上,逐渐的,从贸易法放松了限制以来,其他店在星期天开始开放。英国的一个,假日高级百货商店(Holiday Hypermarkets),2001 年实施 24 小时开放制,将分支机构尽可能设立在 24 小时开放的超市附近以便获得工作时间之外的生意。这种更加灵活的工作时间制的引入,帮助消除来自在线代理机构的威胁使消费者能够在正常开放时间之外预订假日游项目,受到了公众的欢迎。在诸如市中心的地方,大部分预订是在上班人员午饭期间办理的,代理商通过在午饭高峰期招收临时工来迎合额外的需求以使工作更加灵活、方便。这种做法对那些以前在公司工作、现在已经离开公司去抚养孩子的雇员们就很有吸引力。

事例　旅游顾问公司

旅游顾问公司(Travel Counsellors)在 20 世纪 90 年代后期成为英国第四位增长最快的公司,1994 ~ 1997 年年销售额增长 147%。这是个非同一般的旅游代理公司。基于预测在不远的将来会有更多的人要购物和从家庭出来工作,该代理公司招收那些走出家庭参加工作的人员,要求他们带着笔记本电脑和移动电话访问他们的家乡完成预订。公司很快建立起一个有 50 个旅游顾问和 30 个在线顾问的团队,他们从家乡出来工作,负责电视广告带来的咨询和预订。

公司期待:

- 大宗的生意
- 低管理费用
- 无固定劳动成本——根据所完成的销售向员工支付佣金

为了减少员工因工作在自己的岗位上而互相之间产生的疏远感,公司鼓励通过因特网进行社交联系,发布"当日笑话"和其他定期信息。由于社交和管理方面的原因,一年中有四次将员工们聚到一起的会议。

也许代理商最担心的是在线代理机构对他们完成的高销售量的侵犯。传统零售商,无论是独立的还是超级代理商,都在寻求利用先进的在线信息通信设备改善向客户提供的服务质量,信息通信领域的创新日新月异。一个新近的例子是 2002 年由在线代理商推出的人称"动态组合"设施。它允许顾客选择航班和其他多种产品的组合,从而形成一个量体定做的旅游项目,并且,代理商可以获得该旅游打包项目的随时网上提交的保证金。该旅游组合项目开始时是为了满足欧洲大陆的短期假日市场而设计的,以总包价向顾客出售,就像传统的全程旅游项目一样,不允许顾客减去其中任何环节的费用。例如，远程旅游经营商坤尼（Kuoni）的服务网站允许总包价旅游者选择假期的长短、出发日期和飞行时间、旅馆以及膳食计划。埃克斯皮迪亚公司（Expedia）和旅游在线有限股份公司（the On－line Travel Corporation，OTC）创造了他们自己的动态组合形式，这种组合克服了定向性销售带来的问题，代理商可以通过实时数据库在所有的航班和饭店中作出选择。可是，动态组合本身对代理商形成一种威胁，即消费者可以自己定做特制的组合旅游项目而不必依靠代理商的帮助。

如果代理商能够将服务质量——专业化的产品知识、客观的忠告、便利的地理位置和开放时间——与信息通信方面相应的技术改进结合在一起，就能够确保信息发布和旅游预订既快速又简单，同时还能降低价格，那么旅游业的零售部门照样会兴盛发达。

十一、合作性分销系统

1. 联盟

代理商和委托方可以更加有效营销自己的一种方式是通过联合，组成合作性营销企业。联盟是联合旅游营销发展的特殊产物，既可以使联合的各组织实现营销目的，同时又保持财务的独立性，在旅游景点、旅馆和零售代理商的营销中具有非常突出的重要作用。

营销联盟可以提供一种使具有共同利益的公司联合起来实现互利的方式。这也许是旅游业中最常见的方式，能够联手出版宣传品、创造利益，不仅能使公司降低多种成本，还可以通过更好的分销而使市场范围更广。一些旅游景点组织，如洗浴和地区休闲中心协会（Association of Bath and District Leisure Attractions，ABLE）或德文郡地区旅游者协会（Devon Area Tourist Association，DATA），采用这种方式生产成千上万份宣传品册，成批地供给旅馆、餐馆、旅游者信息中心、图书馆以及其他当地假日游项目组织者可以咨询信息的销售机构（见图 8.3）。

由于每一个成员都是根据所买的宣传册版面去承担成本的，所以与单独一个公司出版和发行宣传册相比，每个旅游项目或景点就会得到更广泛的宣传和更大的知名度。通过说服本国旅游机关向海外促销它们的产品或者发行宣传册，营销联盟也赢得了营销上的重拳出击，这是单个旅行社不可能做到的事情。许多（开放供参观的）豪华古宅、遗址和小旅店以相似的方式联合起来，向全国以及全世界宣传自己。

36个休闲项目
洗浴及……

图8.3 合作促销:洗浴和地区休闲中心协会将当地36个旅游景点尽收于一本联合出版发行的宣传册中

（供稿:洗浴和地区休闲中心协会）

联合出版发行宣传册是营销联盟最常见的利益，除此之外，营销联盟还可以取得许多其他利益。以旅游代理联盟为例，一个主要的利益是可以为联盟的成员协商争取到更高的佣金比例。例如英国的世界选择(The Worldchoice)和优势连锁公司（Advantage Chains）在美国的代理商组成了类似的地区性或区域性联盟，典型的由200~600个分支组成。一个地区的几个代理商联合起来可以与该地区的超级代理商抗衡，因而在销售任务达标后也可获得可观的红利性佣金。Woodside管理系统(Woodside Management Systems总部设在美国)就是其中一个例子，该公司建立了一个国际商务旅游代理商网络，目的就是为其成员协商争取较低价位的住宿和其他旅游产品。

营销联盟也可以通过利用大批采购诸如文具、电脑等物品以及橱窗装饰等服务的机会来降低各成员的营业成本。一个越来越突出的优势就是建立一个网站，将所有成员的产品整合在一起，这样将获得更多的、远远超出单个公司所期望的点击率。饭店经营者也能从大批采购食物、饮料及其他通过中央采购机构统一购买的饭店用品中获得规模经济效益。

饭店和其他膳宿联盟经常围绕着一个共同的、强调其营销策略的主题而建立，主题有历史性题材的、常见价格种类的或对应标准的(如三星级、豪华型)。如“英国之骄傲”(the Pride of Britain)，由绝对高档饭店组成的联盟，它是营销联盟一个典型的例子。其他饭店联盟在指定区域内集中销售其成员的产品，如托基休闲饭店集团（the Torquay Leisure Hotels group），联合起来在国内相同的地理区域内促进饭店房间的销售。联盟可以增加合作营销的利益，使每一个成员成为其他产品的代理商，若这些机构分布于几个不同的国家，就会成为创建国际分销网络的一种有效方式。联盟也使规模相对较小的饭店和膳宿提供商与大的连锁饭店竞争：当后者享有国际预订系统和航空公司的全球分销系统（GDSs）成员资格的优势时，网站正在创造一个更加宽敞的表演平台。小单位联合在一起营销获得成功的例子很多，德文郡农场（Devon Farms）就是其中之一，它属于农家膳宿联盟，其机构遍布德文郡乡间各地。它提供床位和配送早餐的住宿。联盟出版的宣传册上列出所有产权、设施及价格，目前是成员们一个非常关键的销售工具。

营销联盟的另一个优势在于它可以提供收集管理技术的方式，其规模是单个小公司无法想象的，旅游代理和小膳宿组织首次可以利用中央会计、法律援助、员工培训以及成员才能有权享用的营销专门技巧。

营销联盟的益处不言自明，但是读者们也应该意识到，联盟的运行也不是不存在问题的，其中之一就是来自于联盟内各公司的独立自治。确定每一个公司向联盟共同基金的出资数量就会导致产生分歧。应该按照每个成员的营业额来确定一个出资比例吗？每个成员在宣传册中所占的篇幅应该相等，还是根据每个公司所供产品的数目不同而有所不同呢？是根据每个公司的相应规模、还是根据公司愿意出资购买的篇幅大小来确定呢？例如，旅馆联盟一般是根据每个旅馆所拥有的床位数来确定其出资额度的。接下来，如何摆放各公司在宣传册中的位置必须给予协商决定。成员公司愿意将自己的产品信息登载在前几页中，因为前面的位置一般比后面的更容易引起消费者的注意，因而出现在宣传册前面位置的成员是否应该比那些出现在后面的成员按比例多付些钱呢？

最为重要的是，必须决定如何去管理这个联盟。通常情况下，尤其在联盟形成的早期，成员们采取轮流从自己的管理层中选人去管理联盟的事务，尽管随着时间的推移，成功地经营联盟更有把握，但是很有可能需要组建一个小型的秘书处。

2. 特许经营

一个组织迅速扩展自己的分销体系的第二种方式就是采取特许经营。特许经营是指一个企业（不管是委托方还是分销商），即特许企业，允许一个组织（承许企业）使用特许企业的名称并营销其产品以获取经济利益——通常是承许企业向特许企业交付某种形式的“特许权使用费”或营业额中一定的百分比。在大多数情况下，这种权利在一定区域内是独家拥有的，承许方就成为该地区特许产品的独家经销人。通常，承许方也需要向特许方支付一笔期初资金用作各种建设成本，用以帮助策划场地、建造企业的实地指导和员工培训。承许方也将同意接受合同的全部条款，如只从特许方购买原材料或产品等，并且严格执行质量标准等。

虽说特许企业可以有多种经营方式，承许方最常见的利益是拥有销售名牌产品的权力以及获得特许方提供的统一的营销支持。相应地，特许方通过迅速扩大品牌运营场地和积累公司总部资金而获利，公司利用积累的资金可以在国内、国际上发起广告攻势。广告可以创造品牌认知，激发市场对产品的需求，进而引起那些急于以低风险创业的人们对特许经营的渴求。再者，因为承许方是自己做自己的老板，所以特许企业可以依靠他们更加辛勤的工作来确保企业的成功。

特许经营并不是一个新概念，其起源实际上可以追溯到200多年前酿酒厂"约定的作坊"，即一个小旅馆或客栈得到许可，只允许销售该酒厂的淡色啤酒和啤酒，这在20世纪90年代的英国仍然很常见。可是现代意义上的特许经营在20世纪70年代才被大规模地引入美国，随着快餐业（肯德基、麦当劳、必胜客）的迅速发展而流行起来。

旅游业在英国以及其他地方却一直处于特许经营发展的最前沿。除了公共餐饮组织外，旅馆、露营场所和汽车租赁公司都成功地开展了特许经营。旅店连锁如假日饭店在20世纪60、70年代取得了巨大的成就，其特许经营店遍布全世界；在20世纪80年代，汽车租赁特许经营使得一些廉价汽车租赁公司（Budget Rent-a-Car）和赫兹（Hertz）、阿维斯（Avis）迅速发展。

虽然英国旅游业最早尝试开展特许经营的活动可追溯到20世纪60年代，但是那些活动因为以下几个原因在很大程度上都是不成功的。首先，成功的特许经营必须拥有一个颇具凝聚力的名称，并且要有一种独特的产品。旅行社的特许经营既不能提供产品也不具备价格优势，获得特许经营在本质上并不是委托方给予必要的官方指令的保障，同时对于渴望实现的潜在利润又会有偏高的要求，而承诺给予的培训或其他形式的营销支持性设施却常常不能兑现。在一个像旅游业这样的产品高度专业化的产业，对员工缺乏足够的培训是致命的，为了得到特许经营的支持，支付能力的强弱经常成为衡量能否获得特许经营授权的主要标准，而生意自身的标准反而变得无足轻重了。结果，不可避免地出现标准不一致、质量难以保障的后果。在英国，以前限制特许经营的多数措施现在不存在了。特许经营失败的其他原因还没有完全证实，而且相比较而言，在零售业中（除了旅游领域）发展特许经营网络几乎无人问津。

十二、与零售代理建立连接点

我们已经讨论了单个代理商可以联合起来更加有效地进行分销的两种方式。在本节中我们将分析旅游委托方是怎样通过继续支持传统的旅游零售网络以实现销售额的最大化的。

传统上，代理商是按照委托方指定的价格销售产品，把取得相应销售额收取佣金当作自己的利润，佣金通常在总价的7%～10%之间。这种由来已久的方式在过去几年中发生了很大的变化，不仅表现在补偿代理商的方式上，而且表现在代理商选择经营什么产品以及如何销售的环节上。首先，商业旅游代理商和以休闲旅游为主的代理商之间出现了区分。以前，多数代理商既经营商业旅游也经营休闲旅游，服务行业的顾客对专业知识和服务的额外要求导致了部分代理商的业务专业化，而结果多数专业化了的代理得到了较好的回报。商业旅游代理商之间激烈的竞争使该行业成为第一个改变传统的用自己的佣金收入向客户打折销售的佣金结构，而转为按年收取服务管理费用。为收取此费用，它们答应代表客户通过谈判降低旅游费用。多数其他代理商无法与旅游业中的行家进行价格竞争，而集中于休闲市场，在那里销售大多发生于满足对包价假旅游的需求上，并且以销售飞机票作为利润补充。

在新世纪初，以上两个部分的收益受两个因素的影响而遭受严重的破坏。在旅游业，大的经销商开始支持自己的零售连锁店，并且使用红利佣金对其他代理商根据其所达到的营业额目标等级给予奖励，允许这些代理商利用红利佣金向其顾客大大地打折销售，折扣幅度一直到独立的代理商无法跟随为止。紧随其后的是航空业，在2001年9月11日的恐怖袭击事件后面临着巨大的损失，于是开始改变向零售商支付佣金的策略，进而赞成按照统一费用支付佣金或大大地降低佣金额。结果，代理商的收入大幅度下降，尤其在那些溢价销售的机票上的收入更是如此。代理商只能通过增加营业额、提高效率才有望与早期微小的利润持平。

面临收入下降，零售商们对委托方的举措作何反应的呢?首先，答案并不是很清楚，而且相当复杂。当然，只要还有经营商提供较高的佣金，借此可以增加自己利润的任何机会代理商都不会放弃，但这绝不是唯一的标准。而且，代理机构的管理层决定宣传一个公司的产品仅仅是同意委托的第一步，该委托方也必须确保该代理机构的职员能够积极地推销该公司的产品。

显然，市场份额在这里是其中一个因素。所有独立代理商仍然要销售半打一流经销商的产品，因为这些仍然是他们收入的很大一部分，不这样做就等同于商业自杀。其他标准也将发挥作用。决定这种权衡的因素可以归结为以下几点。

第一，公司的印象及其给人的稳定性感觉。公司一定要没有濒于倒闭的危险或传言。

第二，公司产品与客户需要之间的匹配性。大多数代理商都觉得使顾客满意对他们自己有利。

第三，公司在超额预订、合并、票据发送、传播等问题上的可靠性。如果代理商常发现很难与一个公司CRS的预订部门取得联系或接通电话，或者出现问题时找不到人去抱怨，就会转向另一个它们认为较容易接触的公司。

第四，代理机构职员关于产品的知识。销售人员获得的个人经验在鼓励他们销售旅店、旅游目的地和更加自信地工作等方面是不可替代的。

第五，合作项目。许多公司通过对代理商开展的特殊促销活动支付50%的费用，或作为具体广告项目的援助，不断地积极支持旅游代理商的销售活动。这种联合促销的活动强化了双方公司在他人眼里的印象。对于代理商而言，公司是愿意支持他们的销售工作的，对于委托方来说，代理商不仅仅只是命令的接受者，他们还在积极地为公司销售产品。

第六，在公司委托方的销售代表和代理机构的柜台人员之间产生的个人关系。这个因素绝不可低估。对于许多代理商来说，销售代表就是他或她所代表的公司，销售代表的人格不论在形成他人对公司的印象中还是向别人推荐产品的活动中都是影响代理支持的重要因素。对于一个小型的专业公司，这个角色就更加重要了，因为委托方的目的就是要让代理商在接受别人的订货咨询时首先想到自己的公司。

第七，完成交易的相对轻松程度。对一个代理而言，时间就是金钱。如果程序过于复杂，尤其是在销售总值较小的情形下，代理付出的工作价值就会超过相应所赚的佣金。就是因为这个原因，代理商不愿意经营火车或长途汽车票或者是被视为“边缘”的、零售商几乎无利或根本没有收益的旅游产品。有些服务，例如饭店业，要求代理在客户使用了饭店设施后方可索取佣金。这不仅是一个程序繁琐的问题，同时它也使代理的现金流动变得缓慢。虽然传真和电子邮件设施极大地帮助代理商和委托方进行沟通，但是代理商仍然不愿意经营那些在自己的国家没有设置预订办公室，或代表性机构的饭店业务。

第八，国内假日游的销售。许多代理一直不愿意经营英国国内的组合度假产品，不是因为佣金不充足就是因为预订程序过于复杂。可是，随着英国国内短期假日游的增多，伴随着一些英国国内的经营商对组合旅游项目采取进攻性的营销，一些代理受到鼓舞，已经将国内度假产品囊括在自己的营销对象中。

第九，获得信贷条件。许多委托方向支持工作的代理商提供信贷扶持。因而，那些名声欠佳、规模偏小的独立代理商就处于双倍不利的地位，它们不仅很难争取到高额的佣金，而且在交易时还要求支付现金。操纵现金流对代理商很关键，成功的管理可以大大增加其利润，而缺少信贷是运营中主要的障碍。

第十，委托方的诚信状态。许多旅游经营商对代理的支持只停留在口头上的服务，私下里却鼓励直接订购，有时向直接打电话的顾客承诺给予打折，即使这些顾客知道他们之间的代理关系。代理们发现这种行为就会厌恶这样的公司。

在这里，还应该提到另外两个因素。其一，尽管爱国心的度量很难，但它的确会在一些代理推荐航空旅游和游轮项目时起一定的作用。在其他因素相等的情形下，一个英国的旅游代理可能比较喜欢推荐英国产品。可是，英国航空公司虽然以一种非常审慎的方式宣布它们决定减少对代理商的罢免，但这并没有使它们与零售领域亲密起来。恢复与其旅游代理商良好的关系远非树一面国旗那么简单。其二，从地区层面上看，在当地公司的旅游代理商之间存在同样的支持，这种支持不仅仅是为了商业利益。一个地区的旅游经营商可以与本地区的旅游代理商建立更加亲密的关系，而且作为当地社区的一名成员将会赢得公众更多的好感。委托方对自己在分销中的实力和弱点做好评估后，就应该着手研究整个营销计划中能够改善自己与代理之间关系的战略了。

了解代理商的宣传方案对委托方也会有所帮助。每个代理或代理连锁店决定自己的政策，如将要销售什么产品、展示什么宣传材料，包括怎样对所代理的不同公司的宣传材料给予展示的指导方针。托马斯·库克在指定四类旅游经营商的产品时采用的方法非常典型：

- 赢家名单：根据规模，大约 200 个大经营商
- 推荐经营商：根据规模，每次 35 个
- 授权的经营商：公司准备好销售产品的
- 非授权经营商

任何一个列在代理商赢家名单上的公司都将自动收到全部的代理支持；对推荐经营商的支持有一定的限制；给予授权经营商的政策可能只有销售权，并不负责宣传，因此可能只在办公室保留一份公司的宣传材料而已。

很明显，这样的政策是以需求为导向的。有些代理在当地的需求水平高于平均值的地方可能预订产品的上架宣传（例如，在航运港附近的旅游代理公司需要将汽车轮渡和巡游航线公司的宣传册制作得非常醒目）。那些与公司有特殊佣金交易协定，或者安排了联合主办促销活动的公司也应该收到更加醒目的上架宣传。

这种选择和分类也可以反向运行，即委托方根据分销商完成销售量的多少将其分类。正像在所有的行业中一样，“帕累托法则”也适用于销售领域中，即少数代理商有可能完成任何公司总销售中的大部分，典型的比率可能是 20% 的分销商完成 80% 的预订量。

正是分销的这种特征决定了一个公司对代理商采取的支持政策。公司可以，也有理由决定只支持那些能够给自己提供合理价格预订订单的代理商。这样做可以降低分销成本，但是也可能抑制销量最大化，也可能影响任何新的或边缘代理商的潜在销售。旅游经营商仍然在追逐市场份额（如果没有达到像几年前那样的程度的话），不敢忽视潜在的生意，否则会丢失。多数公司仍然在选择一种将代理商按照其完成营业额分类的分销战略，这是为了方便委托方确定给予代理商的支持程度的。

一个中型的专业经营商，使用了以下系统将代理商进行分类。预订数量根据公司承载的乘客总数不同而不同，但是这个准则适用于大多数经营商和其他旅游公司：

分类	定义
P	首选的超级代理商，每年取得充分的预订数量
AA	至少完成 12 个预订的代理机构
A	最少实现 6 个预订的代理机构
B	每年取得 2 个预订的代理
C	至少完成 1 个预订的代理
D	没有完成任何预订的代理
Z	没有完成预订、但显示出某些潜力

对“首选超级代理商”一般是以分红提成的形式对所取得的目标等级业绩给予支持，目标等级业绩是在上一年业绩的基础上通过提高一定的百分比来确定的。它们也可能收到对半的促销帮助、对销售代表定期的电话访问、全面的商品广告推销服务，如橱窗展示材料、定期邮寄公司的时事通讯、参加宣传品在地区投放活动的邀请，提供参加“教育性”或熟悉业务的旅行，允许职员亲自体验公司的组合旅游项目。级别较低的代理商将享受水平较低的支持，一直到最低级别的代理，可能只在办公室里有公司产品宣传材料的复印件和其他方式的最小额度的支持。但这并不影响代理商“证明自己”，预订数量上升到一定程度后支持的力度也会加大。

委托方也必须控制向代理商供应的宣传材料，必须掌握预订数与散发宣传册之间的比例。这个比率变化幅度很大，有些代理每发送三本就可完成一份预订，其他的也许发放 20 本才可以拿到一个预订。册数与预订的比率高说明销售技术水平低。宣传册只是应邀发放，几乎没有别的努力，或者是缺乏对宣传册订购的控制，小代理公司职员有时受命向委托方再次订购宣传册，实际上根本不清楚真正需要多少，结果导致年底浪费率的增高。所幸的是，今天的数据库和计算机管理系统使保存这些记录非常便利、且获取速度极快，控制任务也越来越容易了。

前托马森假日饭店（Thomson Holidays）的经理约翰·麦克尼尔，曾经归纳出委托方用来判断代理商是否能干、效率高的七大特点，这对那些准备挑选代理商的公司或人员非常有用：

- 代理将配备一个可视数据预订系统（今天，期望增加 ICT 设施是必然的）
- 职员将具备足够的产品知识以满足客户的更高要求
- 代理机构能显示自己在降低成本中的效率
- 代理商对选择上架宣传品有一套计划周详的策略
- 管理层具有识别预订格局及随时间的推移将发生变化的趋势判断能力
- 代理机构能够积极销售产品，主动地开发当地市场
- 提供有利于委托方的关于当地市场情况反馈

虽然这个清单是许多年以前拟出来的，但是其重要性对于今天不亚于当时。良好的分销法则不会随着时间的流逝而发生根本的改变。

十三、存货控制

营销经理的任务是管理需求，即在供需之间取得平衡，既包括短期内的平衡，也包括长期的平衡。旅游业的需求不仅随着季节的不同而不同，而且一周和一周、一天和一天、甚至一小时和一小时（铁路运输就是后者最好的例子）之间也有差别，因而管理非常困难。对需求的预测可能不容易，既受政治的影响。也会受到经济环境的影响。2001 年纽约发生的恐怖袭击事件和 2002 年在巴黎岛的爆炸事件（从国家层面上，2001 年英国发生的口蹄疫），都已经成为研究旅游业需求发生突变的经典案例。这种中断游客流的现象在近几年更常见，在这个危机充斥的行业里现在几乎成为正常的事了。旅游业的资源是有限的，受人欢迎的目的地，如英格兰的克洛维利（Clovelly）和波尔佩罗（Polperro）的钓鱼港、美国的约塞米蒂国家公园和诸如位于埃文河畔斯特拉特福（Stratford - upon - Avon）的莎士比亚故居、在印度阿格拉的泰姬陵等旅游胜地，在高峰期不可能容纳所有想去参观的游客。游览需求过剩会破坏生态环境，这样就可能使进入敏感性风景区的游客受到限制。营销的任务不仅要控制需求的流向，还要进行反营销——大幅度地减少过热地区的游览需求，转移到次受欢迎的地区或景区。短期内不改变供应的前提下，营销经理可以利用以下三种技术中的任何一种控制需求：

- 通过提高或降低价格来影响需求
- 建立等候者的名单
- 引进提前订购系统

当然，也可能完全谢绝游客，虽然这种极端行为不多见。随着去南极洲旅游

人数的增多，有关的环境学家已经提出采取禁止游览的政策，高峰期的短期禁令是常有的。

然而，最常用的控制每一天游客流量的办法是使用提前订购系统，这对于分销旅游产品具有关键性的重要作用。

十四、预订系统

预订系统大多用于交通、饭店、剧院戏票、流行的展览和包价旅游项目中，也在有名的旅游景点运用。有些景区，如加拉帕哥斯群岛(位于厄瓜多尔西部)，柬埔寨吴哥(柬埔寨的古都)佛寺的寺庙、亚利桑那州的大峡谷(美国西南部)，需求非常旺盛，因此进入景区现在采用配额制(见图 8.4)，到这些地方旅游需要提前安排。比如说，景区的票要分配给旅游经营商或者是当地代理商，它们将这

图 8.4　游客慕名纷至沓来，柬埔寨吴哥窟实行配额制

些产品安排到自己的包价旅游中。像剧院座位和画展或博物馆展览的供给是不能增加的，甚至像飞机等交通设施在短期内也是不容易增加的。其他可能限制供给的场所包括高峰季节期间的高档饭店和野营地。可以断言，预订系统将广泛地用于控制对其他旅游设施的需求，如海滩（如果无限制地允许进入就会变得没有吸引力）和滑雪场（需求高峰时期会排很长的队列）。

预订系统也可以使那些资源丰富的公司更加准确地预测未来的需求，进而安排扩大供给。这样，包办旅行公司可以在旅游高峰期订购更多的去往那些没有饱和但已经显示出比开始预测时更加受人青睐的目的地的飞机座位和饭店房间。提前预订也可能产生某些定价结构，如预购短期旅游价格（the Advance Purchase Excursion Fair, APEX）的飞机和火车票，使运输经营商能够更加准确地预测它们未来面对的需求格局和座位占有率。总之，预订可以通过重新定价或者重新组合，或者在某些情形下将顾客从需求过旺的产品转移到需求清淡的产品上去，使委托方的座位利用率（或者占有率）最大化。

衡量预订系统好与坏的准绳，不管它是手工操作的还是电脑操作的，在于它是否能够显示存票、登记已办理妥的订购、有效记录删除内容、重新显示取消过的订购以便重新销售，其成本必须保持很低的水平，占总服务费用的一定的比率。进入系统的方法应简便而且是用户友善的，换句话说，就是简单易懂、操作方便。

预订系统可以使用以下三种方法中的任何一种进行组建：

第一种，手动系统，登录者被记入日记或其他记录本。过去小型经销商惯用的办法是在预订部门的墙上悬挂旅店和飞机座位的巨幅图，职员使用可擦掉的标记笔写入预订，如果收到取消预订的通知就将该预订擦去。其他经营商使用彩色代码盘系统，将其挂在钉子上，或者把卡片放入槽内、放在图上，取消时移开即可。使用这种形式的预订系统，旅游代理商可以向预订部门的职员打电话订购，该职员通过移去盘或卡片来登记订购的内容或办理订购。这些系统，虽说现在没有绝迹，但也非常稀少了，因为电脑预订系统的成本已经降到任何公司，不管规模多小，都可以承担得起一个的程度。

第二种，预订内容存于委托方的电脑系统。代理商给经营商负责预订的职员打电话，该职员查看电脑并通过电话给予订购，通常以七天内收到邮寄的订金为条件。

第三种，委托方操作着一个完全自动化的电脑预订系统。代理通过在办公室安装的一种可视预订系统（a visual display unit, VDU）进行选择，或办理预订，而不用委托方的任何职员帮助。现在，消费者本人也逐渐能进入这些系统了。

手动和电脑操作的预订系统都可能超额预订，即出售的设施（飞机座位、饭店床位或其他）比实际供应的多。尽管受到很多人的谴责（在某些环境下是非法的），委托方们辩解说超额预订是一种必要的、应对客人放弃预订座位的分销技术，这在旅游业中是很普遍的现象，尤其是在商业旅行中。商务人员对什么时候才能完成自己的业务没有把握时，习惯于预订好几次返程机票。对于航空公司可选择的办法就是满足于较低的承载率，但乘客的票价要有相应的提高。过去尝试过收取订金或取消预订费的办法，但是事实证明这种办法无效，超额预订已经成为生活中的实实在在的现象，旅行者已经习以为常，只要不超过“可接受的风险”范围就行。可是，在超额预订过于泛滥的地方，偶尔也会发生的饭店预订包价旅游项目的情形。其他控制机制将开始干预，如政府机构的调解或来自一些团体，如由英国一流的包办旅游组织组成的旅游经营商联盟（Federation of Tour Operators, FTO）的恐吓行动。旅游经营商本身不再对别人办理的超额预订要求按照法律给予免责，因而一旦出现了超额订购的现象，就必须为客户解决相关的问题。

代理商寻求降低管理费的办法时，不同预订系统的使用成本是它们考虑的主要因素。向一些小公司预订产品，仍然必须通过电话向负责预订的部门职员办理，可是要想让预订系统富有效率，代理商就必须有办法与委托方迅速建立联系。如果代理商发现很难接通预订部门，或者繁忙时去电经常遭到搁置，致使它们的电话费用很高，那么，除非再无其他合适的公司可供选择，否则不会有人愿意享用该公司提供的服务。委托方可以通过使用代理商免费拨打的电话（如在英国的免费电话 0800），或者使用一个长途电话按照本地电话标准收费的系统来降低代理商的管理费用。

电脑预订系统（CRSs）

随着技术领先、价格却不断下降的 CRSs 的出现，预订系统中在最近十年左右的时间里得到不可估量的大发展，大型航空公司和船运公司，如 P&O，早在 20 世纪 60 年代就已经开始使用这类系统了。最初人们只将这种系统视为一种能够迅速高效地控制存货的手段，但很快就发现这种系统快速获取信息的方式可以从根本上提高运输公司的销售潜力。

随后全球分销系统出现了，主要用于航空预订，所有的或大多数运输公司的航班或航线全部列出供乘客订购。后来关键性的票以及进入饭店、汽车租赁预订系统和其他许多信息被加入其中。这些全球分销系统（GDSs）最终被整合到今天使用的四大主要系统中，即阿马迪厄斯（Amadeus）、伽利略（Galieo）、萨布里（Sabre）和沃德斯潘（Worldspan）。虽然电脑预订系统一开始由最有竞争力的航空公司控制，但后来这四个系统独立经营。这些系统主要是为旅游代理商们的使用而设计的，使用一种相当复杂的语言，因而需要对代理商的职员进行多个阶段的培训。

同时，旅游经营商也在开发自己的系统，以便旅游代理直接进入而不必借助于电话。其中一个大的突破是由英国的品牌领袖托马森假日饭店（Thomson Holidays）在20世纪80年代推出的TOPS系统，这在当时是一个成本低、用户友善且非常可靠的CRS，使公司销量大增，而且远远超过了竞争对手，但很快竞争对手就开始效仿。没过多久，这些大经销商就完全摒弃了电话预订系统。

可是，这些发展成果由于因特网的到来，很快就失去了光环。因特网是一个全球性电脑网络，可以使所有电脑，不论是商业的还是私人的，都连接起来。虽然它在20世纪60年代就被美国人设计出来了，但是基本上用于政府工作，在90年代万维网开发出来后才真正得以迅速地发展。万维网提供的用户友善的接入标准，使用户不需要正式的培训就可以运用而且很容易理解。用户可以接收信息、发送电子邮件、购物和交换文本文件、图像文件、声音文件和录像文件。利用因特网的其他成果包括企业员工之间可以内部交流的企业内互联网和企业与供应商之间进行闭路联络的外部互联网。旅游代理商在预订时所进入经销商的预订系统，一般公众是进不去的。

更多新开发出的创新技术包括互动数字电视（使家庭电视能和家用电脑一样使用）和可以使移动电话接入因特网从而带动了m－商务或移动电子商务发展的WAP技术（无线应用协议）。宽带的接入，允许电脑长久地与因特网连接，而不需要拨号，也不发生电话使用费用，极大地增加了该系统的魅力。由于获取信息的速度是普通调制解调器的十倍，所以在撰写此书时该系统正被广泛使用（当时英国有2/3的家庭、因特网用户中的70%可以接入宽带）。技术发展的下一个阶段将是UMTS（全球移动通讯系统），是3G（第三代技术）系统，它将宽带容量带到移动电话和掌上电脑上，可望2004年在欧洲投入使用。所谓的V－商务或者叫做声控商务，就是允许消费者与网页服务器能够通过语言互动，在不久的将来也将出现。

事例　5pm. co. uk

5pm. co. uk 是一个网站，上面有英国大约900强的餐饮供应商向先到的晚餐订购者提供高达30%的折扣。该网站包含着房间介绍、菜谱、价位，允许顾客们在线预订并选择膳食。该系统的宣传材料通过当地新闻出版社和海报站公布，公司在格拉斯哥设立了一个电话中心，专门为那些看了广告之后希望利用这个项目，但又没有因特网接入条件的人们服务。

就旅游业而言，在线的ICT具备向消费者提供三大优势潜力：提供产品信息的能力、比较不同公司所供产品的能力以及进行订购的能力——但是在撰写此书时还几乎没有能够同时提供这三种优势的网站，特别是代理商在很大程度上还是依赖可视数据库进行组合旅游项目的预订。虽然这个系统既可靠又使用简单，但是不足的是有范围和时间上的局限。2002年推出的旅游技术计划（the Travel Technology Initiative），可以使经营商通过因特网向旅游代理分销包价的旅游项目，同时绕开可视数据库和GDSs，使用一种通用的XML语言，这样可能破坏长期以来代理商对可视数据库所形成的忠诚。因特网的新系统开始出现，可以允许在多个经营商中进行搜索，取代了代理商必须分别进入单个经营商的预订系统的义务。这也许是回应旅游业需要贸易准入或外部互联网的开始，它将取代可视数据库，提供比现在国内消费者可以利用的更好、更完整的数据——特别是包括了可以比较不同经营商所提供的产品能力。可是，经营商担心这种技术的发展会导致正当他们致力于加强品牌意识和建立品牌忠实度的时候却出现品牌淡化的现象。

在因特网上的航空预订仍然主要是点到点的，复杂的线路现在很难拼在一起。这样，代理商将继续代表旅客预订飞机座位，仍然在预订销售中占有一席之地。可是，新出现的廉价飞行航空公司也一直在强化自己的在线预订系统，而且也已经实现了盈利。

事例　易捷航空

伊咨航空90%的销量是通过因特网（由三人维持的一个网站）实现的，公司的电话中心负责处理其余10%的销量，雇用着大约200位员工。在线预订系统的成本效益驱动易捷航空向那些愿意由电话预订转为因特网预订的顾客提供5英镑的奖励。易捷航空也推出了世界上第一个仅限使用因特网订购的汽车租赁服务项目，易捷出租车（easyRentacar）。

最有趣的创新之一就是使用模拟代表（virtual representatives）处理公众打来的电话和预订。这些高级机器人可以与打电话者进行几种有限形式的对话，并办理订购手续。美国的铁路经销公司阿穆特拉克（AMTRAK）创造了名叫“朱丽叶”（Julie）的机器人，每年处理电话3.2亿个，使公司减少了100多人。联合航空公司（United Airlines）使用男声机器人“西蒙”（Simon），贡献与朱丽叶不相上下。机器人应答服务的广泛使用可能取代现有的许多应时电话中心。

十五、未来走向

伴随着计算机技术的发展，其他新的因素正在开始塑造未来的分销系统。旅游公司之间的网络化实践正在促使潜在的新分销系统大量出现。例如，旅游信息中心（Tourist Information Centres, TICs）越来越像代理商，承担着旅游旅行产品的商业预订工作，尤其在销售过夜住宿设施方面，创造出了 CRSs 来满足这种需求。在英国，像其他国家一样，从事目的地营销的人员正在迅速地开发与网页链接的高级目的地管理系统（Destination management systems, DMSs）。这些系统可以使代理商（最终发展到消费者）能够接触到关于风景、地区和国家的所有信息。

旅游业中的一体化趋势，通过拥有零售代理机构的产权扩大旅游委托方对分销系统的控制权，通过正如我们所看到的方向性销售，对预订格局产生了很大的冲击。尽管超级代理商们占有的预订市场份额趋于稳定，因为独立代理商学习适应这种竞争，在编写本书时这种冲击也已经真正出现了，至少在英国是这样。

饭店之间互惠的推荐，饭店与航空公司之间、饭店和汽车出租公司之间的联合都为正在开发利用的旅游产品提供可供选择的销售渠道。

最后，谈谈网络批购的概念。网络批购即代理商先在网上购买旅游产品后再行销售。这对于那些没有能力承担这种投资，或抵御所含风险的小代理商也许是一种威胁。这个概念自提出以来已讨论了数年之久，虽没有什么突出的进展，但其威胁却仍然存在着。

问题与讨论

1. 讨论推广大型旅游代理连锁店所执行的方向性销售政策是否在引导消费者逛商场、培养更强的品牌忠诚度、更多地利用独立代理商，还是直接走向委托方进行订购。

2. 电脑技术发展迅速，一些重大的进展很快就会超越本章中所提到和所预测到的成果。准备一篇文章，列出计算机领域中影响旅游产品分销的最新成果。关于技术在今后五年中对于旅游分销的重要作用以及对旅游代理商生存的影响，你的观点是什么？

3. 因特网是 B&Bs、农舍和中小型企业促销和分销其服务项目的最佳方式吗？它会降低这些组织加入联盟的需要吗？

4. 讨论以下在旅游高峰期降低对受人欢迎的旅游目的地或景点的需求方

式的正反面作用：

- 地方或中央政府、或者半政府机构实行配额限制
- 可变定价策略
- 选择性的分销技术
- 放任性政策，依据参观者看到拥挤阻塞会到别的地方、最后会达到平衡的原则

练习

许多航空公司，面对成本压力和近几年航空运输需求的下降，选择了减少或彻底抽回以前付给代理商的佣金，要求代理商通过向顾客收取手续费来从事零售服务。这对分销飞机票产生了什么样的影响？

调查所在地区的人口，制作一个问卷表来确定以下内容：

(a)任何订购费用的大体敏感性。

(b) 对于不同手续费用的反应。草拟一种费用的等级表，要包括绝对数值(比方说从 1 英镑 ~ 20 英镑)和占票价的百分比(比方说从 2% ~ 10%)。敏感性从廉价机票到远程票是怎样变化的？

(c)采访过的人中有多少已经不得已而支付了手续费？

(d)有多少人为了避免手续费而已经转向直接预订？

根据调查结果，就飞机票分销的未来发展方向写一份建议书。

参考文献

1 Reported in *The Times*, 28 June 2002

2 Mintel Report, *Family Holidays, the* UK *Market*, 2002

推荐阅读

Buhalis, D and Laws, E, *Tourism Distribution Channels: Practices, Issues and Transformations*, Continuum, 2001

Horner, S and Swarbrooke, J, *Marketing Tourism Hospitality and Leisure in Europe*, International Thomson Business Press, 1996, ch 10

Kotler, P, Bowen, J and Makens, J, *Marketing for Hospitality and Tourism*, Prentice Hall, 2nd edn 1999, ch 13 pp 449 – 85

第九章

销售的功能

学习目标

通过学习本章，要达到以下目标：

- 认识销售人员有效行使职能所需要的技术和社交技能
- 区分柜台零售人员、旅游胜地推销代表和销售代表在销售中的角色
- 了解优秀设计和精美设施对于代理机构的重要性
- 掌握代理机构在与信息通信销售技术竞争时所采用的创新性方案

一、引言

上周，有一对夫妇想进行一次非常特别的度假旅游，我坐在他们旁边，只见代理商皱着眉头说："恐怕每人需要花 1 500 英镑。"

梅尔文·格林，引自《旅游周刊》2001 年 8 月 6 日

梅尔文·格林是著名的旅游营销领域的作者。他在《旅游周刊》上提醒人们注意这样一个事实：旅游代理机构的职员对高消费市场虽然表面上表现出非常渴望的样子，但实际上缺乏热情，理由是认为他们年轻，根本想象不到花费 6 000～8 000 英镑去度假是什么样的概念。然而，在今天花销这个数目算不了什么，而且有些组织去远程目的地旅游的假日游提供者一年内就提供两到三个高消费项目。一个代理机构错失一部分这样的销售原因只能是销售人员以低价格销售了产品，没有认识到便宜的度假旅游项目不一定都能满足顾客的期望。

旅行和旅游是一个人文产业，就是说，设法去满足旅游者需要的人是产品本身的必要成分，是构成第二章中概括的 4P's 概念下的销售组合中的一大元素。不论是指站在柜台后负责接待顾客的销售人员，还是当游客到达旅游区为他们服务（满足他们需求）的旅游代表，还是顾客接触到的成千上万的职员中的任何一种——旅馆服务员、酒吧职员、行李员、旅店清洁工、旅馆清理房间的女服务员、长途汽车司机、机场登记员和船舱工作人员，所有这些在确保整个产品能满足客户的需要方面发挥着各自的作用。

也许不言自明，但必须强调的是，尤其是对于年轻人，服务并不是卑躬屈膝、奴才气十足，大家应该为自己具备能使他人的需要得到满足的技能而感到非常骄傲。首先，服务就是在与游客打交道的过程中要一直保持友好的、和蔼可亲的态度。"顾客永远是正确的"这种说法尤其适用于旅游业，不管服务人员工作多长时间，工作又是多么辛苦，顾客总是希望服务人员，不论在上班还是下班，总是态度友好。总之，旅游这个产品与提供产品的人密不可分。买一台电视机时，如果销售助理衣冠不整，蓬头垢面或者是态度粗鲁，我们可能会感到失望，但是品牌的声誉仍然驱使我们去买，只要价格合适，我们可能不去计较这些。在旅游服务中，降低价格无法弥补导游不讲礼貌、长途汽车司机态度粗暴或者服务员衣衫邋遢造成的影响。

那些意欲在旅游业工作，从事一种不管怎样都要接触到游客的工作的人，必须愿意为游客呈现其美好形象，必须耐心服务、能够帮助别人，最重要的是必须面带笑容、态度友善。雇员与客户打交道的书面表达方式也是旅游生意中一个重要的因素。出色的书面交流材料，尤其在平息客人的抱怨时，更需要交流技

巧，要求注重细节并且正确地使用英语。语法欠妥、拼写错误不仅使人对签发信函的雇员产生不良的印象，而且对公司本身也会产生不利的影响。如果这位雇员身居要职，这种不利影响就会更大（语法欠佳的问题不会因我们的职位提升而神奇般地改进）。

高超的销售技术绝不只是做成一笔生意，它是保证将该笔生意的买主转变为常客的过程中一个环节。在这个意义上它是顾客关系管理（customer relationship management，CRM）的一个要素，关系到与客户建立并维持长期的关系。影响顾客行为的其他方式将在后面的促销内容中（第十二章）给予讨论，但在这里，委托人和客户之间的直接交流是非常重要的，认识这一点具有非同寻常的意义。推销技能不仅是产品消费之前的交易阶段，也是产品消费本身的一部分，并且作为售后经验的一部分得到进一步的强化。比如客户度假回来，代理商打电话询问旅游是否顺利、是否玩得开心的这种做法。这种交流如果进行得好的话，有助于克服旅游中遇到的不可避免的、无法控制的瑕疵，如恶劣的天气或者飞机的晚点等等。因此，推销术是任何公司的营销战略中一个非常关键的因素，营销计划中必须纳入足够的培训，以确保人员销售以及所有相关的社交技巧有效地传播给每一位随时都有可能与顾客接触的职员。证明与客户很好地沟通可以盈利的例子比比皆是，销售人员与顾客之间的个人关系可以构建对品牌的忠诚，很多事例可以证明长期定期光临的顾客远比只有一次交易的顾客对增加公司的利润贡献大①。

在旅游预订中常常有客户坚持要去有熟人或有以前旅行中认识的工作人员的游览地的情况。有些游客频繁地乘坐某一艘游轮，因为他们认识船上的大多数船员。对此，只有答应客户让曾为他们服务过的人员再为他们服务。这些回头客的预订使游轮公司兴盛起来。

例子　诺布尔·卡利多尼亚（Noble Caledonia）

诺布尔·卡利多尼亚是直销巡游经营商，经销高价位巡游，通常旅游目的地是国外。到某些目的地的巡游对鸟类观察家具有特殊的吸引力，公司雇用一组演讲员来突出这些巡游项目，他们在托尼·索珀——著名的 BBC 播音员和鸟类、哺乳动物专家——的领导下工作了几年。托尼·索珀在游轮上的出现对于许多热衷于巡游的乘客们具有极大的激励作用。

①请参见：Reichheld，F and Sasser, S Jr, Zero Defections: Quality Comes to Services, *Harvard Business Review* Qctober 1990。

二、社交技巧和个人技能的使用

与客户（与其他同事）交涉时必须使用两种技巧：个人技巧和社交技巧，二者都涉及到语言和非语言交流，都比较重要，在此我们将给与讲述。

1. 个人技巧

在与客户首次接触时，第一印象非常关键，旅游服务人员、饭店接待人员或游览胜地代表展示和表现自己的方式将决定公司和客户之间的关系。正因为如此，许多公司制定严格的要求，对仪表和服饰的规章制度也很严格。然而，生活在自由时代的人们，即使在 20 世纪 60 年代也很难想象这些规章制度，他们难以接受对他们穿着、选择发型和喜欢的化妆品权力的限制。对于许多人来说，就业环境对他们自己的权力提出了第一个挑战，旅游业的雇员必须学会适应这些条件的限制。

这意味着起码要按照雇主的要求统一着装、佩戴统一的服饰。例如，航空业将坚持机舱人员要选用一种保守的、易于管理的发型，以前觉得自然的外表很适合于自己的女乘务人员，被要求按需要使用化妆品，也许包括鲜亮的唇膏。佩戴多少以及什么样的首饰也要受到限制，他（她）们要么服从规定，要么放弃这份工作。

自然，与顾客密切接触的旅游服务人员个人卫生必须予以严格要求，必须定期洗浴，注重口腔和牙齿的护理，避免食用那些可能冒犯顾客的食物，如大蒜、洋葱等，强力推荐使用止汗药，尤其是对于那些从事体力劳动的人（如向顶柜中装载手提包）。

行为举止也很重要。交流时既有言语的也有非语言的，我们走路的样子、坐姿或站态都能反映出对待工作的态度。人们希望旅游服务人员能够认真地对待客户，对客户表现出感兴趣的样子，要避免走路懒散、趺坐在椅子上，坐姿要笔直；衣服必须永远保持干净、整洁而且要与自己的职业职务相宜。大多数公司要求员工的着装给人展示一种统一的外表，传递公司的总体形象，这实际上越来越体现为穿统一的制服，饭店、航空、汽车出租公司的服务人员、快递人员、游览胜地代表、甚至是一些旅游代理商，都要求穿统一的制服。在高温环境工作的代表必须放弃平时随意性的穿着，如短裙配宽松上衣，或者休闲裤子配休闲衬衣等，目的是为了给人展示一种正规的形象。当然，在这种情形下，定期地洗熨制服就更加重要了。佩戴珠宝首饰通常也是件令人头疼的事，一般以佩戴最少为宜吧。

所有这些都是间接的、非语言性的交流技巧，它们向客户反映着某些关于公司和员工的东西。接下来我们将注意力转移到直接交流技巧,既有语言的也有非语言的,这涉及与客户的互动性。

2. 社交技巧

前面已经提到与客户友好接触的重要性。雇员必须以一种友好、自信的方式接近顾客,即笑脸迎接、目视、关注和愿意倾听。当握手时,用力握紧对方的手会转递一种信任和责任,这在让客户消除疑虑、寻求帮助、或者愿意协商购买产品方面都具有重要的作用。称呼客户的名字会使客户觉得自己得到关心和关注,会强化客户的这种意念(饭店行李员接受阅读入住客人行李签的培训,可以使他们尽可能早地在与客人接触时使用客人的名字)。声调也很重要,声调应该得到很好的调整,应该是平静的,尤其在接待一位生气的客人时。所幸的是,以前那种歧视地方口音的现象现在大部分不存在了,但是刺耳的或抱怨的声音时而会出现,这只要稍作努力便可以改变。

当处理投诉时,声音应该传递着关心。许多客户在产生了合理抱怨时寻找宣传媒介来排除他们的愤怒,这时协商要比争论更有助于缓解这种矛盾。遭到不公正待遇的顾客往往寻求两样事物:一是道歉,二是确信投诉将得到有关方面的调查处理。这两件事情公司都不难做到。

关注客户的需要,可以体现为主动找出客户感兴趣的事物。例如,游览胜地的代表可以顺便询问一下客户玩得是否开心,或者柜台销售人员在顾客浏览宣传册时询问:“想好您的度假旅游项目了吗?”以此开始销售的过程。

总体上来说,要达到许多外国竞争者所提供的服务水平,英国在服务行业工作的人还有很长一段路要走,这也许是英国旅游产品中最薄弱的地方。观摩一位职业服务员的服务,比方说意大利或西班牙的,并将他们提供的服务水平与英国的大体服务水平进行比较,这是一条有益的经验。不过,英国有许多优秀的、接受过良好培训的服务人员,对培训的日益重视正在稳定地改善着英国的旅游服务状况,至少在规模较大的公司是这样的。在美国这样一个并不完全被认为是个服务导向型的国家,对于旅游业人员的控制水平却经常使英国的效仿者感到吃惊。例如迪斯尼世界的培训项目,对所有与客户接触的员工规定严格的操作形式和操作水平,甚至小到一个必需的微笑和离开时说的“祝您度过美好的一天”都有固定的规定。在英国,是否可能或者渴望仿效这种做法是有争议的,但是很明显,我们旅游业的各个部门对客户的关心都要改进。重要的是,我们对服务的态度必须改变,达到对工作要感到自豪、对顾客要尊重的程度。对顾客使用嘲讽性的词汇,如“船夫”,是服务态度差的表现,这是旅游业走向职业化所不能容忍的事情。

三、销售序列

我们已经谈论过了重要的组成部分——行为举止、外表和面部表情——这些是客户与公司的代表们接触时获得初步信心所必需的。在人员交流的最后这部分，我们来看一看销售序列。

销售最常见的场所是零售代理机构，下列的例子将特别适合于这种场所。销售技能的原则适用于所有客户与销售人员面对面交流的情形，而且适用程度相等，就像游览胜地的销售代表在销售短途旅游、巡游销售人员在销售海边观光一样。虽然电话销售没有视觉接触，但下列几点原则同样适用于这种情况，而且随着电话中心的日益重要，销售人员整天坐在那里回答电话询问，遵循这些关键的指示就更加重要。

销售序列要求销售人员按照五个步骤进行，次序是：

第一，与客户建立和谐的关系。

第二，调查客户的需要。

第三，向客户展示产品。

第四，处理反对意见。

第五，结束销售：让客户履行义务。

1. 建立和谐

销售序列有两个目的：销售公司的产品、使产品适应客户的需要以确保客户满意。为了达到后一个目的，任何销售人员的第一个任务就是设法让客户与自己交谈，获取客户的信任，并了解客户的需要。这个过程，是大家所熟悉的建立和谐过程，将揭示客户对项目的了解程度和购买产品的愿意程度。有些顾客对任何向其销售产品的意图都持怀疑的态度，喜欢自己选择产品，他们也许认为销售人员不了解产品，或者是在"强行推销"。但即使是这样的客户，如果受到友好、有益的服务的话，也可以被说服，进而产生到某个具体商店去购物的想法。

要想和客户进行交谈，你一定要避免使用"需要帮忙吗"这样的说法，尽管很常用，但是这个说法很容易引出顾客"谢谢，不用，我只是想看看"的答复。一个更加有用的，能够引发讨论的开场白可能是"您已经想好了具体的度假旅游项目了吗？"，或者对一位刚刚拿起宣传册的顾客说"那个公司今年推出了特别好的假日游项目可供选择，您想到具体的旅游目的地了没有？"

优秀的销售人员必须具备心理学家的某些素质，能够从客户的面部表情、思路范围和对提问的反应来作出判断。非常着急的顾客,好像对自己需要的项目十分确定,就不会愿意你留住他们交谈,但是快速、高效的服务伴随着友好的微笑会鼓励他们回来找你了解详细情况。总之,销售人员应该尽可能地表现得自然。保持自己的本色最能使客户相信你是真诚地提供帮助并为他们提出建议的。

2. 调查市场

获得了客户的信任,下一步就是要调查了解他们的需要。再次提醒大家:要问容易引起讨论的、需要全面回答的问题,而不要问已经很明白的、要求用是或不是来回答的问题,这是非常必要的。销售人员需要掌握的问题种类包括:

(1)谁去旅游,有多少人?

(2)他们希望什么时间旅游,多长时间?

(3)他们想怎样去旅游?

(4)他们想去哪里?

(5)他们想花多少钱?

客户没有必要知道这些问题的所有答案,因此你需要问那些比较容易回答的问题,逐渐地引出他们可能还没有想到的答案来。有些回答开始时会很模糊("我们想去热的地方、价格不要太贵、时间在夏天吧"),随着谈话的进行,目标逐渐明确化、具体化。

顾客的需要绝不能想当然。客户可能会说他们不想参加包价旅游团,其中的原因可能很多,从以前也许遭遇到糟糕的旅游团,到愿意完全灵活或者希望避开假期里拥挤的人群等等。必须找出客户所喜欢项目的准确理由,这样销售人员才能知道提供什么样的产品。例如,非常灵活的(独立的包价旅游)包价旅游团,客户参加这种旅游不会和其他很多人拥挤。他或她产生了排斥组团旅游的想法也许是因朋友们的经历引起的。在调查的每一阶段,一定要确保客户和销售人员对于已经确定的需求要给予一致的认可:

"让我想一想,您要去一个安静的、遥远的地方,躺下来放松放松,对吗?"

"您说您不住大饭店,对吗?"

3. 展示产品

一旦销售人员掌握了足够的关于客户需求的信息,感到满意时,下一步就应该展示产品了,即提供客户所需的产品,而且要以一种使客户确信这正是他(她)所需要的产品的方式进行。在这儿,成功的关键在于不仅要介绍假日游及其他销售产品的特征，而且要提到对客户的种种利益：

“我觉得您最好在伊格尔斯酒店（Igls）居住，不要选择因斯布鲁克酒店（奥地利西部城市），伊格尔斯在每年的这个时间比较安静，相对不拥堵，提供一些非常有意思的林地散布，这正是您说您想要的。那儿有一个小旅馆——瑞特（Ritter），由业主经营管理，拥有一个非常友好、非常人性化的氛围，是您这样一个人单独居住最理想的地方。”

很明显，关于产品的知识是取得本过程成功的关键，但是对胜地本身的个人经历并不总是必要的，有宣传材料上真实的内容足矣。

即使你所提供的产品正是客户所需要的产品，再提供一个或两个供选的项目总是好的，客户喜欢让他们自主选择的感觉，说出每一项目的好处，但是要强调第一个产品确实是最能满足客户需要的选择。另一方面，太多的选择将造成客户的无所适从，可能会耽搁一笔销售。

4. 处理反对意见

到这里，销售序列中通常会出现的一个重要问题，就是需要处理来自客户们的反对意见。这些反对可能是真实的、与价格有关的，或者是由于提供给客户的选择范围不充分而引起的。另一方面，可能是因为客户的额外需求没有得到满足而产生了反对意见。这就需要销售人员返回到调查阶段找出这种需求。当然，也有可能是因为客户还没有决定购买产品，需要更多的时间来考虑。

如果该产品比当初注意时价格贵，那么客户就需要确定额外的利益何在，产品是物有所值的吗。这种情况下最好的办法就是让客户看一种能够以他们愿意花费的价格出售的产品，比较这两种产品，指出多花的钱所买到的利益。

不管反对的原因是什么，一定要充分认识并通过尽可能提供适当的产品去适应客户的需求来给予解决。

5. 结束销售

销售序列中最后一个环节是结束销售，意即让客户采取行动、履行义务。销售序列可能产生多种结果：客户可能购买产品，不管是全额支付还是留下订金；可能同意销售人员以后给他们打电话，或者是以后给销售人员打电话；或者离开了销售店铺而没有留下任何承诺。虽然任何销售洽谈的理想目标是成交买卖，但这显然是不可能的。从销售人员的观点来看，重要的是要确信已经取得的结果可能是最好的。客户回去可能是和他（她）的同伴探讨一下想订购的产品，但是如果他们受到一流的服务、是满意地离开商店的，那么就很有可能回来订购。当然，如果客户们只是犹豫未决，这笔交易可能通过再次说明产品所能提供的好处、提醒客户们最好作出选择（对客户并没有约束力）以免再次返回时因中意的具体产品已经售完而感到失望。

一个优秀的销售人员总是在持续不断地寻找着客户发出的购买信号：如客人说"是啊，听起来不错"，很清楚这是表明有购买的愿望。遇到信号不太明确的时候，销售人员说出一个如"您愿意让我帮您订购该产品吗"的建议可能会加速这个客户采取行动。可是，销售人员千万不能逼着客户作出决定，否则的话，客户不仅不会购买，可能还会作出再也不来的决定。

最后，要记住客户付完款时销售工作还没有结束，他们还有希望成为定期光顾的顾客。明确地表明你随时愿意帮助客户们安排旅游，临结束时说一句类似于"我知道你在那个旅店会住得很开心的，回来时过来告诉我你的感受"的话会再一次巩固这桩买卖，使顾客们确信他们的确作出了最好的选择，不仅是产品，而且还有他们购买产品所经过的零售商。

对海外代表的销售培训

旅游经营商海外代表的一个很重要的角色是向游览地的客户们销售短程旅游、汽车租赁和商品，这只需要追加极少的成本就能够极大地增加利润（见第六章）。许多客户希望充分利用短程旅游，认为这是度假经历中非常重要的部分，因而，他们会非常需要一个能将各种旅游利益熟练地集聚在一起的代表。而出租车和长途汽车公司、餐馆、旅游景点和商店生意中新增加的营业额，也可促进当地的经济发展、带动其就业。

旅游经营商正在增加对其海外工作人员进行培训的投资，而销售培训是其中的重要部分。例如，首选假日旅游公司（First Choice Holidays）的所有代表都要参加一个为期两天的课程培训，在那儿他们学习销售技巧并分角色进行实践。当然，销售的基本原则和已经讨论过的销售序列对于销售主要假日游组合项目和短程旅游项目都是一样的。因而，首选假日旅游公司的代表要按照下列模式接受培训：

1. 建立和谐关系。欢迎联欢会（the Welcome Get－together）是代表们与客户建立和谐关系的重要工具。旅游经营商们帮助和支持代表们使用和组织这种活动，公司提供包价项目以示欢迎代表们参加，并且给予材料方面的支持。可是，代表们也必须学会收集什么样的信息才能充分展示出游览地各自特有的地方特色。

2. 调查了解需求。就像为每一个人寻找合适的假日游产品一样，代表们必须经常花时间向客户们一个个地了解情况，通过提一些未决的问题来掌握客户们的偏好以及适合于他们的旅游类型或产品。

3. 展示产品的功效。根据产品功能寻找相应市场是一种艺术，应予以重视，因为这是销售中的核心问题。对于不同的客户来说，旅游线路和某些短程旅游的吸引力是不同的，作为销售代表，就必须学会掌握每一个客户的具体需求：

"该长途汽车内配空调，因而您不必担心孩子因为热而感到旅途不愉快。"

"船只是敞篷的，因此您就用不着担心没有机会晒晒太阳！"

"这个饭店晚上举办的歌舞表演，其乐无穷，是社交的绝好机会，是单人旅游者结识其他宾客的大好时机。"

4. 处理客户的不满意见并完成销售。尽管销售原则与其他销售人员相同，可实际上销售代表进行一笔销售所用时间跨度会更短一些，因为只有七夜。因此，必须具备短期内完成销售、并能签订实单的能力。

四、销售代表的角色

笔者坚信销售代表将继续在维持公司和它的代理商之间的关系中扮演关键性的角色。地方代表将是二者之间主要的——有时是唯一的——连接点。随着信息通信技术在分销中的作用日益扩大，委托人和分销商之间的人员接触变得越来越少了。最近几年中委托人已经通过减少人员销售来削减成本，因为他们选择较便宜的交流方式。毫无疑问，保留一组销售代表在行使职能的费用是很高的。可是，因为没有更具说服力和更有效的方式与零售商建立联系，许多委托人就在继续雇用一组跑外的销售队伍，其任务是通过定期访问零售代理机构、直接电话联系业务（与运输和膳宿公司）或者是接听那些可能订购大批项目的组织打来的电话，以发展现有的业务和开发新的业务。

销售代表能够确保定期通知旅游代理商关于产品的发展情况，向他们提供销售规划方面的帮助，或者是任何有助于公司销售的促销建议。在许多代理商眼中，也许这些代表在过去提供的最有价值的服务是作为调解纷争的专家。由于认识他们个人，代理机构的经理们会首先给他们打电话解决问题或者在一个订票满员的班机上为重要人物安排座位。代表的个人人品以及他（她）在特定情形下帮助解决问题的能力，对建立代理公司的形象常常具有关键性的作用。令人悲哀的是，今天其他渠道越来越多地被用来与委托人交流，而这些却不如以往的有效，也不如以前那样令人满意。贸易出版物上定期刊登的有关与委托人的交流质量较低的抱怨将催生新的交流系统，尽管对于委托人很方便，对于代理商来说不一定是一种改进。

虽然委托人的数据库现在可以提供给代理商在每类产品中所取得的最新销售量信息，但是与公司代表的人员接触仍然很有价值。他们可以向公司就代理机构的潜力提建议，确定每一位代理商应该受到什么程度的支持，在考虑邀请谁参加认识熟知产品的旅游时推荐柜台销售人员。

如果聘用了销售代表，那么他们的职责就是去认识每一代理机构的经理和员工。他们不仅应该透彻地了解自己公司的情况和产品，而且还要熟悉主要竞争对手及相应的价格；对代理的每一次拜访必须要有清晰的目的，而且要确保做到成本合算。

对待这些销售性访问，不同的代理商态度不同。大多数喜欢在一年中的某一时间见到公司的销售代表，他们可能非常痛恨没有提前预约的突然拜访，甚至反对把时间花在接待各路代表上。有些零售商甚至躲得很远、杜绝销售性访问，有时这种举动被视为努力保证总部的方向性销售不遭受地方的破坏。因此，作为代表，他们不得不掌握每一个旅游代理机构的经理对待来访的态度，要学会使用一定的计策，选择方便的时间去拜访，确定代理商是否以想了解公司的产品信息、交流一些社交和业务方面的技巧为主呢，还是想让代表拜访的时间尽量短一些而主要想知道委托人对自己的看法和态度如何。

过去，经常利用代表们为委托人发放宣传材料，但是现在由职业人员进行传递成本更加便宜，这些人员经常由印刷部门聘用。较大的旅游经营连锁总体上已大幅度地裁减了其销售代表队伍，替代他们的是销售规划商，是外部代理机构聘用的销售人员，经营商从专业的角度来考虑利用这些人员。这些代理机构的主要任务包括：

- 解释新品牌或者产品的概念
- 确保宣传材料正确地摆放上架
- 通过促销激发零售人员去销售产品

这类活动的成功取决于对具体对象的密集性宣传以及旅游经营商准备详细的简报。销售规划商绝对取代不了销售代表：他们除了自己的专业领域外对该公司及其产品了解甚少，但是对他们的启用变幻越来越广泛。

电话和电子邮件联络是与代理商保持联系的两个方式，随着竞争的加剧，且又方便又便宜。许多旅游企业，包括一些航空公司，面临着降低营销成本的压力，已经完全停止使用销售代表了。一些公司只在订票较冷清的时段才使用预订人员与零售商接触。

另一种既保持销售拜访又可以降低成本的方式是聘用外部销售队伍。销售规划代理机构派出知识型的销售人员去拜访公司的代理商，而且一般是代表着公司的利益。这种机构一般是由具有旅游业工作经验的人组成的，因而对该行业早已了如指掌，所以对她们进行简单的公司产品培训就可以了。成本之所以可以降低的原因还在于这些人员在拜访代理商时可能同时还代理着其他一些旅游产品（本质上这对产品不存在竞争），因此一个代理机构拜访客户的成本由几个公司分担。其中一个例子是，一个销售规划公司为四个非竞争性的公司代理，其职员每隔十二周访问一次各代理商，包括四个公司的所有产品，这无疑降低了公司的分销成本。但是，也有争议说这种体制既不能打造公司自己的形象，又不能建立实实在在的委托与代理关系，因为这些中间人不是公司的直接雇员，而且公司对该销售队伍的控制力也减弱了。可是，对于规模较小而且代理销售的资金不宽裕的公司来说，雇用外部销售人员倒是一个不错的办法，因为这样既可以与分销商保持接触，同时又不用花费很高。

五、销售代表的管理

不管公司决定使用自己的销售人员还是外聘销售人员，销售经理的工作是从为销售队伍确定目标开始的，这包括确定即将承担的销售任务和将要达到的销售目标。可是，销售任务中有许多工作并不直接产生收益。就像我们已经了解到的，销售人员的一项任务是服务，是与旅游代理商、与各企业建立良好的关系，根据潜力给代理机构划分等级，从代理商那里收集关于市场趋势的反馈信息，辅助策划销售规划，而且一般是代理商考察公司产品时利用的一种参考来源。销售代表在每年发行展示宣传品的活动（见第十一章）中起关键性的作用，他们帮助组织地方性的发行活动，并且参与区一级的宣传。但是，使用外部人员销售，其销售目标可能相对低一些，具体需要多少销售人员，依据期望取得的销售目标确定，这可以通过以下四个步骤来确定。

第一，确定将要接触顾客的总次数，包括接触代理机构的，和存在潜在生意的其他渠道，然后按照给予服务的程度将这些机构分成不同的种类。

第二，决定拜访每类顾客的间隔时间，销售人员能够提供其他什么形式的支持？

第三，统计出需要销售性访问的总次数，估算出可开展其他活动的剩余时间。

第四，确定完成这些工作所需聘任的销售人员数量，按照地理区域划分其职责。

对于一个大公司，比如大航空公司或旅游经销商，可能意味着雇用一个大约由 20～30 个人组成的内部销售队伍。而对于小公司来说，显然是不可能承担得起同样规模的活动开支的，只能靠降低拜访的频率或者聘请外部销售人员。对于希望为小公司工作的销售人员还存在一个更大的不利因素，即几乎没有发展职业生涯的前景。在大公司工作，销售代表可以沿着管理的阶梯攀爬，升到到街区、区域或者地区级的销售经理，最终可以高升至销售总经理的职位。在小公司，销售代表很可能直接面对的就是总经理，向他汇报工作，其自主决策权自然就比大公司相应职位要小得多。

但是小公司通过向销售代表提供更加灵活的就业机会能抵消掉部分不利影响。经营旅游销售的人员经常在夏季担任海外旅游景点的推销代表，冬季被调回总部以销售代表的身份拜访代理商或者被补充到预订职员中，尤其在传统的圣诞假期过后、订购工作异常繁忙的季节里。这就意味着对以前那些季节性的销售人员现在给予全年聘用，这样既提高了销售人员的业务素质，也确保他们经过直接体验对产品知识有了更加深入的了解。

销售经理的其他任务是为销售队伍确定报酬的等级和工作环境，并且对他们的培训作出计划。在大公司，这些职能可能需要与公司内其他职员协作才能完成，例如人力资源部经理和培训官，但只有销售经理对激励职员、领导他们并且监控他们的工作负有直接责任。在这里我们就提到的这些功能做一个简要的分析。

赋予销售代表尽可能大的自主权而实行最小化的直接监视，这是明智的做法。销售代表个人对工作的控制权越大，他就会表现得越好，工作就会做得更让人满意。销售代表将需要一段时间的入门培训，学习公司及产品的背景知识、销售方法、纪录保存和其他公司特有的程序。随着程序和产品的变化，他们也需要定期地接受更新式的培训。培训手册虽然在大一点的公司中比较常见，在起初的培训中很有帮助，但是需要定期更新，所以散装的手册最适合于这个目的，或者对培训使用的材料通过公司的企业互联网进行评估。记录保存，又是使用企业互联网设施进行的项目，销售代表可以借此与其销售经理联络，但是这不应该以牺牲定期召开的交流反馈信息的会议为代价。某些行业的销售代表可能离开总部很长时间，在路上，他们可能会觉得受到疏远，除非定期有些聚会的机会。越来越多的信息通信设施，包括移动电话和电子邮件，使得销售代表们可以频频与总部联系。另外，他们还要填写一些工作汇报性的表格，通常是每周一次。

汇报表格为销售代表每周的访问计划提供参照基础。典型的汇报表由三份组成，最上面的一份列出一周的计划，即下一周的客户访问安排，这要提前报给销售经理，以便有急事儿时经理能知道销售代表在哪里。第二份为每周进度表，包括第一联上的信息和销售代表对每个代理/客户访问结果的评价。进度表对于每一周必须完成的项目所作的任何变动都要予以解释说明，该信息在每周拜访顾客活动结束时返回到公司总部去。销售代表自己留存第三份。

通过这种方法，销售经理们可以时刻掌握该领域发生的一切，总部一旦了解到销售方面有任何于重大事件，就很快地传到相关地区的销售代表，以便在规定时间内立即采取行动。新发展任何代理的细节必须迅速发送给销售代表，因为新代理一般有很高的表现欲望，希望为委托人创造新业绩，他们及早得到鼓励会有很大的好处。销售代表跟踪新近发生的重大事件，在周进度表里向总部汇报，并附有对生意的潜在影响评估，为新代理或者潜在的生意联系人的姓名和联系地址。

利用完全电脑化的预订系统和顾客、分销商的数据库，销售经理们可以按照领土、代理机构和时间得到巨大的销售统计数据。这些数据可以向销售经理提供每个代表管辖范围内的所取得的收入，以便在拟定的目标和实际取得的业绩之间作出比较，并且判断出未来的发展趋势。这些数据定期发给相应区域的销售代表，以便他们详细了解自己的业绩以及本地区内其他分销商的情况。同时，代表必须接收其他正在进行的或公司策划的促销活动的信息以及公司的营销总计划，以便促销可以取得协同效应。销售代表需要向销售部门的其他人员提供结构性反馈信息，许多杰出的营销计划来源于销售人员对市场的密切观察。相反，总部和销售人员之间缺乏交流可能会失去优秀的营销创意，每年确定代理商的销售目标时销售经理和销售代表本人之间应该进行讨论，尤其是与红利佣金挂钩的时候。最后，对销售代表的旅费开销，销售经理必须给与监控。虽然这些费用一般作为销售总预算的一部分预先就确定好了，但是需要经常检查。这不仅是因为成本的变化，而且是因为公司不能对销售代表的开支控制得过紧而抑制了增长销售的潜力。一个销售代表，如果通过努力使销量发生了无可比拟的增长，那么开支超过预算也不应该受到批评。

六、通过销售代理的销售

人员销售可以通过许多方式进行：在电话里、门口的台阶上、顾客自己家里，是三个常见的销售环境。因特网现在可以让顾客直接与旅游公司的预订系统联系，它具有可在家联系、速度快、信息新、越来越强的可预订性的便利，因此，对传统的销售方式形成挑战。然而，面对面的人员销售仍然保留着许多优势。许多顾客还没有将因特网选为自己喜爱的预订假日旅游或其他旅游活动的方式，有一份报告[①]说，消费者正在慢慢地意识到使用这种定购方式。通过因特网预订发展较慢——与咨询订购截然不同——旅游业投资鼓励这种成本核算的销售方式遭受到严重的损失,可是这种方式为传统旅游代理商的生存提供了希望,人们现在逐渐承认这种零售方式在分销系统中将继续起着积极的作用。保守的顾客,尽管他们可能会熟悉互联网这种技术,但是他们确信代理商提供的建议是客观的,更重要的是,他们确信负责接待自己的代理商拥有必备的销售知识和技能,他们在订购假日游项目时还是喜欢询问代理商。目前在这两点上,还没有令人受到鼓舞的事例。在《旅游周刊》杂志[②](*Travel Weekly*)中一个定期的"神秘购物人"专栏中,访问过的四个英国的代理商(一个独立代理商,三个为连锁店的分支机构)中既没有一个知道毕尔巴鄂这个西班牙北部的海港城市(有一个代理认为是在法国),也没人听说过古根汉美术馆(Guggenheim Museum),它是过去十年中该市主要的景点和全球大型文化旅游目的地。作者问及吴哥(柬埔寨的古都)寺院,一个联合国教科文组织的世界遗址,遇到了类似的、很多方面都不知道的经历。同样令人担心的是,描写这些遗址的文章定期地出现在贸易和国家的出版物上,在相当大的程度上培训能够提高旅游代理所需的销售目的地的技能。如果柜台人员想要发展成为成熟的销售人员,能够胜任自己的工作,就必须做到对该行业以及顾客的兴趣具有好奇心。

长时间以来一直强调旅游代理在旅游分销中的角色基本上是为旅游大众预订和买票提供区位上的方便,而且与其他分销方式的成本一致。代理商作为信息的提供者,虽然不可或缺,但是已经显示出不那么重要的趋势,因为他们的客户已经接受了高新技术,可以从别的地方寻找关于旅游目的地的信息,将来是否是这样目前还说不清楚。但是,代理商邻近市场这一特征一直以来都是旅游代理取得成功的主要因素。设置在街道的商店,在繁华地段或靠近主要商业中心是一个关键性的因素,即使这样的位置涉及到很高的业主收费。可是,因为旅游代理需要准备的货只有宣传材料,因而比其他零售形式的组织需要空间小一些,成本可以通过牺牲空间来降低。这就意味着旅游代理商必须按照每平方英尺来衡量其成功与否。相应地,现代商店的设计也为了增加客户量,甚至对待那些被认为需要得到特别关注的职业性咨询服务的产品(例如,巡游和远途度假旅游)也是这样。近几年代理具有的一大特征就是大多数获得的边际利润较低,这部分是因为旅游经营商之间激烈竞争,促使包价旅游项目的价格下降,继而佣金收入降低的结果。晚期订购中给予的折扣进一步降低了了每一笔订购中的平均营业额。如果佣金没有相应水平的增加来弥补这一收入上的下降,那么代理商们为了生存就不得不推动部门增长营业额,提高人均营业额。最后,航空

① Mintel, *British Lifestyles* 2001。

② *Travel Weekly* 14 October 2002。

公司引发的对传统佣金结构的变化，赞成低佣金率或者统一收取费率，给了零售商沉重的打击。英国的零售商总数，多年来稳定在7 000名左右，但在21世纪初的几年中开始减少。可随着，这几年所谓的“超级代理商的进军”，英国一流旅游代理连锁的市场份额急剧膨胀，最终好像放慢了脚步，或者至少出现稳定状态。在过去，因连锁和联盟可以根据分支机构的相对实力为其争取更高的佣金，旅游业的代理制由委托人转向了分销机构。随着其他分销手段的不断出现，尤其是因特网，零售商渠道的作用正在不断被弱化。

规模较小的代理不得不重新思考自己的角色以确保生存，因为小代理商无法在价格上进行竞争，他们必须采取相应的竞争战略，有以下四个办法可以有用：

- 更具进攻性的销售技术
- 签订“独家总经销”合同，代理那些较小的、专业的、较大联盟不愿意支持的旅游经销商
- 通过推荐非常熟悉的项目来提供出色的专业水平的服务，而不只是销售消费者所要求的
- 强调所提供产品本身的价值——代理商不参与分享经营商的利益，从而在推荐时就不会带有偏向性

正如我们前面看到的，最后两个目标在实际中是很难做到的。超级代理商采取方向性销售的动力，独立经销商销售产品支付更高佣金的趋势影响了产品的客观性，而低工资又影响到招收受过良好教育的柜台销售人员。过去，旅游代理机构很大程度上被看作“订单接受者”，但是现在代理商千万不能只是为旅游购买者提供方便的地方，开展专业化的咨询活动并且进行收费可以支付更高的工资，并且鼓励客户向旅游顾问咨询专业技术，尤其是在涉及到独立的、特制的旅游安排时。这种方法在高度专业化的代理机构发展中是非常明显的（例如，本书第三部分“案例研究”中的“案例研究2”）。

一些旅游代理商，不论连锁的还是独立的，在其零售实践中已经引用了一些创新性改进，下面的例子中最初使用的一种办法可能指出了未来零售发展的道路。

事例　独立的假日游商店（Holiday Shop）：旅游零售中的创新

一位代理尝试去改变零售商的经营方法。独立的假日游商店位于英格兰的南部城市温彻斯特，1993年由两个原来在土耳其和希腊开办一个小公司出租一流游艇的合伙人组建。他们发现在接近自己潜在的市场过程中遇到的困难也正是其他专业性假日游公司所面对的。于是他们建立了非ABTA代理，目的是独家代理多达120个更小

的、独立的专业旅游经营公司的产品，特别是侧重于围绕独立的组合游项目而打造的特制假日游。

公司以一种新颖的办法去执行与委托人所签订的合同：委托人宣传品上架按照月或年交纳固定的费用，对于在与目光平行的位置上摆放和橱窗展示要求额外费用，然后协商佣金的比率，但是低于传统的代理商们收取的10%的比例。这就意味着该零售商可以提前向委托人收取费用来充当初始成本。

实践中，代理商发现在长期的运行中，其收益性通过最终取消上架宣传费、回复到正常的佣金结构而得到了改进，但是起初的收费经过验证是一种成功创立代理机构的方式。代理佣金可以按照业绩由委托人向代理商支付，客户直接向委托人支付。这样做虽然使代理商的现金流动性变差，但是代理商也可以从法律上省去寻找担保的必要了。

该公司不断创新，他们声称自己一直是英国国内第一家在万维网上建立网站（1995年）的旅游代理商，建立之后很快就得到每天200多封电子咨询邮件。他们购买的那个价值高昂的域名，www.holidays.co.uk，以丰厚的利润出售给一个一流的旅游经营商，而启用了另一个新的网站地址，即 www.netholidayshop.com，这个网址使其销售领域得到有效的扩展，同时也为该公司提供了一种与客户保持联系的方式。他们开展特许经营，到2003年为止共建立了三个特许经营店（向母公司交纳一定比例的利润）。他们的产品种类增加到包括大约160个独立旅游经营商，通过独立担保公司旅游信托协会（Travel Trust Association）全额担保生意，创利空间得到大大提高。

七、旅行社设计

本章结束之前，我们应该看一下旅游代理的设计，因为有效的展示和设计是消费者认可其作为旅游销售场所的关键因素。

人们经常说旅游代理商很幸运，他们做生意有一间店铺、一些海报和一部电话即可。当然，事实上并不是那么简单，今天的竞争环境使得旅游代理的设计成为决定其成功与否的更加重要的因素。

过去人们常常认为旅游代理商不需要选择市中心的位置，因为顾客只在需要咨询的时候才会自己设法找到代理商。现在也已经不是这样了。大多数繁华街道都有旅游代理机构，他们吸引顾客的数量直接与他们在这个城镇所处的位置有关。店铺位置显眼,如在一个重要的路口,可以赢利,但是对于任何店铺所处位置的好坏最准确的检验就是看路过的行人数量。在考察新的店址时,使用计数器和秒表在一周内的各种时间测量过往人数,将显示出有关这个地址的最有用的数据。是否具有汽车停车场所也是值得考察和考虑的因素,尤其对于在小城镇内的选址。

任何零售企业通常都会尽量为自己的生意选择最好的地址,然后尽力做到物尽其用。至于为什么顾客喜欢选择此地而不喜欢选择彼地,多数研究都得出这样的结论:除了位置方便之外,最重要的因素就是吸引注意力的能力。因此,店铺的外表具有极其重要的作用,包括橱窗展示、招牌以及通过窗口看到的内部所展物品留给人的印象。有些商人采用色彩十分鲜艳的招牌来突出自己,通过商业促销广告吸引顾客进入店铺,并经常变换展示品来吸引注意力。旅游代理商学习这些知识,尤其是放弃现在仍然还在经常使用的"廉价竞卖"方式,会有利于提高工作效果。因这种竞卖方式的特征是滞销货物堆积如山,阻挡了人们看清橱窗内物品的视线,而且经常给人一种自相矛盾的印象。

现在的商店设计倾向于使用大而明亮的窗口,使人一眼便能够看到橱窗后面的店堂。店内面积最好宽敞些,使内部空间最大化。

从外表到内里,有两个因素在形成第一印象时起决定性的作用,那就是颜色和光线。

1. 颜色

颜色在印象的形成中起关键性的作用。不同的颜色代表着不同的价值观念。

- 红色传递着温暖和活力
- 白色是干净、冷漠和严肃的象征
- 绿色代表自然、关爱和卫生
- 蓝色被看作是干脆和富有效率
- 黄色是幸福和高兴(尽管有时可能会俗气)
- 葡萄色看起来显得成熟
- 棕色和橘红色是令人舒服、放松的颜色

最重要的是,选用颜色是为了给所要展示的内容提供一种背景,切忌店堂内部堆满宣传册、海报类物品,那样效果就会截然不同。颜色使用的妙例很多,如托马斯·库克新的蓝黄色相间的招牌、Going Places 的品蓝色招牌以及美国运通的葡萄色招牌。

2. 灯光

灯可以制造计划，或者中断计划。荧光灯用做总的背景照明既经济又高效，但是制造视觉冲击时的效果却很差；将光线聚集在相对黑暗的小范围内会增强任何物品的效果，其强度取决于选用的方法，钨丝灯泡、聚光灯泡和石英卤素低压装置的强调效果依次增强。一旦商店设计的总体目标要以现代照明为依托时，就应该听取专家的建议。

照明也要讲求实用性，因为一个店铺内的总体光线水平既会影响顾客的情绪，也会影响工作环境。亮度高不仅不能吸引人，而且会干扰人们平静地去看电脑屏幕。但是，在文职人员从事书记工作，尤其在凝视密密匝匝的时间表时，光线务必充足。

旅游代理处给人的第一印象应该是友好的、让人感到受到欢迎，并且设计应该让顾客觉得平静安逸。代理机构必须干净（因此，设计时要做到容易清洗），设计新颖，操作实用。图 9. 1、9. 2 和 9. 3 说明了旅游代理机构设计时考虑了设计规划、照明和宣传架布置等因素。

3. 实用性

将询问转化成定购的行动不仅需要一张桌子，而且要能够使用电话、荧屏显示系统（VDUs）和参考资料。这些设施必须近在手边而且整齐地摆放。钱的保管和安全问题必须给予考虑。是每个职员都配备一个放钱的抽屉呢，还是使用一个中央出纳台，这个必须作出决定。

4. 显示、展示和刺激

旅游可以说是在实现梦想，是人们取悦自己，让自己从单调的日常事务中解脱出来去休息。旅游代理应该宣传一些这种令人兴奋的概念，但是旅游代理们实在太容易丢失这个优势了，从而工作效率不高。使用显示器播放感情丰富的照片，戏剧化的、引人注目的海报，使用电视墙和屏幕表演演员宣传旅游信息，甚至使用现代电脑订购系统，这些都有助于增添兴奋的气氛。伦恩 · 波利在笔者写作本书时，也在利用香味试验着激发其众多商店的销售，方法是使用一台机器将椰子水的芳香喷吐出去，飘荡在店铺里，以此在顾客中创造一种“节日的情调”。

情调更多的时候体现为精心策划的产物，而不是偶然得之。在店铺内，空间和距离的不同搭配对于创造适宜的氛围非常重要。销售人员的位置离宣传架过远会使人觉得服务冷淡。设计规划的方式可以帮助形成一种整齐的外观布局。例如，销售业务人员绝对不可离开那些投递人员很方便投入大量新的宣传品，而且顾客一眼就能看到的位置；商店在冬天需要温暖适度，夏天需要凉爽宜人；设计时需要做到既能使顾客舒服，又可以工作起来方便。这些都是同等重要的，没有轻重之分，但是有一点是肯定的，那就是做好这项工作非常重要，花费也很高。

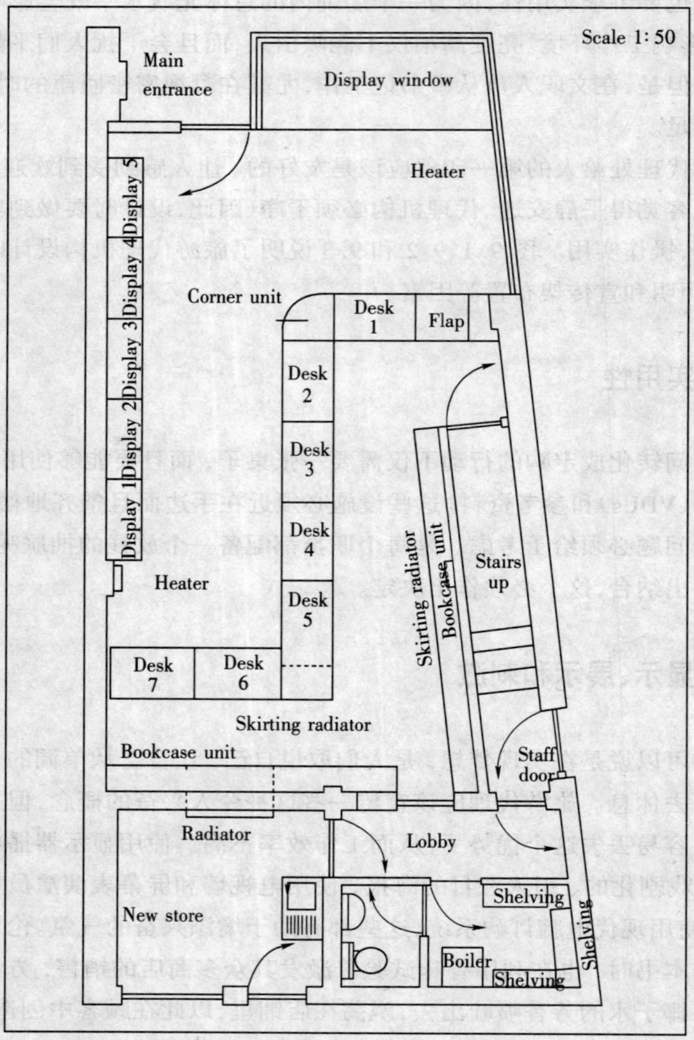

图 9.1　散客旅游公司(Go－Right Travel)的商店布置规划

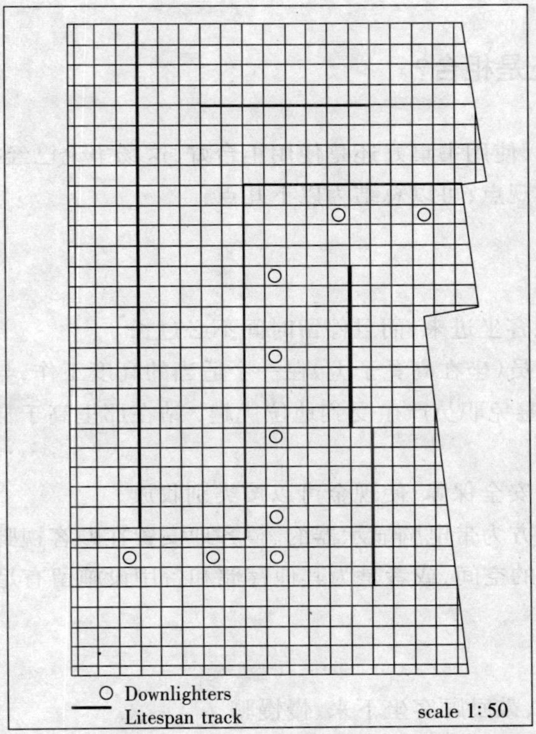

图 9.2 散客旅游公司(Go - Right Travel, P257)的顶部照明布置和天花板的悬吊

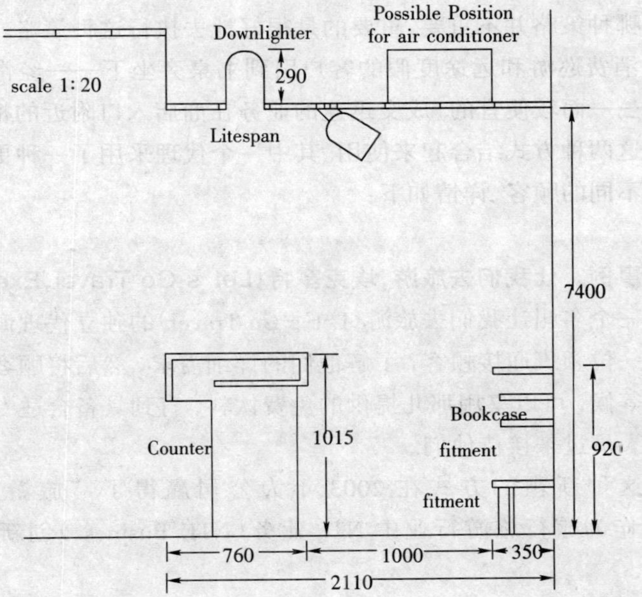

图 9.3 散客旅游公司(Go - Right Travel)店内、展台、照明、书架的正面图

5. 书桌还是柜台?

与顾客交易,使用书桌好还是使用柜台好,这场争论已经持续了许多年。争论者各有自己的观点,可以总结为以下几点:

(1)柜台

- 不鼓励顾客坐进来,而且停留时间不必过长
- 可以使职员(坐在高凳子上)在一个适当的高度工作,与站立的顾客打交道,可以避免职员产生受到地位优越,站在那里高于自己的顾客支配自己的感觉
- 提供一种安全保障,使现金可以按类别收放
- 在桌面下方为带电脑显示器的、整齐地安置在顾客视野之外的分类水平书桌等提供足够的空间,或者是为其他存储和备用设施留有足够的空间

(2)书桌

- 更加友好,鼓励顾客坐下来、慢慢聊
- 可以随意地放在宣传架附近
- 在与商店匹配方面,书桌更便宜,因为不需要固定位置或者特意去匹配

选择哪种策略并不重要,重要的是很好地去执行这种策略。可是,有些商店把选择高消费巡游和远途度假的客户引到书桌旁坐下——经常放在商店里很远的一端——而较便宜的、成交迅速的业务在商店入口附近的柜台前进行——成功地将这两种方式结合起来使用。其中一个代理采用了一种更有创新意义的方式对待不同的顾客,详情如下:

事例　让我们去旅游,埃克塞特(Let's Go Travel,Exeter)

一个名叫让我们去旅游(Let's Go Travel)的独立代理商在门口设置了一位领班迎接顾客,了解他们的详细需求,然后将顾客领到长沙发区等候,可以享用那儿提供的免费饮料,直到具备合适专业技巧的销售人员过来接待他们。

这种新颖的方式在 2003 年为公司赢得了"旅游周刊全球奖",作为旅行旅游行业中 NTL 业务(NTL Business)创新领域的获胜者。

在商业的各个环节中都强调整体设计效果，要求未来的旅游代理机构，如果想作为一个分销系统而生存的话，就必须使用零售领域中最新的技术。而最为重要的则是向顾客提供热情、宜人和舒适的贸易场所（见图9.4和9.5），这是顾客光临某个店时渴望得到的。

事例　米尔敦·凯恩斯旅游公司(Travelcaf Milton Keynes)

米尔敦·凯恩斯旅游公司是一个代理机构。他们仿照现代书店经营惯例的样式，与绅士咖啡屋(Esquires Coffee House)于2001年一起着手提供"放松和娱乐氛围"的度假活动，鼓励那些光顾的客人一边喝着咖啡一边浏览产品宣传资料，并且在因特网上寻找有关目的地的信息；他们还为孩子们开设了一个游乐场，里面有五颜六色的书、积木(Lego，垒高拼装玩具)和电脑游戏。如果该计划能够成功的话，公司计划要在其后的四年中发展到70个这样的分支机构。

这些发展成果无疑会使人相信：随着代理商的角色不断改进，凡是想获得生存条件的零售商都务必提供更好质量的服务和服务设施，这要比过去我们所期望的都要高。

（供稿：托马斯·库克集团）

图9.4　一个超级代理商办公室明亮、现代和高效的布局

（供稿：托马斯·库克集团）

图 9.5 一个超级代理商办公室内人员销售使用的办公桌

问题与讨论

1. 你可以想到在什么产品中，人员销售可能比其他任何销售方式更加有效？

2. 假定现在所有的旅游产品的详细信息都可以在网上查到，根据你的想法，这会导致旅游代理机构中人员销售的结束吗？

3. 今天的旅游代理商提供的信息其客观程度有多高？是不带偏见的建议吗？

4. 拍卖正在成为因特网上销售旅游的常见方式。这对于所售产品会有贬损影响呢，还是因提供尽可能低的价格而广受旅游大众的欢迎？

练习

阅读过去一年中旅游贸易出版物上登载的神秘的购物者报告。按照下列准则列出销售中的薄弱点：

- 不了解所售产品或者营销产品的公司
- 不拘礼节的服务
- 缺少对信息源的了解

以报告的形式提出你的建议，写明怎样通过招收新职员和举办培训帮助改进这些弱点。你有什么其他的方法可以帮助代理机构在电子销售不断增长的形势下生存呢？

推荐阅读

Bottomley Renshaw, M, *The Travel Agent*, Business Education Publishers, 1992

Lovelock, C, Vandermerwe, S and Lewis, B, *Services Marketing: a European Perspective*, Prentice Hall, 1999, ch 6

Morgan, M, *Marketing for Leisure and Tourism*, Prentice Hall, 1996, ch 20

Syratt, G with Archer, J, *A Manual of Travel Agency Practice*, Butterworth Heinemann, 3rd edn 2003

第十章

旅 游 广 告

学习目标

通过学习本章，要达到以下目标：

- 了解广告宣传的作用
- 了解如何创作好的广告
- 了解广告代理商的作用
- 了解选择媒体时应考虑的因素
- 认识促销预算方案的必要性

一、引言：道德问题

比特岛被夸张地比喻成苏格兰的马德拉群岛，不仅因为温暖的湾流孕育了茂密的植被，更要感谢当地营销人员离奇的想象力。

大博伊恩、D. 霍尔、加拉赫：《比特旅游业的调整》，F. 布朗和D. 霍尔著：《外围地区的旅游业》，威立出版集团，2000 年，第 104 页。

与我们学习过的前章个人推销相反，接下来的四章主要研究非个人推销形式。本章主要研究广告宣传——一种向顾客传递信息的重要形式。

广告在营销课中一直是个备受争议的话题，招致道德方面的广泛批评。大家指责广告过分夸张，经常扭曲事实，劝说顾客购买根本不需要的产品，是资源的极大浪费，创造了一个物质主义世界，让人们产生错觉，觉着购买某些产品或服务能提高自己的社会地位等等。尽管这些批评有些是有根据的，而且旅游业在这一点上也难辞其咎（看看电视或其他媒体对偏远景点的大肆宣传），但我们绝不能忽视广告的作用。广告能让消费者了解产品，知道产品的存在，并告诉消费者产品能怎样满足他们的需求。所以广告可以定期提醒消费者产品和需求之间的关系。商界如果没有广告就很难和消费者交流，有人还说这个世界如果没有多姿多彩、充满创意的广告一定非常无聊乏味。其实可以通过法律或法规等措施禁止和规范过分扭曲事实的广告。比如，英国独立广播局就制订了《广告与商品促销规范》，广告标准管理局等也规定广告必须“合法、得体、诚实、真实”，限制极端形式的滥用媒体行为。

事例　18～30 岁俱乐部

18～30 岁俱乐部旅游经营商常常因为对性的直露宣传而备受公众指责。该俱乐部在 1994 年发起“发现你的性敏感区”广告宣传，到第二年的春天，英国主要地区的户外广告牌上接连出现类似的广告。英国广告标准管理局下令取消了所有与 18～30 岁俱乐部相关的户外广告。这次广告宣传引起很大争议，主要是来自公众的批评，各家报纸杂志广泛刊登该俱乐部的广告，而英国广告标准管理局调查缓慢。广告代理商萨奇说他并无意触犯公众，这些广告只是面向 18～30 岁俱乐部的假日游客，他们对“性加烈酒”度假产品非常感兴趣。萨奇还说，他们明确指出这类产品的性质，回绝了许多因粗心错误报名的游客。其实这种产品的目标消费者并没有不喜欢这类广告，这类广告只是引起了公众的不满，触犯了“得体”的要求，而且选择了错误的宣传渠道。该俱乐部以后的广告都刊登在只有目标人群才会阅读的杂志上。

大型旅游经营商“第一选择”在2001年也因其BOGOF广告宣传招致批评。尽管这一首字母缩略词是指“买一赠一”(Buy One Get One Free)，但容易让人和一个忌讳的词联系在一起。经过媒体的负面报道，该公司管理层也认同BOGOF口号难登大雅之堂，及时停止了宣传。

本书讲述的广告主要包括三种形式：委托人面向消费者的广告宣传；中间商面向消费者的广告宣传；委托人面向中间商的广告宣传。

从刊登在当地报纸上的小广告到全国电视系列广告，任何一项广告宣传都需要经过反复斟酌。公司首先要确立广告目标，然后进行成本预算，最后是广告策略选择，有时还需要对广告效果进行评估。下面我们对这几个问题逐一进行讲述。

二、广告目标

就像先有蛋还是先有鸡的问题一样，是应该先确立广告目标再进行广告预算，还是先确定广告预算再在预算允许的范围内确立目标一直是大家争论的问题。根据营销理论，应该先确立广告目标，因为广告宣传带来的产品收入足以弥补任何预算超支。但实际上多数公司的工作都会受到早期制定的预算的限制，而且除了广告还有其他的营销手段，营销的重点可能并不是放在广告上。

首先要确定的问题是广告的目标市场是商家还是消费者。如果是消费者，具体又是哪些消费者？产品应该怎么定位才能吸引这些消费者？广告的目的是对公司及其产品进行宣传还是想劝导消费者购买其产品？

如果消费者是目标市场，广告商还要进一步确定具体的目标人群。旅游产品的购买决定可能是由许多人共同作出的。比如公司出差的职员并不能对出差决定施加什么影响；可能由公司老板决定去什么地方，使用什么交通工具，住哪家饭店等。除了老板，还有其他人可能影响决定的作出，包括秘书、人事部职员，公司旅游经理、甚至职员的家人等。休闲旅游的决定也经常是几个人共同作出的，比如一个家庭的年假去哪里、干什么应该是这个家庭的成员一起决定的。所以这样的旅游产品要想销售出去，所有会对产品购买决定施加影响的人都应该成为广告宣传的目标。

旅游产品的广告目标和其他产品没什么区别，也应分为告知、劝导和提醒

几种。广告目标应该遵守第四章提到的消费者反应机制模型(AIDA 模型):

- 吸引*注意*
- 培养*兴趣*
- 加强*欲望*
- 刺激*行动*

广告宣传通常遵照这一模式确定不同的宣传阶段。但也有些广告宣传因为时间限制,把告知和劝导结合起来。宣传新产品的广告总是很乍眼,容易引起注意,和产品本身并没有太多的联系。这样的广告吸引了公众的注意,让大家了解了产品之后,就进入第二阶段的宣传。这一阶段宣传的目的是引起消费者的兴趣,可能是邀请消费者接收关于产品的信息,让消费者的兴趣转变为购买的欲望,并结合其他交流媒体加强消费者的购买欲望。此外,设立咨询中心,解答顾客疑问,暗示购买非常容易等都可以刺激消费者的购买行为。

旅游广告目标及采取的策略纷繁多样。旅游景点、交通公司和旅游经营商通常致力于宣传产品的质量,增强消费者对公司品牌的了解(托马斯·库克 2003 年的电视广告宣传主要强调其质量监控机制)。其他旅游企业通常使用相对便宜的媒体,针对消费者反应机制四个阶段的目标(AIDA)进行广告宣传,在刺激行动阶段更多使用发放旅游手册的方式。有些公司迫于预算的压力把重点放在刺激行动宣传阶段,因为这一阶段的宣传效果明显。新年是全国性周末报纸的订阅高峰期,许多公司把标有“邮资已付”字样的卡片粘在这样的报纸上(见插图 13.1)。一些旅游经营商会选择这个时候确立年度短期战略目标,巩固加强广告宣传。

旅游经营商经常通过旅游手册劝说消费者采取购买行动,旅游手册通常采取直接邮寄的方式,通常通过分销代理,并附有销售信函,鼓励顾客和旅行社取得联系或和公司销售部直接联系。

旅游经营商或旅游代理商都会推出战术广告,用来推销延迟订购,并承诺给予特殊折扣。电话热线、因特网、信用卡和 7 天(一周)24 小时服务等都是这类广告宣传的特点。

三、广告预算

制作广告宣传方案肯定要充分考虑成本因素。全国性的电视广告费用很高,只有大公司才承担得起。旅游业的资金都很紧张,9·11 事件以及随之而来的经济衰退更是加剧了资金的紧张。但问题是不增加促销支出,旅游业的复苏就更难实现。一些公司更愿意把资金投入到旅游公关上,他们认为这样做能以更少的资金达到同样的目标;还有公司认为旅游业是个“魅力”产业,很容易吸引媒体的注意,所以不用做宣传;但完全放弃广告绝不是聪明之举,有无数的公司原本认为其产品已经非常有名,根本无须做广告,结果发现市场份额却不断缩减。

旅游业的广告支出相对其他行业低得多,还不到总收入的5%,而一般行业的广告支出要占到20%还多。这种低广告支出也招来不少非议。广告预算通常限于和同行竞争的宣传,很少有广告鼓励人们多参加旅游,而是劝说消费者跟着某个公司,乘坐某家航空公司的航班,去某个地点旅游等。经济复苏后,曾有人建议应该鼓励人们的旅游观念,鼓励消除飞行恐惧的人再次乘坐飞机。

第七章讨论了决定公司总促销开支的几种方法。预算的分配是应该依据市场或广告经理给出的数字,还是应该依据销售份额?或者效仿主要竞争公司的开支?比较可行的方法是先确定广告目标,然后估算一下实现这一目标的最低成本,这就是所谓的“目标—任务理论”。但如果估算出的成本高于广告预算,市场部职员就要冒一定的风险,如果预期目标没有达到,广告成本又超出了预算,他们就要受到董事会和公司高级管理层的责备,所以比较明智的做法是事先征得总裁的同意。

新产品通常比处于产品生命周期其他阶段的产品需要更多的广告费,因为新产品通常需要大量的广告宣传唤起消费者的广泛注意。想给自己的产品定位,和其他类似产品相区分也会需要大量的广告费。但处于起步阶段的公司属于少数,大多公司都有一些广告经验,制作新季度、新年度或其他时间的广告计划时可以作为参照。一旦确定了当前的预算额,就要仔细检查各种因素,利用各种信息,确保其合理性。接下来确定的任何开支都应该看作销售产品的成本之一,因为很多人都认为广告支出应该从利润额中提取。实际上,在销售度假产品时,广告和旅游手册、飞机票同等重要。

下面的例子表明,像地方旅行社这样的中小型企业怎样制定广告预算:

整个预算占总营业额4 400万英镑的0.75%,即3 300英镑。

三个主要广告目标是:

■ 最大化现有顾客的购买量

—方式:直接邮购

—预算额:1万英镑

■ 提高公司的声望,改善公司的形象

—方式:在当地付费报纸上每周刊登一次广告

—预算:52周×200英镑=10 400英镑

■ 让这一地区所有居民都了解本产品

—方式：在当地免费期刊每月刊登一次战术广告（tactical advertisements）

—预算：12 个月 × 800 英镑 = 9 600 英镑

还剩下 3 000 英镑作为流动资金，以备公司联合促销时使用。预算一旦确立，就应该制定计划，确定什么时候通，过什么媒体，宣传哪种产品。具体怎样制定广告策略在下面会详细讲解。

对于靠降价作为主要营销策略的产业，如竞争日趋激烈的假日游，通过广告投资提高产品的价值无疑是明智之举。

线上推广和线下推广

在提及促销策略组合时会经常说到线上推广和线下推广。它们之间的区别尽管已经没有以前那么重要了，但这一概念在广告业仍被广泛使用。前者指通过大众媒体中非个人的付费促销方式，后者指其他形式的付费促销方式，如直接邮寄、印在火柴盒和停车票上的广告。本章主要讨论线上的广告形式，因为其他广告技巧和更常见的促销方式之间的界限十分模糊。

四、广告策略

广告预算一旦确定，下一步就是制定广告策略，也就是确定广告宣传的组成部分——广告内容、承载媒体（报刊、广播、电视）、具体媒体形式（如果选择报刊，是当地报纸、全国性报纸还是杂志？）以及一些细节问题，如广告频率、广告时间等。

1. 设计广告内容

设计有效的广告内容是广告策划的重要阶段，一般比较昂贵的广告宣传都要由专门的广告设计人员制作完成。制作的内容包括广告的主题、格式、风格等。广告内容根据选择的媒体可以通过文字或图画形式表达，但任何广告内容都应该有意义、有可信性、有特色。广告的内容取决于广告目标，所以消费者从广告中得到的信息应该和公司确立的广告目标一致。前面曾提到过，广告目标可以是理性的，也可以是感性的，通常使用口号引起注意。比如纽约采用的“我爱纽约”（其中的“爱”字用“心”形表示）的口号已经成为经典的广告宣传，简短有力的一句话既好识别，又好记忆，经常被其他景点效仿，而效仿本身就是最大的肯定。

如果广告内容很有说服力，那这则广告在很大程度上是成功的。可信性可以通过许多不同的方式达到。在电视广告中让一位演员穿上件白大褂，给观众以医生或科学家的印象，这是常见的伎俩。还有一种就是把产品和名人联系起来。音乐、体育、电影、电视明星对某种产品的认可能大大增加广告的可信性，进而增加产品的销量（见插图 7.4）。明星受欢迎的程度和广告的可信性有直接的关系，所以像大卫·贝克汉姆、加里·莱因克尔这样的足球明星做广告会索要很高的费用。旅游产品偶尔也使用这样的伎俩，把名人和某个旅游景点或旅游经营商联系起来，但要想增加销量必须保证这种联系有可信度。

广告特色同样十分重要。翻阅国内报刊杂志上介绍旅游景点的广告，没有哪个能引起你的注意。像“惊喜”这样的字眼出现在无数的旅游广告里，这样的陈词滥调只能说明广告商没有任何想象力，根本无法增加景点的吸引力和特色。近几年比较成功的旅游广告包括西班牙旅游局的旅游广告，就因为它能标新立异，能带给人新鲜感。有人批评一些广告根本就看不懂，这更说明人们确实看了，总比许多国家旅游局的广告平淡得只能被读者略过的好。插图 10.1(a)－(e)是五个比较另类的广告，由西班牙旅游办公室制作，吸引外国游客去西班牙度假。这一系列广告主要面向上流市场，强调其远离海岸的文化魅力。西班牙旅游办公室说这一宣传主要是想通过人体上的记号（如一个孩子和他父母脚上的晒黑印记）告诉游客，西班牙旅游带给外国游客的情感和身体上的冲击，同时强调西班牙文化带给游客的激情。

电视上的广告铺天盖地，越来越难吸引观众的注意力。电视广告长度通常都在 7～30 秒之间，在这么短暂时间里，幽默感强的广告最能吸引观众的注意，而且有幽默感的广告适当重复几遍也不至于引起观众的反感。旅游广告要成功首先得做到有趣、精彩、刺激。度假通常是一年中最大的花销，所以必须实现广告中对游客的承诺。一对浪漫的情侣漫步在空旷的海滩是不错的广告，也是比较流行的宣传方式，但如果游客最后去的海滩人山人海，污染严重，设施落后，这种广告与现实的剧烈反差一定会使游客失望至极，根本不可能有什么回头客，更不要指望他们向身边人做宣传了。

第二章曾讲过，成功的营销策略有三种：

■ 低价，比同行卖的价格都低

■ 特色，产生高附加值，消费者因为喜欢你的产品所以想购买

■ 专业，专业到你的产品独一无二，其他人无法效仿

旅游产业的竞争性质决定了广告宣传必须和公司的战略目标紧密相关，广告内容也要和广告目标相符。

低价竞争和低成本竞争通常都很脆弱。低价竞争优势通常很难维持，容易引起价格战，到最后价格降至不能再降的时候，产品优势、公司管理质量等一概

不重要，谁的心里素质好或者经济实力强，谁就是最后的赢家。而且低价位总会让消费者联想到低质量，所以即使宣传自己的产品价格低、质量好，也很少会有人相信。

大多数产业都选择特色竞争策略。Sellotape 专指透明胶带，胡佛牌专指真空吸尘器，这都是对创始人成绩最大的认可。家乐氏玉米片、雀巢咖啡、亨氏焙豆以及其他同类产品的首选品牌都不是靠低价，而是靠产品信用吸引顾客。这些产品的广告强调质量信用，成为同类产品的首选品牌，这种长久质量信用就是附加值，而且可以通过广告进一步增加。但是一旦产品标准下降，不能达到顾客的期望值，这种附加值很容易丧失。

特色竞争策略在旅游业的应用就是强调职员经验丰富，能为游客提供更好的建议。"托马斯假日"通过广告宣传建立可靠信用，把质量监控人员塑造成严肃认真的商人（身穿西装，头戴礼帽）。这两例广告宣传的都是产品的服务质量，而不是产品本身。

专业可能指专注某个独一无二的产品或是某个独一无二的产品部件。如果广告中宣传的是实实在在的产品优势，别的广告商一定很难效仿，如"我们所有的别墅都有私人游泳池"，"我们每家饭店都设有经过专业培训的婴儿巡查员"，"每个船舱都有私人浴室和厕所"。了解无法满足的顾客需求是市场计划必不可少的部分，有助于建立公司独有的竞争优势。

事例　游览英国（前英国旅游局）

2002 年 1 月，英国旅游局斥资 200 万英镑对外宣传英国旅游业，打出"英国 OK"（UKOK）的口号，主要目的是想消除口蹄疫和 9·11 恐怖袭击事件带给英国旅游业的负面影响。还有两个次要目的：把英国旅游局官方网站的旅游咨询转到各旅游公司的办公室；鼓励英国公民邀请国外的亲戚朋友来英国旅游，以进一步刺激国内旅游市场。超过 1 500 家旅游公司参加此次宣传，135 000 名英国公民响应号召，寄出"英国 OK"信函给亲戚朋友。

但宣传却招来一片骂声。英国旅游局原本认为"英国 OK"的口号是"骄傲的英国公民实事求是的公开邀请"，可是公众对此却反应平平。这次广告宣传两周后便被取消，转而采用一家不愿参加这次广告宣传的公私合营的旅游公司提出的新口号，"只在英国，只在 2002"，主题是英国女王金婚纪念、传统、文化、城市与乡村，目标是吸引七大主要旅游市场的 100 万名海外游客。"英国 OK"宣传最后只用来吸引英国公民的海外亲戚朋友。

最有意思的还数纽约，在经历了9·11事件的沉重打击后，打出的旅游宣传口号竟然是“请来看看纽约的最佳时刻”。

2. 媒体策划

传统媒体包括出版业（报纸、杂志、刊物）、广播、电视、电影、户外广告和直接邮寄——直接邮寄是旅游业非常重要的宣传形式，将在另一章单独讨论。促销文学包括旅游手册、旅游指南，也属于一种广告形式，也将在后面单独一章进行讨论。最新的传播媒体，所谓的电子促销，与信息通信技术的发展紧密相连，特别是网络的使用将在本章最后讨论。除此之外，旅游业还有许多充满想象力的广告形式，如公交车身和出租车身上的广告、地铁车厢内和地铁站内的广告，使用手册、垃圾箱、机场行李车、公共汽车站、停车票、旅游景点、火柴盒、电子显示屏、气球、标幅、旅行社橱窗等都可以成为广告的载体。可以承载旅游信息的媒体工具不计其数，大型的广告宣传通常交给专业广告代理商设计制作。

选择媒体工具应该依据一系列的标准，资金约束只是其中之一。只有大型旅游公司能在全国性电视节目中插播广告，但小一点儿的公司可以选择地方电视台。英国西南部地区布里斯托尔动物园和其他旅游景点就选择当地电视台作广告宣传，不仅当地居民可以看到，到当地旅游的游客也能收看到。选择媒体的其他参考标准包括：

- 谁是目标市场?像艺术画廊、博物馆等高级景点一般通过期刊、报纸等宣传比较合适，最好是高级期刊、大版式报纸等。
- 市场范围有多大?地方性、全国性、国际性市场需要的媒体肯定不一样。像旅游团这样的大众旅游市场和专业游船在作广告宣传时需要的媒体也不会一样。
- 传播信息时颜色、声音和动作都有多重要？宣传的产品需要展示吗？白纸黑字能够传达产品的详细信息，但不容易引起注意，无法刺激想象力。周末全国性报纸和杂志封面上的大幅彩色照片可能不能插入过多的文字，但可以插入醒目的标题和口号，为产品提供一流的展示机会。
- 广告推出要多快？电视商业广告需要很长的准备时间，杂志上刊登广告也需要提前几个月预订。旅游团作宣传最迅速的方式就是报纸和旅行社橱窗。网络能够提供最新机票和度假产品信息，因为网络可以随时更新。1991年海湾战争的时候，很多旅游经营商放弃电视广告，转向比较灵活的全国性报纸，因为它可以临时通知改动，收效也比较快。

选择媒体时还要考虑各媒体的传播范围和影响力，媒体重复广告内容的频率。传播范围指媒体能传播的目标人数,也就是至少能看到一次这个广告的人数;传播频率指目标市场每个人能看到的次数。“看广告的机会”在广告圈通常用 OTS 也就是 opportunities to see 表示,是选择媒体时的重要参考因素,但同时也要参照各媒体的影响力,电视就比白纸黑字的报纸影响力大。电视广告重复次数多,能有效增强效果,但在较短的时间内过多重复会引起观众反感。

估算广告宣传成本时经常使用“每千人成本估算法”;也就是传播给每一千个目标消费者需要的成本。经常播放一个广告能加快向目标消费者传播的速度,也能加深经常观看的消费者对广告的印象。比如像书市最新信息这种需要立即采取行动的广告,重复播放就是首要因素。但还有许多其他形式的广告宣传,可能主要想树立观众的品牌意识和品牌忠实,这时需要考虑的因素可能稍有不同。

3. 出版物

出版物包括各种印刷资料,但究竟该选择哪一种最好由广告代理商的媒体策划人员决定。大版式(高级)或小版式(通俗)的周报和日报,地方报纸和免费小报,都可能成为地方旅行社和航空公司的理想选择。

报纸比较灵活,成本也较低,但广告质量可能不如其他媒体,而且长度通常有限。高级报纸让人觉着可信、有威望,上面刊登的广告也会给人高级产品的印象。而且每种报纸的读者数量也比较容易确定,有利于准确瞄准、测量市场。但除了周末彩色增刊,这一媒体的彩色广告范围很有限。在插图 10.2 中,度假产品经营商“欧洲营地”在白纸黑字的版面上只使用了一种红色便创造出完美的效果,属于小巧、简单但效果很好的广告。神鹰渡轮在同一个旅游增刊上使用了完全不同的策略,全速飞行的“超级猫”占满整个页面宽度,把背景文章断开,给人以动感视觉,再配以有力的文字,让读者对速度和价格都有了充分的认识(见图 10.3)。

(供稿:神鹰渡轮有限责任公司)

图 10.3 神鹰渡轮广告宣传在静止的页面上创造出动感效果,吸引读者的眼球

相比之下,杂志色彩丰富,印刷精美,针对性强,目标市场明确。因为读者之间经常传阅,所以同一本杂志可能有很多读者,而且杂志相对寿命较长,很多读者会保存收藏杂志,或者带到候诊室,稍后再看。很明显,假日杂志或与旅游相关的杂志,如《国家地理杂志》等都是宣传旅游产品的理想选择。杂志的主要的缺点是成本相对较高,而且有时会造成很大浪费,也不适合快速宣传,因为杂志登广告一般都要提前很久预约。插图 10.4 是全国性大版面周末彩色增刊的典型广告力作。该广告主要目的是传播在当地旅游的感受——友好、文化、活动空间和自由的感觉——所有这些都只用一小段文字和一个有力的解释完成。

定期刊物也刊登广告。有一些刊物适用于交流形式,《旅游快报》,尤其是商业性周报《旅游周报》和《旅游贸易公报》等,是旅行社及其他分销商交流的常用媒体。

国际出版公司 (IPC) 对度假产品购买模式做了大量的研究。结果表明,女性在假日旅游方面有更多的决定权,所以在女性杂志周刊和月刊上刊登旅游广告是许多经营假日游的公司的首选。IPC 还对每种杂志的读者性格做了分析,有利于广告商设计制作最适合目标人群性格的广告宣传。

4. 电视和广播

电视传播的范围广,而且看、听、动感、色彩等各种感觉效果都比较好,所以通常被认为是最有效的广告媒体。因为电视观众人数众多,尤其晚上看电视的人更多,所以人均成本较低,但总成本很高,而且商业电视广告的制作也很昂贵。观众对电视节目的选择性不是很大,所以很难划分目标人群。也许电视广告最大的缺点就是驻留时间短,广告很容易被忽略,观众一般在广告时间就会换台,而且随着录像技术的发展,商业广告经常被略过,甚至使用现代技术跳过去。

有些国家,比如美国允许公司为电视节目提供赞助,公司的名字可以成为某个节目的冠名,能给观众留下更深的印象。英国有个有趣的节目赞助,一家有名的旅游代理连锁商 Going Places,赞助火爆的电视相亲节目,很多观众都想亲自去参赛者相亲的地方去看一看,这无疑会给公司带来不少游客。

作为覆盖全国的媒体,电视经常只是大型旅游公司做广告的工具,但有时小型的地方广告也会出现在电视上。圣诞节和新年假日之后的电视旅游广告是最多的,因为这会儿多数其他产品广告商都会减少开支,所以相应产品的广告数量也会降低。

相比之下，广播商业广告更加地方化，制作成本也很低。广播广告的关键是想象力，因为听众没有被限制在眼前的屏幕上。广播广告的制作速度快，所以广播是宣传战术广告的最佳媒体。电视只限于大公司作广告，广播可以面向任何一家小旅游代理商和旅游景点，是推销地方旅游的有效手段。相对于电视，广播广告的目标市场更容易确定，是向司机和跑通勤的人作宣传的最佳媒体。

事例 巴巴多斯旅游局

巴巴多斯旅游局通过资助英国广播电台的天气预报，充分利用广播宣传本国旅游业。每当英国广播电台预报完冬季寒冷的雨天后，电波里突然响起海浪拍打海滩的声音，伴着巴巴多斯人圆润的歌声，描述巴巴多斯宜人的风光，刺激听众立即订购的欲望。

5. 户外广告

户外广告的形式灵活多样，如印在自动停车计费器上、垃圾桶上、公共汽车站内等的广告，但最常见的户外广告还是户外广告牌。旅游广告经常采用户外广告媒体：游客乘坐的汽车车身是宣传旅游景点的好地方；机场行李推车也是机场广告宣传的好地方。开车经过英法海底隧道差不多要半个小时的时间，这期间没什么别的东西可看，阅读英法海岸景点的广告宣传就成了唯一的消遣。机场行李传送带和旅客过道也是旅游广告不错的选择。

广告牌移动灵活，制作成本相对较低，而且因为很多人每天上下班都要路过同一个地点，所以广告牌的重复阅读率高。但广告牌的阅读人群很难确定，而且表达力很有局限——但也有些中心地带采用富有创作性的展示方式，包括三维动画、产品模型等。通往伦敦希斯罗机场的十字路口就树有一个大型的克莱斯勒汽车模型，每年都有数百万的游客能够看到。

户外广告经历风吹雨淋容易掉色变形，有时还会招致公众破坏，所以需要经常更换。尽管理论上说，户外广告的有效时间主要是白天，但也有许多中心广告牌设有夜间照明设施。还有些地方设有电子移动屏幕，可以交替宣传两至三个广告，使用率更高。

旅游广告牌更多的是在旅游代理商的橱窗里，主要用于度假产品延迟订购的宣传。尽管适用范围小，但能够抓住过路游客。树立广告牌快速便宜，用后立即可以更换。旅游代理商的橱窗广告广泛使用这一形式，收效快，而且效果明显。

6. 电子广告

除了以上大家比较熟悉的广告形式外，近几年出现了越来越多的电子广告。电子广告主要是在网络搜索引擎和各种网站插入一些小型广告条幅，在用户登陆网页时吸引注意，还有些广告页在用户操作过程中自动弹出。除了这些容易引起用户反感的广告形式外，还有一些更有创意的宣传方式。英国航空公司向搜索引擎购买使用"航空公司"这类的字眼作为关键词的权力，在用户输入这类关键词后，屏幕上会显示出英国航空公司提供打折机票的广告。这种网上广告宣传方式被旅游业广泛使用。

下载比较浪费时间，用户容易失去耐心，而且越来越多的垃圾广告更是容易激怒网络用户。但令人奇怪的是，在对英国手机用户的调查中发现，一半的手机用户很乐意接收电子广告，而且这其中的一半用户即使没有如打折账单这样的好处也愿意接收电子广告。但有些电子广告的确很烦人，而且没有任何意义。笔者近期有一次正站在瑞士桑克蒂斯山上静心享受美景，突然手机铃声响起，原来是电话公司的短信"欢迎来到奥地利！"而且紧接着要求为此优越待遇付费！这种形式的广告应该不会有多大的发展空间。利用手机短信发送打折优惠卷在美国很受欢迎，为电子广告的发展指出了一个发展方向。

电子条幅广告逐渐让位给其他的广告技巧，更多的广告是劝导用户进入下一步购买阶段，并常提供一定的奖励（本书第三部分"案例研究"中的"案例研究1"提供的就是这种促销的例子）。

事例　最后一刻网络公司(lastminute. com)

最后一刻网络公司是有名的提供度假产品订购等服务的网上订购服务商。其网站可以通过个人电脑、电话、支持无线应用协议(WAP)的手机、互动数字电视等登陆。"办公室调情测试"是该公司成功的网络宣传之一。该宣传利用了许多公司职员上班时间浏览网络的好奇心，主要想吸引年龄在25~45岁之间的公司员工，只要做测试就有机会赢得"浪漫出走"的机会，这项宣传正好选在情人节前夕，点击数超过100万次。

电子广告市场虽然很小，而且只能面向有限的人群，但网络能以较低的成本瞄准目标人群。电子广告的效应较小，有时会造成很大的浪费，但这种形式的互动营销潜力巨大，增长空间较大。

如果广告预算较高，选择难度也就相应较大，但幸运的是，许多信息和建议经过调查研究都可以获得。毫无疑问,追求的效应越大,宣传的成本越高,但为了确保有所回报,较大型的广告宣传最好请专业广告代理商出面帮忙。

7. 联合式广告宣传

广告可以和其他促销方式联合使用以加强宣传效果。旅游产品经常和其他领域的产品联合起来推销,比如将旅游产品作为购买其他产品的奖励。如东芝和维京航空公司(Virgin Atlantic),零售商拉姆贝罗(Rumbelows)和伊比利亚航空公司,索尼和托马斯·库克,超市连锁商森宝利(Sainsburys)和英国航空公司等。伊莱克斯用自己的白色家电资助旅游产品代理商,零售连锁商卡瑞斯(Currys)也用类似的方式资助欧洲航班。这种联合促销是促进旅游的有效方式,但必须谨慎操作。1993年胡佛公司(Hoover)承诺购买其吸尘器就有机会获得跨大西洋免费旅游的机会,结果吸尘器的销量过高,最后根本无法保证旅游机会,招来媒体一片骂声,导致适得其反的结果。

联合式广告宣传策略可以用不同媒体推销同一种产品。见下面的例子。

事例　美国旅游推广协会(SeeAmerica. Org)

美国旅游推广协会由美国旅游业协会(TIA)资助,制作了16页的《星期日泰晤士报》彩色增刊,用来宣传公司的网站,游客可以通过这个网站购买成千上万的美国旅游产品。

五、广告时间选择

如果没有预算的限制,每个公司可能都想一年到头都作广告,但实际上只有特大型的公司才有这样的经济实力,所以旅游公司多数都面临广告时机选择的问题。全球性航空公司可能不像旅游经销商那样有明显的淡季和旺季之分,旅游业一般都有两大旺季:夏日的阳光和冬日的体育运动。旅游手册通常都是在这两个季节之前发放,圣诞节和新年假日之后是旅游广告的高峰期。

不幸的是,旅游预订的传统已经有所改变,原来游客通常都会在一、二月份间订购度假产品,而现在更多的游客喜欢出发前再临时订购。尤其近几年的经济和政治危机对旅游业造成不小的冲击,游客首先要对世界局势有充分的了解,才敢订购。面对这种局面,旅游公司必须投入大量的广告经费,或者大幅打折,才能鼓励游客恢复以住提前订购的习惯。

无法售出的度假产品和交通设施是典型的“非耐用商品”,一旦过了出发日期就会一文不值。只要有人买就比卖不出去强，延迟打折销售已经成为多数旅游公司的重要营销模式。在为游船、跨大西洋及其他长途飞行、旅游淡季的中心饭店等作广告宣传时，大幅折扣已经成为惯例。但不幸的是，这些折扣如此有吸引力，如此深入人心，以至于越来越少的游客愿意以原价提前订购旅游产品。结果导致旅游公司广告预算的大部分都用在“战术广告”上，而且不得不靠低价吸引顾客，随便扫一眼全国性报刊杂志的周末旅游专有版面，你就会相信了。

如果是系列广告宣传，还需要确定应该采取“渐进式”策略还是“爆发式“策略。有些广告可以通过短暂时间内的经常重复加深消费者的印象，有些广告可以在较长的时间里较少重复，强调“连贯性”。品牌的建立和提醒适合使用“渐进式”策略，而劝导消费者立即采取行动更适合使用“爆发式”战略。

任何产品的广告都要把握好广告时间，既要在旅游安排前播出，又不能提前太久。如果没有机会订购，无法获得有关产品的信息，对新的飞行航线，新的旅游团景点作广告宣传都没有多大的意义。市场部和生产部应充分协调，保证游客咨询时，预订系统和支持信息都能到位。同样，如果广告中提出特别承诺，销售人员以及其他可能收到公众询问的人员应该在广告发布前了解掌握承诺内容。

六、广告代理商

承担费用

公众可以使用旅游代理商提供的服务，而且不用支付额外的费用，做广告宣传的公司也一样可以选择广告代理商来创作、设计、筹备和进行广告宣传。这样做有很多好处，广告代理商拥有专业技巧，而且能从市场调查中获得各种信息，做广告宣传的公司可能由于经济或其他方面的原因是无法获得这些的。这种雇佣关系的行业传统是：如果一般顾客要为电视或出版物广告宣传支付100英镑的话，广告代理商只需支付85英镑，但广告代理商是这个交易的委托人，即使最后委托其制作广告的公司未履行义务或不能付款，广告代理商也要向媒体公司付款。而这其间的差价，有时也用作支付广告代理商额外的服务，如销售展示、促销录像等。但其实是随心所欲的，而且这个差价并没有什么神奇的，如果制作成本低，或广告花销少，代理商就不会认为这一差价足以弥补投入的管理时间了。同样，如果制作成本很高，比如大型印刷宣传，代理商可能会人为地抬高佣金。所以现在的代理商通常同时收取佣金和费用。现在公司无论大小都喜欢把广告制作交给旅游代理商，即使只是在当地报纸上登则小广告，也要找专业代理商，觉着他们能在排版和设计上都更专业一些。

可能会有些委托人认为，委托人只需向代理商支付媒体佣金，不承担其他经济责任，但能够自由享受几乎没有任何限制的服务。但实际上，真正有效的关系对双方都是有利的。代理商需要为委托人工作以获得收入，所以很难单方面支配这种关系。即使代理商的想法不符合委托人的口味，也不会遭到谴责。委托人可能是最后的失败者，也可能从良好的关系中获得一切。

委托人从一开始就应该很清楚究竟想从代理商那儿获得什么。寻找代理商的动机可能是下面的一种或几种：

第一，代理商有制作广告宣传所需的资源，但委托人没有。委托代理商制作总比雇用全职职员划算，尤其当推销要求水平不等、或规模不足以雇用全职员工的时候，委托代理商制作更是理智的选择。

第二，代理商有委托人没有的专业技巧，如创作和设计天赋。

第三，代理商有专业知识和经验，如媒体知识、国际广告宣传知识、委托人市场领域的行业和营销专业技能。

第四，委托人由于和产品关系太近，导致其观点没有代理商的观点客观。而且代理商通过和不同行业的不同委托人打交道，视野要比委托人更宽阔。

选择代理商时很重要的一点就是要对需要提供的服务性质有清楚的了解。不同的代理商在专业技巧和职员经验上都有很大的差异，提供的服务也会有很大的差别。

一位想短期内在全球发行的出版物上刊登广告的委托人可能会问以下几个问题：

“这家代理商有没有足够的人员在如此短的时间内制作出这种大规模的广告？”

“这家代理商有没有在全球性媒体做广告的丰富经验？”

“这家代理商有没有我们市场领域的丰富经验？”

“这家代理商制作的出版物广告和其他媒体广告相比如何？”

同样，一家预算很少的小公司可能会问以下几个问题：

“这家代理商是不是太高档了？我们是否需要或者根本支付不起这么高档的服务？

“这家代理商习惯以较低的成本制作精彩的广告宣传吗？”

“我们出的钱和其他公司相比是不是太少了，他们会不会不重视我们的广告？

一旦关系确立，双方都有义务创造良好的环境，确保一切运转正常。其中有几个关键因素需要注意：

A. 经常相互交换信息，而且一定诚实

委托人需要投入时间以确保代理商对其产品、市场及业务有足够了解。广告宣传的战略性越强，代理商需要了解的东西就越多。建立长期的合作关系对双方都有好处，可以节约双方的时间和精力。而且，代理商需要坦白地告诉委托人宣传的进展情况，以及宣传过程中出现的任何问题。

B. 交流途径要清晰

即使是一个很小的广告宣传也会包括很多的细节。一个好的代理商应该知道制作过程中的各种问题都应该找委托公司的什么人批准。一些关键性的步骤需要提前获得同意，双方都应该清楚什么样的问题该找谁负责。总经理应该批准最初的创意，而市场经理负责批准最后的价格。

C. 相互尊重

和其他服务行业一样，良好的私人关系，或者委托人和代理商比较合得来都能对双方的合作产生良好的影响。相互尊重是关键。委托人雇用了代理商，却不尊重对方的建议，可能会错过比较客观的观点。同样，代理商如果不能按照委托人的意见创作广告，就无法有效利用委托人对产品和市场的丰富经验。双方心胸都要开阔。许多委托人抱怨代理商的作品没有任何创意，而代理商又抱怨委托人总是不能接受新的想法。

D. 每项广告都应该有明确、合理的目标

只有依据明确的标准，才能对广告效果的好坏作评价。

E. 根据需要服务的类型选择代理商

委托人不能认为所有的代理商都是一样的，应该明确知道自己想要代理商做些什么，如每周召开一次会议汇报制作进程，对宣传效果要有详尽的分析，媒体日程的任何变动都要书面通知等。这样做不但能让代理商清楚地知道自己都该做些什么，而且能让他们更好地核算成本并报价。

F. 预算和进展情况要明确

这些从一开始就应该非常清楚，而且目标要实际。

G. 代理商酬劳的基础

这点从一开始就应该公正清晰。重视长期合作的委托人期望代理商的利润清晰。大型的委托公司知道他们对代理商的生存起着重要的作用。由谁来承担广告内容和版本补充的费用等问题都是容易引起争议的地方，如果可能，最好事先商定好。

七、广告效果评估

如果大家都认为不花钱做广告宣传也能有同样的销量，恐怕没有哪个公司会花钱去打广告。有足够的证据表明,促销开支和销售额有很大的关系,但是影响销售的因素很多,所以很难准确地说出广告宣传和销售量到底有多大关系。这也并不是说就不用评估广告效果了,为产品做广告宣传的公司和广告代理商都可以使用许多简单的手段以确保媒体工具选择恰当。宣传成本合理,价值就得以体现。

测量广告效果分为事前测量和事后测量。根据我们前面讲过的消费者反应机制模型(AIDA),任何时候目标市场的消费者都处于不同的反应阶段:有些人对产品一无所知;有些人了解一点点;有些人喜欢这种产品,打算将来的什么时候购买;还有些人已经购买了产品,而且打算定期购买。我们需要了解的是处于各个阶段的消费者的比例,以及广告对这一比例的影响。比如西班牙南部有个旅游地点赫雷斯(Jerez de la Frontera),英国假日游客对此知之甚少。调查表明这一景点的潜在和实际市场可分为以下几类(以下数据都为假定):

- 目标市场中 73% 的消费者对这一景点一无所知。
- 剩下的 27% 中,超过一半(14%)的消费者打算在未来的 5 年内去那儿度假,6% 的消费者不会考虑去那度假。
- 3% 的消费者已经去过,0.5% 的消费者打算五年内再去一次。

此次广告宣传的目标是在一年内让目标市场 90% 的消费者对这一景点有所了解,其中 30% 的消费者愿意去旅游,至少 6% 的消费者会在明年内订购去此地的度假产品。广告代理商可以估算要达到上面的宣传目标所需的总成本,并选择最佳的媒体和广告技巧。很可能此次宣传除了广告之外还要使用其他的行销手段,包括公共关系活动和向旅游贸易商推销等。

广告宣传设计好后,可以进行事前检测。设计一则广告并在典型的度假产品购买人群中进行测试,看看他们能否记起广告及其内容,对传播的信息了解多少,经过宣传他们对产品的态度是否有所改变。

监控广告还可以通过在一个国家的不同地区作不同的广告进行宣传,这样就可以评价不同地区的广告效果,并单留出一个地区不作宣传,然后区分这个地区和其他作宣传地区的认知(或销售)效果。

实际上,通过对产品的认知度和偏好程度评价广告,比对广告如何影响销售效果的评估要容易一些。许多广告都附有订货单,劝导消费者进行咨询,甚至可以直接订购。还有些广告附有参考号码(如《星期日泰晤士报》刊登的第 10 部分(Department ST10)指这是第 10 则广告,或是 10 号广告),这样做大大简化了监控的过程,能够准确地计算出每个广告带来的咨询人数,而且以后能通过检查名字和地址比较容易地计算出从咨询转为购买产品的消费者的数量。

公众每天都要面对成千上万的广告,所以各个公司面临的主要挑战是提醒消费者不要忘记自己。好的广告效果很重要,但重复广告也很重要。很多广告其实就是为了不断地提醒消费者注意公司和产品的存在,所以还要监控公众对一个公司及其产品的认识和态度。

事后监测和事前监测一样重要。作宣传的公司一定想要知道他们的花费值不值。除了需要检测对产品的记忆、认识、态度、购买欲望等,还要检测宣传过程中实际完成的销售数量。

案例学习 Hoseasons 的广告效果评估

Hoseasons 的广告效果评估工作做得非常细致、有效。它是英国一家自助假日旅游公司。从 50 年前诺福克郡的租船代理商发展成为今天首屈一指的自助假日公司, Hoseasons 每年销售超过 100 万个度假产品,包括英国、爱尔兰、欧洲大陆的旅游大宅、别墅、假日公园、轮船等。

Hoseasons 估计, 每年大约 1/3 的顾客是回头客或者是经人介绍的顾客。直接邮寄是拉拢回头客的有效手段。另外 2/3 的顾客主要是靠广告、直销、联合推销、因特网和个人关系等方式获得的。

英国自助假日传统的广告宣传媒体是全国性周末报纸、杂志、电视指南等。近几年杂志插页、数字电视、因特网等也成为这种假日宣传的媒体。

综合使用各种媒体加大了对单个广告效果进行评估的难度,可能会造成广告预算失控的局面。所以保证对广告费用的有效评估就成为确保公司成功的关键因素之一。该公司每年在小型期刊、全国性出版物和电视等各种媒体上刊登的广告有 3 000 多个。

Hoseasons 拥有一套非常精密的体系详细分析每个广告、直邮邮件及其他推销形式的效果。公司要求每位咨询者说出是从哪则广告获得的信息,以此确定每则广告带来的咨询者的数量。公司发放的每本旅游手册都印有个人参考号码,接下来的每个订购都能和最初的广告联系起来。这样不仅能知道哪则广告带来最多的咨询,还可以知道哪则广告传播效果最好。

借助成熟的电脑系统, 该公司能够成功地对以下几方面进行评估:

- 哪种出版物或媒体的效果最好
- 最佳广告风格
- 一年中最有效的广告时间
- 广告空间的成本

■ 接到回复的数量

——通过电话

——通过邮寄

——通过旅游代理商

——通过因特网或电子邮件

——通过其他数字渠道(如互动数字电视)

Hoseasons 成功地对每次回复的成本进行了相当精确的分析，为以后政策的制定提供了指导作用,而且不仅能够快速的评估广告内容的整体效果,还可以更细致地对某种产品的广告或者战术广告效果进行评估。

八、上门推销

直接邮寄是向选定消费群和潜在消费群推销的有效方式,上门推销面向的是同一个目标人群,但成本要低得多。尤其对于地方旅游代理商或动物园、博物馆等地方旅游景点来说,上门推销是向一定区域内的所有家庭推销产品的最有效方式。上门推销不用把推销信息个人化，也能够劝动不少当地人去参观景点。发放折扣代金券就经常采用上门推销的方式。有些旅游代理连锁发行自己的报纸,刊登委托人的广告。这些报纸也都是上门发放的。

问题与讨论

1. 从全国性的报纸和杂志上收集一些广告,这些广告的目标应该针对“消费者反应机制模型”(AIDA)四个阶段中的某一个,确定每个广告瞄准的目标消费者所处的阶段,并客观地评估每则广告的效果。

2. 试讨论“西班牙印记”系列广告的效果。你还能找到其他怪诞的旅游广告吗？如果由你负责推销他们宣传的旅游产品,你能想出更好的宣传主题吗?

3. 举出 10 则你身边的交通工具(飞机、火车、长途公共汽车)户外广告宣传。和你们组其他人员一起讨论比较每则广告的效果,你认为哪则广告最好,为什么?

户外广告的文字是多好还是少好？还是取决于广告牌的具体位置?

4. 你能想起哪些最近半年看到的电视旅游广告？这些广告什么地方能让你记忆犹新?他们有没有劝导你使用他们推销的服务?你有没有因为看了某则广告才计划在近期购买他们的服务?

练习

假设你是一名广告经理，负责为你所在的城市的一个主要项目做宣传（嘉年华、圣徒节节日、传统车赛、房产展览会等，随你选择）。制定一份预算，设计针对这一项目的广告宣传，指出目标观众，选择适当的媒体。

提示：在英国你可以使用最新版的《英国比率与数据》查询各种媒体的最新广告成本。

推荐阅读

Kotler, P, Bowen, J and Makens, J, *Marketing for Hospitality and Tourism*, Prentice Hall, 2nd edn 1999, ch 15

Morgan, M, *Marketing for Leisure and Tourism*, Prentice Hall, 1996, ch 15

Morgan, N and Pritchard, A, *Advertising in Tourism and Leisure*, Butterworth Heinemann, 2000

（供稿：爱尔兰旅游）

插图 4.3 和 4.4　爱尔兰推出的两则广告，利用消费心态分割市场，外加价格吸引

（供稿：新西兰旅游局）

插图 7.3　新西兰充分利用电影《魔戒》的影响力，吸引大批新游客

（供稿：托马斯·库克/伦敦·李岱艾广告有限公司）

插图 7.5　(a)、(b)、(c) 托马斯·库克向顾客保证其对宾馆、海滩和高尔夫球场的监控质量

（供稿：托马斯·库克/伦敦·李岱艾广告有限公司）

插图 7.5 (b)

（供稿：托马斯·库克/伦敦·李岱艾广告有限公司）

插图 7.5 (c)

（供稿：阿联酋）

插图 7.6 刺激情感的广告：阿联酋国际航空公司使用小孩可爱的表情推销国际航线

（供稿：西班牙旅游办公室）

插图 10.1 (a)阿尔塔米拉

宣传西班牙的怪异但有效的广告

西班牙旅游办公室策划的

五则"西班牙印记"广告

（供稿：西班牙旅游办公室）

插图 10.1 (b)马德里(马德里——文化)

（供稿：西班牙旅游办公室）

插图 10.1 (c) 圣徒日

（供稿：西班牙旅游办公室）

插图 10.1 (d)达利——艺术

（供稿：西班牙旅游办公室）

插图 10.1 (e) 脚——太阳、大海、沙滩

(供稿:廉价航空公司)

插图 7.4　利用电视名人大卫·狄金森加强廉价航空公司 MyTravelLite 广告的吸引力

(供稿：欧洲营地)

插图 10.2　欧洲营地的广告在全国性出版物白纸黑字的旅游页面上使用彩色(红色背景)引起读者注意

(供稿：法国的房子/DDB&Co，巴黎)

插图 10.4　法国政府旅游办公室和阿基坦地区资助的联合广告，充分利用周末彩色增刊的色彩

(供稿：不列颠轮渡公司/华尔克代理公司)

插图 13.1　不列颠轮渡公司的广告粘有直接回复卡

（供稿：房车俱乐部）

插图 14.3 (a)、(b) 房车俱乐部的两则广告，宣传房车对社会的益处

（供稿：老年王国）

插图 CS7.1　电视名人艾伦·蒂奇马什为 YTB 作电视和出版宣传的形象代言人

（供稿：老年王国）

插图 CS7.2　著名歌星辣妹（媚儿·碧）是该公司广告宣传的代言人

第十一章

旅游手册

学习目标

通过学习本章，要达到以下目标：

- 了解旅游手册做为一种营销工具的重要性
- 认识约束旅游手册制作的法律规则
- 分别从消费者、分销商和印刷商的角度说明设计和印刷要求
- 了解旅游手册发放的意义
- 了解传统旅游手册替代品技术的发展

一、旅游手册的作用

胸越高，皮肤越白，小妞越吸引人。

《泰晤士报》摘自英国旅游局出版的《旅游指南》中的一段话，利用投递员马琳达的个人魅力吸引游客。一位英国旅游局的发言人说，是马琳达引诱来了年轻的游客。

《牛津简明英语词典》中“旅游手册”被定义为“提供有关某一地点或其他方面信息的小册子”。旅游手册和其他用以支持旅游业促销活动的印刷品之间的区别很难界定，本章讨论的旅游手册是指旅游经营商用来宣传产品，吸引顾客订购的宣传手册，但也不排除其他新出现的电子旅游手册等形式。除此之外，还包括诸如飞机时刻表、景点指南、销售现场的印刷材料及不单纯为促销的类似印刷品。这类材料的特点是免费发给消费者，和许多指南、地图等商业销售印刷品相区别。旅游业还有许多其他形式的促销资料，这些资料通常不分发给消费者，对此我们将在第十二章进行探讨。

一说起旅游手册，许多人都会联想到包价旅游明细、旅游景点介绍等，这些形式的旅游手册是旅游业最重要的营销手段之一。不论推销什么旅游产品，都很可能使用某种形式的旅游手册。饭店需要简介，博物馆和旅游景点需要宣传小册子，航空公司需要介绍航班和航线的时刻表。即使电子旅游手册为游客提供了另一种选择，这些传统宣传方式还是会一直沿用下去。网络能提供旅游手册中所有的信息，但到目前为止，还没有什么迹象表明传统旅游手册有被取代的趋势，虽然电子旅游手册的补充作用越来越明显。对旅游手册这一主要营销手段的依赖性是旅游业和其他产业不一样的地方。这就是我们为什么要单抽出一章专门对旅游手册的作用进行分析。

每个公司的旅游手册所扮演的角色各不相同，有些主要是为游客提供信息，（如航空公司时间表），有些既提供信息，也劝导消费者购买产品（如介绍包价旅游产品）。旅游手册提供的信息通常都是游客经常向旅游经营商或旅游代理商咨询的问题。从这个角度来说，旅游手册减少了销售人员的工作量，降低了成本。许多旅游手册还有象征作用，当消费者购买产品前无法亲眼见到或检查产品时，旅游手册可以充当产品的替代品。消费者提前阅读产品描述，旅游过程中参考旅游手册，事后回忆旅游经历时再次翻阅旅游手册等，这时的旅游手册充当的是社会学家所指的“意符”，指代产品或真实旅游经历。

二、旅游手册的制作

公司的市场人员决定旅游手册的内容和数量。第一个问题还是预算——旅游手册的制作和分发应该花费多少钱?这个问题还是应该回到第七章有关选择性预算决定的理论。尽管有不少公司人为地决定旅游手册的预算,但广告预算的"目标—任务理论"在这里也适用。市场人员先确定目标市场的特点和消费者数量,以及利用各种媒体发放手册的机会,还要考虑可能出现的浪费。浪费率能根据事后经验作出很好的估量,但也可以通过需求量相似的旅游手册分发途径获得。浪费总是难免的,但最好还是限制在最低水平。旅行社旅游手册架上陈列的旅游经营商的旅游手册通常只需 6～10 本就能达成一起交易,但如果旅行社工作努力,给所有点击网页的人都发放旅游手册(连做地理作业的学生都发),那每笔交易需要的旅游手册就更多。据米德顿估计,旅游手册的制作和发放占到一般英国旅游经营商总利润的一半,所以避免不必要的浪费所作的努力是值得称赞的。德国等欧洲大陆国家的旅游手册浪费极大,他们采用"短枪市场战略",在旅行社外面的街道上支起个架子摆放旅游手册,过路人随便拿取,就像英国房地产手册的发放一样。直接和消费者打交道的小型旅游经营商每签订一份订单就要发放 20～25 本旅游手册,但起码这样的结果还是可以测量的。摆放在饭店或旅游信息中心架子上的景点旅游手册谁都能拿,根本不知道它们的作用,制作宣传手册只是认为应该做。但话说回来,旅游景点或旅游胜地如果不制作任何公众材料,结果只能是死路一条。

确定制作成本时还要考虑所需材料的质量。宣传五星级豪华宾馆的手册一定要比组织廉价周末游的公司的宣传手册制作精美。

有了这些指导性的原则,我们下面详细分析一下旅游手册的策划和设计过程。旅游经营商的宣传手册应该是最高级别的旅游手册,下面的分析主要以这样的手册为例,如果其他行业有不同的要求,我们在分析时会单独讲解。

1. 风格和页面设计

每个公司都想把自己的旅游手册制作得有特色,有吸引力。旅游手册要宣传公司的品牌,确定产品的定位,传递足够的信息,让消费者对公司的能力和信誉放心。如果消费者对公司或景点还比较陌生,让消费者放心的任务就更重要了,这时旅游手册就是消费者购买前获悉产品质量唯一的有力证据,必须在几秒钟的阅读时间里把所有这些信息传递给消费者。消费者几乎是下意识地通过以下几个方面来判断所看到的是不是好的旅游手册:

- 封面的吸引力
- 纸质和光泽
- 色彩的使用和感染力
- 照片及其他插图的数量和质量
- 旅游手册的厚度
- 文字和价格描述的清晰度
- 所售产品的吸引力

旅游手册必须紧跟潮流。潮流改变,不但旅游产品需要改变,旅游产品的宣传方式也要跟着变。尤其是手册的封面,如果与当前的"标准"设计相差甚远,就会显得过时,或太新潮。包价旅游手册通常分为三个部分:

- 介绍页面
- 内容页面,大公司的内容页面甚至能达到500页
- 特别推荐或者退出页面

介绍页面树立公司的形象,陈述政策和商业惯例,让顾客对公司的稳定性放心。此外,推销公司的卖点和打折信息,有时还附有检索。

内容页面可以根据景点国家分为几个部分。多数公司都把最有吸引力的景点放在第一部分介绍,但也有时会因为其他原因(比如推出一个新的景点)把公司要重点宣传的旅游胜地放在第一部分。大多数景点的介绍都有一张简单的地图,上面标明饭店的位置和内、外部的结构(几乎都有游泳池);一段描述性地文字;一张价目表,包括各航班的班次、出发时间、航程、日期,或者在同一页面,或者在退出页面上。

把所有这些信息都放在一页上的确需要一些技巧,要做到既易读还要有视觉上的美感需要专业能力。各种电脑软件的广泛使用大大简化了这一过程,能独立完成旅游手册的整个排版和编辑。

旅游手册的最后一部分包括订购条件、附加信息、保险方案以及其他法律法规和诸如英国旅游代理商协会等监管机构要求标明的细节。订购表格通常印在手册封底或者最后几页上,但是不应该印在订购条件页面的背面,因为这些合同信息应该由顾客保存。有些大型旅游经营商不把订购表格印在旅游手册里,而是向零售代理商提供成本的订购表格簿。

其他部分的印刷材料限制就较少了。旅游经营商手册需要印有价格,而且要求清晰、全面,包含税收和其他费用。旅游经营商的价格政策变化较快,旅游手册也需要不断更新,这样就增加了旅游手册制作的成本。饭店的自由度就要大些,可以把价格印在散页上,每年都可以更换,如果需要还能更经常更换。景点旅游手册很少标有详细的价格,但有些景点手册也会基于商业考虑标明居住指南,所以景点旅游手册至少每年也要更换一次。

2. 手册封面

手册封面设计是促使顾客考虑产品的关键。所以旅游经营商都会花大力气设计旅游手册的封面。比如,他们可能会为封面的一张照片去拍摄许多照片。在确定最后封面版本前通常都会调查消费者对各种备选封面的认可情况。因为封面设计的方式有许多种,选择起来有一定难度,但通常封面有如下特征:

- 一个或多个景点的大幅美丽照片
- 充满诱惑力的假日场景,如一家人在水边悠然享乐
- 图画与文字的完美结合
- 陈述手册内容或销售特点

每项政策都有拥护者。长途度假产品手册的封面通常是宜人的异国景点的照片。许多地中海假日手册都选择欢乐的海滩情景做封面。大型综合旅游手册通常选择一组照片作封面。不幸的是,好像没有什么公司愿意在封面设计上冒些风险;旅游手册的封面和内容大部分都变得越来越乏味,缺乏想象力,很少有哪家的旅游手册有什么特色。

不管选择什么样的封面设计,一定要保证封面和内容的关联性,而不仅仅是它自身的吸引力。有些旅游手册封面设计太吸引人了,以致不少顾客即使没有购买长途假日的欲望,也想要一份手册。

设计封面时不能忘记,多数旅游手册都要陈列在旅行社的标准支架上。这就意味着封面设计在很多方面都是固定的——公司名字必须印在封面上部,这样即使封面其他部分被别的手册遮住,公司名字也明显可见。而且旅行社支架的尺寸一般比较固定,所以所有的旅游手册都必须是标准 A4 纸才能适合摆放在支架上。

3. 设计和印刷

除了部分规模小或经营不善的企业,一般公司的旅游手册都是由专业人员设计制作。旅游手册是重要的营销工具,其设计绝不仅仅是把图片和文字拼凑在一起,而是一种艺术创作,使用能够反映公司形象的字体和图样排版,既要吸引读者,又要有商业价值。这是一种需要很高技巧的艺术,既要把委托人的意图写进去,又不能忽略应有的规章条款。一般需要设计策划一个主标题(封面和介绍页面使用的标题或口号,反映公司的形象和公司产品的定位目标)和几个副标题。现在的大公司可以使用桌面排版系统,足不出户就能制作出高质量的手册。但许多公司还是喜欢把这项工作交给专业设计室完成(而且经常和公司的

广告代理商合作完成)。

旅游手册有风景画板式(即横版)的也有肖像画板式(即竖版)。多数手册都要放在固定规格的架子上陈列,所以现在通常都使用A4纸印刷。但有些公司直接和顾客打交道,就可以使用不同规格的纸张。另外还要考虑手册的页数,通常都是四的倍数页,如果包括很多页,通常会用订书机钉在一起或者用胶水粘在一起(旅游手册brochure就是来自于法语中针脚这个词)。

下一步是选择纸的厚度和类型。如果页数比较多,公司可能出于减轻重量的考虑使用较薄的纸张,并且选用比较厚重结实的封皮避免手册显得软塌塌的。如果手册的页数比较少,就不用担心手册的重量,可以选择比较厚的纸张。对于一个精心设计,而又不需太多色彩的版面来说,粗面纸张也是一种风格,而且还有一个好处,能够避免照片和文字透过纸张影响阅读。如果需要高质量的色彩效果,最好采用艺术纸。艺术纸的分量越重,质量越好,效果越好,图片和文字越不容易透过来。质量高,分量轻的纸张通常较贵,必须在重量、价格、透明性和质量之间进行权衡。

印刷程序的选择很大程度上取决于印刷页面的数量和色彩的要求。印刷程序的种类就像纸张的类型一样多,大多数公司采用图片再现影像、平版印刷术、卷筒纸胶印、照相凹版印刷等技术。一般需要专业意见确定采用什么形式的印刷。许多印刷工作都选择在成本较低、质量较高的外国进行,但国外印刷的生产时间可能相对较长,而且印刷完的手册如果采用空运的方式会大大增加成本。

至于图片,最基本的要求是高质量、专业水准,图片的对比度要高。现在的旅游手册几乎无一例外地采用彩色图片,以大大提高海滩场景、景观和动作的吸引力。照片可能是从代理商那儿购买的,也可能是雇用专业摄影师拍摄的。有些场景和景点十分接近,几乎每张照片都可以出租。想想毕尔巴鄂的古更汉博物馆的熟悉景色,从不同角度拍摄同一个景点也总能给人新意。

设计工作室用电脑磁盘存储文本和价格信息,设计排版,各种设计和照片都包含在文本内,但也会留出一定空间以备以后加入新的信息。这一阶段的设计都是黑白打印输出,制作迅速而且便宜。

这样几遍之后就可以进入下一步——在复制间把底片冲洗出来。冲洗彩色底片需要先进的设备。彩色印刷过程通过使用四种基本彩色墨水(红、黄、蓝、黑)实现的,把这四种颜色的墨水按不同比例调配生成其他各种颜色。这一阶段的底片可以制作成染色质校样进一步检测。

把彩色底片制作成印刷机的金属复印模版。在印刷最初几页的时候,印刷机会自动调整平衡各种色彩。只有印刷机运转正常,颜色得到认可,印刷机才能开始印刷制作模版。

从一开始粗略校正阶段就应该开始纠正错误。记住,印刷机只能纠正自身的错误，除最后又找出来需要修改外，如果这一阶段公司对材料有所改动，就会导致成本的增加和交货日期延误。最后一次校对通常要在发出印刷指令之前进行。所有这些步骤都应抓紧时间进行，因为印刷机一般要提前很久预约，如果错过了预约时间，再重新排队就不容易了。

最后一点：最好能在要求印刷的本数基础上多印出一部分。“连排印刷”很便宜，多印刷一些也不会多花多少钱，但如果过后再要求印刷，成本肯定就会大大增加了。

三、准确性和法规要求

单从道德的角度来讲，为了避免游客不满意或投诉，旅游手册一定要准确。除此之外法规还明确规定，旅游机构应该确保印刷材料的准确性。英国有一系列的法律法规强调旅游手册中的信息或产品描述不准确属违法行为，包括1968年的《商业表示法》，1977年的《不公平合同条款法》，1987年的《消费者保护法》，1999年的《欧盟团体旅游指令》，以及接下来1992年的《团体旅行、团体假日、团体旅游规则》。以前的不端行为现在可能会被划分为犯罪行为，会被起诉和惩罚。可能没有人会明知故犯，提供虚假信息，但不注重细节或粗心大意都可能导致严重的后果。现在即使不知道情况有所改变也不能成为辩护的理由。旅行社和旅游经营商必须证明他们已经尽了“勤勉义务”，即采取了必要的步骤避免不准确或者其他违法行为。实际上，应该采取具体的操作步骤，并记录备案，定期检查，这样才能让法庭相信自己的确尽了“勤勉义务”。

欧盟的法律规定更加严格，旅游经营商不仅有义务监管信息的准确性，还有义务确保所描述的内容不会误导游客。而且，尽管旅游经营商不能直接控制饭店和汽车出租公司，但如果它们属于包价旅游的组成部分，旅游经营商就要对它们服务中出现的问题负法律责任。

1992年的《团体旅行、团体假日、团体旅游规则》规定，英国当地机关的贸易标准部负责执行这些规定，游客可以向当地贸易标准办公室投诉。

除了提供准确信息的责任外，法律法规对旅游业还提出其他一些要求，包括：

A. 必须向游客提供权威性的、可靠的、通用的手续和护照、签证要求。

B. 必须及时证实并向游客提供包价旅游的各项信息。

C. 必须提醒游客关注适当的保险契约。

D. 如果旅行社或旅游经营商破产，必须清楚地向游客说明所有安排，必须保证提前付款的安全性并安排游客回国，而且这些安排必须让游客满意。

不满意的顾客可以依据现有法律向法院提起诉讼并索赔。所有这些规定都把准确性放在第一位，因为错误会在公共关系和财政方面造成重大损失。英国的法律给旅游公司、游览胜地以及其他旅游设施的推销者提出严格的要求。他们再也不依照往年的情况或只在图书馆查找照片，根本不去考证信息是否准确。举个简单的例子，某家饭店前面的一棵树长得太大，已经挡住了饭店房间应有的海景。旅游经营商不能借口说不知道而逃避责任。

旅游经营商的任务量在某种程度上已经被量化了，他们的旅游手册每本要求包含 100 ~ 200 个经过查证的事实。那三大主要旅游经营商每个夏日旅游季节就需要查证上百万的事实。而且，很多信息都是从国外获得的，查证存在着距离和语言的障碍，很多细节说变就变。

即使在旅游手册印出来后，旅游经营商也还必须继续监控各项信息的正确性。旅游经营商可以使用浏览数据储备系统或网站向零售商或者顾客传送纠正信息，但这样做并不够。一旦检查出错误，经营商和旅行社都有责任通过错误条、手册标签、旅游手册架标注、甚至重新印刷旅游手册等方式纠正错误。但实际情形却很少这样，旅游手册的重新发行通常意味着价格的调整和定期纠正，以及时更新信息。

这些法律约束的结果之一就是旅游手册缺少趣味性和艺术性，更注重是事实性的描述。不幸的是，这样的旅游手册其实对顾客的帮助并没有多大，旅游经营商可能不会介绍一些有趣的设施，因为有可能无法向游客开放，或者可能有不同解释。宁愿不说也不能说错，这已经成了格言。

同样，旅行社在保管和发放旅游胜地及国家宣传手册时也必须十分谨慎，万一情况改变，所提供的信息过时，就有可能被起诉提供错误信息。严格的测试是——旅游手册是否正确、诚实、完全真实？立法的宗旨肯定是为了保护顾客的利益，但起草法律时有些结果可能并没有预见到。

除了所有这些已经很苛刻的法律法规，旅游经营商和代理商还要面临更深层次的控制。英国旅游代理商协会作为这一行业的唯一仲裁者近几年尽管地位有所下降，但在规范其成员旅游产品的销售方面还是起着重要的作用。所有成员都必须遵守该组织的指导方针和行为规范，这些规范在很多方面都有明确的规定，包括哪些信息必须包含在旅游手册里等。成员一旦违反行为规范，就会受到制裁，如果情况严重还会被取消会员资格。

四、市场细分

大型旅游公司面临一个困境：应该针对不同类型的市场分别制作不同的旅游手册及品牌，还是应该把所有的产品都写进一个有权威性的手册里。

如果某家公司以提供夏日海滩度假产品闻名，后来决定扩充长途车游览、城市假日旅行或飞行游览等业务，大家会认为他在这些方面具有专业水平吗？

有些游客喜欢和他们认为能提供周到、专业、个性化服务的旅游商打交道；还有些游客认为经济实力决定服务的质量，所以更愿意从大型旅游商那儿购买产品。

某家大型旅游经营商2003年全套旅游手册如表11.1所示。

表11.1　国际旅游联盟的托马斯度假产品目录

自选旅游	波特兰 冬日
全包旅游	特价夏日
城市游	特价冬日
俱乐部自由式旅游	天下旅游夏日阳光
游船（夏季）	天下旅游冬日阳光
偏僻海岸	小巧友好的东部
空中旅行	小巧友好的西部
佛罗里达	体育胜地
黄金海岸	夏日阳光
希腊	超级家庭
湖泊山地	汤姆逊滑雪
北爱尔兰夏日阳光	婚礼
北爱尔兰冬日阳光	冬日阳光
Platinum	青春永驻
波特兰夏日	

旅游手册越大，就有越多与购买者无关的内容，发放的成本也就越高。相反，基本小型的旅游手册，每本只包含某个市场的信息（可以依据旅游景点分类，或更多地根据产品类型和价格或活动分类），就不会有那么多无关信息，浪费那么多精力。但是，如果公司提供的旅游项目恰巧没有写在游客选定的手册上，那游客一定认为没有这个项目，转而寻找其他旅游商。

尽管成本决定政策，但成本绝不是唯一的标准。一般旅行社的手册架都能提供200～300本手册的位置，而且有义务展览最受欢迎和销售业绩最好的旅游经营商的手册，这就意味着如果经营商每家制作20本不同的手册宣传畅销假日模式——夏日阳光、冬季体育运动、游船、湖泊山地、长途假日等，那前四家经营商的产品就要占去80本的位置（表11.1仅列出一家经营商的旅游手册类型）。就像超市一样，由于主要经营商高明的营销手段，中小型经营商越来越难保证能在零售商的货架上留有自己的位置。

五、演变问题

旅游手册越来越相近。有创造力的人尽力想把手册制作得有特色，有吸引力，但他们知道一旦创作出新的模式，很快就会被大家效仿。而且，法律规定要遵守，电脑逻辑要遵循(起码是在给定格式上)，成本调整要考虑。一家小型旅游经营商想制作精美的别墅公寓宣传手册，公司非常看重这套房产，决定用最大的空间宣传，用这套房产最好的照片作封面。开始效果可能不错，产品一下子就卖完了，而且可能会有下一批订单。年复一年，这个项目做得非常成功，房产的范围也不断扩大。同样，因为顾客的数量越来越多，印刷的手册数量也越来越多。即使有规模效应，每份订单的手册成本也难免会上升。更重要的是，手册每页的成本要根据所售产品的需要而定。不管开始这套别墅有多好，也只是一套。而且大家会认为这份手册宣传的所有房产都像那套别墅那样好，即使实际上宣传的房产非常一般，价格便宜，也容易卖出。

一家从事别墅和公寓项目的大型公司就是这样，顾客知道了他们手册封面上是别墅的图片，而里面的内容却只有公寓，销售的产品缺少特色，结果利润很快就会下滑。

同样的问题也经常出现在饭店畅销的小套房间宣传上。当这些房间的价格发展到无法支付旅游手册空间的成本时，就会转而宣传不太有趣但是更大型饭店的主要房间代替。饭店老板不愿向任何旅游公司妥协，很快就会有很多竞争者提供非常相似的产品。顾客很快会注意到价格的差异，出价最低的公司最先卖出去。

也可能公司旅游手册始终都提供更好的价格。顾客的第一选择无法实现，就会选择下一家。他们可能会认为：如果多付一点钱的话，便宜点的公司可能会因为这一点点额外的支付为他们提供更好的服务，而贵一点的公司就是多要了。实际上，使用这种“转变销售”技巧的便宜公司可能只有几套同等规格饭店的房间，更多的房间都是在其他规格的饭店。

不管采取什么样的定价策略，这个市场竞争的性质决定了其价格只能降到利润很薄的水平。旅游经营商就面临这样一个困境：要么只选择一家饭店，不和其他经营商分享(这样就比较容易保持利润空间)；要么和其他经营商共同分享几个饭店，每个饭店只订购一小部分房间，这样就要面临激烈的竞争。

饭店规模越来越大(超过100个床位已经不足为奇)，所以包订整个饭店的机会已经很少了。很难有其他独特的优势，只能靠低价吸引顾客。这样一来就更有必要强调旅游手册制作要有个性，要能体现公司及其产品的特征，但这绝非易事。

六、旅游手册的发放

寻找旅游资讯的顾客可以通过多种途径获取旅游手册,其中多数都已经讨论过。旅游手册多数还是通过旅行社发放的(但接下来的订购可不一定只通过这个渠道),旅游景点宣传手册通常直接邮寄给对广告有回应的顾客。下面列出了典型的旅游手册发放途径。可以通过这些途径来询问顾客是否需要旅游手册,或者向顾客直接发放手册。

发放方式	适合于
旅行社	* 旅游经营商、游船和渡轮公司
上门发放传单、简讯	旅行社、地方机场、长途汽车
旅游信息中心	* 旅游景点、旅游地点、饭店
饭店	* 旅游景点、旅游地点
网站	所有旅游商
杂志插页、出版物增刊	所有旅游商、尤其是旅游景点
报纸和杂志内的索取样品表	所有旅游商
直接邮寄	旅行社和旅游商
展览会、贸易博览会	目的地、景点、经营商和运输公司
机场	航空公司、饭店、景点
旅行社的现场演示	旅游经营商和其他旅游商
全国或地方电视台/广播	全国性景点、大型经营商、旅游代理商连锁、受欢迎的景点

* 可通过相应途径向顾客直接发送手册

旅行社摆放各旅游经营商的手册时,会充分考虑摆放位置和商业利益。多数旅行社的手册架都放在比较显眼的位置,架上的旅游手册堆得高高的。摆放方式有时依据佣金合同、顾客满意度或者只是经理的个人偏好。主要的位置,也就是靠近门的一眼就能看到的位置摆放的手册类型通常能反映出公司的政策(如果是连锁公司,反映的是总公司的政策)。

理想状态下,销售人员应该愿意根据顾客的要求为顾客选定最合适的手册。可事实并非如此,多数顾客都会受手册封面的影响,或者选择名称熟悉的经营商的手册。

手册的选择可能极其主观。封面图片的场景可能和顾客的心理相符,所以被选中，但封面经常和内容毫无关系。有时一些专业设计公司把经营商的手册封面设计得太有吸引力，手册很快就会被抢空。但手册带来的订购却很少，因为里面的内容并不是顾客想要的，或者价格相对较高，而顾客又有其他更合理的价格可以选择。

手册发放时间选择

发放时间的把握也很重要。旅游经营商手册的制作是个漫长的过程，所以必须提前几个月策划，以确保新的假日季节到来时能把手册发放到顾客手中。主要经营商一般都会在每年的同一个时候发放旅游手册（但具体发放日期比上个年代要早），而小公司可能要先参考大公司的价格定位再制作自己的手册。近几年有个趋势，在第一版旅游手册发放之后，很快又会出版新的版本，方便根据竞争状况调整价格。

旅游手册应该在广告宣传前就到位（到旅行社的手中）。对一个公司来说，库存不足就是宣传不到位。顾客的需求是多变的，他们到旅行社去取手册不可能空手而归，没有要找的公司的手册，肯定就会拿别的公司的，这样会失去很多订单。

有些不想通过旅行社发放手册的公司需要其他的中间人帮助投放，比如饭店或其他顾客聚集的地方。如果摆放手册的承诺没有按时兑现，公司的名声也会受到损害。

七、旅游手册与销售

对订购过程的研究表明，一般顾客一旦决定要包价旅游，首先要做的事情就是去旅行社领取旅游手册。但令人失望的是，大多数顾客发现旅行社之间就像旅游经营商之间一样基本没什么区别。

影响旅游手册收集的因素在前面已经讲过，包括以前的经历、朋友或者旅行社的推荐等。顾客更经常凭手册封面或单凭感觉或者手册包含的产品类型等选择手册。

女性通常负责组织安排度假和领取旅游手册，全面察看、比较各类信息也多数是女性的活儿，所以陈述简单、清晰，察看容易的旅游手册会比较受欢迎，顾客往往认为列一个单子既费时又麻烦。

近几年旅游手册的重要性有所下降，因为顾客通常还是回到旅行社订购。顾客总是指望旅行社能提供一些手册以外的信息（可能是一手的资料），并希望能推荐适合自己要求（比如家里有小孩）的产品类型，还要通过旅行社确定价格，航班等具体事宜，这些细节顾客很难通过查看旅游手册获得。

八、电子旅游手册

旅游手册的首要任务是对提供的设施进行描述。如果使用动感的图片和文字描述设备，效果会好多少？现代技术的发展为旅游产品的展示提供了新的途径，改变了长期以来对传统印刷的依赖，转而在网站上展示文字并配以各种动态或静止的图片，这在十年前还很难想象。这一技术的发展自 20 世纪 90 年代以来主要经历了三个阶段。

在第一阶段，录像带的出现使旅游公司通过丰富多彩的录像节目向顾客全面展示某些特殊的度假日地点及产品类型的详细信息，同时还可以提供饭店内外的各种图片。这种方式能给旅客留下更好的印象，是对传统旅游手册的有利补充。一些旅行社甚至设立录像带图书馆，顾客既可以在图书馆内观看录像，也可以租回家让家人和旅伴一同观看。

这一新的媒体尽管很有价值，但对多数旅行社来说还是个昂贵的市场工具，尤其是不能像印刷程序那样产生规模效应。制作成本很高，在已经对照片投资很多的基础上还要有胜地和饭店的全新脚本。从顾客的角度来说，录像的主要缺点还包括不能有选择地翻阅，很难像查看旅游手册那样跳过不相关的信息查找有用的信息。

第二阶段的发展提供了更多的功能。只读光盘（CD－ROM）能把英国旅游代理商协会所有旅游经营商一个季节的各家饭店的照片都拷进去，成为廉价有效的推销工具。只读光盘的使用还弥补了录像带的缺点，顾客可以通过个人电脑观看存在只读光盘上的大量信息。而且旅游经营商原来在照片上的大量投资也没白费，这些照片可以通过电脑复制在只读光盘上。旅行社或者顾客通过电脑能够快速、互动、灵活地查询信息。

事例　马来西亚旅游

马来西亚旅游局在 2003 年和马来西亚航空公司联合对外推销马来西亚旅游业，打出“一个真正独一无二的假日景点”的口号。每份《旅游周刊》都附有一张免费光盘，发放给英国各旅行社，作为传播信息的工具，并鼓励英国旅行社推销马来西亚的景点。除此之外，还有选择地在一些全国性的报纸杂志上刊登广告，另外还和旅游经营商旅游心情合作，打出“真正奢侈、真正出色的价值”的口号，宣传城市与旅游区的海滩假日，邀请顾客索要同一张光盘或者通过“旅游心情网站”和电话进一步查询信息。

包括法国伏朗瑞斯旅游公司在内的许多旅游经营商都尝试过使用光盘，毫无疑问，将来的几年内光盘会得到更广泛的使用。

同样可以肯定的还有：广泛使用可录制 DVD 盘在未来几年内会成为旅游公司营销手册中又一个营销工具。旅游手册技术发展的第三阶段补充了只读光盘。随着个人电脑技术的提高和因特网的发展，对旅游设施的介绍图片可以通过网页浏览，越来越多的数据都可以通过网络获得。2003 年，"瑞士旅游"在它的网站上推出全彩色电子旅游手册，允许代理商下载顾客感兴趣的景点和饭店的图片、信息，制作成个性化的手册。这家公司是推出电子手册的旅游公司之一，大大削减了成本，减少了代理商和经营商的存货量，而且传递信息给代理商和客户非常迅速。

托马斯·库克尝试使用 check-T 卡，顾客依据电脑提供的系列卡片选择适合自己的度假产品，被选中的产品经条形码阅读器审核后，所有详细资料就会出现在代理商的显示器上。代理商把资料打印出来，这样能够节约成本，减少浪费，不但削减了旅游手册制作的成本，减少了浪费，还为通过其他零售渠道销售度假产品开拓了新的局面。

现在还很难说电子手册的发展会不会取代传统印刷，多数专家都认为电子手册是对传统印刷的有力补充，但至少在短期内不可能代替印刷。尽管电子旅游手册有很大的吸引力，饭店和景点的图片即使能打印出来并装订成册也还是不如印刷出来的手册受欢迎。印刷的手册方便查询，把它们带回家的顾客在触觉和心理上都会觉着更可靠。传统旅游手册的现实价值和标志性价值不可能轻易被取代。电子市场的真正价值在于：搜索网页图片能加快顾客的决定过程，让终端产品的销售更方便迅速，从而能降低旅游经营商和代理商的成本。

然而，随着独立订购和延迟订购趋势的蔓延，旅游手册在鼓励游客提前预订方面的作用越来越小。旅行社通过包含所有航班和住宿信息并附有所有设施的彩色图片的数据库，能根据顾客的需要选择最适合的产品。成功地找到最好的航班、假日和饭店的组合后，旅行社就可以把结果及其相应的图片发送到顾客的电脑上。顾客可以把所有信息打印出来查看，即使以后又有了什么新的补充，也可以随时打印。

旅游手册的这些发展变化意义很明显，顾客可以通过家里的电视屏幕，通过电视互动节目绕过代理商，直接向经营商订购商品。这对旅游零售业的生存提出了严峻的挑战，旅游代理商只有不断增加自己的价值(如专业经验)才能生存下去。

九、旅游手册的评估

想评价一本旅游手册制作得是否成功可不是件容易的事，因为根本就没有像评价广告效果那样的标准。这也不是说就应该放弃对手册的评价，还是有些简单的检测方式帮助确保所制作的旅游手册是最好的。事前评估可以使用组群评估法,收集选定人群对各种色彩、封面和风格的意见。事后评估时可以做些调研，检测顾客对手册和内容的记忆情况。记录网站点击次数能很容易的判断电子手册的阅读次数,发给公众的传统手册都编上码,根据顾客的订购情况就能判断出手册的效果。大型公司可能针对一个国家不同的地区制作不同的手册，如果是国际性的,可能会根据不同国家制作不同手册,这样容易判断相对成功率。

对手册的发放进行监控是最关键的。饭店的手册架上经常能见到过时的旅游手册,有的甚至是前一年的,即使旅游信息中心(TIC)也不太注意保持材料的时效性。旅游手册一旦离开了办公室,就很容易被认为和公司没什么关系了,但是一旦进入公共领域，旅游手册就是公司的门面，过期的手册会影响公司的形象。旅游经营商需要查看存放在代理商那儿的手册,确保存储充足,浪费最小。定期派代表拜访代理商就能知道手册是否正确摆放，旅游手册越来越多地由对产品了解甚少的商家交给代理商,这样做不仅会错过销售机遇,还没有办法监控旅游手册到达代理商后的情况。如果能亲自去送旅游手册，有时代理商会更愿意提供显眼的展位。

问题与讨论

1. 电子旅游手册的发展是不是意味着传统旅游手册的末日？ 从赞成还是反对保留传统印刷的角度来讨论这个问题。

2.“一份真正以顾客为中心的旅游手册应该真实地描述景点,包括缺点。”

从支持这一观点的角度讨论。找一份描述你熟悉的景点的旅游手册，判断它对景点描述的真实性。根据你的经历，这份手册里还应该增加什么内容能使手册更真实,更有帮助,而不是单纯劝诱顾客购买产品。手册清楚地提到品牌和零售商的总部了吗(如果是垂直综合公司这点尤其重要)?

3. 选择一些近期的旅游手册,指出你认为那一本在以下方面最有效：

(a)传播品牌名称

(b) 在旅行社的手册架上能与众不同

说出你的理由,并针对封面提出改进意见。

练习

分成几个小组，每个人挑选一份近期宣传探险游的旅游手册和一份宣传量身定做度假产品的手册。

确定这些手册瞄准的市场类型，参照本章提到的各点分析这些手册传播信息的有效性。

你认为制作旅游手册什么最重要：结构清楚、文字真实准确、价格透明（对于量身定做假日，报价程序的透明性），还是所有这些的综合质量？

参考文献

1 *The Times* , 23 February 1998

2 Middleton, VTC with Clarke, J, *Marketing in Travel and Tourism*, Butterworth Heinemann, 3rd edn 2001, p274

推荐阅读

Middleton, op cit, ch 17

第十二章

旅 游 促 销

学习目标

通过学习本章，要达到以下目标：

- 区分不同种类的促销活动
- 了解其在达到不同目标中的作用
- 了解促销策划的不同阶段
- 了解怎样评估促销效果
- 充分认识旅游业博览会、研讨会、现场演示的作用

一、促销的性质

促销技巧首先应该被看作是帮助建立公司与消费者之间关系的手段。尽管有时促销的目的是清理存货，但绝对不应该把清理存货当作促销的唯一目的。任何促销活动的总体目标都是树立品牌忠诚度、增加产品价值，而不是降低声誉。

我们在第十章曾讲过，促销属于"线下推广行为"，而广告属于"线上推广行为"。但是线上与线下其实没有明确的界限，比如橱窗陈列是现场销售产品的营销技巧，尽管可以说旅行社的橱窗是用来宣传打折机票和打折度假产品的，但橱窗陈列通常还是被称为线下推广行为。

多数旅游公司对广告宣传及其运用比较熟悉，却对促销手段的作用信心不足。促销形式其实有许多种，只是营销人员的想象力不够丰富，但使用促销手段时必须慎重，因为不是所有的产品都能用促销方式。

促销活动的关键是吸引消费者的注意力，因为促销的目的就是立即售出产品。有时促销可能主要为了建立长期关系，而不单单是为了眼前的利益。使用促销技巧时还有个危险，如果所有的产品都打折销售，可能会贬低产品在消费者心目中的地位，让消费者认为卖方唯一的目的就是减少存货。罗尼·科贝特开玩笑地说有件事情他还记得，因为发生这件事的那一周联盟地毯没有打折。这个玩笑为市场人员敲响了警钟，过多的打折活动既会降低产品在消费者心中的地位，又会降低利润水平。旅游业还没有吸取教训，仍把打折作为主要的促销策略，消费者自然而然养成了习惯，买东西时先看看能不能打折。

制定促销策略时，最好把促销当作广告宣传的补充。市场方案通常包括不只一两种营销形式，每一种形式都有自己的作用。广告经常被当作实现长期战略目标的主要手段，比如树立公司及其产品在消费者心目中的形象，而促销只是作为清理库存等战术目标的主要手段。旅行社橱窗陈列既能帮助零售商树立品牌形象，又能销售产品。重要的是促销和广告宣传的目标不能相互冲突，而是相互促进。例如，广告宣传的目标如果是树立公司质量和服务第一的形象，打折销售的促销目标恰恰会损害公司的这一形象。

许多促销技巧都是以价格为中心，主要吸引对价格敏感的消费者。这种技巧吸引的消费者通常不会有什么品牌忠诚度。知名旅游公司在使用这种促销策略时主要是为了增加现有消费者的订购量，而不是想把消费者从其他公司吸引过来。旅游一般不讲究品牌忠诚度，除了一些游船公司和专业旅游经营商，他们有时会采用促销方式为游船乘客提供特别待遇（比如经常乘坐游船的乘客允许坐在船长桌子的旁边）。经营快速流动消费品的公司经常通过免费发放试用装等方式劝诱消费者转而使用他们的品牌。但旅游业使用这种策略的机会较少（但也有一家西班牙公司在销售分时享用度假住房时为消费者提供免费看房班机）。我们必须记住，像旅游业这样提供廉价商品的产业如果经常使用折扣促销的策略，会促使消费者变得非常不忠实。主题公园、博物馆、动物园以及类似的旅游景点经常发放折扣代金券降低门槛，吸引更多游客。

现在的销售方案更加注重促销技巧的使用，原因之一是过去广告宣传使用过多，另一个原因是随着旅游业竞争的日趋激烈，营销经理不得不使用一切可能的营销手段增加产品销售。越来越多的经营商和代理商联合促销产品，既增加了产品的销售，又能为代理商带来更多佣金。这种促销方式简单，而且效果易于察觉，促销的目标就是迅速增加销售收入，而广告宣传的效果总是不太好测量。

今天的旅游经营商和代理商可以通过数据库掌握消费者的大量信息，包括消费者的购买习惯、对各种优惠作出回应的可能性等，有利于策划面向不同市场的促销宣传，有利于实现促销的根本目的——和消费者建立联系。

二、促销技巧

在探讨不同促销技巧之前，我们先来了解一下促销方式。促销方式可以分为面向销售代表、售货员等公司职员的方式，面向旅行社等中间商的方式，面向消费者的方式。

以下列举的是旅游业常用的促销方式。

面向公司职员的促销方式

- 激励机制（经济、旅游等），包括参加境外会议
- 完成任务或其他业绩的奖金
- 比赛、竞争
- 体验旅游
- 免费礼品

面向中间商的促销方式

- 赠品（印有委托公司名称的笔、烟灰缸、日历、笔记本等）
- 比赛
- 商业展览
- 产品/旅游手册的发放（现场演示、自助餐等）
- 直接邮寄（信件、传单等）
- 联合促销方案（经济支持、协助组织策划）
- 体验旅游

- 折扣旅游
- 培训

面向消费者的促销方式(通过零售商或直接进行)

- 产品销售现场(POS*)资料(橱窗陈列、墙壁陈列、广告牌、柜台卡、旅游手册专用架等)
- 有关产品销售的印刷品
- 直接邮寄
- 免费试用品
- 赠品(如轻便旅行包)和自偿商品(印有公司名称的产品以成本价销售)
- 竞争
- 低息贷款
- 优惠券
- 购买特权方案("买一赠一")
- 和非旅游公司联合促销(累积洗衣粉收据有机会到某城市度周末)
- 忠实奖励(如航空公司的老顾客方案,饭店顾客累积"荣誉客人"积分)

*也被称作产品购买现场(POP)

看一眼上面列出的一长串促销方式,你就知道销售人员的想象力是无止境的。旅游公司为顾客准备了很多赠品,包括旅行包、手提袋、票夹、钱夹、护照封皮等。饭店也为顾客提供越来越多的便利工具,包括擦鞋布、救急针线包、浴液、洗发水等。重要客人的房间还会提供水果、葡萄酒、鲜花等。许多饭店在整理床铺时还会在枕头上放一块巧克力。

促销印刷品除了前一章讲过的旅游手册外,还有很多种形式。多数经营商都有内部杂志,有的还刊登广告。飞机座位后摆放的杂志除了商业广告外,还包括安全专栏、航班细节、服务地点介绍等。饭店经常使用电梯广告宣传餐馆,餐馆饭桌上有特别推荐的卡片。饭店的房间里会有提醒客人注意饭店的环保政策的布告,讨好环保主义客人。国家博物馆等景点门票上通常都印有景点简介和景点地图,方便游客参观游览。即使公司的信纸抬头和信封也都有助于强化公司品牌。

促销手段不仅提高了公司的声誉,增加了产品的附加值,还有一个重要的功能:确保公司及其产品能被记住。促销礼品能被看到的频率越高,效果就越好。这方面成功的促销当属图 12.1 所示的手机座,是摆放在办公室内美观实用的小礼品。烟灰缸、日历、纸镇在这方面都有很好的效果。把印有自己公司名称的电话号码簿赠给代理商使用,公司的名称一年到头都能被看到。这些促销手段和广告宣传的目的差不多:可以用来提醒、告知和劝导消费者购买产品,零售商销售产品。

通过零售商销售产品的公司,市场经理可以采取两种促销技巧。第一种是直接面向消费者促销,树立消费者的品牌意识,吸引消费者到商店购买产品。我们在前面曾提到过这一技巧,叫做"拉动策略",通过促销活动吸引消费者去商店购买产品。顾客在很大程度上属于提前购买,零售商为满足顾客的需求只能储存和销售产品。第二种手段是面向中间商搞促销活动,鼓励零售商储存和代销自己的产品,这叫做"推动策略",在购买现场吸引顾客购买商品。

图 12.1　"高效提醒"促销:泽西旅游经营商送给代理商的礼物——精美的手机座

想开拓市场的新旅游经营商可能无法支付"拉动策略"需要的全国性电视广告费用,但可以采用"推动策略",选择主要零售商合作推销产品,推销开支各自承担一半。最近出现的另一个例子是马来西亚旅游局推出专业旅行社积分体系。旅行社每签订一份订单,积分都会有相应的增加,积分高的旅行社会获得体验旅游等奖励,销售业绩最好的旅行社会作为景点专家登在马来西亚旅游局的官方网站上。

和非旅游公司联合促销也是与旅游消费者见面的有效方式。可以把旅游作为购买其他产品和服务的激励,或者为订购度假产品的游客赠送耐用消费品。特价旅游团经常会被作为购买快速流动消费品的奖励,铁路公司也经常和家居产品的生产商或者零售商合作,为购买家居产品的顾客提供免费火车票。饭店老板也以类似的方式推销短期食宿。其他合作促销的例子还包括横渡海峡游轮公司和白酒生产商的合作,可以购买旅游服务的代金券是激励公司员工创造最佳业绩的有效工具。旅游在激励员工工作热情方面比经济补偿更有效果。

低价是旅游业最有效的促销形式。托马斯·库克曾推出三种价格促销方式，外加一个新奇的促销技巧：

- 低价承诺：托马斯·库克承诺，如果顾客发现库克销售的度假产品价格高于其他公司，他将负责退回多出的部分。
- 交易纲领：凡是通过托马斯·库克购买的旅游经营商的产品，如果旅游经营商不能履行承诺，库克负责赔偿。
- 正式担保：托马斯·库克担保为顾客提供最适合的度假产品。
- 商务旅游挑战：托马斯·库克邀请各公司向其递交职员通过其他旅行社进行商务旅游的花销明细，库克会在三个月内告诉该公司如果通过库克购买同样的商务旅游能节约的开支。

三、促销策划

就像其他营销活动一样，任何一次促销活动都需要预先精心策划。促销活动策划的主要步骤如图 12.2 所示。

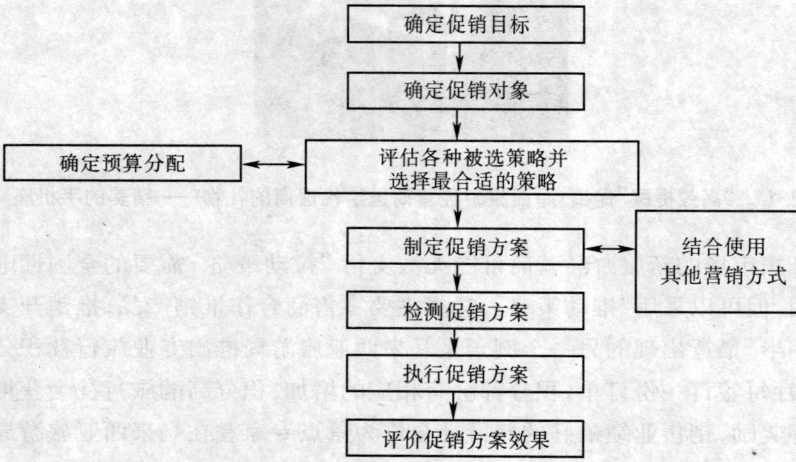

表 12.2 组织促销活动的步骤

在准备方案之前，我们必须明确我们的目标是什么。第一步是确立促销目标。“使冬季体育项目销售增加 10%”这样粗略的确定目标是不够的，还必须确立促销对象。比如，是吸引新的消费者，还是增加现有消费者的消费数量。不同的目标需要采用不同的方法。

促销对象可能是本公司的销售人员，零售商，或者是消费者，针对不同的促销对象选择采用“拉动策略”或是“推动策略”。如果促销活动能同时满足几个目标,促销效果一定很好。

公司首先应该掌握尽可能多的信息，才可能选择最有效的措施。产品本身的性质和质量肯定是首要考虑因素。如果产品主要靠高质量吸引顾客，那应该采取什么样的促销手段才能保证产品质量不会在消费者心中打折扣。和其他公司联合促销备受顾客青睐的一流产品（豪华轿车、高档酒）能提高旅游公司在消费者心目中的地位。可能每个公司都会认为他们的产品是高质量产品，但每家公司最好还是先确定一下自己公司在消费者心目中的形象。

从战略上讲,应该充分考虑竞争对手的促销策略。模仿竞争对手吸引顾客的方式可能会被认为是直接竞争的有效方式,但有时最好能有意识地选择不同的促销策略,才有可能和竞争者拉开距离。

促销策略应该依据产品性质和产品所处的生命周期（PLC）阶段而有所不同。对于新推出的产品,主要目标应该是让消费者充分了解产品,这一阶段的旅游产品最好的营销方式是广告宣传和公共关系营销,同时再抽出一小部分资金用于产品促销。可以采用直接邮寄和零售商激励机制。一家新开业的博物馆可能有很多与众不同的收藏品，但对于许多潜在游客来说，它只是另一家博物馆而已，同样需要和其他当地的博物馆等景点竞争吸引当地的游客。在当地作广告宣传能让公众了解产品，还可以和其他景点联合促销，推出联合门票打折活动。

处于产品生命周期晚期的产品市场已经饱和，所以促销的目标应该是吸引老顾客二次、三次购买,直到产品出现创新。用于剧院上演剧目的后期销售的“买一赠一”的促销方式就是促销的一个例子。大型公司借助数据库存储的大量信息,连续多年向老顾客邮寄邮件或旅游手册,吸引再次订购。柯纳游轮自动把乘坐过该公司游轮的旅客吸引为柯纳俱乐部的会员，还经常向会员邮寄打折卡等。

选择促销手段时要看哪些手段结合使用能以最低的成本达到预期的目标。如果想通过打折的方式促销旅游景点，市场人员必须确定发放多少张打折门票,向谁发放,打折幅度多大。要采取手段避免诱导愿意原价购买门票的游客购买打折门票，对整个促销活动的成本和预期收入要有充分的估计。活动的成本不仅包括比原价门票低出的部分，还包括游客向外传播打折消息的成本。除此之外,还要估计增加的游客数量,对景点设施增加的投入等。最后得出的数据用来和其他可能的促销形式相比较，选出最佳组合方案。

在准备促销活动时还应该和公司其他部门沟通，确保活动一旦开始，就有足够的存货满足顾客的需求。而且还必须粗略判断促销引致的消费需求是属于哪一层次，以确保能够实现。

事例：欧洲之星(Eurostar)

《标准晚报》和欧洲之星联合促销伦敦至巴黎、布鲁塞尔、里尔的廉价火车票。短期内通过网站订票还可以打更多折扣。没想到订票的人太多了，火车拥挤不堪，网页瘫痪，相关电话中心人满为患。结果既失去了潜在顾客，还得罪了没有享受待遇的老顾客。

促销时间的把握也很重要。必须确定促销什么时候开始，持续多长时间，以及具体如何实施。首先要有足够的时间对促销方案进行宣传，有些促销活动的宣传时间要持续几个月。促销活动如果持续时间太短，可能不能达到预期的效果，太长又有可能影响公司的形象和年度利润。

任何促销活动都应该是整个营销方案不可分割的一部分，促销时间长短和形式的选择应该和其他营销方式相互协调。大型的促销活动可能包括广告支持、销售代表拜访中间商和消费者、媒体宣传等(比如一个有创意的宣传能上商业出版物的封面，或者报纸)。

1. 法律事项

任何一项促销活动都必须合法。相对欧洲其他国家，英国约束促销活动的法律规范相对较少，英国促销活动办得有声有色应该有这方面的原因。不管怎样，还是有一些法规需要遵守。1976 年出台的《彩票和娱乐法案》对促销活动进行了规定，其中关键的一条是所有奖励不能只面向购买产品的顾客，但这并不适用于竞争。

广告标准管理局发布的《行为规范》对商业促销的筹备和广告支持材料作出了规定，包括奖券和获奖名单的印刷内容、优惠券上必须标明的内容、优惠代金券和折扣代金券的尺寸、设计等在规范中也都有相关的规定。

2. 管理成本

周密的策划应该充分考虑商业促销的管理成本和所需的各种资源。经常容易忽略的一个问题是，即使相对较小的促销活动也会带来沉重的管理负担。一项促销活动可能会涉及以下日常管理费用：

- 员工时间的成本，例如参加为期几天的博览会。

■ 促销本身所需的物流成本，如检查成百上千的获奖名单和发放代金券。

■ 需要加强监管，防止欺诈行为和资金错误，如使用无效代金券。

■ 需要监管赎回率等事宜或其他措施。

和其他营销方式一样，促销也有专业的代理公司。它们拥有专业的知识和资源，能有效帮助公司开展促销活动。

四、促销效果评估

效果评估是促销活动的最后一步。如果促销规模较大，要投入大量的资金，最好能事先评估一下促销的效果。可以针对潜在消费人群对某促销产品的价格敏感程度、对降价促销和其他形式促销的偏好等进行市场调查。下面列出一些可能使用的调查问题：

A. 你有多愿意以 5.5 英镑购买这一景点的门票吗？

非常愿意	□
相当愿意	□
不确定	□
相当不愿意	□
非常不愿意	□

B. 如果这张门票可以打折销售，你认为以下价位购买门票的可能性都有多大？

	5 英镑	4.5 英镑	4 英镑
非常可能	□	□	□
相当可能	□	□	□
不确定	□	□	□
相当不可能	□	□	□
非常不可能	□	□	□

C. 如果你打算购买 5.5 英镑的门票参观这个景点，你更愿意享受以下那种优惠？

(a)半价 2.5 英镑或

(b)买一张门票赠一张免费门票，可以自己再来一次，或者让亲戚朋友陪同？

打折	□
买一赠一	□
两种都可以	□
不知道	□

还有一种评估形式是对各种不同的推销形式进行试验，比较那种效果更好。直接邮寄、向当地宾馆发放带有优惠券的旅游手册，或在当地报纸上刊登附有优惠券的广告等都能在促销前的短期内判断出促销的效果。但要注意的是，公司收入的改变可能由很多因素促成。如果促销“试验地区”的收入增加幅度和没进行促销试验地区的收入增加幅度相当，就说明收入的增加是由其他因素促成的，而不是促销本身。

促销活动结束后对效果进行评估是最后一步。评估的方式有很多，测算优惠券的促销效果比较容易，可以直接计算以各种形式发出的优惠券回收的数量。面向消费者或零售商的抽奖活动的效果可以通过统计获奖名单的人数测算出效果。大多数这类的促销活动都是为了短期的成效，而且都以这类方式测算促销效果。把促销前后的销售量作一比较就能评价出促销的效果如何。但是如果促销的目的是清理存货（卖完未售出的产品），可能不会增加总体销售水平。降价促销只能鼓励原本想晚些时候以原价订购的游客提早订购，却不能吸引原本就不想订购的消费者。如果促销的目的是清理未售出的产品，那么效果可能比较明显，但如果促销导致了晚些时候订购的减少，从而导致总体收入的下降，那就不能说这样的促销活动是成功的了。如图 12.3 所示，第二阶段促销后的销售效果令人满意，但公司可能想通过促销活动增加公司的知名度，吸引更多的游客，销售的结果如第三阶段所示。如果实际的结果是第三阶段的销售量比第一阶段还少，但这一季节的整体销售量持平，那么这次促销活动的目标就没有实现。

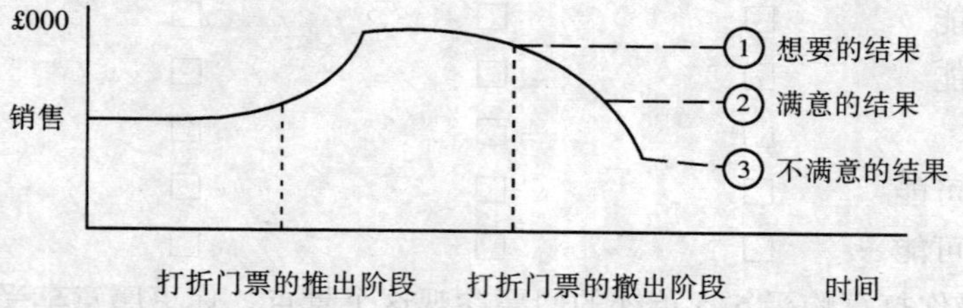

图 12.3　某家旅游景点促销活动的销售结果

评估促销效果也不能只根据短期的销售量，评估其他目标的实现情况也同等重要。让我们以旅行社的橱窗陈列为例——许多旅行社都没有充分发挥它的作用。橱窗陈列是为了吸引顾客走进旅行社订购产品，这可以通过计算陈列产品的咨询和订购量评价出它的效果。但橱窗陈列还有另外一个功能，那就是吸引过路人的注意，让他们记住这家旅行社和它出售的产品。这种功能的效果很少有人评估。坐在窗前一个小时观察过路人在橱窗前的行为会很有帮助。多少人路过橱窗时会往里瞥一眼？多少人停下来阅读橱窗内宣传资料的内容？他们在看橱窗里的什么内容，长途度假产品的打折活动还是特别展示？

可以在促销开展前后在当地开展调查，测算公司知名度的增加，或者公司在消费者心目中形象的变化。以同样的方式，可以询问正要离开景点的游客，分析比较参加促销活动和没有参加促销活动的游客的行为模式。

不幸的是，有些促销方式很难测算出效果。给中间商和消费者的赠品能有效提高公司的声望和知名度，但其效果却很难测量。最后我们应牢记，评估任何一种技巧的最佳方式都是和其他方式的促销效果进行比较。每家公司都应该尝试各种促销方式，找出其中最有效的方式。而且，不论哪一种方式长期使用都会降低其效果，所以要经常变换促销技巧才能达到最好的效果。

现在我们来看看旅游业一些常用的促销方式。

五、博览会和商品交易会

博览会和商品交易会在旅游业扮演着重要的角色，为旅游产品买卖双方提供交流和交易的机会。像伦敦世界旅游市场（WTM）、柏林国际旅游交易所(Berlin Tourism Exchange)等都很有国际影响。

博览会可以分为三类：

- 面向公众的博览会
- 面向各行业的博览会
- 非公开的博览会，只有接受邀请才能参加

有些行业博览会只在一定时期向公众开放，这样行业购买者就可以在对公众关闭的时间参观。世界旅游市场只对行业开放，在旅游业中占有重要的地位，不仅扮演着商务角色还是重要的社交场合，为本行业的会员商家提供参观交流的机会。没有哪个大公司愿意放弃这样的机会，博览会几乎涵盖本行业的各个部分：入境旅游、国内旅游和出境旅游。博览会为零售商提供丰富产品知识的机会，各国家和地方旅游办公室通过电影会、酒会、民族服装展示、民族舞蹈表演以及其他娱乐形式向公众展示自己国家的旅游产品。博览会能吸引各界媒体的广泛报道，但无疑最受欢迎的还是与人接触的机会。博览会期间会举办行业会议，讨论当前热点话题，有众多各行业重要人物参加。

尽管博览会能给各行业带来许多益处，但举办和参加博览会要花费很高的成本。除了场地租金，博览会费用还包括展位设计和建设成本、设备使用成本、接待和宣传成本等，还要考虑其他杂费。大公司之间为了竞争，都想租用大一些、显眼一些的展位，并为此支付主办方要求的大额租金。参加博览会的销售人员必须放下其他工作，还要雇用其他营销人员参加展会的策划和组织工作（大

型的博览会参会策划甚至需要一年左右)。尽管这样,参加旅游博览会的公司有时还是觉着有些失望,因为很难计算收益。所以很多旅游公司并没有把博览会当作促销的场合,而更多是当作建立人际关系的机会。

营销的目标是使这种活动尽可能地节约成本，所以要精打细算，对比博览会与其他营销方式接触和影响消费者的不同成本。参加博览会的公司一般都会对前一年的参展公司和观众调查数据进行分析，对于新举办的博览会，只能参照过分乐观的参展期望值。有些会对某一展位感兴趣的观众比例(一般全国性博览会感兴趣的观众比例应该接近40%)进行估计,或者和其他营销技巧做一比较。

一位销售人员平均1小时可以回答12~15个问题，平均需要占用大约5平方米的展位。所以根据销售人员需要回答的问题数量确定所需的销售人员数量，再按照每人大约5平方米的面积计算所有销售人员需要的展位面积，加上展品所需面积就是整个展位的面积。这种凭经验计算方式没有考虑公司地位的问题,但还是各公司比较通行的计算方式。有时还需要一个小隔间方便和参观者详细面谈。

参展前如果详细策划一下会有利于参展的成功。只派销售人员去展位是远远不够的,展位工作人员应该十分了解公司的产品,有熟练的销售技巧,能轻松应对客户及同业的咨询。可以提前给公司老顾客送去博览会的入场券和展位指南等。还要准备充足的宣传材料,但要注意材料发放的有效性,真正把材料发到对公司产品感兴趣的顾客手中,而不是被对收集展品感兴趣地小孩子拿走。要对所有到展位的顾客友好,并尽力使他们对产品感兴趣。注意记录可能的销售线索,方便以后使用。一定不要忘了博览会的主要目的:销售旅游产品。

旅游研讨会

考虑到旅游研讨会的重要作用,所以我们把它单讲一下。严格来说,研讨会不是行业展览,而是本行业买卖双方交流洽谈生意的讨论。英国的旅游研讨会一般是在英国旅游局的资助下举办的,会场设在国内外欲前往英国的游客众多的地方。英国旅游协会研讨会曾在纽约、芝加哥、洛杉矶、悉尼、法兰克福等城市举办过。有些研讨会设有专门的主题,如“长途汽车度假游”,或者以地区为研究中心,如“英格兰西南部”研讨会等。感兴趣的供应商,如饭店、长途汽车公司、地方旅行社等都会来租用为期一至三天的研讨会席位。来自旅游举办国的旅游经营商们能以这种方式和这些旅游服务提供商同在一个屋檐下(通常不用跑很远的路)商讨洽谈下个旅游季节的旅游项目安排——床位、转乘服务、观光项目等。这是组织包价旅游最经济实惠的方式之一。

六、行业演示

现场演示是指介绍或提请注意的行为。旅游公司广泛使用演示手法向代理商介绍公司方案，代理商也可能会使用同一个演示转而向消费者推荐自己的产品。大型旅游经营商推荐年度新产品计划时通常会在全国范围内组织面向代理商的产品演示。

在接待会、自助餐之后通常会安排公司高级销售人员正式就新产品或新方案进行现场演示。这种方式通常比较低调，主要面向代理公司的年轻员工，强调个人交流和融洽的气氛，同时还为经营商的销售人员提供一个从代理公司销售人员那里获得一手市场反馈资料的机会。

成功的演示需要配以图像，活动挂图、幻灯机、录像带、磁带、电影等都是演示时常用的辅助资料。大型旅游经营商有时要在全英国六七座大城市巡回演示，使用 tape - slide dissolve unit(multi - dissolve unit)立体音响、频闪闪光灯甚至激光束等创造轰动效应。这种演示有时要花费上万英镑。

七、策划和组织消费者演示

面向消费者的演示既是为了吸引订单，也是为了在老客户或潜在客户中树立公司良好的声誉。所以最好能精心策划组织，力图创造最好的效果。

首先，要精心挑选演示的地点和日期。一般情况下地方礼堂不论装修怎么豪华，也不太适合作演示场所，可能会对公司形象有所损害。最好能选在高级饭店的会议厅或者专门的会议中心等地方，一定要提前预约会场，而且要确保会场停车位充足，公交便利。

演示如果安排在晚上可能会比白天吸引更多的观众，尤其是面向工薪阶层的现场演示。夫妻在假日安排上通常需要相互商量，所以最好能提供双方都能到场的机会。还要尽量避开当地或国家重大活动的日期，比如面向公众的演示安排在世界杯决赛时间或者电视剧大结局时应该不会有什么好的效果。

应该凭票入场，以控制人员数量，尤其是提供食品的演示更是这样，最好在入口检票。可以通过直接邮寄的形式通知客户，或者在当地报纸上刊登广告邀请消费者领取入场券。

最好要求大家对邀请作出回复以便预计参加人数。但总会有答应参加但最后不来的消费者，如果提前一周能打电话确认一下，就能大大减少这一人数，而且能让消费者感觉自己比较重要，进而增加他们的信用。

比较正式的演示应该提前预演，既能让演示人更轻松，说话更流利，又有利于更好地把握时间，判断演示的长短。

演示和其他的交流形式一样，需要遵循以下几个步骤：

- 引起注意
- 激发兴趣
- 加强欲望
- 最后要强调公司希望观众能够购买

活动本身和演示给讲话人提供了表达与公司服务相关的价值的机会：专业、体贴、高质量、以家庭为导向等等。

如果演示期间提供酒水，在演示结束前最好不要超过一杯，才能保证听众注意力能够集中。

如果需要放映一段影片，最好不超过一部，而且时间应该控制在20分钟左右，不管影片有多好，观众的注意力只能集中一段时间。做演示的人员一定要提前看一遍这段影片，确保选择片断正确。所有的机械和电力设备工作一定要正常，但最好能准备好备用零件——电源转换器、投影仪（OHPs）灯泡、幻灯片传送带等——尤其是对会场设备的应急可靠性不太确定的时候。提前要安排好灯光控制，如果需要的话可以让与会的人员帮忙调节灯光。

演示人员和工作人员要提前进入会场，准备足够的时间检查、安排会场的指向牌，确保会场的旅游资料摆放恰当。每个座位都应该摆放一份旅游资料，会场一定要有衣帽间和洗手间，而且要有明确标示。

所有工作人员都应该佩戴胸卡，写清姓名（顾客以后可能会跟你联系），但也有人可能出于人身安全考虑不愿公开自己的姓氏。客人到时，应该由专门的人员接待，递上一杯饮料，帮助打破沉默。放点儿背景音乐，能有效地缓解客人紧张、拘谨的情绪，尤其是人多的大场合。会场要安排足够的人员，不仅可以缓解管理的压力，而且组织促销活动需要技巧，需要关注细节，需要处事冷静。大家费了好大劲儿才把客人请来，一定要抓住一切机会进行推销，和尽可能多的人建立个人关系也很重要。

演示的目的是鼓励订购，所以把订购的手续设计得越简单越好。现场要设置销售点和销售人员，方便会后咨询。可以在宣传材料里夹进"邮资已付"的回复卡方便进一步咨询。会后和一些或所有与会者通过电话、电子邮件和信件保持联系也是很好地方法。

最重要的就是充分利用与演示相关的一切机会。可以在晚上拍些照片，寄到当地报社或商业报社，也许能在当地报纸占据宝贵的栏目（尤其如果有当地名人参加）。

小型公司如旅行社可以和其他中小公司联合组织演示，能大大降低成本。如果确定效果会很好的话，许多旅游经营商都愿意出一半儿的费用资助代理商完成产品演示，而且还会派人员到现场演示。但他们可能希望代理公司只宣传他们的产品，所以代理商如果想寻求资助，最好只宣传一个公司的产品。如果宣传的是个景点，国家旅游局或者相关运输公司可能愿意资助代理商联合促销。这种成本分摊可以确保促销预算成本回报率最高。

问题与讨论

1. T 恤衫经常被用来宣传旅游公司的口号。找出两三个激发你的想象力的宣传 T 恤衫，并解释为什么认为它们的宣传效果很好。

旅游饭店管理专业的学生经常被要求创作有想象力的 T 恤衫口号宣传他们的课程/系/学院。现在你自己设计一个 T 恤衫口号，或者宣传你的课程，或者宣传你所在的公司/机构。明确设计的目标，并详细说明你为什么认为这个口号很成功。

2. 可以印有公司名称的赠品有：地址簿、公文包、开瓶器、名片夹、计算器、日历、钟表、鸡尾酒托盘、会议文件夹、餐具、笔记本、轻便背包、皮具（皮包、钱包）、打火机、放大镜、纸镇、钢笔、铅笔、笔表、尺子、银盘、啤酒杯、卷尺、领带、雨伞等。

讨论各种赠品的优点，如果你在一家旅游经营公司负责市场促销，你会选择哪些赠品？

3. 研究一下当地旅行社的各种旅游手册架。描述一下它们在功能上以及对顾客的吸引力上都有什么不同。你认为那种更好？为什么？

4. 你认为商业促销和广告，哪一种更适合较少的营销预算？给出你的理由。

5. “国内公共机构的营销不会给英国旅游业增加任何价值。地方政府和地方旅游局对自己的旅游产品进行宣传也是白费钱，最多是把旅游花销从一个地方引到另一个地方。”“发现英国”总经理安德鲁。

你认为他的话正确吗？如果正确，那这种促销花费还有意义吗？

练习

2001 年夏天，英国旅游局资助汉堡的“英国节”，通过在这个历史小镇中心市场为期五天的博览会宣传英国。参展商的展位有如下促销：

- 印度餐馆
- 摩洛哥莫卡咖啡
- 利是美（德国）咖啡

- Groninger pils 啤酒
- 地中海橄榄
- 德国乡村酒吧果酒
- 德国泡菜和法兰克福香肠
- 中国音乐家

唯一的一个英国展位是卖鱼和薯条的，由于人手不够，展位前排起长长的队，有整个市场那么长——也许是想再现英国真正的生活方式？场地里还发现许多假英国皇家近卫军仪仗卫士，装满假冒中世纪服饰的塑料武装商船，"凯尔特"银——当然还有不少舞女。但毕竟，汉堡是英国旅游业最发达的市场之一。

你认为"英国节"的目的是什么？

- 塑造英国的原貌，或是塑造英国人眼中的英国？
- 按照英国人认为德国人看待英国的方式塑造英国？
- 按照英国人希望德国人看待英国的方式塑造英国？
- 塑造任何和英国有关的事情，只要有人愿意出钱资助展位就行？

假设你是"英国节"组织者，确立此次"英国节"的目标，说出你希望此次博览会包括的内容和希望参加的人员。

推荐阅读

Gold, J and Ward, S(eds), *place promotion: the Use of publicity and Marketing to sell Towns and Regions*, Wiley, 1994, pp 39 – 52

Lovelock, C, Vandermerwe, S and Lewis, B, *Services Marketing: a European Perspective*, Prentice Hall, Harlow, 1999, ch 6 pp 188 – 99

第十三章

直销:理论和实践

学习目标

通过学习本章,要达到以下目标:

- 辨认并区分不同形式的直销模式
- 清醒地认识到:由信息通讯技术引发的直销所发挥的日益重要的作用及其发展机遇
- 与其他营销传播方式相比,直销为消费者和厂商带来的好处
- 运用基本原理,借鉴业界成功案例,掌握如何成功地运用各种直销方式
- 能够策划一次成功的直接邮购活动

一、何为直销

总的来说，所有营销活动的最终目的都是为了影响消费者。达到此目的，可以通过两种途径：一种是通过代理商的间接方式，比如通过旅行社销售旅游产品；另一种方式是在厂商和消费者之间建立直接的沟通渠道。不管在哪个行业，知名品牌的销售对传统零售网络的依赖性很大。凯洛格公司通过电视广告宣传创造了玉米片的市场需求，但是他们认为没必要告诉顾客购买商品的具体地址。

直销的定义是"精心挑选目标客户群，和他们进行直接的沟通交流，以及时获得反馈，建立长久的客户关系"。[①]从这个定义可以看出，直销和其他营销方式的差别就在于：除了推销方式外，其他营销方式大都依靠大众传播手段与消费者沟通。最关键的一点是：不管运用何种手段，都要能真正瞄准客户群，提供充分满足客户需要的产品，从而提高客户满意度。

直销的理念并不新鲜。直接邮购活动也已经开展好多年了，通过商品目录进行销售，顾客足不出户，就能在家挑选产品，然后直接向公司订购便可。邮寄名单可通过买卖，或者根据选民名册编制，以保证对目标客户群具有很强的针对性，并为其提供有吸引力的商品。电话销售也是以前直销常用的有效手段之一，虽然如今采用的方法日臻完善，超乎前人的想象。这些手段目前还在沿用，但随着信息通讯技术的发展、尤其是互联网的兴起，直销领域发生了翻天覆地的变化，这些变化为顾客和各组织带来了市场人员前辈们不可估量的效益。最重要的是，这种新型的传播手段有助于生成复杂的数据库，将客户关系管理发挥到极致。

事例　托马斯·库克

托马斯·库克旅行社（Thomas Cook Direct）开展的活动主要针对"最具价值的潜在客户"，据称此举能节约23%费用。通过分析消费者行为和生活方式，发现这些潜在顾客最可能成为"回头客"。这部分潜在顾客占顾客总数的6%，而通过瞄准这部分顾客，公司的销售收入增长了18%。而公司其他的顾客只能收到数量有限、低成本的直接邮购信件。

直销是组织和顾客之间互动式的营销。通过双向交流，能够及时直接地获得顾客对促销的反应。

---

① Kotler, P, Armstrong, G, Saunders, Jand Wong, V, Principles of Marketing, Prentice Hall, Harlow, 3rd edn 2001, P784。

显然,直销方式可以分成两类:传统方式和现代方式。我们先来看一下传统的直销方式,然后再了解现代直销方式的演变过程。

最常用的直销方式有:

- 邮购商品目录清单。
- 直效广告。
- 直接邮购。
- 电话销售。

1. 邮购

邮购营销通常使用商品目录，消费者可以通过邮购或者去厂家直销店直接购买商品。这种营销方式的扩展形式,就是"聚会销售"。举例来说,特百惠厨具在美国销售初期，就是在销售代表或朋友家中举办聚会，通过商品分类广告或者实物展示进行销售的。在英国,"安·萨默斯"成人用品便是采用这种销售方式。

直销旅游经营公司印发的假日旅游手册与其他的邮购商品目录在本质上没有什么区别。正因如此,手册的设计与商品目录有几分相似。随着网络技术的发展,出现了网络分类广告,虽然目前还处于初级阶段,但大有后来居上之势。网络分类广告具有传统印刷分类广告无法比拟的诸多优势,尤其是能够及时直接获得顾客对促销的反馈,并能及时更新商品信息。可以预见,在不远的将来,网络分类广告将大规模取代印刷广告。

2. 直效广告

直效广告主要采用媒体广告手段，鼓励消费者给予厂商直接反馈，通常的做法是在报纸和杂志广告中附加一张回执。因为这些回执可根据刊登广告的出版物进行编码,这有利于厂商进行广告效果评估。插图 13.1 所示为直效旅游广告,实际上是夹了一小张插页(即众所周知的"封面回执"),插页可邮寄回厂商,免邮资。直效广告是一种有效的方式,前提是商品必须品质优良、宣传到位。

巧妙地运用该营销手段,可以促进滞销商品的销售。刚刚跨入新千年,全球几大知名连锁饭店都面临着销售下滑的窘境，直效广告发挥了奇效：通过在媒体杂志上广泛宣传折扣信息,空置的客房被预订一空。旅游经营公司同样采用"大甩卖"的交易方式,清空闲置库存资源,并且鼓励顾客索要宣传册。直销旅游经营公司充分利用媒体广告,激发顾客对宣传册的需求。下一步就是给顾客直接邮购宣传材料,并附信一封,循循诱导,最终促成订货。

3. 直接邮购

直接邮购是厂商和潜在消费者直接交流沟通，通过邮寄传递销售信息的营销方式。直接邮购营销的关键在于邮寄名单绝不仅仅是一串名字和地址。在英国，每年直接邮购邮件超过50亿件。虽然据称有2/3收件人不愿意收到此类邮件（有1/3的人直接把邮件扔进垃圾堆里），但是大约有10%的顾客有所反馈。研究显示，超过1/4的英国人曾经在直接邮购邮件的诱导下，作出购买商品的决定。这种营销方式具有诸多优势：由于信件充满个性化，目标市场定位明确，只要收件人名单具有广泛代表性，消费者定会对商品感兴趣，这样就减少了资源浪费。电脑数据库的运用大大促进了直接邮购过程的推进。电脑数据库包罗了庞大的客户资料，包括他们的兴趣爱好，能更精确地定位目标市场。有了"生活方式"数据库，根据消费者的年龄、收入、职业、爱好、家庭住址、住房类型和以前度假经历，我们能更准确地选择潜在顾客。

旅游公司逐渐意识到：直接邮购在所有传播方式中发挥着举足轻重的作用。并且有证据表明，旅游广告邮件比其他邮件更为有效。一项研究①表明：收到旅游广告邮件后，超过90%的消费者会打开邮件阅读，并且1/3会回复邮件。

直接邮购可用于：

- 激发消费者向旅游经营公司索取宣传手册，特别是度假活动针对某一特定群体（如高尔夫爱好者）时更为有效，但预订大都仍通过旅行社操作。
- 促进年末销售，尤其用于针对上一年年末预订的老顾客。
- 渠道支持。销售的扩大由旅游公司向旅行社传导。
- 顾客关照。交流能提升品牌形象和顾客忠诚度，比如顾客度假回来，就收到旅行社负责人寄来的一封慰问信，他/她必定感到如沐春风。

现在，直接传真、电子邮件以及语音邮件作为直接邮购的补充被广泛运用。结果证明这些都是行之有效的工具，特别是在产品信息可以快速传递方面。但有如形形色色的促销活动，这些手段往往失之滥用。人们开始关注垃圾邮件和兜售信息（通过电子邮件或网络发送的非索要邮件）的问题，因为这些邮件只会惹恼收件人，枉费邮寄的初衷。在英国，大约有40%是垃圾邮件，法律对此的监管也越来越严格。

最后，直接邮购广告也可以采用个性化杂志的形式，并附上信件。对地方的旅行社来说，事实上很少有机会通过地方广告吸引顾客，因为一个地区大

---

① Direct Mail Informatfion Service Intelligence Report, reported in *Travel weekly*, 26 April 1999。

约只有 1/3 的家庭定期购买当地报纸。许多人即便买报纸,也只关注特定的版面,如分类广告、添丁公告或者讣告。因此,解决的办法是创办自己的媒体,吸引顾客。撒加(Saga)是英国一家专门为老年人提供服务的旅行社,自己拥有知名的发行杂志,内容紧紧抓住那个年龄段人们的兴趣所在。杂志同时发挥着旅行社定期销售宣传册的作用;另外,单独印刷的旅游宣传册也会定期邮寄给订阅者。

至少有一家旅行社通过发放免费报纸、利用全彩技术(许多当地小报都未使用该技术)、精确瞄准目标市场,与当地市场保持着密切的联系,最大程度地减少了浪费。报纸内容包括旅游安排、旅行社员工及其个人经历的介绍,目的是确保潜在顾客了解员工丰富而深厚的个人阅历。旅游公司的广告效益可望用来弥补旅行社的生产成本。下面举个直接邮购活动大获成功的例子:某个区域直接邮购活动成效显著,16 页的免费报纸送到了目标区域内超过 10 万个家庭的手中,成为人们了解下一时令旅游新产品信息、特别线路详情以及旅游行业竞争的好参谋。这家旅行社集团因此在当地旅游零售竞争中拔得头筹,并且填补了区域市场空白。

4. 电话营销

电话营销(或者电话销售)代表了直销的一支新兴力量,它主要是通过电话方式,向顾客推销商品或者回答顾客问讯。利用这种销售手段,销售员能实现销售。他们通常通过电话黄页或者筛选过的名单查找潜在顾客,然后再打陌生拜访电话。此类通讯录可在邮局购买,但现在大都通过电脑数据库内部编辑通讯录,这样能更准确地瞄准潜在顾客。电话营销在 B2C(企业对消费者商业模式)和 B2B(企业对企业商业模式)促销活动中广泛应用;而在 B2B 促销中,陌生电话方式较少采用。给顾客打陌生电话也许会遭遇和其他强制促销相同的冷遇,更大弊端在于,许多人会认为这侵犯了他们的隐私和自由,尤其是在家进餐时间。旅游公司的初衷并非想激起民愤,所以电话营销手段的使用必须慎之又慎。

电话营销一直是向大众推销旅游产品的有效手段。近年来,由于呼叫中心不断发展,电话营销广泛运用,现在可以成为旅游营销的一个特色。呼叫中心是免费电话服务,主要处理顾客的反馈和投诉。中心有销售人员达 100 人以上,他们负责接受旅游消费者的预订和问讯。呼叫中心成为销售某些特定商品的常用方式,如折扣机票、汽车租赁等。现在,越来越多的呼叫中心都设在海外,且大都在印度;因为全球通讯是同步的,通过业务租赁,大大降低了劳动力成本。

电话营销不断推陈出新。其中之一是着重强调人性化的服务,电话营销在这点上大有可为。呼叫中心人员的培训工作重心也发生了转移,过去应答问讯时强调使用统一、机械的客套用语,现在则鼓励更贴心的人性化对话方式;过去强调缩短每次问讯的时间,现在的顾客至上原则更注重良好的客户关系管理,旨在维护公司销售人员和顾客之间的良好关系,进而全面提高顾客满意度水平。快速应答问讯具有同等重要的地位,为此呼叫中心引进了自动呼叫分配系统(ACD),以保证不使呼叫者等候,并且每次来电呼叫依次轮流接听。现在许多公司都承诺呼叫接听不超过某一固定时长,因为他们认识到如果让潜在顾客焦急的等待,销售就会不通畅,巨额的广告费也将付之东流。

未来高科技的发展,包括电脑集成通讯的应用将使电话营销更加完善。比如,来电显示能在接听之前辨明来电者身份,从而为有选择地接听预留了空间,但是该技术在商业上的应用还未获得批准。

新的营销方式方兴未艾,信息通讯技术创造的全新营销手段已经迅速渗透到商业领域,在某些情况下甚至超过了传统的营销手段。主要包括以下两种方式:

- 网络营销
- DRTV,即电视直销

接下来,我们了解一下这两种营销方式。

5. 网络营销

网络营销有两种操作方式:一种是通过网络服务供应商(ISP)传播商业信息,另一种则是通过电子邮件传播。

电子邮件的数据库提供了一种与顾客沟通最经济而有效的方式。科特勒[①]宣称,有5%到10%的收件人对这种方式有所反馈。电子邮件的另一大优势就是时间的自由性。内含度假产品信息的电子邮件可以选择在周末发出,因为这时旅游消费者心情舒畅,并且有闲暇时间考虑假日出游计划。下午4:30到5:30之间,办公室白领们正在考虑去何处就餐时,餐馆的邮件如约而至,详细的菜单和诱人的美食让人蠢蠢欲动。

网络营销互动性的特点有助于建立良好的客户关系。厂商和顾客之间进行双向的交流,厂商可以根据顾客意见及时改进产品,这一点在为顾客量身设计旅游产品过程中尤为重要。个性化的旅游产品正逐步取代模式化、大众化的传统旅游产品。

网络传播同样如此。通过前几章的介绍我们看到,网络传播是一种有效的

---

① Kotler, P *et al*, op cit, P806。

工具,能发布广告、接受预订、建立数据库以及增进客户关系。数字电视(带有机顶盒)和使用WAP技术的移动电话为消费者展示了更多了解商品信息的机会,电视和手机屏幕都能取代电脑屏幕,直接进行网上搜索。

这些营销方式为消费者带来了巨大的实惠:厂商成本降低了,消费者支付的价格也会相应降低。许多旅游产品,尤其像飞机票、火车票、汽车租赁、饭店住宿等,如果通过网上预订的话,可以享受很高的折扣。网上购物系统操作简便、快捷,商品种类包罗万象,商品信息实时更新,而且能保证更好的私密性,省去逛商场和直销店的诸多麻烦。所售商品为顾客度身考虑,以满足个性化的需求。更为重要的是,这是真正意义上的全球化营销,在全球任何一个国家想要外出度假、预订酒店,瞬间就能实现。通过运用这些营销手段,企业能够建立更加完备、精确的数据库,建立牢固的客户关系和顾客忠诚度,降低成本、增加盈利,可谓受益颇多。

事例　国际旅游联盟TUI

国际知名的旅游经营商德国TUI旅游集团已经把其下属的一些专业服务项目改为完全网络直销模式。例如,在2003年推出针对年轻夫妇的"优惠假日"项目。网站上都没有TUI(或称汤姆逊Thomson,TUI在英国的品牌)的链接,因为TUI致力于持续经营直销经营商波特兰假日,而波特兰假日瞄准的是传统旅游市场。

网络营销的发展并非尽善尽美。诚然,目前网页的浏览功能大大超出预订功能,但是,两者的界限还不甚明确,而且网页浏览权重越大,通过传统渠道预订的可能性也越大。旅游产品套用这种销售方式存在着限制条件——购买复杂的商品/服务,如游轮巡游、长途旅行等,需要更专业的销售支持。仅仅依靠顾客键盘输入,预订操作很可能是一个漫长的过程,还不如直接打电话来得干脆。多数老年顾客无法适应计算机革命,他们认为电脑操作复杂,决不会在电脑上签下任何订单。尽管有些公司(但绝非全部)给出了预订说明,但对消费者来说,并非就胜券在握,万事大吉了。欲购商品可靠性值得揣摩,加上时不时地键盘输入错误,心里又害怕上当受骗。以此观之,对相当多的消费者来说,传统的零售方式在今后若干年还将具有很强的吸引力。

6. 直销电视广告(DRTV)

随着卫星电视和有线数字电视的发展,电视直销在许多国家迅速发展,成为高科技营销的又一种模式。电视直销包括两种不同的促销形式:一种是含有广告的商业节目。广告中会公布免费电话，鼓励观众电话订购。有些频道播放所谓的"信息广告"、长篇广告——有时长达半个小时。这些广告通过讨论、焦点小组会议、路访等类似形式，让消费者也参与其中，目的是为观众提供更加详尽的商品信息。另外一种电视直销形式是家庭购物频道，这些电视节目或整个频道的宗旨就是销售形形色色的商品。欧洲和北美国家都开通了旅游频道，尽管英国也有几个旅游频道开通，或独立运营，或由大旅游经营商/零售商支撑，但是最近风云变幻，所有权和名称都发生了变更。由此看来，短期内私人频道的前途充满变数。

二、直销效果评估

现在，我们已经了解了公司向顾客直销的一系列方式及其利弊。多数直销的目标务实明确，所以评估其效果更为容易。当然，立竿见影的客户需求和销售增长并非营销活动追求的唯一目标，必须认识到，我们所研究的大多数直销方式有助于提高品牌知名度和顾客长期满意度。除了这些好处外，其他主要优点在于：

A. 准确定位。准确选择客户名单，减少浪费。产品和服务最大程度地满足潜在顾客的需求。

B. 个性化的讯息。个性化的邮件不仅仅体现在称呼上，也体现在对消费者个人行为及其生活方式的准确把握中。下面这段话就是很好的例子："阁下是我们尊贵的顾客，以前在我们店预订过三次商品，因此我们很荣幸向您发出特别的邀请……"信息中如能表达对顾客需求的了解和关注，消费者将更乐于接受。

C. 追求反馈的定位。正是基于这个特性，直销采用优惠券、回执和电话反馈等方式，得到了很高的反馈率。互联网和电话交流由于具有成本低、即时通讯等特点，促进了消费者反馈的积极性。直销是销售导向型营销方式。

D. 细致入微。宣传册采用书面表达、形式灵活，诸多细节可融入其中。无论是商品描述，还是购买条款的完整信息，都可以通过印刷媒体传播，但是互联网的一大突出优点就是能提供全彩的商品图片，增加消费者的购买信心。同时如果细节过多，营销活动的准备时间相应也会延长。

E. 谨慎低调。电视和媒体广告会立刻引起竞争对手的警觉，而采用直销方式，只要稍加留心，不犯诸如将邮件发到竞争对手那儿等类似的低级错误，短期内不易被发觉，有时甚至等到活动结束后，竞争对手也丝毫没有察觉。

F. 可衡量性。采用直销方式，无论是消费者索要多少信息，还是实现销售，都会有所反馈，因此能准确跟踪确认数额，促销成本收益就能直接测算出来。

对直销效果的评估与对其他营销手段的评估一样,首先得有明确的目标陈述。组织活动的目标群体是哪个？期望达到的市场效果是什么(可以包括知名度、顾客问讯和实现预订)?前面已经强调过这些策略营销活动中时间安排的重要性,因此活动的启动、各类媒体的信息投放、信件和邮件的发出日期都必须在计划中明确列出。

这些工作完成后,即可开始草拟评估战略。消费者对信息的反馈须如实记录下来,整体效果逐条列举并分析。然后可以测算出每次问讯的成本和转化为销售收入的成本。活动前后进行复印件和图片的调查仍不失为妥当的方式,因为这样才能在重大的全国或国际营销活动前,针对不同地区,挑选出有效的传播信息。活动完毕后,对公司和产品的知名度以及消费者态度变化的调查也大有裨益。只有这样,才能真正理解战术营销手段所带来的长远影响。

三、假日旅游产品直销

旅游业的各个单位都会涉及某种形式的直销。甚至在某些情况下,旅游公司会采用一些变通的手段来鼓励消费者直接订购,这样就免去了传统方式中给中间商的佣金。有些旅游单位(包括旅游目的地和旅游景点)不存在中间代理商,纯粹采用上述一种或多种直销方式销售。有些单位(如一些折扣机票公司)把直销定为其销售政策,有些甚至只进行网上销售。旅游经营行业的独特之处在于:有些服务项目即使有强大的零售部门作为支撑,但仍选择直销的模式。

直销模式最初的兴起是必然的,这源于人们固有的信念:通过直销方式销售假日旅游产品比传统方式节约成本。不久人们就发现:没有代理商参与,固然也能卖出商品,但是省下的佣金却被直销的增加费用侵蚀了。广告费用大幅增长、对电话线路需求的增加、电话销售回答询问对时间的更多投入,这些变化都增加了营销预算。而且如果没有代理商的支持,无法及时供货,产品的销售将面临更大的困境。起初,当市场上出现大批直销经营商后,对传统渠道的威胁论甚嚣尘上,然而结果并非如此。最后,直销经营所占的市场份额稳定在20%左右。信息通讯技术手段对直销经营公司迅速占领市场、降低成本起了推波助澜的作用。因为旅游经营商为了提高直销比例,采用的是相同的技术,所以能够共享技术带来的好处。

当然,在某一消费市场,也可以采取与众不同的销售方式。分销渠道的存在,正是因为消费者有这种需求,他们喜欢与众不同的购买方式。服装销售就存在多种方式:虽然存在直销公司,它们将商品直接销售给顾客(如年轻消费者)或者通过代理商销售(如马歇尔·沃德公司),但是许多消费者还是喜欢在商场购物。旅游业也如此——除了有一点显著不同:旅游产品没有实物形态,无法验货。因此,如果能找到直销新方式,改变旅行社通过宣传册图片展示旅游产品的传统模式,同时保持低价位、保障公司的信誉和预订的安全性,那么直销就有可能成为与旅行社经营方式的补充,而非替代关系。

多数中小型旅行社,不管是小旅馆、旅游景点,还是专业的旅游经营公司,选择的空间很小。看看周末媒体上的度假广告就知道,多数旅游公司几乎完全听命于消费者的反应。理由很简单,如果全国市场很分散,公司顾客数量又很有限,那么通过零售商分销的成本就太大了。同时,很少有代理商愿意囤积此类商品,因为他们各自的销售量不足以支撑库房建设,而且缺乏销售的专业知识。

事例　苏格兰贵族旅游公司

苏格兰贵族旅游公司(Noble Caledonia)是小公司的典型,它的成功基于提供高度专业的假日旅游产品,因此很少有直接竞争对手。苏格兰贵族旅游公司是全球屈指可数的几家专业化长途旅游企业,一贯致力于寻找新奇、独特的旅游目的地,吸引那些"游遍神州"仍孜孜探寻奇境的旅游爱好者,曾经推出针对少数志趣相投游客的巡航探险之旅,目的地人迹罕至。公司采取租用外国游船(主要是俄罗斯)的方式,从而有效控制了成本。主题巡游同样定位鲜明,公司采用有效手段,满足那些对异国动植物感兴趣的人们的需求。比如邀请诸如BBC著名鸟类电视节目主持人托尼·苏柏等知名专家进行演讲,吸引了众多的鸟类学家。巡游目的地包括北极洲、南极洲和大西洋中部的岛屿。公司通过在高端周末媒体、尤其是精品杂志上投放费用高昂的整页广告进行宣传。消费者一旦选择这些旅游产品后,就被编入公司的数据库,并且定期给他们邮寄新产品宣传册。这种方式培养了的品牌忠诚度,也招徕了大批回头客。

四、数据库营销

邮寄数据库来自于两个渠道:公司内部掌握的信息和从第三方获得的邮寄名单。公司内部顾客名单可能最有利于促进销售,但是随着时间的推移,顾客会逐渐流失。因此需要不断补充新名单,包括广告和促销活动的参与者,或者使用第三方提供的名单。

只有做到数据准确、定期维护,顾客名单才能发挥作用。数据管理责任重大、不可低估。要避免如下信息缺陷:复印件,信息陈旧、过时,姓名和地址输入有误。如果信息不完整,则需要采取弥补措施。比如,只有唯一的信息"希拉里·摩根",如果写封私人信件,该如何称呼？ 虽然"亲爱的希拉里·摩根"这样的称呼在直接邮购传播中越来越普遍使用,但并非是规范的称呼。"亲爱的摩根先生"则可能混淆了性别和称谓(如收件人可能是一名医生),这些细节必须在邮件发出前就搞清楚。必须不断收集这些信息,并存入数据库,以便于未来邮寄。

如今,任何一家运营良好的企业都进行大量顾客相关信息的维护工作,并且通过建立电脑数据库降低维护成本,这在本章开头就已谈到。数据库的使用越来越先进,发送信息的方式由过去的"散弹式"改为与之截然不同的"来复枪式",大大减少了资源的浪费。所谓的"闭环营销"通过软件系统跟踪消费者的反馈,然后根据其反馈不断更新宣传信息,增加吸引力。

现在,电脑数据库可用于收集和整理顾客和潜在消费者的信息,包括地理分布、人口统计、消费心理和消费者行为等信息,其复杂程度在几年前是无法想象的。尽管此类列表商业价值颇高,但是必须谨慎使用。《数据保护法》(1984)规定:如果数据库包含个人信息,必须在数据保护机关注册登记。因为即使是姓名和地址也属于个人信息。公司给自己的顾客写信不受任何约束,但是未征得个人同意,公司不得将个人信息传给第三方。在实际操作中,征得个人同意往往通过"默认"方式,在回执单上有个勾选框,注明"如果你不希望将来收到其他公司的推销信息,请画勾"。

内部数据库多从第三方邮寄列表获得,这些邮寄列表也日益完善。列表通常采取"租赁"形式,只提供一次使用的机会。事实上,公司都不允许看到列表。列表所有者指派一家邮寄公司负责邮寄,收到促销资料后就开始分发出去。这是因为信息的价值属于其所有者,并从中获益。如果信息出售出去,那就丧失了资产的所有权,也就失去了收益权。当然,也有一些可供出售的列表。

选择第三方列表,营销人员须谨慎从事,询问列表所有者以下有关信息搜集方面的问题:

A. 列表所有者根据《数据保护法》注册登记了吗？

B. 最近,列表与"邮寄偏好档案"比对过了吗？(这是根据《数据保护法》建立的档案,不希望接收直接邮购的个人都可登记。理论上讲,所有的邮寄列表都必须参照比对,在信件发出之前,将档案中所列个人从列表中剔除。)

C. 为了更准确地反映消费者的偏好,数据能作哪些删选,完善邮寄列表？

D. 数据库建立多久了？

E. 建立数据库的目的是什么？采用何种方式采集数据？

F. 如何维护及更新数据库？

在整个促销活动完全依托某一数据来源前,营销人员可望从庞大的列表中挑选小部分邮寄名单进行测试。

传播越人性化，效果就会越好。营销的一种做法是在别人出版的媒体上摆上你的广告，另一种做法则是针对单个消费者写封促销信，使用个人称谓、介绍适合消费者的商品/服务，这种营销更具有吸引力。在这两种截然不同的方式之间，存在着许多其他方式。直销人员不管采取何种方式，最终都要接受消费者的检验。

五、旅游目的地直销

与其他旅游行业相比，旅游目的地的营销更大程度上依赖于直销方式，因为没有现成的中间商帮助推销商品。许多旅游目的地营销充分发挥了想象力，扩大宣传力度。最著名例子是突尼斯驻伦敦旅游办事处开展的直销活动，活动充满想象力，因而获得了巨大的成功，至今仍是一个经典事例。

突尼斯驻伦敦旅游办事处营销活动

20 世纪 80 年代末，突尼斯驻伦敦旅游办事处主任上任伊始，就面临着旅游季节业绩惨淡的困境。他的预算非常有限，为了激发消费者去突尼斯度假的兴趣，他计划于复活节前后开展一次针对消费者的广告活动。同时他意识到，尽管英国有 7000 家旅行社，雇用了大约 30 000 名员工，但是很少有人意识到突尼斯旅游景点所隐藏的商机。这不足为奇，因为那时到北非旅游的英国人只占英国居民出境旅游的 0.73%。如果只有不到 1% 的游客选择去突尼斯旅游，旅行社人员就不会花太多的时间和精力去了解突尼斯。

主任认识到，主要的目标是必须提升突尼斯在英国旅行社员工中的知名度。于是，他安排了一名热情的员工在办公室回答问讯并提供营销帮助。他重新印刷了彩色宣传册，主要介绍突尼斯度假特色所在。他还录制了一张光盘，目的也是用来宣传这一旅游胜地。

在外部顾问的帮助下，办事处策划了一系列邮寄活动：给英国大大小小的旅行社发送邮件，旨在吸引他们的注意力。第一步，通过使用双关语，体现了幽默感和当地的特色。给旅行社送去装有突尼斯上等的枣椰的邮包，供旅行社人员享用。枣椰树在以前的广告中曾经使用过，用在这儿是作为视觉联想，宣传活动的主题为“你和突尼斯有个约会”。（英文中枣椰树和约会是同一个词“date”——译者注）

第二步是邮寄信件（见图 13.1），信件就是用电脑打印的，主任使用的称谓是“尊敬的旅行社”，最后由主任签名。这封信描绘了突尼斯度假的 5 大主要特色，即：

- 详细介绍了光盘中旅游胜地的各项细节，光盘随时可索取

■ 介绍旅行社员工实现突尼斯“梦幻之旅”的竞争机制

■ 旅游季节来临之前，为旅行社员工提供低价旅游度假机会（旨在了解更多的产品信息）

■ 提前发布员工秋季考察旅游通知

■ 如有需要，可提供销售帮助

随邮件一同寄出的是简单明了的明信片报名表（见图 13.2），保证旅行社每位员工阅读完相关宣传册后，能参加“梦幻之旅”竞赛；还有索取光盘复印件的明信片、印制突尼斯旅游宣传手册的假日旅游公司名单和地址。这些附件装在特制的包裹里，包裹上印有枣椰树的标志，并印有“立即打开”字样，以避免出现宣传册在旅行社束之高阁的情形。

从竞赛报名和索要光盘的反馈的热情可以看出，此次活动得到了积极响应，突尼斯旅游胜地也声名鹊起，为万圣节旅游旺季奠定了良好的开局。

此次营销活动是一次创新之举，与其他国家的旅游营销迥然不同，突尼斯旅游业也因此收获颇丰，不然的话，只能是落得惨淡经营。

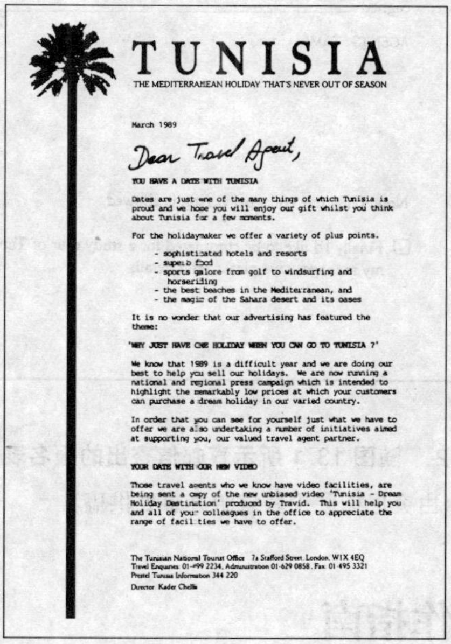

TUNISIA

THE MEDITERRANEAN HOLIDAY THAT'S NEVER OUT OF SEASON

March 1989

Dear Travel Agent,

YOU HAVE A DATE WITH TUNISIA

Dates are just one of the many things of which Tunisia is proud and we hope you will enjoy our gift whilst you think about Tunisia for a few moments.

For the holidaymaker we offer a variety of plus points.

- sophisticated hotels and resorts
- superb food
- sports galore from golf to windsurfing and horseriding
- the best beaches in the Mediterranean, and
- the magic of the Sahara desert and its oases

It is no wonder that our advertising has featured the theme:

'WHY JUST HAVE ONE HOLIDAY WHEN YOU CAN GO TO TUNISIA ?'

We know that 1989 is a difficult year and we are doing our best to help you sell our holidays. We are now running a national and regional press campaign which is intended to highlight the remarkably low prices at which your customers can purchase a dream holiday in our varied country.

In order that you can see for yourself just what we have to offer we are also undertaking a number of initiatives aimed at supporting you, our valued travel agent partner.

YOUR DATE WITH OUR NEW VIDEO

Those travel agents who we know have video facilities, are being sent a copy of the new unbiased video 'Tunisia - Dream Holiday Destination' produced by Travid. This will help you and all of your colleagues in the office to appreciate the range of facilities we have to offer.

The Tunisian National Tourist Office 7a Stafford Street, London, W1X 4EQ
Travel Enquiries: 01-499 2234, Administration 01-629 0858, Fax 01-495 3321
Prestel Tunisia Information 344 220
Director Kader Chelli

图 13.1　突尼斯驻伦敦旅游办事处写给旅行社的直邮信的首页

（由突尼斯驻伦敦旅游办事处供稿）

TUNISIA

THE MEDITERRANEAN HOLIDAY THAT'S NEVER OUT OF SEASON

COMPETITION FOR A DREAM TRIP

1. Where is one of Tunisia's golf courses situated?

   ____

2. What was the name of the visitor to Djerba, the Island of the Lotus Eaters', 3,000 years ago?

   ____

3. Which of the following companies feature Tunisia in their Summer 1989 brochures? Please tick as appropriate.

   - ☐ Airtours
   - ☐ Cosmos
   - ☐ Enterprise
   - ☐ Holiday Club International
   - ☐ Intasun
   - ☐ Panorama's Tunisia Experience
   - ☐ Select
   - ☐ Sky Tours
   - ☐ Sol Holidays
   - ☐ Sovereign
   - ☐ Thomson

NAME ______________________

I confirm that the above named is a full time member of our sales staff at this travel agency

Signed ______________________
(Manager)

AGENTS STAMP

Note: Only one entry per person is allowed.

☐ Finally I'd like to be considered for a study tour of Tunisia and my manager says please send details

图 13.2　随图 13.1 所示直邮信寄出的报名表

（由突尼斯驻伦敦旅游办事处供稿）

六、直邮信件写作指南

前面，我们强调了写信必须个性化：称呼姓名、使用正确的头衔。这能保证信件准确送达，增加被阅读的可能性。许多人认为在信件中再次称呼姓名能加深好感，而且通过邮件合并软件程序完全可以实现，但是这样信件会感觉有些矫揉造作。

成本和质量似乎是鱼和熊掌不可兼得。但是邮件如果操作得当，也能节约成本。印刷质量应当追求高标准。黄色信封比白色信封便宜，但会给人小家子气的感觉。普通信封似乎比开窗信封更为理想，但是用开窗信封邮寄个人信件则比普通信封好。另外，打印个人信封需要精良的设备。

信件内容本身也至关重要，信件正文要达到的效果是：

- 饶有趣味的标题吸引读者注意
- 开篇即陈述消费者可获得的好处
- 概述商品/服务，展示其特色
- 深入、详细介绍商品/服务
- 告诉读者下一步行动，即如何购买商品/服务

直邮信件是促销的一种形式，简洁不一定是最佳手段。为了达到效果，信件内容必须能吸引读者注意力，唤起读者兴趣。信件写作要求文字优美、通俗易懂（正确是最起码的！），最好使用简短有力的句子。这个行业的领先者通过使用段落缩进、大号字体或者下划线来突出强调，使文章清晰明了，并且增加附言一栏。如果想通过邮件刺激消费者，那么尽量简便的回复方式至关重要，能激发消费者的热情。订购表或者回执卡必须达到这个要求，信封印制简洁、回复地址明了，都有助于提高回复率，要是销售商能提供免邮资信封效果就更好（根据回复信件数量，留出一小笔预算即可）。最有效的方法是提供已粘贴邮票的信封，那样多数消费者会觉得如果不回信的话，邮票和信封就浪费了。

威尔士旅游局是充分利用直邮信件吸引潜在游客的典范，近期成功的两例如图 13.3 和图 13.4 所示。所寄出的直邮信件使用私人称谓，最后署名的是营销总监；信件内容简洁有力、排版设计独到，并附有多姿多彩的图片。同时，游客的反馈会及时跟踪登记。

问题讨论

1. 和小组成员一起，收集 2 周时间内家里收到的促销直接邮购信件（包括杂志中的插页）。统计一下数量，并按推销产品和服务的类型分类（比如：金融、信息技术、家居和园艺等等）。思考一下：这些产品和服务与你家的需求有何联系？有些信件是不是具有很强的针对性（即第四章描述的 Acorn 分类）？哪些产品是你可能感兴趣的？哪些信件直称姓名？哪些包括旅游产品介绍？从你收到的邮件和小组收到的邮件中分别挑选出最佳邮件。

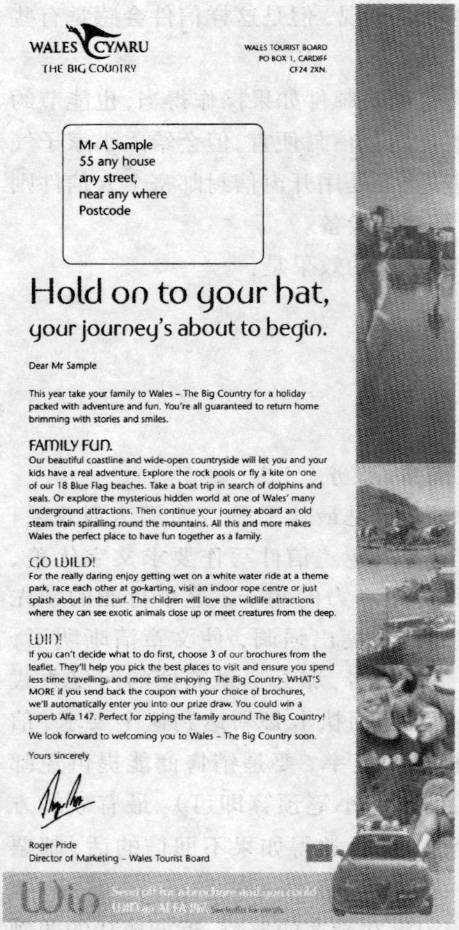
WALES CYMRU
THE BIG COUNTRY

WALES TOURIST BOARD
PO BOX 1, CARDIFF
CF24 2XN.

Mr A Sample
55 any house
any street,
near any where
Postcode

Hold on to your hat,
your journey's about to begin.

Dear Mr Sample

This year take your family to Wales – The Big Country for a holiday packed with adventure and fun. You're all guaranteed to return home brimming with stories and smiles.

FAMILY FUN.
Our beautiful coastline and wide-open countryside will let you and your kids have a real adventure. Explore the rock pools or fly a kite on one of our 18 Blue Flag beaches. Take a boat trip in search of dolphins and seals. Or explore the mysterious hidden world at one of Wales' many underground attractions. Then continue your journey aboard an old steam train spiralling round the mountains. All this and more makes Wales the perfect place to have fun together as a family.

GO WILD!
For the really daring enjoy getting wet on a white water ride at a theme park, race each other at go-karting, visit an indoor rope centre or just splash about in the surf. The children will love the wildlife attractions where they can see exotic animals close up or meet creatures from the deep.

WIN!
If you can't decide what to do first, choose 3 of our brochures from the leaflet. They'll help you pick the best places to visit and ensure you spend less time travelling, and more time enjoying The Big Country. WHAT'S MORE if you send back the coupon with your choice of brochures, we'll automatically enter you into our prize draw. You could win a superb Alfa 147. Perfect for zipping the family around The Big Country!

We look forward to welcoming you to Wales – The Big Country soon.

Yours sincerely

Roger Pride
Director of Marketing – Wales Tourist Board

Win Send off for a brochure and you could WIN an ALFA 147. See leaflet for details.

图 13.3 "Hold on to your hat"，威尔士旅游局的直邮信

(由威尔士旅游局供稿)

WALES CYMRU
THE BIG COUNTRY

WALES TOURIST BOARD
PO BOX 1, CARDIFF
CF24 2XN.

Mr A Sample
55 any house
any street,
near any where
Postcode

Discover a new
way of life.

Dear Mr Sample

BROADER...
Now that we are into a new year, let's make it one to remember! Rediscover a favourite pastime, or try something you have always dreamed of doing but never seemed to find the time.

HORIZONS
Visit Wales and discover a whole new world. Try a new activity, from leisurely bike rides to capturing Wales' beautiful landscape on canvas or film. Or maybe discover a new hideaway – there is good reason why Wales is described as Britain's best-kept secret. Try a new dish to eat, with superb local ingredients cooked in a fusion of traditional and modern styles, which are sure to whet the appetite.

Even if you've been to Wales before, there's still plenty to discover. Have you seen our spring hedgerows bursting with wild flowers or the long golden beaches and blue skies in summer? There are food and music festivals, art exhibitions, cultural celebrations and plenty more at special events throughout the year.

WIN!
Do something different, pick three brochures, and start planning your holiday. Maybe even consider an area of Wales that you've never visited before. Send your choices back on the coupon and we'll enter you into our competition. You could be driving away in a fantastic car – the Alfa 147. Just the thing for discovering Wales.

We look forward to welcoming you to Wales – The Big Country soon.

Yours sincerely

Roger Pride
Director of Marketing
Wales Tourist Board

Win Send off for a brochure and you could WIN an ALFA 147. See leaflet for details.

图 13.4 "Discover a new way of life"，威尔士旅游局的直邮信

(由威尔士旅游局供稿)

2. 尽管通过全国各地的邮箱寄出成千上万的宣传信件，但是仍然有许多营销机会被浪费。举个很成功的例子(但不可复制)，有人专门提供擦玻璃服务，在其服务的街道范围内四处巡视，寻找最近可能没擦洗的窗户。然后，他给这些潜在客户寄了封信，介绍他能提供的服务和联系方式。这样，他招揽了很多顾客，也获得了不菲的利润，而且无须再花钱推销服务了。

现在房地产到处欣欣向荣，但是当地房地产开发商多久会向潜在客户直接邮购一次，以介绍服务、促成交易？

讨论一下：小组成员中是否有人收到过此类邮件？有人收到过旅行社的推

销邮件吗？为什么没有？

3. 假设你正在起草一份邮寄名单，以便向周边社区的居民发送直接邮购信件。你将如何描述该地区的“市场状况”？社区居民可能会对哪些旅游产品感兴趣？

练习

本章有关突尼斯驻伦敦旅游办事处的例子是成功的范例，但并非唯一的成功营销的例子。还有其他类似通过向旅行社赠送枣椰子，引起旅游目的地联想的例子。

近年来，许多成功的电影都在突尼斯拍摄完成（如“星球大战”、“夺宝奇兵”和“英国病人”都在此拍摄）。假设突尼斯国家旅游局委派你写一封直接邮购信件，主要针对来突尼斯旅游的潜在客户群。

写一封成功的信，要明确目标市场、写信的目的、要宣传的产品（国家/旅游景点/探险之旅等）、信的主题以及建议的附寄品。要保证做到：信的结尾能激发读者采取行动（索要具体的宣传册、详细问讯、预订）。

除了信以外，给突尼斯驻伦敦旅游办事处营销总监写一封简短的报告，说明你的使命及所做决策的原因。

推荐阅读

Kotler, P *et al*, op cit, ch 22

Kotler, P, Bowen, J and Makens, J, *Marketing for Hospitality and Tourism*, Prentice Hall, 2nd edn 1999, ch 15

第十四章

公关及旅游行业公关

学习目标

通过学习本章，要达到以下目标：

- 了解与其他传播方式相比，公关活动的好处何在
- 列举公关的作用，了解公关经理的职责内容
- 了解如何组织公关活动
- 评估不同的公关方案，以达到积极的推广效果、消除不良影响
- 了解促销效果评估的重要性
- 了解公司承担的社会责任对树立公司形象的重要性

来自特兰西瓦尼亚的少女流行组合"羞羞脸女孩"日前宣布将在英国机场进行夏季巡回演唱会，以推广她们的最新单曲"*Hooray, Hooray (It's a Cheeky Holiday)*"。计划通过现场演唱其"热门金曲"，鼓舞那些由于班机误点而情绪低落的度假旅客。演唱会具体日期尚未确定，但此次活动地点不包括以下机场：希思罗机场、曼彻斯特机场、盖德维克机场、爱丁堡机场、格拉斯哥机场、纽卡斯尔机场。

——摘自 2003 年 6 月 16 日《旅行周刊——日记篇》

奥美广告公司的前领导大卫·奥格威，也是英国广告业的主要倡导者，曾向旅游业高级职员们说，他宁可在旅游公关上花 25 万美元，也不愿在辞职前在广告上投入一分钱。此番话意在强调公关传播的重要性，而公关传播又往往不为业界所重视。另外一层意思就是，与其他传统的促销技术相比，公关投入创造的效益更好。

公关在传播组合中一直扮演着无足轻重的角色，其中一个原因就是，所有营销手段中，公关活动的投入产出比是最难衡量的。通常来说，公关活动发挥效力的周期比较长，而且活动效果很大程度上取决于外包公关公司人员的态度和执行方式，而这些都不在公司的控制范围内。同时，组织公关活动需要有丰富的经验和广泛的关系资源，而许多小公司不具备这种实力。这些都大大增加了公关的挑战性。而多数营销人员喜欢回避这一点，这可能是因为旅游业多数从业者还没有真正搞懂公关。一些认识到个人魅力在创造公司及其产品社会知名度方面的作用的企业家，成功地运用这种个人魅力，为我们提供了很好的范例。比如，提到知名的航空和铁路公司，人们立即就会想起理察·布兰信爵士和易捷航空的创始人——斯特里奥斯·哈吉－艾奥安诺。过分依赖此类传播手段也存在一定的风险，知名度过高可能招致恶意中伤，尤其当传播不太成功时——对此布兰信爵士应该深有体会。但是，不同企业还可以采取其他多种公关方式，这些方式将在下面的章节详细论述。

事例　游览英国公司

游览英国公司以前隶属于英国旅游局，该公司同样也信奉公关投入优于其他营销投入的原则。2002 年该公司的工作重点是：通过以下两种途径，建立品牌知名度。

1. 邀请全球 2 000 名记者和播音员来英国实地考察，亲自体验所提供的旅游产品。

2. 公司投入人力、物力，提供高质量的信息服务。在全球战略重点城市设立办事处，现场解决问题。建立官方网站（visitbritain. com），以提供全面的信息服务，该网站同时也是进入各地区景点网站的端口。2002 年，英国旅游局官方网站的点击量达到了 3 000 万次。

一、公关的定义、特征和作用

公关准确的定义是：一个组织为了建立并保持与公众的良好关系而采用的一系列传播手段。公众是一个复数概念，因为实际上组织需要与若干不同的公众团体打交道，消费者只是其中之一。公司总是希望与股东、供应商、分销商乃至工会建立良好的关系。公司也希望在诸如贸易及专业协会、地方商务局等外部团体有一定的影响力；而舆论界权威人士，如国会议员、旅游作家、《饭店指南》出版商，也是公司极力拉拢的对象。最后，公司大力赞助社区活动，希望与社区居民融洽相处，早日被接纳为社区的一分子。

这些公共关系不仅仅局限于消费者层面，而且大大超越了市场营销的职能。但是，出色的公关和成功的营销在培养本地和世界消费者对公司的好感方面起着重要的作用。现在，企业社会责任被公认为是企业经营中的重要部分而运用到旅游业中，催生了“可持续旅游”的理念。本章我们将稍后讨论这个话题。

1. 特征

随着组织规模的扩大，逐渐产生了对公关的需求，结果导致公司和顾客间的联系减少。这也招致了许多对公司“人情淡漠”的批评：反对者认为大公司变得越来越“面目可憎”、“冷酷无情”。一些分析人士（如罗伯特 · 汤森）认为：解决的办法就是撤销公关部门，回到人际关系的时代。但值得商榷的是：组织一旦达到一定规模，人际关系是否还行得通？直到 20 世纪 70 年代，多数旅游公司的预订系统还是由人工操作，委派专人接听电话处理旅行社的预订。零售商都能叫出工作人员的名字，有问题可直接打电话联系。正是由于维持着这种密切的关系，公司发生的任何问题都能一一化解——因为公司的员工和零售商之间充分信任，问题能被及时发现并纠正。随着在线电脑预订系统的广泛应用，销售代表也极少造访旅行社，各项业务也变得缺乏人情味；对于旅游公司偶尔发生的错误，旅行社也变得不依不饶。随着顾客和公司之间变得更加疏远，一些组织奋起捍卫消费者利益，提倡更好地保护消费者权益。在这方面，航空交通用户委员会

(AUC)就是旅游行业的典范,积极致力于维护乘客的利益——但是,所采用的制裁措施也仅限于曝光违规操作,而此类措施仅对惧怕公众指责的公司有效。

2. 作用

旅游观光业属于服务行业。因此,旅游产品/服务的声誉与员工密切相关,有赖于员工和顾客之间良好的关系。即使一家公司每年组团出境游客超过100万人次,仍须尽力塑造友好、亲切的公司形象——事实上,顾客量越大,这一点越是重要。公关的作用就在于能够支撑、宣传公司的形象。而公司形象的建立则完全有赖于对公司负有责任的那些人,不管是负责员工招聘和培训,还是负责质量控制。

与其他传播手段一样,公关的作用之一是向顾客介绍公司及其产品,并诱发顾客购买商品的冲动。就提供信息作用而言,在保证信息准确、客观的同时,也要反映公司的需求和利益——这着实是对公关经理的一大挑战!公关工作要想卓有成效,必须保持客观性。因为发布的内容由媒体决定,而媒体会坚持自己的立场。

谈到可信度,由于公关信息更具有客观性,所以比广告更令人信服,从长期来看,对销售的促进作用也更大。这证明了这样一个事实:公关是营销计划中长效战略的利器。现在的游客变得越来越精明,对广告信息也产生了免疫力,因此,营销中公关的作用显得更为重要。

可能读者会认为公关只是值得大公司关注的领域,但是必须强调的是,在任何公司,无论规模大小,公关都有用武之地。中小企业也希望赢得当地居民的好感、建立良好的信誉,而这些只须略施公关小计,这些都不难达到。

公关的作用一方面是扩大公司的正面宣传的影响,另一方面则是尽量减少不利宣传的影响,两者同等重要。旅游业公关则更偏重于危机公关。业内人士有这样的感觉:媒体似乎只热衷于负面报道,关注灾难性事件,如旅游预订爆满、航空调度员罢工、飞机险象环生、渡船倾覆、长途巴士撞车、旅游公司破产等。这些事件不是某个公司所能控制的,这些负面报道将产生不利的影响,因此必须妥善解决。如何处理这些危机将在本章结束时论述。

有些错误观点认为,公关的作用就是掩盖由管理失误或产品缺陷造成的不利影响。事实上,如果公司不着力解决深层次矛盾,任何公关宣传都无济于事。公关只是营销手段的有效补充,并不能完全替代营销。

以下是与公关职责有关的五项内容:

第一,媒体关系。该职责要求公司与媒体记者和其他媒体相关人员保持密切的工作关系,以保证媒体适时进行积极的宣传。

第二,产品宣传。通过各种策略宣传产品,无论是通过媒体还是其他方式,目的是吸引公众的注意力。

第三,公司宣传。在公司内部和外部努力宣传自身形象,以建立良好的企业形象。

第四,游说活动。一系列游说活动旨在推动某件事情的进展。比如,公司可能支持某项法律法规的制定实施。如航空公司争取政府立法,允许伦敦机场有更多的夜间航班。游说活动也可能为了反对某项立法提案,如反对欧盟关于旅行社合格证的草案。在游说活动大多涉及政府和地方当局议题的同时,它也可以用于影响贸易法规,如采取行动,迫使英国旅游代理商协会放弃提高保证金要求的提案。

第五,出谋划策。公关经理肩负着向管理层出谋划策的责任,负责通报公关事务、观察企业内外部可能影响公司形象的事态进展。公关经理然后提出抑制消极因素发展的行动计划。因此,公关部门同时具有监控和调研的职能。

二、公关组织机构

任何营销活动的最终目标都是为了促进销售。从这个意义上说,以上几项内容与营销职能直接相关,而其他内容只是外围工作。鉴于此,许多大公司中一些公关活动由营销部门内部操作,其他活动则通过高层级独立运作。例如,有家航空公司聘用一名公关经理担任总裁助理,公司所有宣传活动直接由总裁监督。在这种情况下,虽然公关经理级别上仍是"中层管理者",而非"高管",实际上却成为该公司举足轻重的人物。

市场营销和公关职能完全分开的大公司的难题在于:虽然两者都协调对外关系,但侧重点截然不同。营销人员如果不承担公关职能的话,就开始怀疑公关活动的合理性了。因为营销人员的关注点仅限于产品的推广,而很少关心公司部门更广范围的责任利益。公关人员会认为营销人员只关注顾客,忽视了企业应当承担的社会责任。因此,他们深信:所有关于公司和产品的决策都必须考虑公关方面的影响。

举个例子,有一家大型旅游公司正着手开发新的旅游目的地。此时,营销人员考虑的重点是:公司顾客是否对景点感兴趣,景点有无良好的设施,组团价格公司能否接受,目的地旅游当局是否支持等。他们可能会考虑旅游开发对当地居民的影响,但还是从是否会影响销售的角度考虑问题——而如果考虑到现在游客的可持续旅游观念正逐步增强,他们可能会转变其固有的思维模式。他们很少会考虑一旦增加各地航班会产生的政治后果,这可能招致当地居民的抵制，因此必须谨慎行事。营销人员可能会觉得招募几个所谓的“个性女孩”开发一项新的商业项目能够引发媒体争相报道，但是公关人员可能会谨慎提示：这样的妇女形象展示将会被视为色情信息而遭到激烈的反对。

在美国，公关部门的员工在营销决策中能发挥更大的作用，包括营销策略、产品政策、定价、包装、促销，这是因为美国的公司越来越重视社会责任。现在，英国的公司致力于了解并适应公众不断变化的消费习惯和消费需求，因此，公关对英国公司营销的影响也日益显著。

三、公关经理

在小公司，公关可能直接由总裁或业主负责，大中型公司则会选择公司外的外部公关顾问。特大型公司会任命自己的公关经理，也可能选择一两家拥有天才专家的公关公司提供下列服务：

- 特别活动及新产品推介
- 日常产品战术公关（若市场营销人员不负责此工作）
- 公司形象公关

公关经理通常具有媒体/传播背景，而非营销背景。事实上，他们往往以前做过记者、播音员，因此拥有良好的媒体资源，熟悉圈内的规则。这就是说他们也有很强的沟通技巧，但最有价值的还是他们的媒体关系，因为这可以为公司赢得更多的媒体报道的机会。

如果很少开展公关活动，并且都是临时性的活动，那么聘请外部公关公司组织活动要划算得多。外部公关公司能提供良好的服务，并具有丰富的服务经验和关系资源。他们唯一的不足是没有参与客户的日常管理工作，因此要出色地完成任务，必须与客户进行充分的沟通。

四、组织公关活动

积极的宣传报道不会从天而降，必须经过精心的部署和安排。公关负责人必须善于利用一切机会制造新闻。公关宣传活动是传播组合中的重要内容，也应该是全年营销计划的有机组成部分。

组织活动的第一步，公关人员必须首先了解他们所面对的公众群体，了解他们对公司和产品的态度，这样才能明确下一步的策略。市场研究人员应该对于公司的消费者及潜在消费者做到了如指掌，另外可能还需要研究其他公众的态度，比如员工和股东的态度。这样，我们就能了解公司公关工作的整体情况，明确自身的优势和劣势所在,以便据此制订公关活动的一整套步骤和方法。公关目标必须具有可衡量性,如:一年内使公司可持续发展的理念在当地居民中的知晓度从20%提高到40%。

下一步就是确定要达到这些目标所需采取的策略以及完成该项目所需的费用预算。公关活动的实施及目标实现可能超过一个营销计划年度,因为通过公关改变公众的态度和观念是一个缓慢渐进的过程,难怪有些公司的公关活动动辄就是5年计划。最后,监测公关活动的效果。对于持续几年的公关活动,必须进行事中和事后效果监测,评估其效果是否日益明显。在这个过程中,还可能需要对活动进行优化调整,如战术调整等。

五、获得宣传报道

假设公关的目标是通过广泛的宣传报道,建立大众对当地旅行社的好感,那么如何很好地实现这一目标?第一步就是要保证当地消费者对该旅行社及其所提供的旅游产品有所知晓。例如,公关可对旅行社开业进行广泛的宣传报道,以支持公司的广告和销售活动。每天都有商场开业、办事处开张,所以对当地媒体来说,这些新闻都没有什么报道价值。公关经理的任务就是提高活动的新闻价值,以便吸引参与者,提高媒体报道量。提供免费饮料能把记者吸引来,但是要是聘请知名人士(或者当地旅游界的相关名人,如旅游作家)才能更多地增加媒体的报道量。必须时刻谨记的是,公司希望宣传报道的活动,媒体不一定感兴趣;旅行社开业的新闻要和当地其他许多新闻竞争,以获得报道的机会。需要制造能真正吸引眼球的亮点,或许在活动前两天,可以在现场聘请一名模特坐在展示区的折叠躺椅上。这样能吸引公众的眼球,也能吸引媒体的注意力。公关宣传的重要法则是时刻追求新鲜的创意,因此旅行社必须不断想出新的花招,吸引公众注意。

旅行社开业后,必须设法使公司名称不要离开公众的视线。有些旅行社与当地媒体或广播电台建立了密切的关系,成为旅游界的"领头羊",一旦业界发生什么重大新闻事件,总会成为媒体访问的对象——这对于建立长期的公司形象尤为重要(如果公司的名称和业主名称相同的话,则会大有裨益。因为公司名称可能都不会提及!)。公司的资深员工善于演讲,不久就名噪一时,并且被聘为当地活动的餐后致辞嘉宾,或者担任当地教育机构的客座讲师。公司积极参加当地的交易会、为资金募集活动或者慈善活动提供奖品、赞助当地热气球比赛的一名参赛选手(英国一家著名旅行社甚至赞助了热气球)——这些活动都有助于提高公司在社区居民中的知名度,赢得他们的好感。

公司若能充分利用员工的特殊优势,也能获得更多的媒体报道。有一家旅行社聘请了一位拥有高超滑雪技术的接待员，这样，旅行社不仅在冬季运动度假领域具备了专业水准，并且在当地媒体获得了可观的版面。还有一家旅行社老板热衷于高尔夫运动，在圈内和当地居民中也小有名气。他总是不失时机地宣传自己与高尔夫名将的良好关系，积极参加国内外高尔夫比赛，在媒体上出尽了风头。旅游零售业的一些知名人物，由于担任了英国旅游代理商协会(ABTA)的发言人，频频出现在访谈类或旅游类节目上，也为成千上万的电视观众所熟知。但是，担当电视节目嘉宾也要"量力而为"，因为目前电视仍主要是一种娱乐工具，担任节目嘉宾需要具备在镜头前展示自我的特殊天赋。

六、媒体关系

建立并维护与媒体的良好关系是公关经理的一项重要职责。作为旅游公司的代表，公关经理必须与知名旅游记者保持密切的关系。公关经理是公司的发言人，媒体欲获得公司的相关信息，必定要求助他。与记者和播音员打交道时，公关经理必须注意策略、坦率真诚。

如果大公司计划对外发布重要事件，如兼并或建立新的业务部，这些事件具有很高的新闻价值，足以召开一次新闻发布会。会议之前要广发请帖，邀请包括旅游记者以及来自同行业、中央和地方媒体的代表。发布会上，公司高管将会发布计划的具体细节。媒体接待要准备适量的食物和饮料(新闻发布会的一些招待工作已成为一种惯例)。发布会之前通常会进行媒体发布或者新闻发布，这是与媒体沟通公司相关信息的主要方式。

媒体发布是公司与媒体沟通的主要方式，因此必须时刻注意宣传公司文化和公司效率。将发布的新闻发布内容醒目地印制在有特殊抬头的纸上，通常包括公司名称、地址、联系人(通常为公关经理)及其家庭电话和办公室电话——如果媒体需要更多信息的话，作为公关经理必须 24 小时都能联系到。信笺抬头由公司自行设计，通常为一个短语，如"信息来自……"。为了推行一体化地传播效果，信笺抬头应该包括鲜明的产品商标和公司的详细情况。

新闻发布内容仅限于公司希望宣传内容的简单概要，篇幅一般为一张 A4 纸，最多不超过两张。文本内容的处理必须像对待广告样本一样小心翼翼，因为工作繁忙的报社编辑很可能原封不动地使用这些材料，使用"粘贴"的方法完成专栏报道。如果材料内容简洁、文字优美，则很可能被采用。文本内容双倍行距，并留出足够的页边距。和直邮信件一样，开头第一句必须开门见山、引人入胜。文本信息必须准确并具有很高的新闻价值，而不只是公司的"宣传广告"——那样的话，编辑一眼就能辨别其本质，便随手弃之。如第二页还需进一步介绍，页尾则须注明"未完……"字样。在邮寄之前，文本内容必须仔细校对，避免出现语法和拼写错误。

媒体发布以后，公司必须全力投入，对于媒体的问讯作出快速、高效的反馈。记者通常工作很繁忙，如果不能得到及时的反馈，很快便失去兴趣了。公关经理必须联系方便，同样，有时新闻办公室可能会让记者联系某位资深员工。这些都必须与媒体进行专门的沟通，以便提供专业性的解答或者采访机会。记者可能还会需要员工照片与文章一起使用，鉴于此，有必要建立一个小型高清晰图片库。照片的相关信息不要写在背面，而另外用一张纸，打印上照片的标题和内容简介，并用胶带粘在照片底端，折叠在照片后面。

1. 专题报道

相关稿件有时可能会有机会刊登关于旅游观光的"专题报道"。旅游专业报纸《旅行周刊》和《旅游行业报》(*Travel Trade Gazette*)都辟有特约嘉宾专栏，而且许多地方报纸会经常发出旅游专题的稿约。如果承诺在地方报纸的相同版面打广告的话，专题报道就很容易刊载了。有些此类"广告专题报道"几乎分不清是宣传还是促销，成了变相宣传公司产品的广告。但是，如果要采用这种手段，宣传材料必须具有新闻价值——比如，读者感兴趣的热门话题。

如果采用这种方式将宣传报道和广告结合的话，必须注意避免触动媒体编辑的敏感神经，因为他们往往坚持"观点独立"的精神。公开地靠投放广告"购买"报道并非总能行得通。

2. 媒体游览

公关部门还有一项职能，那就是组织媒体游览。媒体游览的组织方式和亲历考察游(稍后将作论述)类似，就是邀请媒体代表——来自电视和电台的旅游作家、记者和通讯员——或者游览某一旅游景点，或者体验旅游公司的服务，目的是为了获得媒体的积极报道。

这可能是一把双刃剑，因为这也可能引发媒体负面报道。媒体游览适得其反的著名案例就是"欧洲之星"列车穿越英吉利海峡隧道的首航之旅。1994年秋天，在投入正常营运之前，"欧洲之星"邀请了满满一车的记者体验从伦敦开往巴黎的特别之旅。列车在滑铁卢站出了故障，纹丝不能动，而且没有任何备用列车，记者团到达巴黎时都错过了午饭时间。此次活动本意是为了争取乘坐飞机的商务旅客——这些目标顾客最看中准时性，结果媒体报道怨声载道，真是适得其反。

但是，媒体游览的策略还是得到了广泛运用，包括国家或地方旅游局、航空公司、海运公司以及旅游公司，因为积极的媒体报道会大大促进旅客的预订量。旅行社还会邀请旅游电视记者为其产品和服务拍摄短片. 如果拍摄成功的话，播放后将为该旅游地区和旅游公司带来丰厚的回报。

3. 植入式营销

植入式营销——通过在电影或电视中展现产品或品牌——已经成为促进品牌传播的有效方式，并且在一定程度上减少了部分用于提高品牌知名度的广告费用（导致这种趋势的原因是播放录制好了的电视广告时，观众会立即选择换台）。近年来，有许多滥用该方式的案例，最有名的就是史蒂文·斯皮尔伯格导演的《少数派报告》。其中植入式广告费用达到 2 500 万美元，占整部电影投资的 1/4。最新的詹姆士·邦德电影也由于使用该方式而备受关注，使用所谓的“晕圈营销”或者产品宣传的长镜头。特别值得一提的是，邦德提高了汽车的知名度，促进了宝马、阿斯顿·马丁、莲花等名车的销售。

对于旅游观光业来说，植入式营销就是鼓励电视剧或者电影在旅游景点拍摄，以吸引游客。有许多著名电影在充满异域风情的地点拍摄，得到了旅游景点的支持和赞助。第十三章中提到的突尼斯由于赞助了许多电影在当地的拍摄，旅游业得到了极大的发展。这些电影包括“星球大战”、“夺宝奇兵”和“英国病人”。“英国病人”在英国首映时，突尼斯旅游局赞助了 2 万英镑，之后又在电影拍摄地修建了一条“英国病人大道”。畅销书同样可以促进旅游业的发展，最突出的例子是彼得·梅尔所著的畅销书《普罗旺斯的一年》。当然，通过这种方式宣传存在着一定的风险，因为鼓励过度开发无疑会造成原始景观的破坏。现在，有些旅游局官员开始后悔当初支持将旅游景点作为影视拍摄基地了。

4. 赞助

赞助是提高公司知名度的又一方式。公司可能赞助关于本公司或本行业历史的一本书或一部电影，而此类出版物如果没有商家赞助，很难获得商业上的成功。旅游业许多历史悠久的公司都采用过赞助的方式，如海运公司等。其他公司则可能选择赞助出版旅游教科书，如柏克莱商业公司（Barclays Merchant Services）赞助出版了艾伦·比佛所著的教科书《打理自己的旅游业务》（Mind Your Own Travel Business）（1993）。在这个案例中，赞助商的目的是为了唤起大众对其所提供信用卡的兴趣。当然，现在信用卡在旅游消费中已被广泛应用。另外，还可以拍摄旅游相关题材的纪录片。

有些地方社区寻求赞助,增添花木摆放;有些英国城市则依靠赞助,绿化环行路或其他重要设施。每天来往环行路的交通流量非常大,因此小小的赞助商标志可以使公司的名称为当地多数居民所熟知,这为中小型企业(如旅行社)提供了理想的宣传方式。

其他赞助方式包括为艺术活动(如戏剧、美术、音乐会、艺术节)和体育赛事提供赞助。这种宣传方式的好处在于它能赢得消费者的好感,而且还能减免税收,任何机场都可以发现适于其财力赞助的活动项目。旅游公司为年轻人提供了教育之旅的赞助,有些公司甚至为员工提供脱产或半脱产的培训课程赞助,旨在提高员工的满意度。

事例　假日饭店

2003 年,假日连锁饭店投入巨资 100 万英镑,和英格兰橄榄球联合会签订了 3 年的赞助协议。此举目的在于增加饭店的客源,巩固目前的市场地位。赞助回报是在特威肯汉球场进行重要国际比赛期间,可以打出大幅户外广告以及开展其他合作项目。

5. 赢得当地消费者的好感

培养当地消费者的好感是企业社会责任的一部分。除了赞助当地社区的活动以外,还有其他许多培养当地消费者好感的方式。零售企业的成功尤其依赖于与当地消费者的良好关系,因为消费者都来自于当地社区,因此,使公众感到公司就在眼前是非常重要的。一些重要事件,如公司成立××周年庆典,都可作为新闻报道、组织竞赛、举办展览的主题。有家旅行社发现了与当地学校建立良好关系的机会——就是给学校免费赠送过时的宣传册,作为地理教学之用。这样一来,既解决了处理废旧宣传册的问题,也为新的宣传册腾出了地方。

大公司与股东的联系通常是通过年报进行沟通,除非在关键时刻,如公司合并标售,这时,有必要开展一次紧急的公司广告活动,以使股东采取应对措施。组织此类活动必须与管理层和广告代理公司进行充分的协商和沟通。

现在的年报已不仅仅是向股东或未来股东汇报经营状况的手段了,其外表设计精美、内容引人入胜,见之顿生自豪之感。一些旅游公司,如新加坡航空公司,其年报质量上乘、举世闻名,读者群远远超出了股东的范围。

6. 游说活动

有时需要影响的"公众"是立法人员。一旦认为某项立法将损害到公司的利益，那么就有必要组织公关活动来劝阻国会议员放弃立法意向，或者以此扭转公众的意见，反对此项立法。此类活动可由某个公司单独组织，但是更多情况下是由同业团体或组织来推动。"游说活动"最常用的手段是直邮信件或者广告单，这些都能鼓动游客写信给国会议员，使他们反对立法通过。

2002年，英格兰、威尔士和苏格兰旅游局长共同发起成立了英国旅游机构(Tourism UK)，该组织的成立旨在游说政府对国内旅游给予更多的支持。通过矢志不渝的努力，政府也开始重视起来，下面这个例子就是明证。

事例 空中旅客税游说活动

1999年，欧盟向英国提出交涉：英国政府对往返旅程只征收返程的空中旅客税，这与欧盟共同市场法律相违背，因此属违法行为。英国的几家主要航空公司和旅游组织，包括英国入境旅游代理商协会，都结成了联盟。他们打出的口号是"空中旅客税要公平"。在专业媒体《旅行周刊》的支持下，联盟对财政部的游说取得了成功，后来财政部降低了往返程的空中旅客税，将多征的税收返还给航空旅游公司。在年度劳工大会上，联盟对每位国会议员都进行了游说。对财政部部长的游说也相当成功，他最后也认识到：加重税收负担将使航空业面临着灾难。业界为之欢呼雀跃，大呼"胜利属于真理一方"。

7. 企业形象

公关部门同样需要负责设计和美化公司的形象。开发一个"公司规格"是企业传播策略的组成部分，以促进企业形象的宣传。第五章已经论述了如何为公司及其产品设计企业形象标识。产品、形象和品牌之间的关系密不可分，而标识和企业形象反映了企业希望在公众心目中建立的形象，其设计必须由公关部门负责。

标识包括符号、名称，或两者兼而有之。公众一看到精心设计的标识，就能立即联想到公司及其企业形象。在旅游业，这种"立竿见影"的效果尤为重要，因为旅游标识随处可见，像大巴上、飞机上、轮船上、火车上，乃至信笺和店堂广告上都会出现。因此必须保证一眼就能辨认出行进中客车车身上的标识，甚至在天气恶劣或光线昏暗等不利条件下也是如此。最重要的是：标识一旦确定，必须规范使用，公司组织的任何传播活动都必须使用统一标识。如果公司希望建立时尚、动感的形象，那么标识设计也必须时尚，但必须注意的是，千万不要采用容易过时的标识设计。流行设计尽管会风光一时，但很快就会过时，因此需要不断地更新，这既耗费金钱，简洁易认给标识带来的好处也会丧失。不断变换标识设计著名的例子就是英国航空公司。为了使其服务具有国际化的形象，他们在飞机上设计了具有艺术感的尾鳍图案，希望赢得世界各地乘客的好感。由于该设计缺乏本民族特色，招致了英国许多人的反对，其中包括时任英国首相的玛格利特·撒切尔夫人，也让其他国家的乘客大惑不解。没过多久，尾鳍图案就被换成了英国的传统图案，再次突出了民族特色。

托马斯·库克旅游公司（Thomas Cook）也不断地变换标识，使公众迷惑。20世纪70年代，公司重新设计了企业形象，因为之前公司连易辨认的标识和统一的公司名称都没有。在全球范围内，公司一直打着不同的旗号，有托马斯·库克父子公司（Thomas Cook and Son）、Thos Cook 和 Wagons Lits/Cook。后来公司决定统一公司名称，并融入新的标识设计。对旅游行业来说，亮丽的红色效果最佳；而银灰色给人稳重可靠的感觉，因此更适用于金融服务行业。重新设计的方案是一枚全新的、容易辨认的徽章图案，被广泛应用于旅游车辆、信笺和旅游商店中。但是，后来库克公司被外国公司控股，新的母公司决定重新进行品牌定位，采用了黄、蓝搭配的图案，取代了原来熟悉的字体和红色镶嵌构成的图案。这样变换颜色，降低了标识的认知度，需要经过很长一段时间才能再次为大众所熟知。

事例　国际旅游联盟

国际旅游联盟（TUI）是全球领先的旅游公司，由欧洲多个品牌共同组成，包括英国汤姆森假日公司、不列颠航空公司和 Lunn Poly 旅游连锁企业。1991 年，国际旅行社的"Interbrand"保留了下来，用以设计 TUI 的"微笑"标识，并且该标识也被用于所有商店和信笺上。随着汤姆森旅游帝国的加入，汤姆森英国业务形象需要重新设计，游艇、飞机、巴士、飞机场以及宣传册、信笺和促销材料也都得重新设计。不列颠航空公司的名称至少暂时保留了下来，但是原来的深蓝色的公司名称标识没有了，取而代之的是 TUI 世界性品牌和浅蓝色背景的"微笑"标识。飞机飞行途中，TUI 通过录像不断向乘客介绍新的标识。汤姆森名称被保留下来用于开展旅游经营业务，而 TUI 的"微笑"则成为公司标识的一部分。但是，零售连锁出现了不同的问题：Lunn Poly 的现有标识（红底白字）在人们印象中太根深蒂固了，不忍轻易丢弃，所以 TUI 的白底的笑脸只是用作现有品牌的名称、标识。

8. B2B 公关

公关技巧同样有助于建立和维护公司在供应商、分销商和业界同行中的声誉。通过加入行业或专业协会，可以建立起自己的圈子，尽量发挥个人的影响力。旅游公司通常很乐于支持员工为英国旅行代理商协会自愿提供服务，并乐于为有资格加入英国旅游协会（ITT）或者旅游团体、饭店与餐饮管理协会或者特许运输协会的员工付入会费。斯卡尔俱乐部协会(Skal)是一个旅游管理层协会，表面上是社会俱乐部，实际上是举办一些论坛、联络一下感情，提升会员在当地同行中的影响力。即使加入这样的协会，公司也愿意为员工入会买单。

一些大的公司还不止于此，它们承诺为维护协会团体的运转提供资金和其他形式的直接支持。2003 年，英国旅游协会(ITT)遭遇意想不到的财务危机，许多公司纷纷慷慨解囊，包括英国国际旅游联盟 TUI 英国公司、MyTtravel 公司、瑞典史丹纳 Stena Line 渡轮公司。

七、亲历考察游

旅行社如果了解旅游目的地的话，销售旅游产品时就会满怀激情。在向顾客推销的交谈中，没有什么比亲身体验更具有说服力了。

虽然旅行社不可能了解世界的每个景点，但至少应对近距离景点和热门景点有充分的了解。这些知识的积累，有赖于由旅游运营商为其销售人员组织的“亲历考察游”——有时也称为“学习考察游”。同样的国家旅游机构也经常与航空公司联合组织这种旅游，帮助旅游部门实施自己的旅游研究计划，旅游地的饭店还可以向他们提供免费住房。下面这个发生在马耳他的案例向我们介绍了旅游目的地如何为旅行社职员提供亲历考察游的机会。

事例　旅行社职员参加马耳他“亲历考察游”

1964 年马耳他独立，此后很长一段时间原来关系密切的英国也与之疏远。那段时间前往地中海度假的各国游客都在不断增长，而来自英国的客源却减少到过去的一半。要想恢复原先的客流量，降价是当时唯一的途径，通过降价马耳他才能与那些距英国更近的旅游目的地形成直接竞争。然而从英国飞往许多西班牙境内的旅游地只要两个小时，而飞往马耳他却要三个小时，这明显增加了旅游者的支出。

这种情况下，马耳他若希望仍能保持竞争力，就只有向旅游代理商提供更低廉的汇率，并充分降低其国内的旅游消费水平。但若希望保持高价位，从长远角度考虑，马耳他必须向旅游者提供独特的服务，来证明其高价位是物有所值的。同时高价位需要由高质量的服务作为保证，并需要政府出台政策来促进饭店及各项服务设施的不断完善。

当时面临的一个难题是，以前去过马耳他的旅游者对那里的印象不好。因此，马耳他政府决定以政策扶持来吸引大量旅游代理商去那里旅游考察，让他们亲身感受马耳他的变化。来马耳他考察的时间需要精心安排，最终他们选定有富余航班座位并且天气良好时为考察的最佳时机。在旅游计划中，马耳他准许所有带着项目来此考察旅游的主要旅游运营商在遵守当地规定的前提下，招待游客并展示其服务。此次马耳他接待方给予参加活动的旅游代理商以盛情款待，并给他们安排了自由时间（此次旅游是工作之旅，并非度假），同时还向他们展示了马耳他一系列最新的为客户量身打造、独特的人性化旅游服务项目。此次考察还安排了参观饭店、旅游胜地、教堂以及遍布当地的高科技迪斯科舞厅。

马耳他组织了多次这种考察游，超过 1 000 名旅行社职员参加了这些活动。其中所有想参加活动的职员必须填写申请，以此说明他们是真心实意想去马耳他旅游而非在上司的压力下作出的无奈之举。同时尽管此活动收取的费用只是名义上的，而且最后会由旅行社来报销，但每个参加旅游的职员依旧需要提前付费，这样他们才能感到是带着任务而来的。所有参加过活动的旅游代理商对考察游都很满意，并承诺他们在日后工作中会推荐客户去马耳他旅游。这种模式取得了极大的成功，自此马耳他的旅游业有了显著的增长，与其他旅游地萧条的景象形成明显的反差。

1. 小型团队游

尽管上面那种大型游（一次有超过 200 家代理商参加）被其他旅游地所纷纷效仿，但更为常见的是由独立旅行商组织的小型团队游，此举弥补了他们营销模式中的弱项。但此类小型游不像那种大型游目的性强，常常是营销主管为了优待某些代理商而作出的安排，以此加强旅行社与其代理商之间的关系。

精明的代理商经理会认真安排参加活动的职员，把机会留给与那些能为企业带来商业效益的员工，同时代理商也把这种由旅行社为职员全额支付费用的考察游作为培养员工忠诚度的方法之一，这种方法投入少、回报丰厚。而税收人员觉得此类活动也需缴纳税收，但他们却不能理解代理商的良苦用心：代理商们认为通过此活动可以增强销售人员对旅游产品知识的了解——这对销售人员是至关重要的。

2. 为学习考察游做准备

对组织一次活动来说，周密的准备、组织以及备用方案的制定非常重要，把这些做好也并非易事。在具体工作中，组织者在考虑活动对象时应考虑下列因素：

- 给哪家旅行社发邀请比较合适
- 这项活动的目标群是哪个级别的旅行社职员——通常情况下为工作积极的销售人员
- 以前去过目的地的职员是否适合
- 优先考虑哪个年龄段的职员
- 一个旅行社参加人数能否超过一名
- 对被邀请参加活动的职员是否有工龄的限定
- 如果被邀请的职员未能参加，其他职员是否可以代替参加

除此之外，也必须未雨绸缪，做好大量的信息搜集和整理工作，如：

- 如遇意外，家庭成员的联系方式
- 是否吸烟（为安排房间做准备）
- 是否有哪家旅行社对旅游目的地游览有特殊要求，例如那些推荐高尔夫项目的旅行社提出参观高尔夫场的要求
- 收集旅行社当地的报纸对此次游览活动的相关报道

最好在活动开始前对所有参加者做一个问卷调查，调查内容是他们认为自己将会在旅游地看到些什么。此调查的目的是为了与活动结束后的类似调查结果作比较。无论他们表达何种观点，都是潜在客户的一种心理反映，这将为今后的旅游促销提供有益的信息。这种“活动前后”观点的对比现在经常用于商业报道中，对其他旅行社也同样有借鉴意义。

同时邀请商业报刊的记者参加旅游考察是很有益的，他们的参与能最大程度地对活动进行宣传。

旅行社通常会要求参加活动的职员写一份考察报告，表达自己的感受。旅

行社会将这份报告在公司内部传阅，这样可在旅行社内部逐步建立智囊库，有效指导其他职员的工作。同时组织者也可从给参加活动的职员颁发证书的形式从中受益，旅行社可将证书在企业内部陈列展示，宣传参加活动的职员"圆满完成相关旅游地的学习考察任务"。

3. 媒体参加"学习考察游"

旅行社只是旅游组织者希望施加影响力的公众群体的一部分。除此之外具有影响力的还有舆论媒体、记者、播音员以及其他可能影响大众消费观的从业人员，这些都是他们希望施加影响力的群体。国家旅游机构常常组织这些人群参加旅游，但是为了降低旅游费用以及保证旅游者获得美好的活动体验，一些赞助和接待活动还需要饭店、旅游景点以及其他相关部门配合。这意味着那些"大人物"——饭店总经理、博物馆馆长、旅游景点的当地领导——需要亲自讲话致欢迎辞，保证旅游团受到最高的礼遇。因为我们明白，就对公众的影响力来说，再好的旅游项目也抵不上积极的媒体宣传。媒体对大众的消费观有着巨大的潜在影响力，由国家出版机构发行的旅游资讯杂志、介绍旅游景点的宣传片常常能左右读者大众的消费观。

4. 企业对内部员工的亲善制度

做好企业的内部公关也很重要。"内部市场"这个概念现在已被广泛认同，当今的雇主都很清醒地认识到，员工士气低落将影响整个企业内部的工作效率，同时也将影响到公司客户、股东以及当地一些官员对企业的看法，有损企业的对外形象。公关活动在提升员工职业道德、改善企业雇佣关系、降低员工流失率、提高生产力方面具有举足轻重的作用。

对大型企业来说，对待内部公关也要像对待外部公关那样认真。通常来说，大型旅行社加强内部交流的做法就是办内部刊物，刊物一般刊登企业新闻和员工的观点及看法。有些企业的内部刊物办得相当成功，但也有许多企业的员工认为公司的内部刊物只是企业进行管理的工具，主要目的是为了激发他们的工作热情，增强高层管理人员的自信。

良好的雇佣关系对企业的健康发展和迈向成功具有至关重要的作用。遗憾的是，我们现在经常可以看到很多旅游企业的管理者并不擅长员工管理，也不擅长利用适当的经济手段激励员工。即便经济奖励有困难，企业也必须采取其他方式提高员工的满意度。大量的案例说明成功的企业管理可以达到上述目标。

事例 福莱森特有限公司

澳大利亚福莱森特有限公司是一家全球连锁旅行社，仅在英国就有80家分店。2003年，英国的《星期天泰晤士报》主办了一期评选“全国百佳雇主”的活动，福莱森特在这次活动中被评为全国百佳雇主的第三名。这次评选活动的标准包括出色的管理者领导能力（此项标准福莱森特单项评分第一）、员工的满足感、开放式管理、对员工的关怀、轻松的工作环境、合理的薪酬制度。员工的评选标准不仅要看他们是否乐于为公司工作，而且要看他们是否善待顾客。在这些评选标准中，福莱森特各单项评分名列前十名之内。

入围全国百佳雇主的其他旅游服务企业还有费雷德·奥尔森航空公司和旅游酒店（Travel Inns）等。

对类似活动的报道有助于提高企业的知名度，同时对评选结果通过媒体进行广泛的宣传（有赖于良好的媒体关系）也能最大程度地宣传企业。

员工是传统“营销组合”4P’s理论中的重要因素，员工的招聘和培训必将是优秀的市场营销部、公关部以及人事部的共同责任。现在对于零售代理的培训还很不到位，而且由于这个岗位对个人能力要求较高，招聘员工也并不容易，但是迫于生计的需要，零售代理知道的必须比消费者在互联网上找到的更多。如果一家企业高瞻远瞩、深谋远虑，那么所招聘员工也应该是能力强、见多识广、充满激情并且服从管理的。但刚进入21世纪，旅游服务市场低迷，因此很多企业管理者纷纷加大了对员工薪酬以及工作条件的控制，而忽略了改善工作环境的重要性。就在笔者编写本书时，许多主要的旅游公司发布的招聘条件并没有明显改善工作条件，其招聘也就失去了吸引力，其中包括工作占用员工休息时间，管理者随意决定病假工资，周末加班无加班费，员工辞职需提前三个月通知公司等等——所有这些条件都无益于建立良好的员工工作环境。而企业公关经理的职责正是让管理层充分明白企业的内部公关和对外公关同等重要。

不仅销售部员工的薪酬与工作条件不尽如人意，旅游业其他部门员工的薪酬与工作状况更令人担忧。饭店业由于工作时间长、薪酬低、底层工作人员工作环境恶劣等情况而声明狼藉，而客轮业在这两方面最为糟糕，船员向阔绰的客人提供热情、优质的服务，而客人一次奢华的度假消费就能抵上大部分船员几年的收入。一份报告①向我们描述了客轮工作人员典型

① Mather, C, *What it's Really Like to Work on Board Cruise Ships*. War on Want/International Transport Workers' Federation 2002。

的工作状况：一周七天，每天工作 14 至 16 小时，六名员工挤在甲板上狭小的船舱内，洗澡等卫生条件极端恶劣。监督船员工作的船长滥用权力，船员基本无权力可言，甚至没有职工代表可以与船长进行谈判，以改善其恶劣的工作条件。这样的工作条件大大挫伤了大量来自第三世界国家雇员的工作热情。由此可以看出，即便在发达国家，旅游服务业的工作条件也大大落后于其他行业。

八、消除不良影响

我们在上文已讨论过不良影响产生的原因，因此我们必须掌握化解随时可能发生的消极影响的方法。消极影响产生于宏观与微观两个层面：在宏观层面，比如空中交通管制员或海关人员罢工或怠工都会给旅游者带来无穷的麻烦，媒体也会在最短时间内对此进行广泛报道。以英国为例，外国媒体不断出现关于英国暴发口蹄疫、疯牛病、交通堵塞和国民医疗制度不完善等负面消息的报道，而且 9·11 事件之前，英国饭店住宿及食品价格非常昂贵，加之英镑坚挺——这些因素使英国旅游委员会很难吸引大批国际游客来英国观光游览。在微观层面，一家私营旅游公司会受到以下诸多负面事件的影响，如一家饭店失火而安全门紧锁，饭店电梯经常发生故障，煤气炉因质量问题导致客人窒息。这些类似问题近几年在英国旅游业都不断显现，更不用提观光轮渡上发生食物中毒以及空难这样的悲剧了。企业面对纷繁复杂的问题——先不说那些严重的惨剧——公关部门首先必须自如地应对那些不断出现的小问题。公司将进行裁员，企业将被收购等等——这些类似的谣传都会影响员工的工作热情，甚至导致企业骨干员工在关键时刻提出辞职。再比如民航局（CAA）拒绝授予航空旅游组织航空旅行营业执照（ATOL），英国旅游代理商协会要求某家公司增发证券等，这些消息都可能会对大众消费心理以及公司客户产生消极影响，破坏企业名誉甚至导致企业破产。

企业面临危机时，我们或许会认为公关部门的职责就是尽量“弥补过失”。这项工作吃力不讨好，但是当上述类似危机发生后，公关部门与媒体密切的关系却又使其变得举足轻重。当严重危机发生时，成功的公关活动包括以下三个环节：

A. 公关经理必须第一时间得到准确的汇报并全面、翔实地了解危机情况。要做到这一点，公关经理必须和企业管理层建立良好的工作关系，并得到他们的信任与支持。

B. 公关经理要尽量向媒体公开事情真相。任何试图掩盖事实真相的企图都会被记者抓住，这将威胁到未来双方的关系。

C. 公关经理必须反应迅速，主动联系相关媒体，召开记者招待会，公开事件细节，而不是在媒体压力下采取行动。危机事件发生后，迅速作出反应并采取相应措施，那些夸大其词的谣传就能不攻自破。

大型企业要解决面临的危机，须提前做好充分的准备，并成立危机解决委员会——委员会成员每周 7 天，每天 24 小时都要保证联系畅通——委员会成员应包括一名公关经理。委员会要提前进行分工，确定当危机来临时负责起草新闻稿、代表公司召开记者招待会的人选。人选的条件是：在企业内部要有一定的身份，讲话有分量，还必须具备镜头前出色演说能力。委员会所有成员要在危机发生的第一时间掌握消息，而非从电视新闻中才得知。平时，企业所有骨干员工也要接受危机处理方面的培训，牢记面对危机应最先通知的关键人物——企业的律师、保险顾问和专门调查员。

关于危机处理不当以及培训不足的案例比比皆是。下面我们将介绍一个现在常用于教学中的著名案例，了解一个世界知名航空公司破产的真相。

事例　泛美航空公司

泛美航空公司曾经是世界上历史最悠久的航空公司，也曾被誉为"世界上最有经验的航空公司"，但它却在 20 世纪 80 年代被美国《财富》杂志列为美国十大最不受欢迎的公司之一。而泛美航空公司当时就未曾从外界聘请一位公共经理。

1988 年圣诞节前夕，泛美航空公司的 103 航班在苏格兰洛克比上空被恐怖分子炸毁，机上 270 人罹难。面对危机，泛美航空公司处理很不得当——爆炸消息没有及时得到控制，很快在各媒体传开。事后，公司也并未表现出深切同情罹难者、勇于承担责任的积极姿态，给外界的印象是他们很担心发生诉讼纠纷。悲剧发生后 8 天，公司总裁才在公众前露面。尽管空难发生后公司及时与外部公关咨询公司取得了联系，但却没有用足够的时间来研究一套合适的应对方案。

除此之外，泛美航空公司所犯的其他错误还有：

- 空难发生后第二天，人们在纽约看到那些被用于装运罹难者尸体的棺材仅仅是纸板盒子。
- 罹难海外留学生的所在大学先于死者家属得到通知。
- 公司向社会所公开的空难咨询热线竟然由于过多的媒体询问而造成线路堵塞。
- 罹难者家属最后前去事发地点吊唁时，公司并没有保护他们免受各类记者的采访。

1991 年，泛美航空公司未能根据相关法律获得破产保护，但是没有一家公司认为这是一个具有吸引力的项目而接受，公司最终解散。

泛美航空公司此次危机处理与托马斯·库克旅行社1999年的一次危机处理形成鲜明的对比。托马斯·库克公司成功地化解了危机，日后成为公关活动成功的典范。

事例 托马斯·库克旅游公司

1999年，一辆托马斯·库克旅游公司的长途客运汽车在南非发生车祸，造成29人死亡，其中26人来自英国。托马斯·库克旅游公司拥有一套完善的危机处理机制。在公司总部得知消息10分钟后，危机处理机制立即启动，公司员工分成若干工作小组，以应对突发危机。车祸发生后4小时后，媒体便得到了公司通知；同时在事发后4小时，公司总部派出由律师及车辆技术专家组成的第一支工作组飞往南非，公司领导及总经理也随即飞往南非视察情况。由公司外聘的专业心理安抚服务组也随即对死难者家属及直接受牵连的员工展开心理抚慰工作。每个工作组都由唯一的一名工作人员来负责应对来自死难者亲属的所有询问，同时公司总部成立了由16人组成的热线服务小组，接听来自英国公众的咨询电话。

公司与南非航空公司(SAA)取得合作，由南非航空公司负责在事发后第二天将死难者的亲属从英国接到南非，并将幸存者送回英国。另外一支工作组负责办理归国受伤游客的就医工作，并负责将死者遗体运回英国。

与此同时，托马斯·库克旅游公司还决定：所有预订长途远程客车假日旅游的游客都可在此段期间取消预订并获得全额退款。据悉，南非旅游已预订的150名客人只有6名客人办理了取消预订手续。

处理得好的危机远比处理得不好的危机报道的少。卡那航运公司(Cunard Line)旗舰号QE2客轮在经过维修后仓促投入使用，导致在北大西洋的航行中出现故障，电视中曾播放了一名业余摄影爱好者拍到的当时客轮上的情景——船上管道突然爆裂，地毯被水浸湿，船上服务人员对游客救助不力——此事在社会产生了极其恶劣的消极影响。当时公司的一名执行总裁事后在接受媒体关于此次悲剧的采访时表现得满不在乎（此举直接导致他不久便离开了卡那航运公司）。下面我们再来介绍P&O巡航公司一次成功化解危机的案例，可比较一下这两家航运公司面对危机而采取的不同处理方式。

事例　P&O 巡航公司

2000 年，P&O 巡航公司的奥罗拉舰队（Aurora）在首航中发生了一个小问题，最后得以成功化解。舰队航行途中，一条轮船的螺旋轴承由于温度过高而停止工作，巡航公司立即采取了应对措施——该游轮上所有乘客都得到了丰厚的赔偿，包括全额赔付此次航行费用及处理问题完毕后的一次免费航行。他们还向船上游客提供了大量的免费饮料，并及时向游客通报螺旋轴承的维修工作进展。关于这次事故，各家媒体高度一致，都进行了积极、正面的报道。

九、公关活动效果评估

本章开篇即指出，企业公关活动的效果评估远比其他传播方式的效果评估困难，因为公关活动的目标一般比较长远，这项目标本身属于定性分析。尽管如此，企业的公关工作还是可以进行评估的，因为最初确定的公关工作目标即可作为评估标准。评估公关效果的方法之一是评估公司在媒体的曝光率。例如可以对剪报进行分析，公司可以测量公关活动期间各媒体对公司报道内容所占报纸篇幅的大小，这就是公关效果评估的内容之一。如果公司由于没有渠道获得相关报道内容、无法展开评估的话，公关代理一般会向公司提供相关的剪报内容。通过对媒体报道的评估，可以估算出阅读这些报道的读者量，由此公司可以比较获得这么大的覆盖面时的广告成本和公共活动成本的差异。这种评估方法很有用，但也有其局限性：它并未考虑媒体曝光所产生的影响，也没有说明使用直接商业广告是否能更有效地赢得顾客好感，以及公众能否记住该公司。从宣传角度来讲，公关活动要比花钱拍广告更为有效。公司只须花费较少的费用，就能利用公关活动宣传企业形象，并有偿地在社会媒体发布信息。

收集整理公司主要竞争对手相关的媒体报道也是有益的尝试，因为这样可以比较不同企业公关活动所取得的效果。

另外一种花费较高却能更精确评估公关活动效果的方法是：通过调查来分析消费者对公司的了解程度及消费态度的变化情况。这种评估要在实施公关活动的事前、事后以及活动期间进行问卷调查，调查对象可以包括大众消费者、基层社区成员、公司经销商。然而，全国性的调查会有独立、随机抽取的 1 500 ~ 2 000 个样本，只有大公司或公共部门可以进行。

公司内人员流动的数据反映员工对工作的满意程度，并且还需要通过员工访谈来弄清员工离职的原因。

任何公关活动的效果最终都可以通过公司的销售额和利润来衡量。我们并不能将利润的增长全部归功于公关活动，也无法具体测算出公关活动和其他传播方式对利润增长的贡献率。同时，我们也不能忽略外部环境对市场增长的影响，还须与其他主要竞争对手的利润增长进行横向比较。就算采用最好的评估方法，测量结果也不可能非常精确。但不管采取何种评估方法，至少公司能大概了解公关活动的效果，并据此调整公关费用的预算。

十、企业社会责任

本书第一章已经强调了旅游行业中社会道德的重要性，第五章则着重强调了开发可持续发展的旅游产品对旅游目的地的长远发展至关重要，说到底都是为了保护我们共同居住的这个星球。在本章，我们已经介绍了公关活动对企业经济效益的促进作用，以及公关活动在企业与社会保持良性互动、促进旅游产品销售过程中所扮演的重要角色。但是，现在人们逐渐意识到，一个企业表面文章做得好是不够的，还应做到表里如一。企业社会责任，顾名思义，就是企业的运营不仅要对股东、客户负责，还要对社会负责。

旅游业中和“企业社会责任”一词有密切关系的要数“可持续发展”了。正如业内一位高层管理者所言，企业社会责任可以定义为“社会、环境与商业活动和谐发展”。[①]旅游业要实现可持续发展，公司策划公关活动就不能仅仅为了吸引社会大众的眼球，而要真正为子孙后代着想，设法改善和保护地球环境。这种观点是旅游业对企业和社会关系问题态度的一次根本性转变，这在十年前简直无法想象。实际上，英国公共政策研究院最近一项研究显示，现在有四成企业（涵盖所有行业）在董事会上讨论过社会及环境问题，虽然其中有些是固定讨论项目，有些只是临时性议题。尽管如此，旅游业在这个指标上还落后于社会其他行业。有幸的是，在笔者编写本书时，英国旅游代理商协会与部分旅游从业人员已经着手研究旅游企业社会责任战略及实施方法；同时，也有一些规模不等的企业开始尝试将这些还处于试验阶段的企业战略融入其管理中。其中，饭店业更是领先一步，它们在推进可持续发展方面实施了一系列创新之举，包括倡议成立了国际饭店环境管理协会（IHEI），其成员包括全球 8 000 余家饭店。下面我们介绍一则西班牙航空公司关于企业社会责任的有趣案例。

---

① Hugh Somerville, Head of Sustainable Business Unit, British Airways, quoted in Kalisch, A。

事例　西班牙伊比利亚(Iberia)航空公司

西班牙伊比利亚航空公司曾向公众表示,公司将尽力满足社会需要,同时,公司还制订了企业内部非营利性计划。2003 年,西班牙伊比利亚航空公司在公布本年度财务报告的同时,还向社会公布了公司第一份企业社会责任报告。报告详细介绍了公司及员工所策划并参与的社会及环境公益活动,其中包括成立伊比利亚航空公司残疾儿童父母协会(APMIB)。该协会最初由伊比利亚航空公司有残疾儿童的家庭组成,后来协会成员不限定为该公司员工,逐渐发展成为集工作介绍所、职业研究协会、健康中心为一体的综合性实体。现在该协会的劳动服务中心聘用大量的残疾人士包装航班上的餐饮及食品,为伊比利亚航空公司服务。

非政府组织手牵手协会也是由西班牙航空公司员工建立的,协会成员自愿参加在西班牙、拉丁美洲及非洲地区开展的物资援助等人道主义项目。每天,西班牙伊比利亚航空公司的班机都会免费运输超过一吨的人道主义援助物资;同时,在西班牙境内用于急救的人体移植器官也可享受西班牙航空公司提供的免费运输。另外,他们还鼓励乘客支持残疾人运动事业,将随身的外币零钱捐助给残奥会。普雷斯蒂奇号(Prestige)油轮石油泄漏事件发生后,来自西班牙政府及加利西亚援助委员会的志愿者须飞往事发地进行海滩清理工作,航空公司就无偿为他们提供了 5 000 个航班坐席。

在英国,英国航空公司率先颁发"未来旅游年度大奖",宣传可持续发展。英国航空公司的传播媒体、国家级媒体会对在伦敦举办的颁奖典礼进行广泛报道,获奖公司可以借此进行大力宣传,并有机会在英国旅游频道展示其风采。但是,也有一些反对者认为,奖项的设立纯粹是为了给企业创造一个自我宣传的良机,并非真正出于环保的考虑。但是,获奖项目的确促进了当地社会和环境的可持续发展,这一点是毋庸置疑的。

2003 年,英国的旅游业迈出了一大步,因为当年在英国成立了旅游慈善基金会。该基金会由英国四大旅游运营商国际旅游联盟(TUI/汤姆森、托马斯·库克、第一选择和 MyTravel)及特邀旅游公司 Sunvil 发起成立,并得到了英国旅游代理商协会、英国独立旅行商协会(AITO)及英国旅游运营商联盟(FTO)的支持与合作。该基金会的建立源于英国政府的推动:几年前,英国政府曾正式发布过关于旅游业可持续发展的倡议,该倡议旨在鼓励旅游公司开发促进自然环境和谐发展的旅游项目。但当时旅游公司制订的可持续发展计划也大都只是

"纸上谈兵"，而这次的重大突破可谓是英国旅游业的首次义举，切实为未来旅游者和当地居民保护环境考虑。

就市场营销而言，此话题远远超出公关活动的范畴。但是，旅游运营商和运输公司的工作特性决定了他们完全能够左右游客的决定，包括对旅游目的地、旅游时间、旅游方式、甚至出国旅游时对衣、食、住、行的选择。而那些跨国旅游运营商通过选择还是放弃某个旅游地，就能影响千里之外旅游目的地的经济、社会发展趋势。他们不仅要对客户负责，而且也肩负着旅游地社会发展的责任。在设计旅游产品时，他们不仅要考虑公司和股东的利益，还应考虑到环境对旅游开发的承载度——全球的旅游组织最终都意识到了此举的重要性。

问题与讨论

1. 此任务需有两人参与角色表演，其中一人扮演长途客运汽车公司的发言人。该公司一辆长途客运汽车从法国南部出发，途中发生了车祸，致使 3 人死亡，11 人重伤。另一人扮演电视台记者，就此次车祸对公司发言人进行采访（最好能将此次采访看作是为电视采编而摄制，经过后期制作后将向观众播放）。媒体听到的传闻是：在此次国外长途旅行中，长途汽车抵达法国的时间晚点，所以缩短了在法国的休息时间。由于司机睡眠不够，最终倒在了方向盘上，最终酿成了此次车祸。

2. 撰写一篇新闻稿，此稿件将用于公司的记者招待会。招待会上将宣布：公司即将推出一系列团体假日游，包括沙滩游及各种丰富多彩的活动（如潜水等）。旅游目的地为马尔代夫群岛、毛里求斯群岛以及马达加斯加岛。

3. 若要组织旅游代理商进行一次成功的考察游，请说明需要注意的主要事项。为了评估此次活动的效果，请完成一次小范围的问卷调查调查，对象为来自各旅游代理商的一线员工。最后根据调查结果写一份简要的书面报告，并给你的领导及旅游代理商的经理写一份建议书，说明如何更好地组织将来的考察游。

4. 伦敦希思罗机场不久将再度扩建，新建第五个候机厅，此方案论证历时多年。还有一种方案也在考虑之中，即重新选址修建飞机跑道，在伦敦再建一座机场。尽管强大的环保组织游说议员否决此案，英国机场管理局（BAA）更倾向于继续扩建希思罗机场。请代表英国机场管理局拟写一份用来游说各方赞成希思罗机场扩建行动计划，确定应该去影响的公众群和应该接触的点子头（opinion leader），并建议应适当采取何种方式、选择哪家媒体公布该信息。

练习

以近两年来影响某家旅游公司的任意一次危机为例,假设你就是该旅游公司的公关经理,说明你在遇到此危机时优先考虑的问题,并制定解决此次危机的公关活动方案。此方案采用向常务董事/执行总裁汇报的形式书写。

推荐阅读

Eber, S, *Beyond the Green Horizon: Principles for Sustainable Tourism*, Tourism Concern/WWF, 1992

Kalisch, A, *Corporate Future: Social Responsibility in the Tourism Industry*, Tourism Concern, 2002

Kotler, P, Armstrong, G, Saunders, J and Wong, V, *Principles of Marketing*, Prentice Hall, 3rd European edn 2001, ch2 pp43 – 69

Kotler, P, Bowen, J and Makens, J, *Marketing for Hospitality and Tourism*, Prentice Hall, 2nd edn 1999, ch16

Morgan, M, *Marketing Leisure and Tourism*, Prentice Hall, 1996, ch18

一些关于可持续发展旅游的网站

www. ihei. org	国际酒店环境管理协会
www. sustainabletourism. net	关于可持续发展旅游业的研究
www. toinitiative. org	联合国相关的旅游项目
www. tourismconcern. org. uk	英国关于可持续发展旅游业的相关组织
www. world – tourism. org	世界旅游组织网站,其中有可持续发展旅游的相关政策

第十五章

营 销 控 制

学习目标

通过学习本章,要达到以下目标:

- 认识到控制机制在营销计划中的重要性
- 区分市场营销中不同的控制方法
- 在市场营销中运用简单的控制手段

一、市场营销中的控制

在前面的章节中我们曾讲到，必须不断检查包括各种形式的沟通在内的营销组合中各要素，以保证其能有效发挥作用并在实际执行不能满足预期目标的情况下要采取改正措施。这一连续且独立的对营销组合中各要素监督和分析的过程在营销管理中是很重要的，我们把它称之为微观控制。然而在一个企业中，市场营销又只是整个商务体系的一部分。也就是说，企业将劳动力、资金和管理等投入结合在一起，通过既定的生产过程生产出终端产品，即产出，提供给消费者。任何一个由以上三部分（投入、生产及产出和管理）组成的企业都必须在宏观层面监督整个企业的投入和生产过程，不仅仅要检查和评估企业的生产经营，还要检查和评估战略的执行情况。通常优秀的市场营销是指用适时、适地、适价的产品保证营销计划中销售和利润目标的实现。然而还需要有监督机制来确保企业获得最大的市场机遇并且使企业优势能够得以发挥和发展。这些都是战略问题，其意义超越了营销部门本身的监督职能。

这里的关键词是“监督”，即对系统整体的有效性和效率进行反馈；比较实际和预期的执行情况；实施控制并在必要时作出改变或根据情况调整原始目标。图 15.1 对此作出了说明。

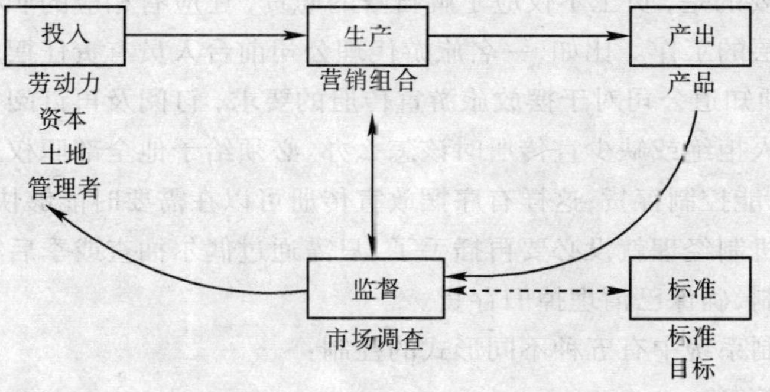

图 15.1 监督控制机制

这一章我们就来学习控制营销系统监督程序的作用。一直以来人们就强调营销计划在整个营销过程中的重要性。然而应该认识到，营销计划取决于控制，它们非常重要。正如企业要针对变化产生的机遇和市场作出反应一样，营销计划并非是一成不变的，必须不断根据情况的变化作出相应调整。

企业中的市场营销是按以下三个阶段进行的：

第一阶段是事前行动。这一阶段要按行动计划开展准备工作，包括开发信息系统和对预期市场进行调研，设立包括销售额和利润目标在内的市场营销目标，为此制定战略并作出市场预期规划。

第二阶段是事中行动。这一阶段实施市场营销计划。营销经理要发挥协调作用，确保部门内沟通的统一以便使促销活动保持目标一致。他还要保证在有其他部门参与营销计划时要协调各方，包括保证供求一致。而计划中的日常活动也要经常检查，随时作必要调整。

第三阶段是事后行动。在这一阶段要将企业的计划作为整体来检查，市场营销经理要对营销计划进行整体评估，比较实际和预期执行情况并寻找新机遇，提高部门工作水平。最后一章我们将学习宏观和微观层面的控制以及相应的监督程序。

尽管控制是一个重要的管理职能，它却不应占用营销经理过多的时间。良性管理的目标是要建立一个尽可能自我更正的市场控制机制。要达到这个目标需要有良好的信息系统，有目的地管理并将权力下放到日常经营活动中。部门员工要知道公司对他们个人的期望值是什么，他们工作表现如何以及应该对谁直接负责。一家大旅游公司（如同任何其他大企业一样）里会有员工不清楚自己的职责或者不只对一位管理人员负责，而他们又为之设立了不同的目标，有不同的期望。这种情况并非罕见。

同样重要的是，员工不仅应了解自身的职责，还应有相应的职权可以处理哪怕是最基层的工作。比如，一名旅游代理公司前台人员有责任摆放旅游宣传册，他还必须知道公司对于摆放旅游宣传册的要求，订阅及再订阅宣传册的程序以及委托人拒绝或缺少宣传册时该怎么办。必须给予他全部职权来保证有足够的宣传册，能控制存货，这样有序摆放宣传册可以在需要时能够快速找到。有了这样一个机制经理就没必要再插手了，只需通过偶尔抽查或季后检查等方式进行有效控制，确保已清理掉旧存货。

一个控制系统中有五种不同形式的控制：

- 行为控制
- 质量控制
- 财务控制
- 效率控制
- 战略控制

我们将以旅游业为例逐一对上述几种控制进行解释。

二、行为控制

行为控制是用来确保企业完成既定目标的。市场营销计划中的目标通常包括：

- 营业额
- 盈利能力
- 市场份额
- 投资回报
- 质量
- 消费者态度

这些目标达成的程度可以通过每日或每周的监督来检查，控制的基础是有规律的信息流。这些信息表明了工作偏差并被很快传递给相关负责人员以采取措施改进工作。他们必须明白为什么会出现工作偏差以及是否可以采取行动使工作回到正轨上来。

实际上，对于偏差的认定主要是一个机械的过程，但更正偏差需要管理技巧，既能理解又能合理运用数据资料。这时，经理要能区分可控因素和不可控因素，对于后者，要求重新调整预期的或营销计划的目标。举例来说，美国至英国游的销售下降了，不能满足既定目标。这可能完全由经济或政治情况变化造成，如9·11恐怖袭击事件后赴欧洲的美国游客数量减少，阿富汗、伊拉克战争的战后影响，国内经济衰退或两国货币汇率的波动等。

然而，重要的是，公司订单的减少是通过同其他开展从美国去往英国的运输航空公司的比较得出的，因为企业内部因素也可以造成偏差。假设企业业绩同整个市场相当一致，就要调整营销计划，目标的实现就会减少对来年对美国交通的依赖。市场营销经理也要看看初始目标是否现实。要详细检查营销计划中的可控因素，比如部门的结构设计是否能帮助实现营销计划的目标？改变营销组合中的什么要素才能达到既定目标？

采取修正行动要快，但不能太快以致造成恐慌。暂时的失常状况是可以自我更正的。为应对2003年初的伊拉克战争，旅行社大打折扣，造成未来销量大幅下降，而12年前的海湾战争经验曾表明，短期战争会带来出国度假需求的增加。

在盈利能力控制方面，企业关心的不仅仅是企业整体的盈利能力，更是各“利润中心”或产品的盈利能力。正如旅游代理关心售出的各种形式旅游服务的盈利能力，旅行社也会关注每个旅行方案的盈利能力。事实上，旅行社不仅仅要知道方案的盈利能力，还要看品牌、季节、景点和饭店。这就要求整个过程不断调整，保持利润水平。景点的游客量和饭店客房入住率也会影响到运营商下一个季度的决策，比如运营商该付给旅店经营者的入住率，还有景点之间的客流量供应的平衡问题。航空公司在遭受了 9·11 事件和伊拉克危机后，为减少损失急于调整航班和目的地。

正如我们所知，旅行社之间竞争激烈，所有的旅行社都既关心单个销售水平也关注整体市场份额。对于他们来说，估计自身销售业绩相对来说较简单，而要评价对手的可就困难了。即使销售增加了，旅行社也想知道是否是比较了整体市场和竞争对手后真正意义上的增加。

由于认识到了旅游行业内的定期（通常是每周）经营信息的重要性，几家调查公司已为旅游行业企业提供了统计服务。通常第三方调查公司会收集单个公司认为难于收集或收集成本过高的信息。这种联合信息被卖给很多公司以供监督企业经营之用。通常买方会获得由英国旅行代理商协会统计出的详细的每周销售数据，涉及目的地、团队规模、假期类型、包价旅游承办商和定购月份等。

有趣的是，尽管旅行社之间的竞争相当激烈，对衡量经营业绩方法的急需却反映出旅游业仍需要联合调查，即旅行社共同分担某项研究项目的费用。他们也会提供信息，因为他们知道只有公开自己本身的情况才能获知竞争对手动向。

一个影响旅行社盈利能力很重要的因素就是负载因数，即单架班机满载程度。在第六章我们曾讨论过固定成本和边际成本。一架飞机本身就是一项很大的固定成本，那么，对于利润率很低的旅行社来说，如果飞机低于 90% 的载客率就很难创造什么利润了。因此，旅行社会合并两个廉价航班来降低成本。这当然会让消费者不满，因为他们已有的安排会被打乱，甚至还会很仓促。这样一来赔偿金或失去未来生意就构成了隐性成本。但旅行社要想生存、赚钱就别无选择。

包价旅游承办商会密切追踪每个零售商的经营状况以确定最能干的经销商。尽管连锁代理商和独立财团具有购买力，过去常能为他们的分支机构和代理争取到更多的佣金。有迹象表明，包价旅游承办商正在考虑对所有机构，甚至一些定购量很少的机构给予同等报酬的做法是否合适。经营业绩的评估也要在大环境中进行：整体佣金率的提高是增加了还是减少了承包商的利润？

三、质量控制

对于耐用品生产来说，检测并保证产品质量是件相对容易的事，可以通过检测清除出不合格的产品，也可以允许一定的不合格率。但要对旅游产品实行质量控制就不那么简单了。天气等不可控因素对于旅游服务的质量来说影响很大。

旅行社十分注意使其产品符合旅游宣传册中的标准，因为这也是法律所要求的。它们正越来越多地规定可接受投诉条款。这是一种简单的质量控制方法，可以通过记录公司收到的投诉信息或景点代表接到的应记录在案的口头投诉来衡量投诉情况。正确的监控体系应采用防止未来再发生投诉的正确措施作为对投诉的反馈。因此，单一的投诉也可能如所有投诉一样有意义，反映大问题，意味着下一版宣传手册内容要有所改变。用调查问卷来监督投诉已经不那么有效了，因为问卷大多只要求顾客列举对产品的满意或不满意的程度，即便发现诸多不满意、高投诉率的情况也会因缺乏足够的信息而难以采取相应对策。人们需要确切地知道问题的症结所在以及需要采取什么行动来补救。旅行社可以设立意见箱接受顾客的投诉，通过这个办法也可以在季度末了解到旅行社员工如景点代表的工作表现。

所有大旅行社都通过消费者满意度调查问卷来实行监督。一些公司还授权给景点代理当场赔偿顾客以期在第一时间处理投诉。研究表明，这种迅速而恰当的措施不仅节约了未来客服成本，也为公司留住了客户。

同样，认为投诉率低则公司形势大好也未免草率。事实上，公司可能有很高的"伪装不满"。许多英国游客在旅行第一天就对景点代表大发抱怨，而有经验的代表很会抚慰顾客，否则他们会吵闹着要求回家，而这会造成顾客明年选择别的公司。因此，重复预约率也应被纳入质量控制中。也正是由于这个原因，旅行社会采用对消费者和零售商都作联合调查的方法来查明他们对于不同旅行社的真正的看法和态度。

四、财务控制

关心部门是否按预算经营的可不仅仅是财务经理。尽管预算本身是公司经营的自动控制手段，市场营销部门也必须经常检查销售、促销和其他费用，使其控制在一定限度内。但是营销计划也不能成为束缚，否则控制太严也会导致失去市场机遇。

运用定额法确定营销组合成本是通常采用的判断经营成果的方法。但因其是基于"行业内平均水平"也会造成误解。企业常会决定分配一定比例的销售额用于促销，但是前面关于沟通预算的讨论清楚地表明，支出应依营销计划中设立的目标而变。在有销售大幅下降的情况下控制机制会发挥作用，削减促销支出，而此时更好的做法是增加促销支出来创造更多的销售。

情况的变化也可能导致某一种产品占用太多的企业支出。比如说燃料价格上涨会导致长期旅游订购的大幅下降，这就要求重新给这些项目分配支出。

五、效率控制

如果行为控制表明企业营销的某些方面存在薄弱之处，就需要分析到底是要改变营销活动，还是部门结构才能使营销更有效率。即使满足了营销目标，委托人之间或零售商之间的同业竞争压力也要求企业不断寻找能降低成本而又不破坏效率的方法。这就意味着要对营销组合不断改进，不仅仅是销售额水平，所有衡量经营成功的方面都要考虑到。

检查部门的组织结构时可能会考虑是否该将销售同市场分开，独立发展，或者部门是否已经发展到需要引入市场营销经理来协调部门活动的程度了。应该像一些大型连锁饭店的一样进一步加强营销部门的作用，还是削弱之？营销部门的行政结构对于其职能的发挥是促进还是阻碍？最重要的是，员工素质符合要求吗？

这最后的问题对于旅游行业来说至关重要。这一行业的大部分部门存在的观念是，利润水平不允许给付更高的工资，因此不能招来更好的员工。然而公司间的经营确实存在差距，而不同的管理风格是造成这种差距的主要原因。员工们受到很好的营销训练了吗？他们有没有被不公正地对待？他们受到足够的鼓励了吗？经理了解员工的满意度吗？员工是如何被管理的？是通过惩罚、奖励还是表扬？表扬员工良好工作表现是最简单的，却很少为经理们所用。很多例子表明，在旅游行业中很多小公司（拥有 20 至 50 名员工），经理很少接见或问候员工，相反却为他们设置最高的目标，要求其为公司效全力。衡量员工业绩和满意度水平是从员工角度衡量企业效率的重要方法。光看离职率还远远不够，经理还必须知道员工们为什么离开。即使是离职率低也不能说明员工满意度高。在经济衰退期，很少会有员工借机离职，而很可能在情况好转，或有所好转时再离开。因此，监督员工满意度在困难时期和非困难时期同等重要。

即使有良好的员工队伍和组织结构，也应该经常检查沟通组合以便比较不同的促销策略，寻找“效价比”更高的方法。这是控制系统的重要组成部分。

既然旅游宣传册本身就是促销组合的一个重要要素，公司就该经常通过收集消费者和零售商对本企业宣传册和竞争对手宣传册的比较性意见，对之进行监督。还需要检查并控制报废率，测试人们对于不同宣传册的认识和重复需求，并要求销售代表报告注意分发手册的种类及地点。

要经常检查销售成本比，考虑分销商如旅行代理的成本和维持销售队伍的成本。随着技术进步和节约成本新方法的不断出现，可以经常比较预约处理成本。正如承运人考察比较成本以提高效率，新技术也被运用到处理票据和文件上。

确定何种分销渠道效率更高会决定未来的供应水平。应该比较分析全国多家大型代理机构和独立、小型连锁代理机构的业绩。必须评估联合促销计划的成果以及给予零售商不同鼓励的效果。

事例 伊甸园计划

伊甸园计划(见表 15.2)为我们提供了一个很好的因缺乏远见和控制而导致未能最有效地利用开业第一年大量消费需求优势的案例。在康瓦尔的圣奥斯特尔附近有一个地理位置优越的园艺景点,作为著名的生物群系,其吸引人之处在于它坐落在三个大型地拱之上,内有小型气候,其中种植了许多异域植被,包括长成的热带树木。

先前的大规模全国刊物宣传刺激了需求,因此最初的营销计划中对于第一年 75 万游客的预期远远不够,开始六个星期里就有 20 多万人参观,第一年接待了 200 多万游客。对于如此大的交通量来说入口已经明显不够用了。2001 年的复活节时,门口排队的大量游人就排满了整个周末。

企业很快对此作出反应,增开了两个入口,使总入口达到 12 个,并多雇用了 20 名员工(包括为排队的人表演的街头艺人)。新建餐饮住宿等服务设施并将一次入口通过人次限制在 2 200 人,促销活动也将重点放在吸引游客在假期以外的工作日参观上了。

图 15.2 康瓦尔伊甸园工程现场

六、战略控制

除了上述这些监督程序外，企业还应该经常检查其战略目标和规划。这就是营销审计，它旨在发现不明确或不合适的目标及战略，帮助改善支出、计划执行和控制以及判断当新的市场机遇出现时企业是否能加以利用。

作为对整个企业评估的一部分，一些审计通过聘用部门以外的高级职员评估营销人员的工作能力和效率，看他们能否发现、利用新机遇，团队是否能扬长避短以及如何有效克服危机（尤其是在全球经济动荡时，计划需要具有灵活应对未来变化情况的能力）等。

事例　英国航空公司

英国航空公司作为20世纪90年代成功经营的旅游行业企业典范从新千年开始就走了下坡路。为了应对全球经济滑坡，它决定开发佣金客户。而为了建立其高价位、高质量的市场，它缩减了总部经营预算。而之后，在不景气财政年度，其他企业纷纷缩减了包括商务旅行在内的旅行成本支出，英国航空公司由于廉价航线经营亏损并导致股价下跌，继而从伦敦金融时报100家股指公司中消失。

现在没有哪家旅游行业企业能仅仅依靠名声生存，市场瞬息万变，企业随时面临各种挑战，如预订率、座位利用率变化等。

营销审计最好是由企业外部的顾问执行，他们能更客观、独立、全新地评价企业及其战略。尽管很少有公司愿意每年都请外部人员进行这种审计工作，至少应该定期特别聘请顾问对公司财务状况进行审计。

顾问也可以检查企业内、外部沟通的有效性，看看员工们是否目标一致，他们的目标是否与公司目标一致，他们对公司及产品是否满意，与其他部门营销人员合作如何。这些问题都关乎公司整体经营的效率和效益，非常重要。有的公司在不同的地方设有分部，也会在总部以外雇用员工，这就会使沟通受损。旅游行业经营管理中一个普遍存在的问题就是沟通不畅，而其中最糟糕的就是不能在总部人员和地区人员如区域经理、景点代表等之间建立起共同目标。不难发现，有的公司总部人员在视察海外景点时不愿会见本公司的景点代表，而他们才是最了解公司客户、知道问题的人，他们才最能为改善服务出谋划策。

大公司中责任是下放的，由于引入了检查平衡机制，责任分派到个人，控制也就在某种意义上更易于实施。而小公司中大权集中于一人之身，他既负责处理公司日常事务又全权负责市场营销，这样的小公司就不大有可能，也不愿建立控制机制。而这个问题正是困扰了占旅游行业大部分的中小公司的最大挑战。这些中小公司的生存正面临越来越多的不确定性的挑战和来自更正规、更有营销经验的大公司的竞争压力。

问题与讨论

1. 控制进入景点的游客量是通过定额控制（以预订和限制票数供应方式进行）和定价控制进行的。根据你自己对于某个景点运用这些方式了解的经验讨论这两种方式的优点。市场营销可以在何种程度上帮助控制需求（比如说对景点宣传的重新导向）?

2. 缺乏控制到底在多大程度上导致了英国铁路公司危机的发生?

3. 旅游行业中最薄弱的一个部门是住宿（第一章中已有这方面的典型案例)。许多连锁企业和独立企业中都存在缺乏质量控制的问题。这仅仅是由工资低和环境差造成的吗?还是有其他的更深层次的原因？如何才能使控制得到加强?

4. 21 世纪初发生了许多事使旅游业遭受巨大损失，如战争、恐怖主义、全球疾病、金融经济危机等，所有这些都影响了行业营利能力，大部分经理们甚至把主要精力放在维系企业生存上。那么，我们是否可以就此认为外部因素已经变得如此重要以至于单纯靠营销——控制已经不够了?

练习

根据你以往去景点的经验，为企业制定一份质量控制计划，要明确哪些是产品内部可控因素，可以通过什么方法实现控制，以何种方式衡量控制实施情况，以及采用什么标准来对质量作出判断。为景点主管写一份包括有行动计划时间表的报告。

推荐阅读

Kotler, P, Bowen, J and Makens, J, *Marketing for Hospitality and Tourism*, Prentice Hall, 2nd edn 1999 ch19

Wöber, K, *Benchmarking in Tourism and Hospitality Industries: the selection of Benchmarking Partners*, CABI, 2002

第三部分

第一部分
基础阶段

第二部分
接触顾客

案例研究

案例研究 1

旨在扩大 Travelocity 会员数量的整合营销活动

本案例是由 Travelocity Europe 公司的客户关系部经理卡伦·穆林 (Karen Mullins)起草，Partner Marketing Europe 公司副总裁杰米·科尔(Jamie Cole)协助起草。

一、导言：Travelocity——一家全球经营的公司

图 CS1.1　Travelocity 的标识

作为旅游公司的先锋，Travelociy 已经成为网上旅游服务的市场领导者。其业务是向消费者提供一系列工具和信息，帮助他们更好地制定旅游计划、节省成本，使他们享受更好的旅游体验。2001 年，公司拥有 3 500 万名会员，总销售额超过 30 亿美元，成为全美第 6 大旅行社。Travelocity 已连续 6 年被世界旅游奖(World Travel Awards)评为“世界领先的旅游网站”(World's Leading Travel

Internet Site)(最近一次大奖于2003年1月20日颁发),它所经营的网站包括四个大洲的七种语言。其在欧洲的分公司 Travelocity Europe 也通过收购和合资得到迅速发展,目前在5个国家拥有约500名员工。

二、Travelocity. co. uk 的背景

Travelocity. co. uk 成立于1998年,为其会员提供超过700条航线、55 000家饭店、50家租车公司以及其他诸如巡游、滑雪等度假服务的预订及信息服务。2001年9月,它收购了总部设在斯坦斯特德(Stansted)的 Air Tickets Direct 公司,从而从一家单纯的网络公司转型为多渠道的公司组织。

Travelocity 是一家高效的旅行社,提供旅游产品和服务,并赚取佣金;同时它正在日益成为最大的旅游产品经销商。公司将包括成套旅游机票和饭店批发价格在内的各种旅游服务内容绑在一起,为消费者提供上佳的一揽子交易。公司提供营销服务,为主要供应商伙伴提供整合的营销活动计划开发,并从中赚取收入。

在英国,Tavelocity 的主要竞争者是 Expedia、Ebookers、Opodo 和 Last-minute。Travelocity 正在从上述竞争者那里快速的赢得市场份额。2002年9月,Travelocity. co. uk 获得由旅游贸易公报奖颁发的最佳旅游网站奖(Best Travel Website)。

三、"价格观察者"(Fare Watcher)活动的目标

价格观察者活动的主要目标是促使更多的顾客注册 Travelocity 网站。活动的具体目标是赢得20 000名新会员。

四、时间

考虑到行业的季节性特点,活动选在订票旺季开始。活动开展时间是由 Travelocity 的广告代理商 St Lukes 建议的。

五、什么是"价格观察者"

Travelocity 的价格观察者活动是一项免费的、个性化的网上订制服务。它

可以为注册客户提供最多5对城市之间的最佳往返机票价格，由服务订制者自行决定所要搜索的城市、时间期限以及是否需要邮件提醒价格变化。

客户必须首先成为网站的会员，才能够申请到订制价格观察者服务。因此，会员资格共分两种级别：

第一种是非价格观察者会员(指已经成为网站会员的客户)。

第二种是价格观察者会员（指已经成为网站会员，并订制了价格观察者服务的客户）。

“价格观察者”服务是旅游产品的促销工具，调查显示价格观察者会员比非价格观察者会员具备更大的订票机会。

六、营销活动

为了赢得20 000名新注册会员，本次活动采用了三分支战略加一项促销的方式。这一战略是由Travelocity的媒体计划代理机构Klondike提供的。战略的第一个重点是为了吸引那些认可“价格观察者”服务的价值、并从中受益的目标受众。

这一战略是通过网上活动实施的，电话号码在任何被采用的媒体上都不会公开。原因是“价格观察者”服务将不采用非网络渠道。

1. 目标受众

目标受众是年龄在25到54岁之间、受过良好教育、居住在大城市、愿意采用网上订票的方式但希望获得高质量服务的消费者。

2. 媒体活动日程

日程安排如图CS1.2所示。

七、媒体：三分支战略

由Travelocity媒体代理Klondike推荐。

1. 印刷品广告的作用

全国性报纸和杂志的周末旅游专版一直是高收入旅行者的关注焦点，他们

	5月				6月				7月					8月			
	6	13	20	27	3	10	17	24	1	8	15	22	29	5	12	19	26
广播(只限伦敦地区)																	
首都广播 FM95.8			■		■		■		■								
维京伦敦广播(AM/FM)			■		■		■		■								
中心广播 FM106.2			■		■		■		■								
ITN 新闻广播 FM97.3			■		■		■		■								
印刷品(全国性;星期六)																	
《卫报》(*Guardian*) - 4clr 分类广告			■		■		■		■		■						
《独立报》(*Independent*) - 4clr 分类广告			■		■		■		■		■						
《时代》(*Times*) - 整版			■	■				■		■		■					
印刷品(全国性;星期日)																	
《观察者》(*Observer*) - 4clr 分类广告		■		■		■		■		■							
《独立报周日版》(*Independent on Sunday*) - 4clr 分类广告		■		■		■		■		■							
《星期日时报》(*Sunday Times*)头版整版 - 4clr					■	■	■		■		■						
三明治包装袋(只限伦敦地区)					■	■	■	■	■	■	■	■	■				
促销																	
主页张贴"赢取价格观察者机票"广告					■	■	■	■	■	■	■	■	■	■			
通过电子邮件分发"赢取价格观察者机票"广告								■									
通过电子邮件分发"打折机票不请自来"广告													■				

图 CS1.2 "价格观察者"媒体活动日程

希望从中发现灵感和实际帮助。林林总总的分类广告在这里展开激烈的竞争,使得人们能够为其旅行计划找到最佳的价格。旅游专版还为人们提供了一个理想的环境,让人们讨论如何找到一种产品,避免来自林林总总的分类广告的误导。另外,旅游专版总是在周末发行,这对于 Travelocity 公司是有利的,因为 Travelocity 的用户最有可能在利用周末进行考虑之后,于星期一和星期二早上出行。广告展露的时间与受众采取行动的时间相隔很近,这使得广告效果达到最大。

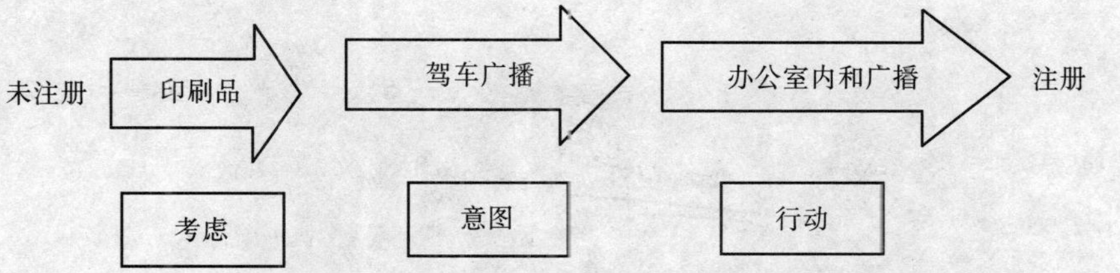

图 CS1.3　三分支战略模型

图 CS1.4　你的周末

2. 广播广告的作用

广播广告在上班路上以及工作场合都可以到达受众。因此，它的作用很独特，即激起人们在工作时间使用"价格观察者"服务的愿望。广播广告的灵活性特点使诸如星期一和星期二早上上班开车时间等重要时段的重要性进一步提高了。而且它可以通过一些创造性的方式来为价格观察者的服务理念提供更为详尽的解释。相比之下，印刷品广告的局限就多了。

因此，广播执行三种功能：在非特殊广播时间里促使人们去考虑（建立覆盖面），在周末考虑了旅行计划之后，到达办公室之前激起人们的意图（早上驾车时间），直接导致行动（星期一到星期五的工作时间）。

3. 办公室媒体的作用

办公室环境不是传统媒体大量发挥作用的地方，但它却是公司促使人们采取行动的关键。于是公司向伦敦西部和伦敦城里的 280 个独立的三明治店分发了 100 万个三明治袋。如今，办公室工作人员在高强度工作时间压力下已经形成了一个习惯：即在午饭时间在办公桌上吃三明治。鼓动他们坐在电脑前、在午饭时间毫无心理负担的制定旅行计划，这种信息定位和传播效果绝不比其他媒体差。

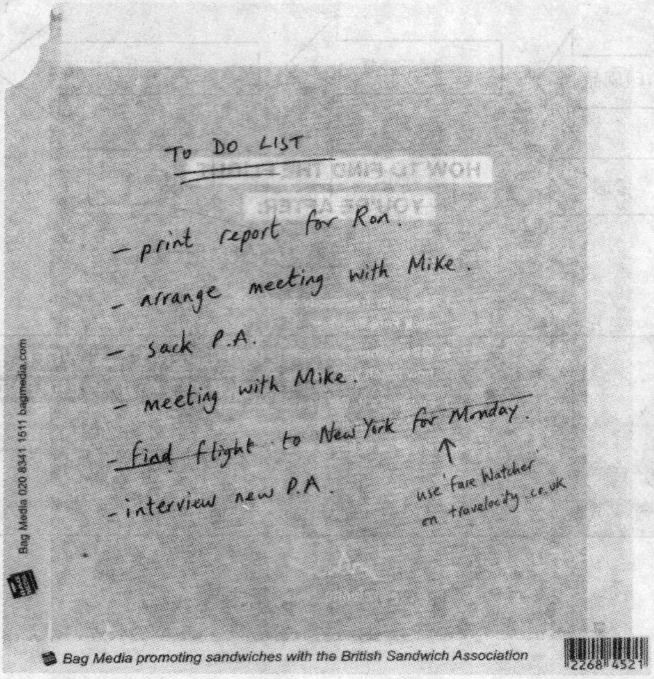

图 CS1.5　三明治袋

4. 促销

价格观察者服务的新老订制者均有机会在促销活动的最后一天获得他们利用此服务所搜索的所有旅行目的地奖励的机会。也就是说，他们有机会免费五次乘坐任意两个机场之间的航班。

促销活动开始于 2002 年 5 月 18 日，结束于 7 月 31 日。公司通过 Travelocity. co. uk 首页上的图片广告和两则虚拟电子邮件来对此次活动进行宣传（见图 CS1. 6 和 CS1. 7）。

八、成果

所有营销活动的成功与否，都只能通过它最终取得的成果来衡量。ECRM（电子化客户关系管理）技术使 Travelocity 几乎对客户培养的所有方面都进行深入的分析，无论它是来自于客户浏览、加入还是订票。在这一部分当中，我们将介绍各个方面的分析结果，这对于初始目标的实现是很重要的。

九、总成果

总成果是根据网站新会员数量、“价格观察者”服务的新订制者数量和网站浏览次数来进行衡量的。(见表 CS1.1)

表 CS 1.1　价格观察者服务成果

	价格观察者服务新订制者	新会员	网页浏览次数
总成果			
活动	8 913	24 682	4 632 949
控制组	1 801	16 569	3 194 603
日平均成果			
活动	119	329	61 773
控制组	24	221	42 595
增加%	395	49	45

1. 媒体图和新会员

图 CS1.8 表示了新会员与价格观察者服务申请之间的关系，以及取得这种成果的营销活动情况。

在营销活动正式开展之前，价格观察者和网站会员的数量一直处在平稳或静态的状态当中。随着活动第一阶段——全国性印刷品广告——的开始，会员数量大幅上升。新会员注册稳步上升，到广播广告开始播出时达到顶峰，之后又逐渐下降，直到第二封虚拟电子邮件被发出的活动最后阶段，注册人数又到达一个新高峰。

和网站注册人数相比，价格观察者服务的用户数量的变化显得不那么有规律。用户数量水平在第二轮广告播出时大幅度上升，在活动开展至中期阶段时又开始下降，而在两封虚拟电子邮件发出之日又显著上升。

Travelocity.co.uk

请使用 Travelocity 的价格观察者服务

“价格观察者”服务会随时为您关注世界上 95% 的机票价格。您只需要告诉它您想什么时候去哪里，它就会在第一时间告诉您今天的最佳价格。即使您近期没有出行计划，它也会替您关注机票价格，在有变化的时候告诉您。您甚至可以指定一个您愿意支付的最佳价格。

注册并免费获取飞往“价格观察者”所有出行目的地的机票。

谁都不能将一天的时间浪费在寻找航班上。他们能像下面日历上记录的那样做吗？

16 日，星期一

待办事宜：寻找去美国的航班

上午 9:00：上网搜索去美国的航班

上午 10:30：浏览几百张网页来寻找实时机票报价

上午 11:00：给 14 家旅行社打电话，得到最低票价要比预算高出 220 美元

下午 12:45：吃午饭；重新浏览了上午访问过的旅游网站——吃了两片阿司匹林，喝了杯咖啡，心情平静了许多

下午 2:30：再次上网看机票价格变化，还是找不到去美国的合适价格

下午 5:00：妈妈打来电话——推荐Travelocity 的价格观察者服务。注册——立即得到了很好的报价。于是决定等一会，看价格观察者能不能找到更低的价格折扣

17 日，星期二

待办事项：订去美国的机票

上午 9:00：阅读价格观察者发来的邮件。找到了价格合适的航班

上午 9:01：订机票(省了一大笔)。委托价格观察者寻找去巴黎和爱丁堡的航班

上午 9:15：对于在去美国机票上节省的钱心满意足，并开始了一天的高效率工作

请从速订制——订制价格观察者并获取免费飞往您所搜索的任一出行目的地的机会。有关申请条件与条款及其他细节，请登录 Travelocity. co. uk 网站查阅。

忘记密码？——Travelocity 的在线客户服务将帮助您找回密码。点击输入您的用户名和电子信箱，如果与我们登记资料相符，我们会将密码发至您信箱。

退订——您在注册 Travelocity. co. uk 网站时，网站将向您发送电子邮件。如果您不想从网站收到电子邮件，请点击这里。

图 CS1.6　虚拟电子邮件：“订制‘价格观察者’，赢取免费机票大奖”

Travelocity.co.uk SEND TO A FRIEND

如何让打折机票不请自来?

1. 将您想去的地方列表递交给价格观察者。

2. 价格观察者将浏览全世界95%的机票价格,告诉您今天的最佳报价。

3. 太贵了?请告诉我们您打算支付多少钱?您可以在多长时间内等待价格变化?

4. 一旦出现令您满意的票价,价格观察者将立即发邮件通知您。

简便易行

只要您激活价格观察者服务,您就可以阅读这样的邮件了。

立即尝试。

注册并赢取去往所有价格观察者出行目的地的免费航班。

16日,星期一

待办事宜:寻找去美国的航班

上午9:00:上网搜索去美国的航班

上午10:30:浏览几百张网页来寻找实时机票报价

上午11:00:给14家旅行社打电话,得到最低票价要比预算高出220美元

下午12:45:吃午饭;重新浏览了上午访问过的旅游网站——吃了两片阿司匹林,喝了杯咖啡,心情平静了许多

下午2:30:再次上网看机票价格变化,还是找不到去美国的合适价格

下午5:00:妈妈打来电话——推荐Travelocity的价格观察者服务。注册——立即得到了很好的报价。于是决定等一会儿,看价格观察者能不能找到更低的价格折扣

17日,星期二

待办事项:订去美国的机票

上午9:00:阅读价格观察者发来的邮件。找到了价格合适的航班

上午9:01:订机票(省了一大笔)。委托价格观察者寻找去巴黎和爱丁堡的航班

上午9:15:对于在去美国机票上节省的钱心满意足,并开始了一天的高效率工作

ASTA PROTECTED IATA 91256690

请从速订制——订制价格观察者并获取免费飞往您所搜索的任一出行目的地的机会。有关申请条件与条款及其他细节,请登录Travelocity. co. uk网站查阅。

忘记密码?——Travelocity的在线客户服务将帮助您找回密码。点击输入您的用户名和电子信箱,如果与我们登记资料相符,我们会将密码发至您信箱。

退订——您在注册Travelocity. co. uk网站时,网站将向您发送电子邮件。如果您不想从网站收到电子邮件,请点击这里。

图CS1.7 虚拟电子邮件:"打折机票不请自来"

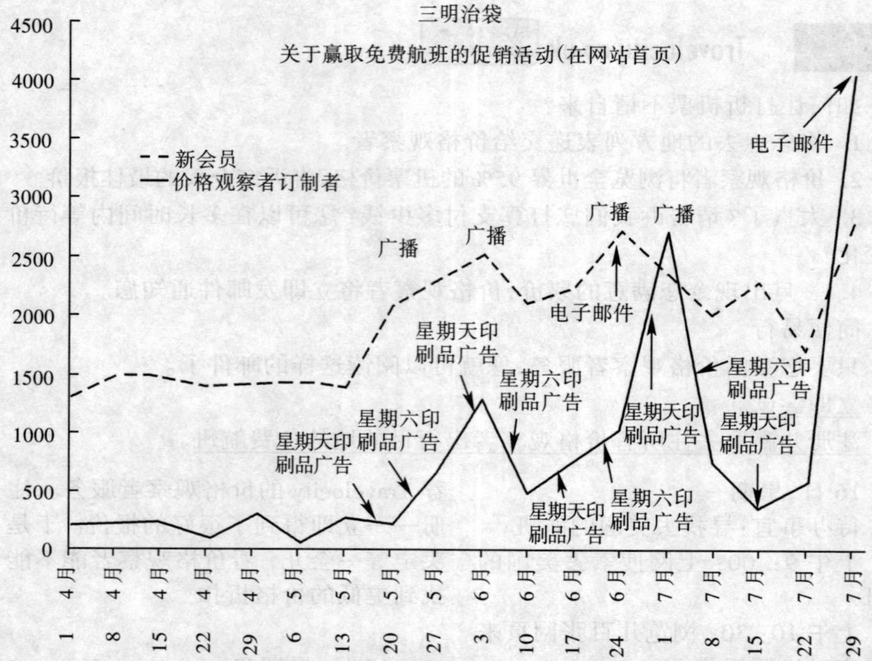

图 CS1.8　营销活动及成果(1),2002 年 4 月至 7 月

2. 媒体图和网页浏览情况

图 CS1.9 显示网页浏览次数随着营销活动的开展而不断上升。与价格观察者用户及网站新注册用户数量的增长不同，网页浏览次数一直增长平稳，只有在两封虚拟邮件被发出时出现了一次大幅度增长的情况。

3. 增量成果

增量成果(见表 CS1.2)显示的是开展营销活动后的增加量情况。为了取得这方面的数据,我们采用了一个“控制组”。控制组与会员组结构相当,会员组是“标准组”。换句话说，与我们正常情况下可以获得的成果相比，开展这些营销活动可以获得多少增量。营销活动开展了 75 天,因此在这种情况下,控制组代表的是在营销活动开始之前的 75 天里的情况(2002 年 3 月 4 日到 5 月17 日)。

在营销活动开展过程中，价格观察者注册用户增长了 395%，新注册会员数量增长了 49%，网页浏览次数增长了 45%。这些都是增量数据,指超出没有营销活动的“正常情况下”的增量数据。

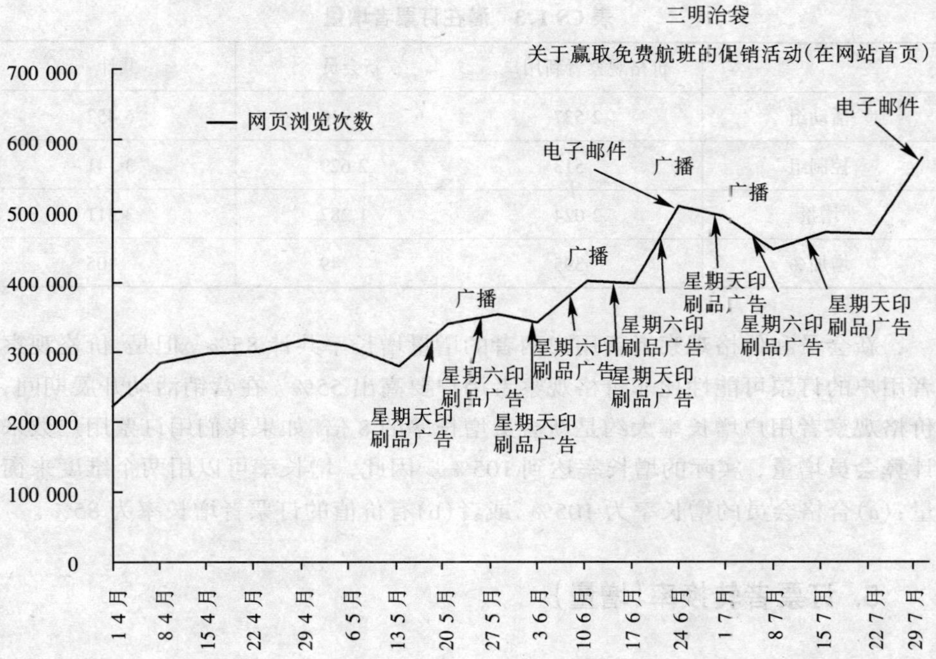

图 CS1.9　营销活动及成果(2),2002 年 4 月至 7 月

表 CS 1.2　会员注册增量(减去控制组数量)

	价格观察者新用户	新会员	网页浏览次数(英国网站)
总成果	7 112	8 113	1 438 346
日平均	95	108	19 178
增长%	395	49	45

4. 考虑了订票可能性的新会员增量

表 CS1.3 显示了在考虑订票可能性之后的会员增量情况，也就是说，用价格观察者新用户数量乘以用百分比表示的订票百分比，同样的方法可以计算非价格观察者新用户的增量。例如，价格观察者新用户的增量是 7 112，因此，运用价格观察者服务进行订票的潜在用户就是用 7 112 乘以 28.5%(价格观察者用户订票的可能性)。

表 CS 1.3 潜在订票者增量

	价格观察者新用户	新会员	共计
活动组	2 537	3 916	6 452
控制组	513	2 629	3 141
增量	2 024	1 287	3 311
增加%	395	49	105

新会员和价格观察者新用户两者的增量增长率共计 85%。但是,价格观察者用户的订票可能性比非价格观察者用户要高出 55%。在营销活动开展期间,价格观察者用户增长率大约是新会员增长率的 8 倍。如果我们用订票用户数来计算会员增量,实际的增长率达到 105%。因此,增长率可以用两个维度来衡量:(a)合格会员的增长率为 105%,或者(b)有价值的订票者增长率为 85%。

5. 订票者转换率(增量)

在营销活动过程中,共计 5. 83% 的新增价格观察者用户进行了订票,而共计 10. 9% 的新会员进行了订票(见表 CS1. 4)。

表 CS 1.4 订票者转换率增量

	新增价格观察者用户	新会员	会员总数
自加入之日起,已进行订票的会员数	415	885	1 455
自加入之日起,已进行订票的会员百分比	5.83	10.90	9.56
所带来的收入	162 878(英镑)	442 085(英镑)	604 963(英镑)
平均每位订票者带来的收入	393(英镑)	500(英镑)	416(英镑)
预计在未来会订票的会员数	2 024	1 287	3 311
预计可带来的收入(根据平均花费来计算)	794 590(英镑)	643 258(英镑)	1 376 564(英镑)

平均来看,订制了价格观察者服务的会员平均花费 393 英镑,非价格观察者用户平均花费 500 英镑,其中包括机票、饭店以及租车费用。因此,所带来的收入超过控制组带来收入的增量是 604 963 英镑。由于价格观察者会员的订票几率为 28. 5%,而非价格观察者会员的订票几率为 15. 9%,因此预计在未来,订票的会员数将达到 3 311。如果平均每位订票者的花费为 416 英镑,那么预计 Travelocity 在未来还可以获得 771 600 英镑的收入。

6. 成本与目标

正如先前在活动目标当中提到的，这一活动旨在吸引 20 000(总数) 名新网站会员。事实证明这一活动带来了 24 682 名新会员，超越目标数量的 23%（见表 CS1.5）。

表 CS 1.5　成本与目标

活动成本	292 000(英镑)
目标(新会员)	20 000
实际实现目标	24 682
目标实现百分比	123
带来的收入	604 963(英镑)
预计未来所带来的收入	1 376 564(英镑)

尽管从新增会员数量来看，这次营销活动是成功的，但是我们还有更全面的衡量标准。第一，如上所述，可以运用订票可能性变量来衡量新会员数量，新会员数增量为 105%；而运用"合格会员"条件来衡量的会员数增量只有 85%。第二，也是最重要的，从收入增量角度看，这次活动已经带来了两倍于其成本的收入，而且每位新会员在会员资格有效期内还会不断带来更多的利润。

十、顾客行为

订票转换率数据不仅使我们可以了解多少会员在订票，而且还可以在市场细分以及目标市场选择方面起到至关重要的作用，可以帮助我们理解会员的行为。

表 CS1.6 显示了查询和订票次数排名前 10 位的航班目的地。

只有两个城市同时出现在查询和订票两项的前 10 排名当中。这可能是因为大部分的订票都涉及短途旅行，在订票之前无须太多计划。Travelocity 知道大多数会员的旅行时间都在 2 到 3 天，而且多数为商业性旅行，因此多为习惯性购买。而查询的目的地多数涉及长途旅行，需要进行更多的计划。而在制定旅行计划时，会员会尽可能查询更多的信息，而价格观察者工具则满足了会员在这方面的需要。

对这一现象的另外一种解释可能是促销的直接结果。由于促销活动声称会员有机会免费获得他运用价格观察者查询的所有目的地的机票，因此更多的订

表 CS 1.6 成果最好的前 10 位

查询数(新增价格观察者服务订制者)		订票数(新增价格观察者服务订制者)	
1. 阿姆斯特丹(Amsterdam)	3.92	1. 阿姆斯特丹	6.86
2. 纽约城(New York City)	3.68	2. 爱丁堡	3.77
3. 纽约 JFK(New York JFK)	2.83	3. 巴黎(Paris)	3.50
4. 巴塞罗纳(Barcelona)	2.41	4. 纽约 JFK(New York JFK)	3.10
5. 多伦多(Toronto)	2.23	5. 法兰克福(Frankfurt)	2.42
6. 阿利坎特(Alicante)	2.17	6. 都柏林(Dublin)	2.29
7. 奥兰多(Orlando)	2.11	7. 尼斯(Nice)	2.15
8. 马拉加(Malaga)	2.05	8. 伦敦希思罗(London Heathrow)	1.88
9. 悉尼(Sydney)	1.81	9. 布达佩斯(Budapest)	1.88
10. 旧金山(San Francisco)	1.81	10. 马德里(Madrid)	1.88
其他	74.98%	其他	70.26%

注:纽约城(New York City)代表纽约市所有的机场

制者会将长途旅行的目的地列在他们的五个城市范围内,因为长途航班的价格要高于短途航班。

十一、价格观察者会员与非价格观察者会员

表 CS1.7 显示了价格观察者会员与非价格观察者会员之间的价值对比。从订票状态方面看,价格观察者会员可以为公司带来更大的价值。价格观察者会员的订票可能性要比非价格观察者会员的订票可能性高出 55%,这或许是此次营销活动控制分析过程中得出的最重要、最具影响力的结果。

表 CS 1.7 价格观察者会员与非价格观察者会员的价值对比

	价格观察者会员数	非价格观察者会员数	总数
会员总数	30 968	381 096	412 064
入会后订票的会员数	8814	60 457	69 271
入会后订票会员比例	28.5	15.9	16.8

十二、未来

价格观察者活动使 Travelocity 在各个方面获得了经验，包括媒体战略、客户保留以及客户行为活动。

在媒体战略方面，营销团队深入了解了英国目标受众对媒体的消费模式，并将其与 Travelocity 品牌相结合。团队还了解了整合营销沟通战略的效果，以及不同媒体之间的相互影响。

例如，在会员与品牌之间的熟悉度方面存在着很重要的差别。积极的会员需要与 Travelocity 经常接触（通过电子邮件），因此愿意订制价格观察者服务。而还有一些会员的积极性稍微小一些，他们希望与 Travelocity 保持稍微疏远的距离。在进一步运用 ECRM 技术时，Travelocity 就将运用这一发现。

这一营销活动取得成功之后，Travelocity 公司希望再接再厉。2002 年 9 月，改版后的公司网站开始启用，并获得了 Travel Trade Gazette Awards 所颁发的最佳旅游网站奖（Best Travel Website）。2002 年 9 月和 10 月间，公司又开展了一次大型的营销活动，将焦点放在全国性印刷品广告、伦敦地铁的 Z 卡、伦敦市内大型办公室使用的商业卡以及电子邮件促销上。接着，2003 年初，公司又在广播广告成功的基础上开展了另一次活动，活动主题是"700 条航线在 Travelocity 网站上竞争，以赢得更多消费者"。

到 2003 年中叶，公司已经在其网站上增加了巡游线路和《寂寞星球》（Lonely Planet）旅游指南系列手册。最后，公司又首次涉足动态打包产品（dynamic packaging）领域，并在其网站上推出了城市旅行项目。

十三、总结

本案例全面细致地描述了世界最大的网上零售商之一运用整合营销沟通战略的全过程。美国公司 Travelocity 自从成立以来就不断进行业务拓展，在本书即将付诸出版之时，他们还正在参与几家公司的兼并活动。本案例中的营销活动是在一家专业的广告公司的帮助下实施的，它可以作为战略营销的案例分析练习供学生使用。在本案例中，明确的目标、清晰的市场选择、恰当的时机和媒体选择使得公司取得了远远超越其原本期望的成果。公司使用三明治袋来作为广告媒体，在原本很难到达的目标市场当中建立了知晓度，是一次极富创意的促销活动。本案例提供了最佳的证据，说明在大量营销资金的支持下，大型国际化的旅游公司能够取得什么样的成绩。

思考题

1. 对于网上零售商来说，价格无疑是决定其成功与否的一个关键因素，但其他因素也很重要，比如登录网站的方便性以及网站布局的清晰性。然而，与旅游代表提供的服务相比，网站所提供的服务水平再高，也总是非人格化的。如果旅游代表们能够通过其自己的网站提供和 Travelocity 一样的价格，那么他们能够在竞争中取得优势吗？或者价格之外的其他因素是否会发挥作用？不同细分市场之间的需求会出现怎样的不同？

2. 本案例似乎说明，品牌认可度和忠诚度对于网上零售商的业务十分重要，这点对于旅游行业中其他部门也是如此。本案例中提到的 Travelocity 的主要竞争者们也正在日益被更多的人所知晓。在你看来，就网上零售业这一部门来说，品牌形象与价格之间存在着什么样的关系？

3. 由于案例中的营销活动非常成功，因此很难再给出改进建议。但是，你能否想到使用其他形式的媒体，或其他创新性的促销策略来同样赢得目标市场的欢迎？

案例研究 2

9·11 事件后小企业如何生存：Trips Worldwide 的案例

本案例在编写过程中得到了 Trips Worldwide 的乔·克拉克森的帮助。

一、背景

Trips 公司始创于 1991 年，当时的主营业务是以墨西哥和中美洲国家为目的地的订制化的旅游度假服务。起初，公司只在创始人的家中办公。

1993 年，公司将办公室迁至一个比较显眼的门面店当中，公司名称改为 Trips Worldwide，业务也扩展为为其他专业旅游公司提供零售服务，以及自行组织订制化的旅行。

1999 年，在墨西哥及中美洲地区业务比较稳固的情况下，公司又开发了一个针对南美洲的服务项目。到 2000 年，公司的产品范围进一步扩展，推出了加勒比地区旅游项目。

随着产品范围的扩大，公司在 2001 年开始计划扩大公司规模。2001 年初，为了给 9 月份开始的旅游旺季配备训练有素的销售人员，公司的员工级别由原来的 9 个增加到了 12 个。一个名称叫做"航行经理"的职位被新增进来，专门处理航空旅游合同、预订机票等业务。前6个月,公司经营亏损,不过这也在人们的意料之中,因为这主要是由于为了后半年的旺季做准备而增加员工数量导致的。公司期望在后半年赢利。

二、问题

9·11恐怖袭击事件使公司的业务彻底陷入困境。在原本的旅游旺季里,却没有一个人打电话预订旅游服务。前半年公司在IT及人事方面所作出的大量投资所带来的不再是利润,而是严重亏损。没有人知道在接下来的几个月里的业务情况会如何,但是有一点是显而易见的,即公司没有别的办法,只能尽量削减管理费用。而且必须要迅速采取行动,用见效最快的办法削减成本,以防止公司破产。

三、解决办法

公司首先确定了可以削减成本的项目。行动的焦点是减少费用,提高利润。公司重新审视了营销组合与传统4P策略的运用方式。

1. 产品

第一部是考虑产品范围。直接申请以及电话、电子邮件预订服务方面虽然业绩平平,但还有几个业务在进行,而且也没有人取消预订。而在旅行社方面,柜台销售彻底消失了,而且取消预订的要求也开始出现了。

虽然在前12个月当中,零售业务占整营业额的27%,但是与订制化产品相比,它的利润水平要低得多。而且在过去的一年当中,大量的员工工作时间用来处理一些偶然路过或打电话询价,但最终没有预订的顾客,这些时间都被浪费掉了。公司对廉价、高折扣的市场不感兴趣,结果使业务都流向了竞争者。

公司决定对旅行社方面进行大幅度精简,取消了单纯机票服务。在包价旅游代理服务方面,公司负责代理的旅游公司数量从以前的50多家精简为12家,这12家都是利润最为丰厚、最为畅销的公司。

在订制化产品方面,公司也决定进行业务精简,把精力集中在赢利性更强的高档订制化市场里开展业务。订制化度假服务是一项劳动密集度极高的产品,员工首先必须要走遍大江南北,再经过严格训练,之后才有能力销售这种产品。它一直是公司的核心业务,公司对此也进行了大量的投资。现在公司决定不再提供一些利润率较低而价格便宜的旅游路线和饭店。公司也注意到,在过去一年当中,只有这些低价的旅游路线曾遭到顾客投诉。

公司还意识到员工开支是最高的费用项目,因此员工规模必须要削减。虽然这是一个很艰难的决定——因为公司最大的优势之一就是这个小而友好的团队,但是产品组合的精简不可避免地使某些职位变得多余,因此公司决定将员工规模缩小 30%。

幸运的是,公司长期以来在技术发展方面的投资没有白费,它可以运用一些新型的预订及内勤软件(完全根据公司特殊需要而开发的),大大提高组织运营的效率。新的软件系统还可以提供更好的管理与营销报告及信息,帮助管理团队获取更多信息,作出更好的决策。

2. 地点

随着公司零售业务的精简和机票服务的终止,显然公司越来越觉得没有必要再租用高档店面来办公。现场业务已经不赚钱了,而且还对工作效率造成影响——精简后为数不多的工作人员分散在三层的办公楼里,这不是什么好的工作气氛。因此,公司决定将办公地址迁到附近街边的一幢写字楼里的一间开放式办公室里。这立即节省了管理费用,同时极大地鼓舞了员工士气,给他们一个崭新的开始。虽然一些旅行社业务可能因此丧失(新的办公地址,路过的人少了),但是公司觉得由于一些浪费时间的业务的精简,加上新环境带来的工作效率的改善,总体说来这一做法利大于弊。

3. 促销

接下来要做的就是要看一看公司在宣传手册以及内部通讯上的产品形象了。短期内重新制作这些小册子在经济上是不可行的,但是公司觉得还是需要改变形象,因为高档市场的消费者更加理性,喜欢高质量、个性化的旅行服务,只有进一步树立公司形象,才能吸引到这个消费群体。因此,必须要突出公司独特的卖点,即极高的个人服务水平及产品知识。

公司过去曾经出版过一种公司通讯,名叫《世界漫画》,主要是宣传公司的旅行社业务,整体风格倾向于年轻化、趣味性的“背包旅行”市场。在当时,这一形象十分符合公司所服务的市场,但现在,这一风格需要稍加改变,变得更高档一些。于是公司重新制作了这一出版物,并改名叫《Trips 旅游资讯》。出版物的布局和字体都变了,第一次将颜色搭配得更像是大众旅游增刊,这与原本的漫画风格相去甚远。

销售活动也没有被忽视。为了宣传自己一直引以为豪的个人服务策略，公司规定所有从旅游目的地调研回来的员工必须亲自写信给事先在数据库里选好的一些客户，向他们讲述自己美妙的经历，亲自为旅游目的地作宣传。

最后，公司又重新审视了促销计划。过去，公司的首要战略是增加 Trips 在公众当中的知名度，也就是要抓住一切机会让公司的名字出现在媒体上。公司聘用了一家伦敦的公共关系公司来提高品牌和公司的知名度，公司自身也利用各种机会来与媒体建立密切联系。这家公共关系公司对公司取得的成果进行了分析，并计算了顾客的询问转化为订票行动的比率。从收集到的数据来看，在接下来的一年里，公司在出版物及影像媒体公关方面应该采取更为集中的方法，保证媒体只提到高质量的产品——而不要再提到特价、折扣或低价旅游服务。这样就可以进一步保证产品能够符合客户的要求。估计顾客对公司的反应水平会比较低，但是公司管理层希望可以取得更高的订票转换率。

4. 定价

主流旅游行业所关注的仍然是市场份额，但对于行业中的小型专业化公司来说，利润是至关重要的。重组后的 Trips 公司希望利润可以符合它的营销目标。

首先，精简后的旅行社服务部门在选择供应商时更加严格，所选中的供应商所提供的佣金水平必须要高于公司设置的最低可接受额度。接着，公司采取了一种战略来增加毛利润率。公司对其自身提供的订制化产品与竞争者的产品进行了对比，还比较了地面处理成本及机票成本。只要有机会，公司就会提高利润率、削减成本并改善各旅游目的地的产品。最后，公司新增了一项数额不大的订制化服务预订处理费（简单的服务项目无须交纳此费用）——其实许多专业旅行社在之前就已经采取了这一措施，来应对佣金和利润下降。有事实证明，顾客对这些费用并不抵制，因为他们能够感觉到这一费用可以使旅行社提供更高的价值和适当的专业指导。

四、结论

2002 年 Trips Worldwide 扭亏为盈，成功渡过了危机。

人员冗余会严重影响公司的员工士气。而 Trips 公司精简后的人员却可以密切合作，组成一个高效率的团队。公司在 6 月份迁新居的举动重新鼓舞了员工的士气，接下来的每个月，公司都达到了销售目标，直到 10 月份巴厘岛的恐怖袭击事件又一次使销售额大幅下降。不过，这次的恐怖事件的影响很有限，公司业务在第二个月就又见起色，而在 12 月份，公司又刷新了旅游旺季纪录。

产品精简和促销改善都非常成功。虽然公司员工削减了 30%，但 2002 年的营业额几乎与 2001 年相当。最好的消息还来自于毛利润率，公司的毛利润率增长了 5 个百分点，净利润率增长更快。新推出的《Trips 旅游资讯》也备受好评，顾客咨询次数也因此大大上升。

2003 年初，旅游业经受了更多的考验：先是伊拉克战争，然后是非典恐慌，这尤其对中东地区的旅游预订造成了巨大影响。但是 Trips 在 9 · 11 事件之后针对新的市场条件作出的调整为它建立了良好的基础，使它可以经受更多危机的考验。到盛夏，公司的预订情况又恢复正常了。

2003 年，Trips 又获得了《卫报》/《观察者》周刊旅游奖的年度最佳网站奖，其评语中说网站具备"独特而富有魅力的特点，极佳地介绍了它的旅游目的地，使你愿意随之前往"。

公司对产品所采取的精简措施显然取得了成功。

五、总结

面临影响全球旅游业的大灾难，许多处在旅游业中的小公司在 2000 年到 2003 年间都经历了在困难中求生存的艰难过程。在本文中，我们提供了一个经典的案例，介绍了一家小公司面临艰难处境，如何对其整个策略进行重新评价并得以生存。其所采取的策略非常经典：重新审视了业务来源，确定主攻高利润业务领域，从而使公司通过中心突出的促销和公关活动将精力集中在特定的产品和目标市场上。目前"引入处理费"的方法已经开始在整个英国普及，尤其是在订制化服务领域，零售商们称消费者并不抵制这种费用，因为他们可以因此得到适当的专业化建议与服务。而似乎正是 Trips 的经验证实了这一做法的正确性。

2003 年底，Trips 公司接受了来自业内最知名的公司第一选择公司的一份极具吸引力的要约——第一选择公司希望可以将 Trips 纳入其专家级"软探险"旅游公司品牌的行列。这次合作再一次证明了 Trips 公司的成功。

思考题

1. 在本案例中我们可以看到，改变形象可能会收到很好的效果。但是这种作法也会使公司面临偏离现有市场的危险。公司能够并且应该在保留其成熟市场的同时转移其业务重点吗？如果答案是肯定的，那么公司怎样做到这一点呢？

2. 如果个人服务质量及产品知识是 Trips 的独特销售主张，而在零售行业中，好员工并不好找，那么公司可以采取什么策略来代替削减员工规模的做法，同时避免员工士气受损？

3. 对于零售代理来说，成本削减就意味着控制柜台人员的工资，因为它是管理费用当中的重要项目。但是随着供应商越来越多地采用因特网等直销方法，许多人认为合适的工资水平是聘请高质量员工的唯一途径。你认为在未来几年里，这一矛盾如何得到解决？

案例研究 3

营销专业产品：挪威的假日房屋租赁市场

本案例在编写过程中得到了挪威 Merkantilt Instituut Colleges 国际开发部经理 Axel Eikner 的帮助。

在挪威，有很多出租假日住宅的小型、独立的个体企业，这已经成为挪威旅游业的一大特点。本案例介绍了这类企业的不断发展，以及它们在激烈的国际竞争中维持盈利，同时力求为国际游客提供满意度假服务的过程中所面临的种种挑战。

一、导言

旅游业对挪威经济起着举足轻重的作用。从 GNP（国民生产总值）贡献率以及总就业贡献率方面看，旅游业是挪威的第四大产业，仅次于石油业（30%）、传统渔业（在挪威 2 500 公里长的沿海岸线地区，这一行业显然很重要）、水力发电业。与这些行业相比，旅游业仍在保持迅速增长。

尽管如此，由于挪威和瑞士、冰岛一样都属于高消费国家，因此很难与同属欧洲市场的西班牙、意大利和法国等国家相竞争。同样，与同属欧洲的南部国家希腊、葡萄牙和土耳其相比，挪威在气候上又处在劣势。然而，由于湾流流经挪威的海岸线，挪威的气候非常温暖宜人，这对于一个地理位置这样接近北极的国家来说，实在令人惊讶——夏天的气温经常超过 30 摄氏度，而冬天气温也很少在零下 10 摄氏度之下。

与国际游客自己的国家相比，挪威的生活费用普遍较高，货币汇率也较高（2002 年），这促使在挪威出现了一种低成本的旅游产品，尤其是在住宿和食品方面。与瑞士和法国相比，挪威在多数人心目中是那种不太复杂的目的地，即使与邻国瑞典、丹麦相比也是如此，这也是在挪威可以发展这种不同于国际饭店集团及高档酒店，而相对比较便宜的解决方案的另一个重要原因。

挪威的总人口大约 4 500 万，较均匀地分布在全国各地。首都奥斯陆算是个不大的中心，大约聚集了 50 万人口；其他的中心包括卑尔根、斯塔万格和特隆赫姆，它们每个城市的人口都不到首都人口的一半。

据挪威旅游业历史记载，大约在 150 年前，当第一批国际游客到挪威旅游时，主要是被挪威的天然美景及自然资源所吸引，到今天仍是如此。据说，19 世纪 50 年代的第一批游客是英国的"Salmon lords"，他们当时是为训练钓鱼术、享受在美丽多鱼的江水中钓鱼的宁静感而来。今天，地主们不多见了，更多的游客是来自德国、荷兰和比利时的中产阶级，他们常常喜欢租用一个地方——只租一两个星期——来更靠近大自然，呼吸新鲜的空气，享受未受污染的自然景观，体验那种在自己国家内被污染的环境当中体验不到的感觉。

二、假日房屋租赁成为一种产品

统计表明，近年来德国是挪威的主要国际客源市场，35% 的国际客源都来自于德国，接着是瑞典、荷兰、丹麦、美国和英国。在 2002 年夏天所有的过夜房间预订总数当中（总销售为 9 500 万个晚上），这 6 个国家占了 75%。[①]

在今天，挪威有 32 000 间小屋出租，65% 的预订来自于外国人，尤其是来自于德国、荷兰和比利时的客人。[②]

对于国际游客来说，最普便的住宿方式是帐篷、租用小屋和假日房屋租赁（58%）。而饭店只占所有预订数量的 24%，还有 13% 是被 VFR（走亲访友旅行）游客占据——他们住在亲戚朋友那里。有 4% 的游客利用非传统住宿方式。[③]今

---

① http://www.ssb.no(SSB = National Statistics Norway)。

② 同注 1。

③ http://www.snd.no(SND = the Norwegian Industrial and Regional Development Fund) *Report on Cabin Rental in Norway 2000*, Statens Narings - og Distriktsutviklingsfond: Hytteutleie I Norge 2000, Horwarth Consulting AS, 2001。

天国际旅游市场上最大的趋势就是选择非传统的住宿方式，如小屋或假日房屋租赁，尤其是单个旅行者。①

一般说来，假日房屋租赁是一种便宜的度假方式，与刚才提到的趋势相符，也符合挪威的总体形象。2000 年 9 月，挪威旅游协会（Norwegian Tourist Board, NTR）对挪威作为旅游目的地的形象进行了调查研究。②来自丹麦、德国、意大利、英国、美国和日本的 1 200 多人参加了调查，调查者要求他们讲述他们下一个潜在旅游目的地的哪一方面吸引他们。

94% 的被调查者将与大自然相关的活动作为度假的最重要的内容——这点应该对挪威这样的国家很有利。但是，在最受欢迎的旅游目的地排名当中，挪威在总共 10 个国家当中只排名第 7，排名前三位的分别是新西兰、加拿大和苏格兰。

巧合的是，近两年 NTR 和挪威工业及区域发展基金会（Norwegian Industrial and Regional Development Fund, SNIDE）所做的其他调查也显示，对于挪威来说，最明显的产品细分都属于与自然相关的：

- 与自然相关的"生动假期"（active holidays）
- 与自然、文化相关的体验
- 与自然相关的休闲活动

作为一种旅游产品，假日房屋租赁本身就是与自然、文化相关的，我们可以为其做如下定义：

假日房屋租赁（HHR）是一种度假形式，假期一般超过一个周末的时间，其间游客将住在一间位于风景秀丽区域的单人、独立的住房中．它坐落在游客所希望游览的地区，风格与当地相符。房屋设计与环境相映成趣，强化这一产品作为自然文化性活动的形象。

这一定义将 HHR 与野营场地的短期小屋（包括移动房屋）相区别开来，后者的租赁往往是度假过程中临时行为。……HHR 概念的严谨性对于准确的利基市场（market niche）定位很重要，以保证产品是按照市场的需求量身订做的。另外，这一定义还强调了这样一种现象：HHR 游客迫切希望使用当地的交通运输工具，愿意与当地人一起浏览某一地区或国家；而不是像大规模市场上的旅客那样乘坐旅游大巴，那样就无法体验与当地人及其文化密切接触的感觉。然而，在当地人看来，并不是所有的旅客都能够成功地做到这一点。HHR 定义明确的将 HHR 与其他度假形式相区分，指出这一产品不仅仅是一种住宿方式，而

---

① http://www.ntr.no（NTR = the Norwegian Tourist Board）。

② 同注 1。

且是一种组合式的全面的度假方式。在旅游业的统计数据里，很少会在HHR、野营和小屋租赁之间加以区分。但是通过以上对HHR严谨的定义，本案例可以使我们将焦点集中在HHR这种专门针对国际市场的国际化产品上。

挪威人喜欢到丹麦、瑞典、英格兰/苏格兰/爱尔兰(村舍、农舍、农家院)或法国(乡间住所,法语叫gite)去进行HHR度假,最吸引他们的旅游活动往往是文化、传统、登山和自行车运动，或晒太阳及海边活动（夏天)/滑雪（冬天)。度假的人往往首先对其所选择的地区有了一定的了解,或心存一定的兴趣。而选择采用这种方式到挪威度假的旅客也具备同样的特征。

在挪威,木屋租赁旅游市场的很大一部分(约65%)都被国际游客占据。而在饭店住宿的游客当中,国际游客只占32%(SND统计数据)。

总体说来，我们可以利用表CS3.1中的市场和产品组合对HHR以及木屋租赁进行分类。度假的时间越长,游客希望在目的地逗留的时间也就越长,这一点也不奇怪,但重要的是房东们发现了这个事实。表CS3.1显示，只有一个产品细分市场与长期旅客相关，即一个星期以上的度假，其中既包括与自然相关的活动,也包括文化性活动。这一点对于选择目标市场很重要,例如它对于如何设计促销组合以及分销渠道,都非常重要。

表CS 3.1　挪威假日房屋租赁的产品/市场组合

市场/产品	住宿一夜	周末住宿及活动	包括自然及文化活动的一个星期以上的假期
本地	√	√	
国内		√	√
国际			√

根据SND发布的一份关于2002年挪威木屋租赁/HHR的报告，在挪威的这一市场上，大部分公司都是个体经营或一人公司，它们会按照季节招聘一些员工,主要面向的是自带食物的游客。大部分这类公司的负责人都还有其他的工作，他们只是适当削减其日常的工作——往往是农业部门的工作，只要保证足够的收入就可以了。通常他们平均出租5间房子(或单元),每一单元一般会取得55 000克朗(4 500美元)的年平均收入,根据单元标准及所提供服务的不同,收入情况也不尽相同。

下面是挪威市场上这类公司（准专业公司）的一则例子，公司的名字叫Kvalheim度假中心（Kvalheim Holiday Centre)。这个度假中心坐落在挪威西海岸,距离区域中心城市卑尔根(Bergen)有50分钟的车程。

三、HHR 产品的营销与分销

由于大部分这种类型的公司都是小公司，大型连锁公司在挪威不存在，因此促销和分销就成为巨大的挑战。本文运用加拿大学者 Alastair M. Morrison 提出的旅游营销 8P's 理论框架来仔细的分析一家公司。该框架于 1989 年提出，但对于今天的市场仍具有意义。

8P's 理论是从科特勒提出的更广为人知的一般营销 4P's 理论中引申而来的。在一般营销理论提出的价格、产品、分销、促销等 4P's 的基础上，该理论增加了第 5P's，即人员（people），这点对于旅游业来说尤其重要。Morrison 所新增的另外 3P's 是指包装（packaging）、规划（programming）和合作（partnership），它们也是专门适合于旅游业的实际情况而提出的，因为只有将所有这些组合在一起，才能提供一个完整的度假产品，而不仅仅只是住宿方式或运输方式。我们将对这 8P's 进行逐一讨论。

四、产品

产品包括实际产品（actual product）和认知产品（perceived product）。

1. 实际产品

Kvalheim 度假中心（挪威语中叫做“Kvalheim Fritid”）是一家新成立的公司，在滨海地段拥有四处单独的房屋，以及一幢四个房间的公寓楼。①公司位于一个以农业和渔业等传统行业为支柱产业的乡村地区。

从 Kvalheim 公司很方便地就可以到达挪威第二大城市——卑尔根（以前是汉萨联盟的首都和港口城市，目前仍是重要的商业及文化中心）和机场。在今天的国际旅游市场，卑尔根是通往著名的峡湾地带（fjord region）的重要门户，而峡湾地带可能是挪威最著名的特色，也是旅游促销做得最好的（可能仅次于“深夜太阳”）！Kvalheim 地理位置上与旅游中心如此接近，当然有利于吸引国际游客以及挪威国内其他地区的游客。

Kvalheim 的周围风景秀丽、远离污染。与峡湾地带相比，它或许没有那么壮观，有一点平淡，但很安静、友好，而且令人轻松。

---

① http: //www. kvalheim - fritid. no(Kvalheim Holiday Center, 2003; HHR operator on the west coast of Norway)。

Kavlheim公司提供的房屋及公寓都具备了必要的设备，比如装修完备的厨房、浴室（包含浴缸）和洗手间。起居室里都有带卫星接收器的电视以及收音机和CD机。

2. 认知产品

这一产品被看做是一次生动假期（active holiday），通过与大自然和当地文化进行互动来使人们神清气爽，通常会包含钓鱼、登山以及自行车运动。

五、人

Kvalheim度假中心中的活动往往是自助性的，但同时也根据人们的需要提供几项服务，比如提供钓鱼装置/渔船、提供交通工具帮助人们到达一些文化活动现场、提供高尔夫球具、地图和导游等。

但Kvalheim的目标市场是那些需要留给自己更多时间的人，而不是希望与当地人或其他游客进行接触的人。人员——作为Kvalheim的8P's之一——只有在游客需要的时候才会出现。

六、包装与规划

从许多方面，包装和规划都体现了营销的方向。它们是在了解了游客的真正需要和需求后，将各种服务及设施加以组合以满足这些需要后的结果。

虽然Kvalheim度假中心是一家新公司，但它已经推出了一些活动和设施，无论是按摩浴缸还是钓鱼设备，抑或是散步的小径，相信对于游客都有一定的吸引力。许多公司都会很自然地利用当地已有的旅游设施或海边其他的度假胜地来增加一些活动或服务套餐。

一般性的旅游公司都会为顾客提供服务套餐，规划出一些活动和旅游胜地，配备一定的交通工具、住宿条件以及服务人员。由于这些都是包含内容很多的旅游套餐，因此旅游公司的产品与HHR旅游公司的产品还是不一样的。

然而在挪威，人们发现有一些渡船公司提供大量的准套餐服务，所谓准套餐包括旅游行程规划、海边住宿以及交通服务。由于大量乘客利用他们自己的交通工具到达目的地，因此这种准套餐服务就显得不无价值。因为游客这时就不是为了旅游行程计划才来找旅游公司的，但他们还是需要诸如食品、饮料和住宿等基本服务项目的。

对于 HHR 旅客来说，这些提供海边住宿以及海上交通的渡船公司，如 Color Line、DFDS 和 Stena Line 是非常具有吸引力的。一些提供钓鱼、游戏和运动服务的独立的利基市场公司也有很大的吸引力。例如 Top Destinations 集团集中设计一些活动来吸引外国旅游公司以及国内旅游公司。www. dintur. no（Your trip. no）是一家集中组织钓鱼和游戏等探险类旅行的公司。

七、分销

分销渠道是非常重要的，它是到达目标市场的途径。当公司负责向顾客提供所有促销、订票以及其他各种服务时，直接分销就发生了。[①] Kvalheim 度假中心现在就是运用自己的网站以及人员接触来进行直接分销。这意味着 Kvalheim 十分注重它自己设计的促销组合的效果。

间接分销或真正意义上的分销渠道会运用好几种中介，例如旅游承办商、订票代理、旅游局、旅行社等等。Kvalheim 通过当地和区域性旅游办事处来小规模地分发宣传传单和相关信息。

由于大部分 HHR 公司都很小，没有专业的营销技巧（Kvalheim 就是这样），让中介机构在产品开发方面发挥主要作用，应该不失为明智之举。

在挪威，下列组织被认为是 HHR 的重要中介机构：[②]

(a)旅游办事处（国家级／区域级／地方级）。它们通常都参与到客户信息处理过程当中。挪威的国家级旅游办事处 Norges Turistraad，一般会在游客来到之前，将挪威作为一个整体向国内外进行宣传。区域级的组织（如 Fjord Norway 和 Hordaland & Bergen Reiselivsraad）以及本地组织（如 Norhordland Reiselivslag）会对已经到达的游客提供信息服务。

(b)不同 HHR 公司之间的合作组织。它们的目的通常是节省成本、改善促销效果。后面的有关“合作”的部分将对这一点进行更加详细的介绍。

(c)分销及订票代理。这样的机构在挪威市场上还有几家，有的是国家级的，而大部分是区域级的。国家级订票机构有 PlussCamp 和 Norway Apartments，前者主要针对野营性质的旅游服务（因此与 Kvalheim 无关），后者是为装备完善的提供公寓服务的营销机构。

在挪威，大部分国家级的预订代理也是分区域的，主要为数量有限的地理区域内的旅游公司或某一单个目的地提供服务，如 Trysil 预订公司（Trysil Booking）（www. skiinfo. no 上有这一公司的链接）或 Fjordbookings 和 Norbooking

---

① Morrison, op cit, p274。

② Http: //www. snd. no(SND = the Norweigian Industrial and Regional Development Fund)。

(这两家公司都可以通过 www. visitnorway. com 链接到)。与 Novasol、DanCenter、DanSommer、Wolters 和 Inter Chalet 等国际性连锁机构相比，这些代理公司都是比较便宜的分销渠道。

因特网已经明显改变了大部分代理机构的运作方式，也缩小了国际性、全国性或区域性公司之间的差别。根据 NSD 的说法，大部分代理机构的 50% 到 100% 的业务都是通过因特网操作的。

事实上，因特网可以被看做是一种独立的中介，因为 HHR 公司正试图单纯利用这种渠道。然而，如果没有更容易被目标市场注意的网络中心以及大型网站的链接帮助，极少数公司会通过这一渠道而取得成功。

(d)旅游公司以及旅行社。它们为顾客提供一些规划清楚的固定的服务套餐，这点我们在“包装及规划”部分中已经讨论过了。旅行社是 DanCenter 等大型国际化公司的分销渠道的一部分。

八、促销

前面我们已经提到，作为一家独立的 HHR 旅游服务提供商，Kvalheim 度假中心在非常注重其自身对促销组合的运用。Morrison 将下列要素包含在促销组合当中：广告、人员推销、销售促进、店铺陈列、公共关系和宣传。Kvalheim 度假中心只在人员推销方面做得相当不错。

九、合伙

挪威的 HHR 产品在某些方面与其他国家不同。在其他国家往往有几家大型的连锁公司，而在挪威，大部分公司是个体性质的。但是，公司间进行合伙一般可以削减成本、提高营销力度、增强市场知名度，最后为所有参与合伙的公司提供一个资源共享平台。目前，Kvalheim 现在并没有与其他公司合伙。

十、定价

价格不仅难决定，而且很难固定。由于公司是个体、独立的，理论上说，企业主可以随心所欲地进行定价。但是，顾客对价格很敏感，只有他们认为价格合理时，才会愿意付款。

一个合理的价格当中会包含许多因素，如细分市场本身、产品质量(对于旅游业，这甚至包括国家/目的地的吸引力)以及内容(就 HHR 而言，这包括大小、设施及活动)。

如果公司加入像 DanCenter 一样的大型连锁分销机构，那么价格会根据一定的规则来制定，例如季节、地点、规模、设施、游客人数和逗留时长。如果 Kvalheim 度假中心加入 DanCenter，它就必须将 40% 的总收入交给 DanCenter 集团，同时也失去了自己定价的灵活性。当然另一方面，它也可以得到诸如集中化产品营销和分销的好处。

如果通过 DanCenter[1]来进行分销，就需要进入每年一次的、发行量超过100万份的双语（德语和挪威语）宣传目录，还要采用将这份目录直邮到德国、比利时、荷兰、丹麦、瑞典和挪威的家庭中去的直接分销方式。还可以利用在挪威、德国和丹麦的预订机构和促销活动——即 10 000 家具备网上预订功能的旅行社、哥本哈根（Copenhagen）的 Lason 销售办事处、德国 1 265 家 Westlotto 店铺，挪威、瑞典、丹麦和德国的所有 Jysk 店铺。此外，还有可能通过 DanCenter 获得相关报纸和杂志的广告支持。最后，当然公司还可以从 www. dancenter. no 当中获益。

如果一位顾客支付 1 000 英镑在 Kvalheim 度假中心度假两个星期，那么这笔收入会按表 CS3. 2 所示来进行分配。

表 CS 3.2　Kvalheim 度假费用分层

总收入　1000 英镑（两星期）			
	Kvalheim 度假中心 600 英镑		
旅行社佣金 100 英镑	顾客服务与承包商服务 100 英镑	目录成本 60 英镑	行政管理费用 50 英镑
销售费用 40 英镑	折旧 10 英镑	纳税 10 英镑	DanCenter 利润 30 英镑

在挪威，只有当收入超过 10 000 克朗的时候，Kvalheim 才需要交纳所得税，税率为总收入 90% 的 35%。由于加入 DanCenter 可以获得更好的分销，从而更有效地到达目标市场，因此对于像 Kvalheim 度假中心这样的旅游产品来说，加入 DanCenter 可能并不是最坏的选择。

十一、结论与建议

本文的主旨是研究不断发展的独立的小型个体企业，它们为挪威创造出独特的旅游体验，同时应对激烈的国际旅游市场竞争。挪威西海岸的 Kvalheim 度

① DanCenter Catalogue, Rules and Regulations, 2003（international HHR booking agency）。

图 CS3.1　从 Kvalheim 度假中心很方便到达的挪威西部海湾

图 CS3.2　位于卑尔根附近 Radoey 的 Kvalheim 度假中心的户外活动

假中心在这方面提供了一则很好的案例。

再回忆一下本文前面给出的 HHR 的定义，考虑到挪威的地形、地理特征、总体生活水平和与大自然相关的活动，挪威的确很适合 HHR。

另外，挪威的主要市场，包括德国和比利时，在选择挪威作为旅游目的地时，都是看中它的自然美景和与大自然密切接触的特征。但是对于挪威旅游业来讲,最大的挑战就是其潜在市场对挪威没有多少了解。据一项旅游业调查显示,64%的被访问者对挪威一无所知或知之甚少。

现在已经出现了一些文章,描述国际市场上HHR产品的营销和分销活动。因特网为所有人提供了产品分销的机会,但是如果没有专业的中介或网站的帮助,这些分销活动很难在众多的网页当中被人发现。

所以,对于具备一定规模和质量水平的HHR公司来说,加入一些大型的分销渠道应该是有帮助的。这些分销渠道包括DanCenter,或者商业化程度稍弱一些的组织,如Fjordbooking。

希望本案例能对一些食宿中小型企业指出很重要、有价值的营销工具,也能够揭示这些工具怎样才能够被旅游业当中的小企业所运用并取得最佳效果。

十二、总结

本案例针对一个大规模旅游业并不发达的国家的饭店业当中中小型企业所面临的营销问题提出了很好的见解。作为旅游目的地,挪威所面临的很多问题是典型的——生活费用高、汇率相对于客源国来说处于劣势、设施相对不够先进、旅游季节有限、气候比较寒冷(虽然相对于外国人心目中的情况好一些)。所以,挪威只对数量有限的游客市场具有吸引力,但是旅游业仍然对挪威经济起到举足轻重的作用。对于中小型企业来说,要想到达这些小规模的、分散于全球的游客市场,困难是显而易见的。尽管如此,挪威仍然提供了一种具备广泛吸引力的产品:乡村旅游业。乡村旅游业向游客承诺提供平静、休闲、清洁而没有污染的环境,同时吸引那些寻求步行、自行车、划船和钓鱼等活动假期的游客。再加上欧洲最为壮丽的风景和极富魅力的沿海城镇,挪威所提供的明显比人们想象的要多,而它现在面临的问题就是要让游客们了解它。中小型的企业的挑战在于克服起初对外国市场的无知,同时要更好地宣传其旅游胜地,与其他价格极具竞争力、知名度更高的旅游目的地进行竞争。

思考题

1. 如果运用广告向公众宣传Kvalheim的产品,哪些特征最适合放在广告当中?在预算有限的条件下,如果将广告投放到你的国家里,应该采用什么媒体?

2. 根据对这一产品的描述,你认为这种度假产品是否比传统的大规模度假产品更具生命力?如果是的话,如何通过营销来表现(和保证)这种生命力?

3. 本案例中提到了能够传递 Kvalheim 度假产品诉求的几种中介机构，包括旅游办事处、合伙人、分销和预订代理、旅游承办商、旅行社和因特网。同时本案例提醒读者注意渡船公司在宣传这种产品方面的潜力。思考一下，如果在你的国家里分销一种相似的产品，哪一种机构的潜力最大？每一种机构的优势劣势在哪里？你建议 Kvalheim 采用哪一种？

其他资料

OMH Business School, Bergen: Student research project for an HHR operator in Rogaland, 2002

Kotler, P, *Marketing Management / Markedsfoeringsledelse*, Universitetsforlaget, 4th edn 1999 Kamfjord, Georg, *The Tourism Product / Reiselivsproduktet*, Reiselivskompetanse AS, 3rd edn 2001

案例研究 4

重组航空公司：亚德里亚航空公司（Adria Airways）起与落

图 CS4.1　亚德里亚航空从前的标识

一、导言

亚德里亚航空公司（Adria Airways）是斯洛文尼亚的一家航空公司。2001年，该公司为成立40周年举行了庆祝活动。1961年公司成立时名叫 Adria Aviopromet，公司拥有两架 DC6B 型飞机，机务人员来自于荷兰的航空公司 KLM。随着对航空公司需求的增加，作为南联盟当中的共和国之一的斯洛文尼亚拥有了自己的航空公司，它大多在国际航线上运营，满足南斯拉夫 JAT 航空公司所无法满足的顾客需求。起初，公司主要满足那些组织欧洲发达国家的游客到亚德里亚海附近旅游的旅游公司的需要，与 TUI、Thomson Holidays、Neckermann 及 Reisen 等公司保持着合同关系。公司的班机在英国、法国、德国、斯堪的纳维亚国家与杜布罗夫尼克、斯普科特、普拉等亚德里亚海的旅游胜地之间运营。这些班机大部分都是季节性的，在旅游旺季之外的其他时间，这些班机都在南斯拉夫国内运营。

20 世纪 60 年代末，公司与 Interexport 公司合并（公司名称当时发生了变化），之后经历了一段困难时期。20 世纪 70、80 年代，由于包机服务和定期航班的需求均有所上升，公司再次繁荣，而且公司的班机队伍也扩大了，先是购买了五架 MD80，后来又购买了 3 架空中客车 A320（见图 CS4.2）。80年代中期，公司再次启用原来的名字，并在巴黎到卢布尔雅那的航线上与法国航空公司开展了合资项目，成为国际航空运输协会（IATA）和国际民航组织（ICAO）的成员。而且它也第一次被纳入欧洲及世界的全球分销系统（GDS）。

图 CS4.2　空中客车 A320

但是，20 世纪 80 年代末期，亚德里亚地区的旅游业陷入停滞——甚至陷入衰退。为了扭转这一局势，一些机票降价了，航班数量也减少了，营销活动逐渐转向一些划分清楚的利基市场，尤其是那些与在德国和瑞士工作的南斯拉夫人相关的利基市场。其中最后一项措施对于后来的航空公司市场营销计划重组起到很重要的作用。

二、政治分裂

伴随着 1991 年斯洛文尼亚从前南联盟独立出来，亚德里亚航空公司被迫对其活动进行重新评估。在为期 10 天的独立战争中，公司的四架飞机遭到损坏。随着战争的结束，当时仍然对斯洛文尼亚领空行使主权的南斯拉夫当局冻结了这一航线，以示报复。作为刚刚独立的国家，斯洛文尼亚并不是负责飞机安全的国际组织的成员，结果亚德里亚航空公司丧失了与欧洲的合作，也失去了外出旅游市场。战争严重破坏了亚德里亚地区的旅游业，公司以前所服务的许多旅游目的地都成了其他国家的领土，所以公司也就无权再为它们服务了。亚德里亚航空公司成为斯洛文尼亚的国家航空公司，但斯洛文尼亚太小了，没有可行的国内航线。

公司的班机规模缩小了，从原来的 13 架飞机减少到了 7 架，员工规模也从原来的 991 名削减至 538 名。客流量在 1991 到 1992 年间仍然大幅度下降，最终降至了独立前的 10%。

三、新的市场导向

独立战争带来的业务大量削减致使亚德里亚航空公司在 1991 年后对其营销活动进行彻底的调整。其中主要的内容包括：

- 从国内到国际定期航班及包机服务转型
- 更重视定期航班，以吸引商业和个人乘客
- 重视提高为这些乘客提供的服务质量
- 削减班机规模和次数，以削减成本
- 调整班机时间表，在其他欧洲旅游目的地保证更好的航班连接，提高服务对国内市场的吸引力
- 为忠诚顾客开发里程优惠计划
- 寻求与欧洲航空公司的合作机会，寻求班机号共用协议（code - sharing agreements），或分享全球分销系统
- 注重通过新的全球分销系统来开展营销活动，以扩大全球市场

四、产品重组

战前所购置的三架新的 A320 已经于 1990 年到货了。1996 年，银行复兴代理（Bank Rehabilitation Agency）接管了亚德里亚航空公司。1998 年，公司的所有权结构又发生了变化，斯洛文尼亚的开发公司掌握了公司 91% 的股权，另外 9% 的股权掌握在 NLB 银行手里。这次收购增加了航空公司的资源，使公司可以在 1998 年购买 4 架设计最为现代的、适合于区域性服务的飞机——Canadair Regional Jet（CRJ）200LR（见图 CS4.3）。与以前的区域性飞机相比，这种飞机的优势在于可以减少能源消耗、降低噪音，同时提高速度、增加舒适感。另外还可以升级，升级后它能够在可见度较低的条件下进行仪器导航着陆。这就保证了在 21 世纪初，亚德里亚航空公司所掌握的班机在欧洲是最为现代和年轻的，使公司在众多欧洲航空公司当中，处于一个非常有利的竞争地位。

图 CS4.3　Canadair CRJ 200LR

五、亚德里亚航空公司所服务的市场

亚德里亚航空公司既服务于商业型乘客，又服务于经济型乘客。显然，商业型乘客可以提供较高的价格和利润，因此公司将主要精力放在对这一群体的服务上。商业型航线上普遍使用的是 CRJ 200，它更加舒适，而且有足够的空间放置商业乘客随所携带的行李。另外，它在可靠性、安全性和准时性方面都有很好的纪录。经济型班机主要满足三个市场的需要，包括团体或个人游客，在国外完成季节性工作后返回国内的前南斯拉夫共和国人（他们可以享受里程优惠折扣），以及其他商务旅客和休闲游客。

亚德里亚航空公司与其他大型航空公司一起提供里程优惠计划，叫做亚德里亚特权俱乐部。累积最少达到 500 点，就可以免费乘坐经济型航班；累积 1000 点就可以获得商业性航班的机票。特权俱乐部还提供其他优惠，包括经济型班机的升级机会、更高的行李限量、优先登机权、公司所服务的目的地内某些饭店的特价优惠。根据飞行里程的不同，俱乐部为乘客发放蓝卡、银卡或金卡，卡的级别越高，享受的优惠越大。

1996 年，亚德里亚与德国汉莎航空公司建立合伙关系，从而开启了与 Star Alliance 成员进行更大合作的大门。从那时起，公司先后与法国航空公司、奥地利航空公司、克罗地亚航空公司及以色列航空公司达成了班机号分享协议。2001 年，亚德里亚航空公司在欧盟内开设了一条航线，在法兰克福和维也纳之间。在本案例写作期间（2003 年中），亚德里亚航空公司正计划在维也纳和慕尼黑之间开设另一条航线，并开始在克罗地亚的杜布罗夫尼克和贝尔格莱德（在与 JAT 建立的班机号分享协议之下）之间开通定期航班（见表 CS4.1）。

表 CS 4.1　亚德里亚航空公司 2002 年的目的地及 2003 的计划目的地

目的地	协议
卢布尔雅那－阿姆斯特丹－卢布尔雅那	
卢布尔雅那－布鲁塞尔－卢布尔雅那	
卢布尔雅那－哥本哈根－卢布尔雅那	
卢布尔雅那－都柏林－卢布尔雅那	
卢布尔雅那－法兰克福－卢布尔雅那	与汉莎航空公司的班机号分享协议
卢布尔雅那－克里斯蒂安斯塔德－卢布尔雅那	
卢布尔雅那－伦敦－卢布尔雅那	
卢布尔雅那－曼彻斯特－卢布尔雅那	
卢布尔雅那－莫斯科－卢布尔雅那	
卢布尔雅那－慕尼黑－卢布尔雅那	
卢布尔雅那－奥赫里德－卢布尔雅那	
卢布尔雅那－巴黎－卢布尔雅那	与法国航空公司之间的班机号共享协议
卢布尔雅那－波德戈里察－卢布尔雅那	
卢布尔雅那－普里斯蒂纳－卢布尔雅那	
卢布尔雅那－萨拉热窝－卢布尔雅那	
卢布尔雅那－斯科普里－卢布尔雅那	
卢布尔雅那－斯普利特－卢布尔雅那	
卢布尔雅那－特拉维夫－卢布尔雅那	
卢布尔雅那－地拉那－卢布尔雅那	
卢布尔雅那－维也纳－卢布尔雅那	与奥地利航空公司之间的班机号共享协议
卢布尔雅那－苏黎世－卢布尔雅那	
维也纳－法兰克福－维也纳	在第三国起飞和到运
维也纳－慕尼黑－维也纳＊	在第三国起飞和到运
卢布尔雅那－杜布罗夫尼克－卢布尔雅那＊	
卢布尔雅那－贝尔格莱德－卢布尔雅那＊	与 JAT 之间的班机号共享协议

＊2003 年即将开通的航班

六、品牌识别

亚德里亚航空公司推出了新的红蓝相间的标识，以识别改善了的服务和新定位（见图 CS4.4）。这一标识不仅出现在飞机表面，还被印制在机票、行李票、飞机上的餐具和座位上。陆地和飞机上的工作人员的工作制服的颜色也与标识颜色相同。这一标识代表着质量、可靠性、竞争能力、服务、安全、信誉和有效的沟通。

ADRIA

ADRIA AIRWAYS

SLOVENSKI LETALSKI PREVOZNIK d.d.

THE AIRLINE OF SLOVENIA

图 CS4.4　亚德里亚航空公司新标识

七、分销渠道重组

随着航空公司和航线的发展，营销的焦点被转移到分销渠道上。目前，59%的销售额来自于旅行社，余下的销售额来自于亚德里亚公司自己和战略合作伙伴的销售点，它们是公司的总销售代理。

定期航班通过下列渠道进行分销：

- 有合同关系的销售代理（亚德里亚公司在斯洛文尼亚有 5 家销售办事处，在全世界有 15 家信息办公室，与 48 家 IATA 代理及 140 家非 IATA 代理有销售协议）。
- 汉莎航空公司的全球分销系统；Star Alliance 中合作者的中心预订系统。
- 参与 AMADEUS 全球分销系统，与其他 CRS 之间的合作，如 GALILEO、SABRE，System One 和 ABACUS。
- 亚德里亚航空公司是斯洛文尼亚国家营销公司（NMC）的成员，NMC 在斯洛文尼亚拥有 50 家代理和 75 个航空集散地，在马其顿（Macedonia）拥有30 家代理和 35 个航空集散地，在阿尔巴尼亚有 20 家代理和数目相似的航空集散地。
- 亚德里亚航空公司与 35 家其他航空公司之间有特别的按比例分摊协议（Special Prorata Agreement，SPA），互相销售对方的机票，将销售佣金收入按比例分摊。
- 从 1998 年起，可以通过航空公司的网站（www. adria. si）进行预订。

包机当然也通过旅游经营商、旅行社和国外其他机构来进行销售。

八、航空公司营销的成功

与早期以包机作为主要业务的公司相比，现在的亚德里亚航空公司已经取得了引人注目的发展。到 2001 年为止，公司 80% 的服务是定期航班。它将斯洛文尼亚首都卢布尔雅那与 40 个目的地相连接，每个星期有 140 次航班。公司的班机队伍是欧洲最年轻的队伍之一，符合当前的市场条件。亚德里亚公司与国际上其他许多大航空公司建立联盟，将航线扩展到欧盟国家之间。公司从 1997 年开始盈利。美国 9·11 灾难发生之后，亚德里亚航空公司与其他公司一样也面临了市场条件的变化，但是公司通过谨慎的成本控制成功地渡过了难关，尽管利润很微薄，但是预计随着区域内航空旅行的增长，公司一定会重新繁荣起来。

九、总结

本案例集中关注了一家大型运输公司，它曾经一度在国家控制下经营，后来经历了政治风波和动乱，公司很难向主要客源国家进行宣传，因为游客有许多其他更安全的旅游目的地选择。在这种情况下进行经营，对于公司营销部门可以说是最大的挑战——90% 的乘客流失，这可能是近年来最极端的困难——然而公司采取了远见卓识的战略直面挑战。今天，任何全球性航空公司都需要具备灵活性和竞争力，来应对快速变化的环境。与许多其他大型航空公司相比，亚德里亚公司从困境中脱颖而出，面对竞争。它做好了充分的准备，这在很大程度上说明了公司管理人员的能力。

本案例为品牌重塑的重要性提供了最强有力的证明。公司成功的重塑了品牌，使自己摆脱了其“贫穷国家运营的航空公司”的原有形象。公司针对不同航线和市场来精心选择产品，建立了全球分销系统，开展了明智的利基市场营销，这一切都有助于公司的结构更加精简，效率更高。

思考题

1. 本案例指出，在决定对航空班机队伍进行投资时，需要考虑各种不同的因素。根据亚德里亚公司的选择，或者其他案例未提到的公司的选择思考一下：你在选择购买（或租用）一个班机队伍时，需要考虑多少因素？这些因素之间在多大程度上会存在矛盾（如：噪音和能源使用效率）？

2. 从本案例中，我们可以看到自由市场条件下的航空公司的优势。对比自由市场和国家控制下的航空公司，国家控制下的航空公司或许也具备一些优势，如果有的话，有哪些优势？国家控制会如何限制或影响组织中营销的地位？

3. 本案例通过一些例子解释了通过向乘客提供额外优惠来提高附加值的概念。找出这些例子，并思考还有哪些优惠能够进一步强化公司产品？

案例研究 5

利兹城堡：重新设计营销战略，赢得最大机会

本案例在编写过程中得到了利兹城堡客户服务部经理 Sandra Matthews－Marsh 的帮助。

（所有图片都由利兹城堡提供）

一、背景

利兹城堡（图 CS5.1）是坐落在英格兰东南部肯特郡（图 CS5.2）的瑰丽的文化遗产。它是最古老的皇家城堡，被列入了《末日审判书》(Domesday Book)，曾经是诺曼人的堡垒，中世纪英格兰 6 位女王的皇宫，亨利八世的宫殿，权势人物的隐居之所。城堡是在约 900 年前征服者威廉的儿子统治时期由一位诺曼男爵用石头在一座岛上建成的，后来城堡在长达 3 个世纪的时间里一直是皇家城堡，从英国议会的创始者爱德华一世开始，到亨利八世为止。后来，它被英格兰一些有权势的私人手中，作为他们的乡村住宅。1926 年，一位英裔美国人，女勋爵奥利弗·百利视之为一生的最爱，将其购买下来，并极富远见地将它修复。在奥利弗·百利生命最后的日子里，她作出决定，保证在她死后，全世界的游客都可以到城堡来观赏旅游。今天利兹城堡是一家私人性质的慈善基金会，由一个

图 CS5.1　利兹城堡

托管委员会和一个专业团队来经营。今天的利兹城堡在其历史城堡的核心基础上，又添加了一些正式和非正式的花园、葡萄园和花房、鸟舍和花园中的小径、商店和饭店，还有全天候的活动，比如食品和葡萄酒节、露天古典音乐会、烟花爆竹及猎鹰表演等，为游客提供了高质量的旅游享受。

二、利兹城堡的游客

自从 1976 作为旅游目的地对公众开放之后，利兹城堡已经接受了来自世界各地的旅客 1 000 万人。

游客的结构大致具备下列特点：

- 成年人数量比孩子多
- 夫妇游客比较多，年龄在 35 到 55 之间的占 24%，55 岁以上的占 23%
- 小型成年人团队比较多，不带孩子的家庭占 24%
- 主要来自于 ABC1（基层行政管理阶层）社会群体

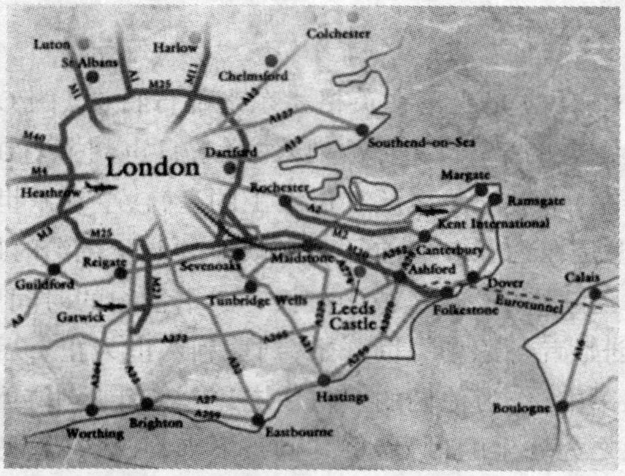

图 CS5.2　利兹城堡的位置

■ 62%的游客是第一次来访,12%的游客在过去至少两年内没有旅游

从 1994 开始，成年游客和家庭游客的比例就一直没有大的变化（见图 CS5.3）

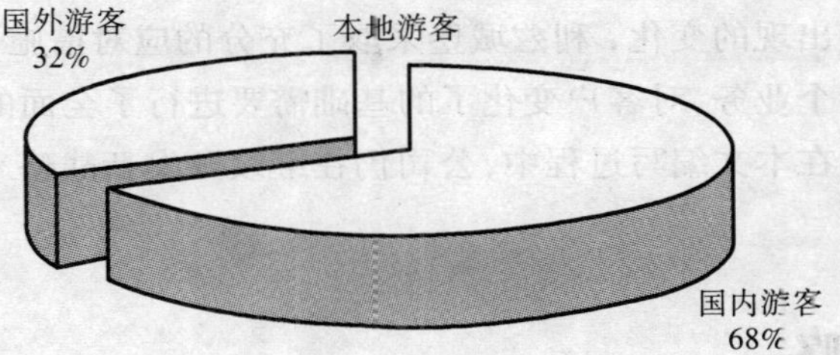

图 CS5.3　游客的来源

与全国范围内的国内及国外旅游行业趋势相符,利兹城堡游客数量的增长很大程度上是在 20 世纪 80 年代和 90 年代发生的(见图 CS5.4)。优越的地理位置(很方便通往国内和欧洲大陆)以及清晰的营销和发展战略是游客数量增长的原因。

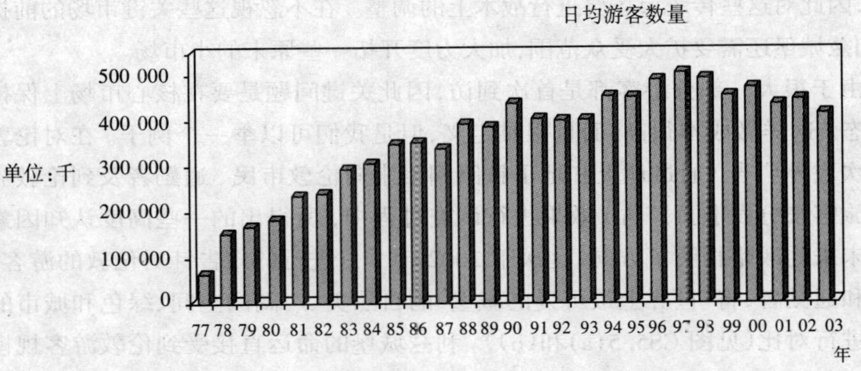

图 CS5.4　利兹城堡有限公司日均游客数量

20 世纪末和 21 世纪初，利兹城堡与其他旅游胜地一样经历了几次意料之外的挑战，这几次挑战将传统市场置于强大的压力之下，使得商业和营销战略调整成为必要。

与国内许多其他旅游目的地一样,“世界最可爱的城堡”也面临了来自外部的压力,包括口蹄疫、洪水、汽油短缺、恐怖主义,以及最近的伊拉克战争。由于国内顶级博物馆门票的取消,以及彩票基金对其他旅游胜地及博物馆的巨大投资,利兹城堡所面临的竞争格局和市场条件都发生了变化。显然,这些因素都不

是城堡所能控制的。城堡所能做的也就是管理它们的影响。

三、市场条件的变化和顾客期望

面对市场上出现的变化，利兹城堡采取了充分的应对措施：它利用这个机会重新审视了整个业务，对客户变化了的基础需要进行了全面的研究。结果，新战略得以实施。在本文编写过程中，公司仍在继续开发新战略来遏制游客数量的下降。

四、营销战略

品牌知晓度

对市场的研究指明了在2003年有增长潜力的市场区域，利兹城堡将伦敦和靠近欧洲大陆地区作为潜在的目标。国家旅游局预测，利兹城堡传统的远程游客市场前景堪忧——尤其是那些远程的“英国文化崇拜者”，首推就是说英语地区的市场，因此对这些传统市场要进行战术上的调整。在不忽视这些关键市场的前提下，利兹城堡还需要扩大受众范围，加大力度开拓一些原来的小市场。

由于很大一部分游客都是首次到访，因此关键问题是要在核心市场上保持高姿态。这样做成本很高，而且很难定义，但是我们可以举一个例子。在对伦敦的一次户外广告（通过地上和地下铁路网络来向伦敦市民、通勤者及到伦敦旅游的旅客来分发散页广告）效果进行调查过程中，所得出的一些高度认知因素就为未来的战略指明了方向。这次于2002年3月进行的广告针对伦敦的游客、市民和通勤者，将“世界上最可爱的城堡”的自然美、广阔的空间、绿色和城市的喧嚣进行对比（见图CS5. 5(a)和(b)）。利兹城堡的命运直接受到伦敦游客规模的影响，但是目前到伦敦旅游的旅客规模比20世纪90年代还要小。这种情况下，关键的问题就是要提高知名度。公司又加大了这次的广告力度，进一步提高广告占有率（声音比率），尤其是当其他旅游胜地也跟随利兹城堡的做法，开始通过户外媒体进行广告宣传之后。

五、本地市场和战略联盟

在伦敦的广告活动之后，公司又加大了国内市场的开拓力度。这一过程中，公司发现“本地人”开始发现或重新发现了他们的文化遗产。公司开始与区域性

(a) (b)

图 CS5.5 两张促销宣传单

媒体结成联盟，这一做法使他们可以低成本地扩大宣传范围，尤其是与本地报纸、电视、广播联盟来宣传公司的一些活动。同样，公司还和一些具有相似目标市场的品牌进行合作，扩展了分销渠道，比如与本地的一些雇主以及受众较固定的生活类杂志进行合作。

处在利兹城堡大门口的市场——生活在肯特郡的 100 万人口——在很大程度上还没有得到开发。公司通过推出一种年度性季票，使得当地市场上的重复到访次数大幅上升。1998 年，公司用特权入场券代替了成绩马马虎虎的城堡卡。从那以后到 2002 年，运用特权入场券到访的游客数从 5 400 人次增加到 52 000 多人次。（见图 CS5.6）

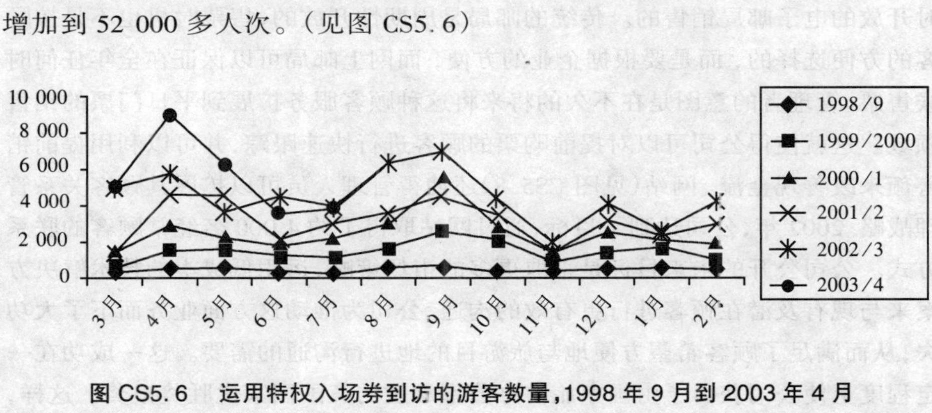

图 CS5.6 运用特权入场券到访的游客数量，1998 年 9 月到 2003 年 4 月

特权入场券(图 CS5. 7)成功的部分原因在于它物超所值。入场券的起价为23 英镑,但是考虑到那只是一个景点的入场价格(而全国遗产托管委员会以及英格兰遗产委员会的通行卡的价格也不过就是这个价格),公司对它的成功已经很满意了。其他一些重要因素还包括,持有特权券的游客往往会带着要支付全价票的朋友一起前来,而且他们会在一年当中不断地到访,这样就增加了非旅游旺季的客流量。这一营销计划只在现场实施,只需要准备一些宣传传单,再在大门旁的商店里安排一个全权负责的销售主管就可以了。而所有现场的工作人员都接受了培训,对计划内容非常了解,他们都是直接面对顾客的销售队伍的成员。

图 CS5. 7　特权入场券示例

六、电子商务和网站

2002 年,利兹城堡的最主要任务之一是它的网站和电子商务活动(在 2003 年还在继续建设)。当时有 40% 的特别活动门票都是通过网站上全天候 24 小时开放的电子邮局销售的。传统的邮局是周期性开放的,售票时机也不是按顾客的方便选择的,而是要根据企业的方便,而网上邮局可以保证在全年任何时候售票。管理者的意图是在不久的将来将这种顾客服务扩展到平日门票的销售领域。这就使得公司可以对提前购票的顾客进行快速跟踪,并可以利用提前销售额来改善现金流。网站(见图 CS5. 8)还使得管理人员可以扩展其顾客关系管理战略。2002 年,公司达到了目标,通过网站取得了约 4 000 名经常顾客的联系方式。公司公开的未来目标是采取更多的市场策略,运用低成本的技术解决方案来与现有及潜在顾客进行更有效的沟通。公司为推动这方面业务而下了大功夫,从而满足了顾客希望方便地与旅游目的地进行沟通的需要。这一成功在一定程度上使公司获得了由国家旅游办公室颁发的英国国家优胜奖银奖。这样,

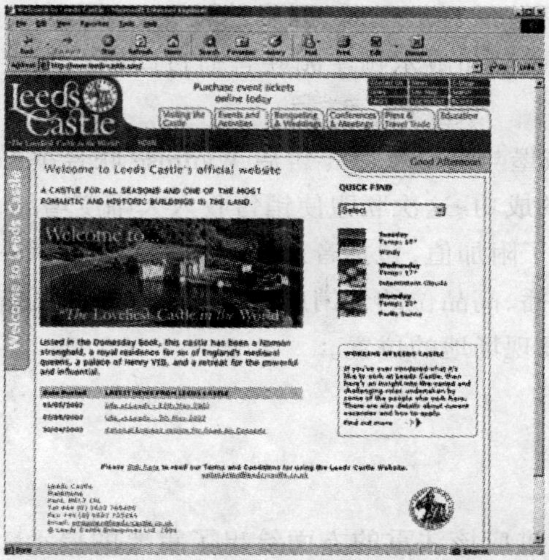

图 CS5.8 利兹城堡的网站

这一城堡不但饱含历史文化底蕴，而且在运用 21 世纪的新技术方面也起到了带头示范的作用。

七、创新与奖项

利兹城堡还赢得了竞争激烈的肯特旅游业优胜奖年度旅游胜地奖，这一奖项完全是由公众匿名投票产生的。此外，它还获得了英格兰南部及东部旅游委员会(SEETB)奖年度旅游胜地奖的亚军；在肯特商业奖上，利兹城堡获得了"欢迎到肯特奖"，评委称赞了它的专业水准，以及为旅游业所作出的突出贡献。

八、合作

2002 年利兹城堡开展的另一项计划是与肯特郡的其他大型旅游企业合作，成立了肯特郡旅游联盟(KTA)，这是一个价值 150 万英镑的公私合作部门，目标是提高该地区的国内和国际利润水平。当 BTA 和 SEETB 会面临重组的时候，肯特郡的商业界必须要通过这一新成立的部门在郡内建立自己的指导方针。2003 年初，KTA 首次开展了一次大型营销活动来吸引国内和国外游客，力求使这一"英格兰花园"成为国内最大的旅游目的地之一。

在国内，这一包含其他英格兰名门府邸集团下属的 8 户私人历史宅邸的联盟同意与英格兰最重要、最独特的利兹城堡一起进行低成本的营销活动。于是，利兹城堡与比尤利、丘吉尔庄园、霍华德城堡、查茨沃思别墅、哈伍德宫、沃本修道院、沃里克城堡和威尔顿庄园联合通过印刷品和展览会形式开展了营销活动。

2003年，利兹城堡与高档食品零售店 Waitrose 联合举办了一次露天音乐会，同样取得了巨大的成功。这次联盟使销售收入大幅度增加，卓越的顾客服务水平为这一活动提供了附加值，包括音乐会现场的食品展销——价格都与超市价格相同。大屏幕直播、高品位的营销广告以及实施完备的音乐会场地标识系统，使得听众更易于发现场地的位置。

九、产品改进

研究还就产品改进应该注重的方面给出了重要的提示。2003年，公司开始对城堡内一家商店进行重修，并对最大型的饭店进行了全面重新设计——新菜单、新服务风格、新家具和新外观。公司发现这些附属设施对于赢得顾客满意起到越来越重要的作用。下一步要做的就是改进城堡内的一些历史名胜以及游客在城堡中的体验。公司认为，像利兹城堡这样的旅游胜地要想在休闲市场上得以生存，就必须要为顾客提供高质量旅游体验和卓越的服务。所有一切产品改进，以及公司“让顾客看到世界最好的”的目标，都是依据这一观点进行的。

十、结论

公司在2002年悟出了一个道理：公司在预测外部环境因素变化方面是无能为力的；而克服这些因素的变化，将威胁转变成机会是何等的重要。

2003年中，在英国旅游业界有一种声音，称国内市场将再次兴起，因为人们出于安全保障方面的考虑会重新安排并选择其休闲方式。虽然这一预测有可能是正确的，但是利兹城堡知道单单依靠有可能发生的事情并不是办法。他们将目光放得更为长远，深入理解游客及其需要，有针对性地设计产品来满足游客日益提高的期望值，运用创新模式来传递服务和开展营销活动，以保证利兹城堡继续保持英国最受欢迎的旅游胜地之一的位置。

十一、总结

首先，本案例说明了专项一手调查对于开发新营销战略的重要性，它比分析现有原始数据更为重要。其次，案例还说明了由于不可预料的情况所导致的竞争的重要影响——利兹城堡发现，博物馆在取消门票之后突然之间成为它的竞争对手，而其他旅游胜地仍然接受着彩票基金的资助。第三，本案例研究的是一家严重依赖一次性游客的中小型企业，如何通过为当地人推出季票及其他创新性服务，来改变其自身的处境，扩大利润空间。这些技巧，连同提前售票的做法，都为顾客关系的改善提供了机会，而本地范围内和全国范围内的合作协议完善了分销渠道，扩大了公司的市场份额。

思考题

1. 由于相对方便的可到达性，利兹城堡有两个明显的市场：到伦敦旅游的游客和从欧洲大陆到肯特郡进行短期旅游的游客。公司针对这两种市场，应该采用何种不同的营销活动？

2. 从本案例所提供的数据，以及有关城堡古典的中世纪风格以及令人羡慕的历史文化底蕴的描述，我们可以很明显地看到：利兹城堡对于不同的市场都有着广泛的吸引力，包括家庭、夫妇和老年游客市场，受教育程度较高的人群市场，以及只具备有限英语语言技能的游客市场。这一点对于城堡内的景点解说工作，以及各种活动项目的安排有何启示？

3. 案例中没有给出此次专项调查研究的细节。请你设计一份调查计划，来获取所需数据，以对现有营销活动进行重新设计。请注意，利兹城堡的规模比较小，资金也有限。思考一下，定量和定性调查方法对此次研究计划的重要性如何？

案例研究 6

旅游目的地概念营销：韦塞克斯(Wessex)旅游目的地

本案例在编写过程中得到了国际航空与旅游公司经理约翰·西肯斯（John Seekings）的帮助。

图 CS6.1　韦塞克斯旅游目的地的标识

一、边界划分问题

旅游目的地概念的含义是一种氛围，或旅游者希望在某一地方获得的感觉。在游客头脑当中，"地方"可以是整个大洲，也可以是一个单独的小屋。为了吸引游客，营销者必须树立一种与特定游客心目中相一致的形象。考虑到旅游产品的高度分散性，大多数国家将目的地促销的工作交给政府机构来做。这样做的问题在于，政府往往不可避免地要面临政治压力，需要将"地方"的概念与现有行政区域划分相一致，而不是从营销角度来考虑如何划分区域。

在国家层面，行政边界偶尔也会成为问题，因为有时游客心目中"地方"的概念要跨越国家边界。区域性较强的例子有尼亚加拉大瀑布、伊瓜苏瀑布和维多利亚瀑布，它们都是跨越国界的。区域性较弱的例子有欧洲的比利牛斯山脉和阿尔卑斯山。另一个特别的例子就是婆罗洲，它要横跨三个国家。与此相似的，康斯坦茨湖(当地人称之为博登湖)毗邻三个不同国家：德国、奥地利和瑞士。毫无疑问，在旅游业的管理和促销方面，这样的目的地并不像某一个国家范围内的旅游目的地做得那么好，也没有在毗邻国家相互合作的情况下做得好（人们曾经努力合作对康斯坦茨湖进行管理，但由于财务方面的限制，营销效果并不成功）。比较成功的例子是爱尔兰岛。在意识到这一问题之后，两国政府[①]合作成立了统一的旅游管理机构来将整个爱尔兰岛作为一个目的地来进行促销。

国家层面的边界问题还比较少，而由于国内行政区域界线所引致的问题相对就多得多了。许多在市场看来是非常清晰的"地方"，在行政上却分属几个非合作性质的当地权力机构来管理。许多地方出于政治的目的，希望其地方的官方名称为公众所知，但是它与旅游者心目当中的概念并不相一致，而其他的国家级以下的政府却没有足够的资源来有效宣传他们当地的旅游目的地。英国的一些地区就是很明显的例子。

二、英国的边界问题

自从 11 世纪诺曼底人入侵，英国就一直被分成许多小的行政局域。诺曼底人就希望形成这样的格局，他们有他们的政治动机：即要建立一个以首都伦敦为中心的高度集中的国家。这种高度集中性一直持续到现在。尽管一直存在着要求权力下放的政治压力，尽管苏格兰和威尔士被赋予了一定的独立权力，但是英国的四个组成部分——英格兰、苏格兰、威尔士及北爱尔兰——仍然要听

① 指英国政府和爱尔兰共和国政府—译者注。

从伦敦的统治。各级当地政府——从郡到堂区——在决策及资金方面仍然要依靠中央政府。

从20世纪中期开始，英国中央政府开始负责向海外宣传其旅游业，尤其是通过其政府机构——前英国旅游局（BTA），虽然政府时不时地会忽视对旅游局予以支持，尤其是资金支持。过去20年当中，由于资金上的限制，BTA不得不减少了服务。但是，虽然长期资金短缺，英国旅游局仍然是世界上是高效的国家旅游局之一，而2003年即将成立的旅游局的继任单位——英国观光局，或许很难建立这种高效的声誉。

BTA一直以来将英国作为一个整体进行宣传，同时它也成功地将英格兰、苏格兰、威尔士和北爱尔兰作为四个不同地方进行宣传。但是它对其他一些国家级以下的地方所作的宣传工作却不那么成功（伦敦除外），不然，很多地方应该可以成为很有价值的旅游目的地。

但是，中央政府从来都没有给各当地政府开发旅游业的权力。从19世纪的铁路时代开始，各级当地政府就对旅游业的发展给予了热情但有限的支持。这一作用在20世纪20年代和30年代中得到了加强，以吸引新一代驾车旅游的人。第二次世界大战后，当时的社会党中央政府决定在英国积极促进国内旅游业发展，在英格兰、苏格兰、北爱尔兰、威尔士建立了所谓的"国家"旅游委员会。除了英格兰之外，这些"国家"旅游委员会在缓慢的发展，最近又由于分权的压力而得到加强。而对于英格兰，中央政府的态度一直不太明确，开始时是大力支持一个强大的英国旅游委员会（ETB），后来又给予了英国旅游委员会的继任者英国旅游理事会（ETC）些许的支持，近期又对一个定义并不明确的机构英格兰观光局（VisitEngland）给予不确定的支持。由于这种政策的反复不定，近几年英格兰一直没有被作为一个"旅游目的地"得到有效的宣传。

三、英格兰的边界问题

在英国旅游委员会管辖的时期，英格兰被分成了12个区域，每一区域都有自己的区域旅游委员会（RTB）。这些区域旅游委员会在资金上要依靠英国旅游委员会的支持。随着英国旅游委员会的终结，并被没有营销预算的英国旅游理事会所取代，区域旅游委员会的地位也不可避免地被大大削弱了。但其实，即使在区域旅游委员会财力比较富裕的早些时候，他们也一直受到边界问题的困扰，这主要是由于起初在划分区域旅游委员会时所运用的政治性边界就不太科学。

峰区、科茨沃尔德以及韦塞克斯古国就是由于横跨几个RTB而得不到有效的宣传和营销。边界和真正的"地方"相符合的只有一个地方，就是东盎格鲁。

中央政府政策的摇摆不定也给地方政府带来了一个严重的问题。由于中央政府对地方旅游业宣传不给予支持，地方有许多政治力量要求地方政府对旅游业进行干预。但是，中央政府一直不给地方政府资源，这使得地方政府很难介入。结果，地方政府对旅游业的支持就被局限在旅游信息中心(TIC)层面以及当地住宿手册的提供上(主要通过TIC来发行)。当地政府一直试图克服资源短缺的问题，制定了各种计划来从欧盟委员会那里获取资金。可以说，这些计划成功地从布鲁塞尔处吸引了资金，但是如果从更广义的层面看，这些计划是否成功就很难说了。许多地方政府已经超比例地运用了其有限的资源来从欧盟委员会处争取资金，以支持一些项目，而这些项目往往不一定很有价值。项目的控制工作往往不足，能够维持或得到监控的项目很少。

幸运的是，中央政府后来决定将原来的12个区域减少到9个，并在每个区域设置自己的区域开发局(RDA)，这就使地方政府不再那么迫切需要运用有限资源来从欧盟处获取资金。从那时起，包括旅游业在内的经济发展的责任就从中央政府逐渐转移到RDA，同时RDA也将获得拨款的权力。虽然还处在起步阶段，但这一新结构可能会转变英格兰本地旅游业的融资模式。它不但可以使大量资金注入旅游业，还可以扫清障碍，让融资打破边界限制，解决这个一直困扰英国旅游业的问题。而最欢迎这一政策的莫过于韦塞克斯了。

四、韦塞克斯的氛围

由于独特的历史文化底蕴，韦塞克斯被广泛地认为具备"地方的感觉"，虽然它目前的边界还具有一定的不确定性。韦塞克斯起源于17世纪，当时叫做西撒克逊(West Saxons)王国。到诺曼底人入侵时，韦塞克斯一度已经控制了其所有邻国，直到英格兰和威尔士的边界，从而建立了英格兰州的雏形并加以统治，他们还将首都设在温彻斯特。虽然韦塞克斯后来失去了政治上的地位，但是它从未丢失其作为"地方"的名誉——到如今也是如此。如今，当年古韦塞克斯核心的四个郡——Dorset、Wiltshire、Somerset和Hampshire——的几千家企业仍然将"韦塞克斯"作为其企业的名称。大量商业性旅游印刷品——包括最受推崇的旅游手册——仍然将这个地区叫做韦塞克斯。这一名誉之所以得以维持，很重要的原因是19世纪的作家托马斯·哈代。在他的畅销历史小说当中，他将韦塞克斯作为中心。

作为一个众所周知的旅游目的地，韦塞克斯已经成为英格兰区域边界问题的最极端例子。它被三个区域旅游委员会所分割，每个区域旅游委员会对它都很不重视。它还横跨四个郡，其中三个郡的旅游资源极其匮乏。即使在区域开发局成立之后，它仍然被分别负责西南和东南两个地区的机构所分管。韦塞克斯区域内有 30 多个区议会，但几乎所有区议会都只能在管辖地区内推动旅游业的发展。

五、韦塞克斯的营销

将韦塞克斯作为一个独立的旅游目的地进行宣传的创意开始于 20 世纪 90 年代中期，是在阿文河畔布拉福举办的一次研讨会首先被提出来的。这次研讨会是由本部设在伦敦的一家旅游协会所组织的。研讨会的主题是讨论为什么到这样一个历史古镇旅游的外国游客这么少。会议提出了很多建议，其中一个就是，如果韦塞克斯可以发展成一个国际性的旅游目的地品牌，那么阿文河畔的布拉福将从中获益。西威尔特夏当地区议会对将“韦塞克斯”创建成一个品牌的建议十分支持，并很快拿出了一个新的总体计划。这一举动又进一步鼓励了一些当地的旅游企业——大多数都是小的提供住宿的企业——来成立一个韦塞克斯旅游论坛，旨在将这一创意推广到更大的韦塞克斯地区。

被这一创意吸引的还有附近的萨默塞特郡议会，它决定向欧盟委员会提交一份标书，希望获得欧盟委员会“跨区域合作”项目的财力支持，来进行一次“关于文化遗产旅游业”的跨区域营销，此项目涉及英国的韦塞克斯和法国的卢瓦尔河地区。当时，韦塞克斯旅游论坛也已经有所进展，决定转变为一个更加正式的组织，改名为“韦塞克斯旅游协会”，目标是将韦塞克斯发展成一个高质量的文化遗产型旅游目的地。最近的一次论坛会议一致同意，新协会的首要任务是进行一次令人信服的调查，研究将韦塞克斯宣传成一个旅游目的地品牌的可行性。

萨默塞特郡议会觉得，对韦塞克斯的调查研究会对具有相似的边界问题的欧洲其他旅游目的地产生直接的意义。他们也同意在他们的跨区域合作项目下参与这次调查研究，条件是此次研究要用一个由专业旅游协会派出的专家组来承担。2001 年，这份标题为《韦塞克斯：建设一个文化遗产旅游目的地》的报告得以出版。其主要结论有：

- 从游客数量来看，韦塞克斯仍是一个可行的旅游目的地。1999 年吸引了 1 800 万过夜游客，还有 500 万白天逗留的旅客
- 在风景与文化遗产方面，韦塞克斯被公认为是世界级的旅游目的地
- 尽管这一地区具备很强的接待住宿能力——具备约 25 万张床位，但是这并不能满足它作为一个文化遗产旅游目的地的要求。虽然在韦塞克

斯有大量的适合“海滩度假”的设施，但是受文化遗产吸引而来的游客往往希望找到高质量的住宿场所，而韦塞克斯在这方面非常短缺。这一问题是造成外国游客数量较少(1999 年只有 200 万)的主要原因

- 虽然通往韦塞克斯的公路交通很发达，但是缺少足够的从国外直接到达的航班服务是阻止外国游客的另一个因素
- 虽然这一地区及其旅游胜地在英国广为人知，但在国外却少有耳闻。其主要原因是，公共部门很少对私人部门所做的宣传计划给予支持，即使有，也是很分散的
- 公共部门的支持力度较弱，反映了韦塞克斯及其他一些地区所面临的一个突出问题：不符合政治上对边界的定义
- 在欧洲，很多类似的“文化遗产”旅游目的地都受到边界问题的困扰
- 欧洲旅游业在世界市场上份额已经下降，在“文化遗产”细分市场上的份额也有所下降，在这种情况下，边界问题值得引起欧盟委员会的进一步重视

六、项目评价

虽然向欧盟委员会发出的呼吁暂时没有结果，但在英国国内，这一调查研究已经得到了广泛的认同。根据调查的结论，韦塞克斯旅游协会决定集中力量推动对外国游客的宣传。2003 年初，协会的“韦塞克斯旅游目的地”项目成功启动，BTA 方面也提供了积极的支持(见图 CS6.2)。协会下一步要做的就是寻求区域内主要的私人企业的支持，号召它们参与项目，同时准备向负责西南地区的 RDA 寻求资金上的支持。一系列面向国外旅游承办商的宣传活动已经开始付诸实施。与此同时，协会还与区域内的地方政府展开了广泛的协商，目的是保证协会“集中吸引外国游客”的目标。

在编写本案例之时，还很难判断韦塞克斯项目是否称得上成功。在英国，还有另外几个地区愿意按照韦塞克斯的模式进行试验——正如调查显示，欧洲其他一些地区也可以从韦塞克斯“跨越不合理的政治边界，强化旅游氛围”的努力当中获益。

七、总结

本案例提出了两个对于旅游目的地营销有重要意义的问题。第一，它提出了面临地理划分不合理问题的区域在赢得市场知晓度(尤其是在国外市场的知晓度方面)的困难，而知晓度是游客需求产生的前提条件。第二，它提出了公私

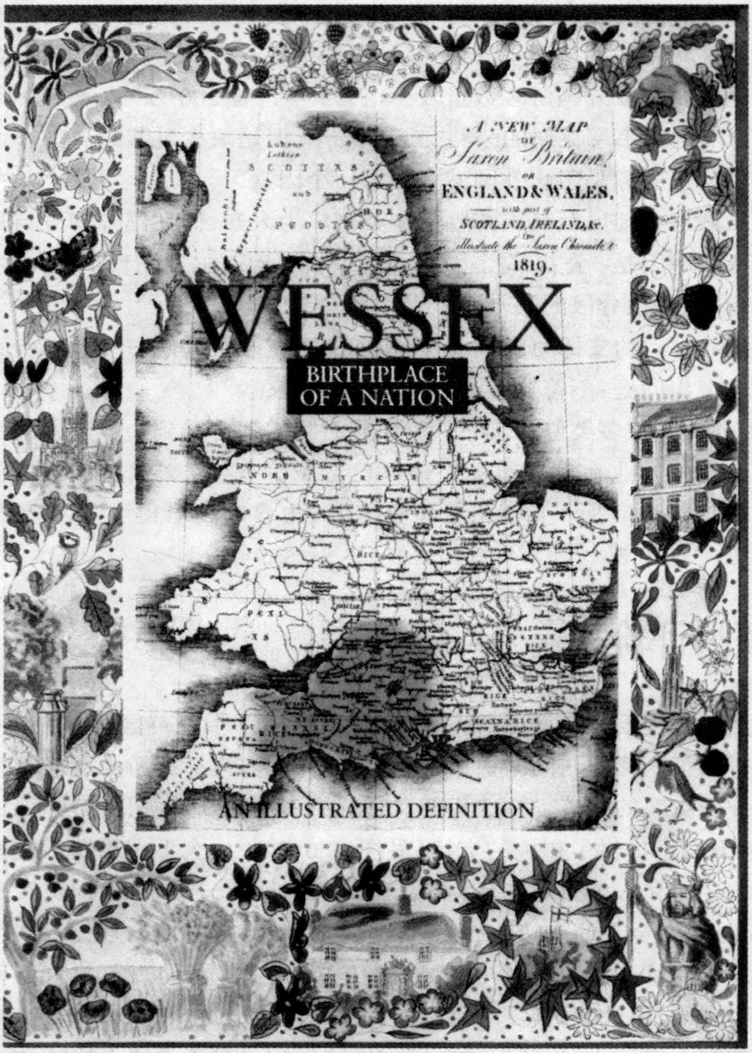

图 CS6.2 带有地图标识的韦塞克斯宣传单

合作来对这种地区进行营销的思路。在当前，地理政治边界，以及全面负责宣传此种地区的固定公共机构的缺位，造成了严重的限制，虽然区域开发局在英国的成立可能会有助于克服这些问题，但其他国家的类似地区未必有这么幸运，除非它们已经具备了很强势的国际形象。另外，案例还说明，旅游业当中的创新往往来自于业内私人企业的经验，开发新旅游目的地需要一定规模的营销活动，而要成功地实施营销活动，公共部门在资金及其他方面的支持是必不可少的。

思考题

1. 本案例提出了将品牌概念应用到旅游目的地上的问题。根据第五章讨论的内容对这一问题作出思考。

2. 英国有许多边界定义不合理的旅游地区,韦塞克斯只是其中一个。案例中还提到了科兹沃尔德、峰区,以及英国以外的卢瓦尔河地区、比利牛斯山脉和阿尔卑斯山。地中海沿岸也有这样的例子。所有这些地区所面临的问题是同样的吗?或者说,由于地理和政治方面的差别,它们是否还面临其他的一些问题?在英国或其他地方,你还知道哪些地区存在地理划分的问题? 目前它们的营销活动做得怎么样,或者怎样才能对它们进行更好的营销?

3. 许多城镇都试图将自己作为到达其他地区的“门户”来宣传,以此来为它们的住宿服务以及购物服务部门增加收入。这样的城镇在宣传上相互竞争:例如切尔滕纳姆和赛伦塞斯特,它们是众多“通往科兹沃尔德的门户”当中的两个。你觉得应该用什么标准来定义“门户”?你将如何对它进行营销,以与其他具备相似声誉的城市相竞争?

案例研究 7

利用名人支持复兴计划：约克郡旅游委员会

本案例由西尼尔·金传播集团 Jeremy Aspinall 和 Martyn Lewis 协助提供。

一、引言

2001 年对于英国的国内旅游业来说是空白的一年。全国范围内爆发的口蹄疫（FMD）是影响该行业的最显著原因，当时人行道都被封锁，旅游景点空无一人，饭店的窗子上都挂着空房标志。

更糟的是，尽管危害没有那么严重，英镑的升值和航空公司的大规模打折活动还是给英国人找到了去国外度假的充分理由。此外 9·11 事件也有相当的影响，虽然事件发生前约克郡的复兴计划已经开始实施。

虽然约克郡对许多英国人来说都很熟悉——主要是由于那里富有传奇色彩的电视人物和名人——人们却很难把这个地区和度假、短期休闲联系在一起。说起约克郡，人们联想起的必定是新鲜啤酒、被鞭挞的约克郡犬、皱皱的长筒袜和杰夫·博伊科特板球队。显而易见，该目的地需要大胆地转变形象。

约克恒勃大区发展署（当地的地区发展机构）和约克郡旅游委员会

（YTB）交给广告代理商西尼尔·金的广告纲要包含了相当的挑战：将约克郡包装成一个富有魅力的、现代的度假休闲目的地。结果是否成功将从产生的反响来判断，比如该郡饭店和旅馆的入住率，以及如果可能的话，英国公众对该郡特色的认知转变。该纲要旨在制定一个多种媒体参与的推广计划，影响面要涉及大范围的英国观众，但偏重英格兰中部和南部地区。第二个目标是在本地居民当中刺激当年秋季的一日短途旅游市场，促使旅游业能够开始复苏。

二、行业状况

约克郡以当地的山谷和高地沼泽的乡村景色以及东部海岸著称，该地区在口蹄疫危机中遭受的损失比其他大多数地区更为严重。当时，郡内约有 135 000人从事旅游业工作，年收入 3 337 百万英镑，其中一半都来自于乡村旅游业。据估计，由口蹄疫造成的经济损失达到乡村旅游业总收入的约 60%——每月6 000 万到 7 500 万英镑。

为了应对此次危机，约克恒勃大区发展署调拨了 600 万英镑实施复兴计划，其中的 150 万专门指定用于自 2001 年 9 月起至 2002 年 4 月底运作的广告计划。

三、营销背景

在吸引国外游客方面，英国各地区在英国旅游局（BTA）的支持下紧密配合，但面向国内市场的营销却较少合作。在这种情况下，该郡把其他地区都作为直接的竞争对手。实际上，把目标市场锁定在英格兰南部和中部地区意味着与苏格兰、威尔士、爱尔兰和西南部进行竞争，因为这些地区都对英国民众有最强的吸引力。每个地方都采用经典的广告词来推销自己的旅游目的地，强调他们田园诗一般的乡村、友善的居民和健康的生活方式。这些地区都调用最多的预算并且经常性地投放电视广告，作为推广活动的主要创意支撑，再辅以直销、报刊和互联网广告作有力推进。

西尼尔·金意识到他们面临的最大挑战之一将是与那些引人注目的旅游目的地进行竞争，而那些地方通过高额的媒体支出已经取得了最大成效。尽管约克郡此次调拨的 150 万英镑是该地区历史上最大的用于广告计划的单笔预算，但跟主要竞争对手的投资额比起来还是相形见绌。他们明白，解决的办法在于巧妙地运用媒体，而不是把预算全部押在报刊、媒体广告或者直邮行动上面。

该战略计划的目标是双重的。首先，鉴于该地区旅游业的不良状况，计划需要吸引晚季的游客。他们设计了一种2-4-1卡，里面附有一张折叠的A4纸宣传单，上面列出了约克郡的60家博物馆、餐馆和景点，作为引子来刺激市场。

第二个目标是确保约克郡在一月至三月的传统度假预订高峰季节中保持电视广告的高覆盖率。为此，他们又预留了一大笔预算，主要用于在高峰时段购买卡尔顿和中央电视台的广告时间。投放5条10秒钟的广告，就可以自由预订一些最适合的节目时段，如约克郡系列肥皂剧 *Emmerdale* 和 *Heartbeat* 等。

所有用于宣传的预算作如下分配：

电视（制作和媒体）	50%
国家报刊	21%
路演宣传	5%
地方广播	4%
直邮	3%
地方报刊	2%
商业刊物广告	2%
互联网	1%
公共关系	1%
调研	1%
执行	6%
杂项开销	4%

宣传的时间安排和渠道如下：

2001年9月

路演宣传：从约克郡、英格兰中部地区和伦敦的十个火车站开始启动宣传计划。在宣传的两周内为通勤旅客分发礼品袋，袋内装有最新宣传册、一份附宣传单的2-4-1景点折扣卡和约克郡出产的名牌红茶和饼干试用装。

直邮：约克郡旅游委员会数据库中的105 000个家庭收到了邮件，里面有2-4-1卡、宣传单和专门写给收件人，邀请他们到约克郡游玩的信函。

互联网：针对搜索度假信息的上网者设置横幅广告。在流行的搜索引擎和专业度假网站如"旅游通讯"上设置购买关键字。在每个网站上运用不同的创意测试某类广告词对宣传信息的效果。在约克郡旅游委员会的网站上增加醒目的网页，让游客能够在线索取旅游指南或折扣卡。

当地广播：广播广告是可以把信息传达到当地广大居民的高效渠道。广告鼓励当地居民游览约克郡的旅游景点，以及通过电话和网站索取2-4-1折扣卡。

2002 年 1 月

电视：5 条 10 秒钟的广告，由约克郡的演艺界名人出演，展示该郡旅游景点的规模。MelB 的魅力突出了利兹、哈洛加特的城市生活：Darren Gough 面对着一幅展现当地举办的一些活动的广告。Brian Blessed 出现在 Emmerdale 中著名的 Woolpack 酒吧前。而 Brian Turner 正在大吃特吃斯卡伯勒的炸鱼加炸土豆片。与此同时，Alan Titchmarsh 在约克郡的一处乡村小屋和花园里享受生活。

国家和地方报刊：在主要的国家和地方报刊上登载彩色或黑白广告，使宣传信息充分传达到计划的目标受众。该部分的中心是在《星期日镜报人事版》、《每日邮报周末版》、《每日快报》和《广播时代》杂志上发布社论式广告。后面三种报刊还随刊附送印有提示内容的明信片，鼓励读者索取《约克郡旅游委员会 2002 版旅游指南》。

专业刊物：宣传抽样调查在任何营销计划中都很常用。在代表性的刊物如《电视时代报》、《精明的购物者》杂志上登载这些小型调查广告。还在《必需品》和《优良的家务管理》杂志上举办读者竞赛。

富有创造性的媒体策略将在后面的“创意内涵”中详述。

四、洞察消费者

计划的第一阶段主要针对熟悉该地区的人们，无论是以前来过的游客、询问过情况的人或是当地人。采用的宣传媒介是地区广播和路演，这种形式能够非常迅速地将信息传达给很多人。2－4－1 折扣卡是吸引人群的途径（谁不喜欢打折呢？），尤其是那些寻求性价比较高的一日旅行的家庭。通过邮寄广告和互联网吸引中高级管理阶层和基层行政管理阶层（ABC1）夫妇，他们也是短期休闲的主要目标市场。

计划的第二个阶段是针对一贯对度假广告反应强烈的人群：女性，无论是作为家庭成员还是妻子。由于约克郡拥有丰富的历史名胜和广阔的田园风光，其旅游目标市场某种程度上还是偏重于富有的专业人群。

国内旅游市场由探亲访友（VFR）一日旅行、短期休闲和度年假组成。广告计划的关键就在于触及受众的不同旅游动机，并给他们提供前来旅游的理由。因此，折扣卡主要针对的是一日旅行者和短期休闲者，而电视和报刊广告则凸显约克郡丰富的旅游景点。

为了赢得广阔的市场，他们精心安排，选择邀请明星推广该计划。Mel B 是目标市场中年轻人群的焦点人物，而家庭主妇的最爱 Alan Titchmarsh（见插图 CS7.1 和 7.2）和电视厨师 Brian Turner 特别吸引中年女性和她们乐于“亲身实践”的丈夫。Darren Gough 是许多人心目中的当代约克郡人代表，在男性中尤为著名。Brian Blessed 那熟悉的声音能够被观众一下子识别出来。Sean Bean 为广告配画外音，嗓音沙哑还是性感，全凭你个人感觉。

五、创意内涵

该计划的主题“约克郡——英国最大的旅游地”源于约克郡是英国最大的郡这一事实。当市场很难被划分的时候，“适合所有人”这个概念往往被用来作为旅游目的地的独特卖点（USP），这样就必须要把约克郡的主题展示得容易理解和有根有据。因此，创造性概念以阐明约克郡作为度假和休闲目的地的潜力为中心，列举了当地历史建筑、赛马场的绝对数量以及稀树草原的面积。基于这些事实，约克郡宣称自己是全英国面积最大的、景点最多的、甚至把概念推至极限——最宏大的旅游目的地。

电视广告以“大”的概念开始投放——一段很长的广告，在预算允许的情况下播放尽可能多的次数（这种做法很少见），然后却有些反常地把概念的高度降下来，制作了一系列 10 秒钟的短广告，每段展示一个主题。邀请明星出演这些广告（只付给象征性的酬劳），每人负责一个话题，给观众可信的感觉。

应众多一直参与旅游委员会工作的股东们的要求，广告里展示的地方和景点必须按地理位置平均分布。这个要求对广告创意组来说是高难度的挑战，相当重要的原因是由于预算限制和白天时间缩短（拍摄广告时间是十月份）造成拍摄广告的时间有限。最终成功制作了五段广告，每段集中表现约克郡迷人之处的一种关键要素，并发掘了目标市场的不同动机：购物、风景、历史遗迹、房屋和园林、运动和活动。

“约克郡——英国最大的旅游地”是把所有宣传活动联系在一起的主线。计划中的广告和社论式广告（或长篇广告）与电视广告围绕的主题相同，鼓励读者浏览约克郡旅游委员会建立的专门网页，或打电话索取旅游指南。社论式广告根据发布的时间（如《每日邮报》上登载的情人节竞赛）或者杂志的性质（例如《广播时代》上的广告主要描写约克郡的电影业遗迹）量身定制。

最后，在计划启动的路演宣传阶段，免费提供约克郡两个最著名的品牌：福克斯牌饼干和哈洛加特泰勒牌红茶作为休息时间的茶点吸引通勤者。此策略非常有效地向那些最需要休息的人群传达了在约克郡休闲度假是非常适宜的信息。

六、成效证明

计划的最初成功显现于火车站宣传中的通勤者的热烈反响。超过 75 000只装有 2－4－1 折扣卡、茶点试用装和旅游指南的约克郡度假礼品袋被分发出去，而且大部分是在路演开始的几个小时内就被抢夺一空。

2001 年 9 月份往后，约克郡旅游委员会网站的点击量开始迅速攀升。到 2002 年 3 月末为止，网站获得了比往年同期高出 50% 的点击率。而且其中很多人是浏览过该网站的回头访客，他们表示很有兴趣了解约克郡作为旅游目的地能为他们提供些什么。

直邮活动获得了超过 8.5% 的回复率，该回复率非常显著，特别是对于度假季节末尾的推广活动来说。

电视广告虽然提供了网址和电话号码，但并不是用来激发直接的回应电话。制作这些广告的目的是改变人们心目中关于约克郡的定型观念，并显示它作为旅游目的地的有利条件。通过广告的播出，再配合国家和地区报刊上的醒目展示，制作方希望约克郡发出的越来越多的声音能产生冲击效果。

西尼尔·金委托 Capibus 研究机构（一家国家级定量调查机构）进行调查，结果表明，电视广告播出的两个地区，人们的认知度数据显著上升。伦敦大区的认知率提高了 4%，而英格兰中西部地区提高了 8%，中东部地区的跃升则超过 20%。

到 2002 年 4 月底为止，已有 180 000 人次索取旅游指南，是预期回复率的 3 倍多。国家报纸和《广播时代》登载的社论式广告各自引来了数以万计的回应，约克郡旅游委员会不得不将旅游指南再版印刷以满足需求。1 月和 2 月社论式广告的平均回应成本约 1 英镑，这种成本效率对于该媒体渠道来说是史无前例的。

计划的成功可以抵消掉 2001 年 9 月份计划启动时部分媒体不理想的成效。起初的估计是国外的恐怖主义活动可能对晚季的国内市场有促进作用。但事实上，在计划实施的最初几周似乎起了相反作用。横幅广告通常都是很有成效的，结果却很让人失望，《每日快报》和《标准晚报》的特写也没能达到预期的效果。看来 9、10 月份期间人们很少有心情考虑度假的问题。然而，新旧年交替的时候，情况有了巨大的好转，远远超出预计。预期中 5 万人次的回应很快就实现了，而且每过一周数字都在持续增长。

约克恒勃大区发展署预计，在保守计算的转化率（即所有索取旅游指南的人当中最后到该地区旅游的人数）基础上，2002 年到约克郡休闲或度假的人还将增加 57 000 人次。据估计，该计划将为当地的经济带来了 1 800 万英镑的额外收入，其中 1 200 万直接流入饭店餐饮业，600 万流向其他行业，增加或维持了达 800 个直接或间接的工作岗位。英国旅游协会也发布数据，表明在所有地区中约克郡的饭店客房占用率仅次于伦敦，位居第二，2001 年底达 61%。该计划为西尼尔·金赢得了 2002 年广告从业者协会（IPA）成效大奖。

七、总结

本案例较为详细地概述了一个由政府部门实行的广告计划,该计划有明确的目标和目标市场,最终取得了引人注目的成功。它代表了地区旅游委员会和地区发展机构合作推行计划的早期范例,后者提供直接的财政支持。该多媒体计划揭示了在专业广告代理的操作下,如何通过细致分析和谨慎选择广告媒体,利用有限的资金取得最大化的广告效果。

与目的地有密切关系的、受大众欢迎的国家名人出演广告,有助于加强广告所要传达的信息(与第七章比较,特别是插图 7.4《我的旅行》中的广告)。提到这些名人收取的"象征性"的酬劳,是为了向受众暗示,如果对于要推广的对象有个人兴趣或与此有关联,名人们不一定会索取很高的酬劳,因此即使在低预算计划中邀请名人也是合理的建议。同样,与该地区相关的产品如食品和饮料进行合作推广,能够将营销预算发挥至最大化的效益。

思考题

1. 名人效应有过期的时候!假定名气是短暂的,特别是在流行音乐界,是否应当只在有短期目标的广告计划中邀请明星?在较长期的推广计划中,如果不考虑预算限制,你会在选择哪些国际知名的人物分别代表英国、法国、美国或澳大利亚?

2. 该计划的简介解释了当政府部门为某个地区作旅游目的地广告时,必须要给所有的景点和场所分配同等的宣传机会。这样做可能在哪些方面损害营销计划的效果?如果某地区只拥有少数受欢迎的旅游目的地,在对该地区进行营销时,这样的做法会造成严重的限制吗?

3. 该计划富有想象力地把与约克郡相关的食品产品和旅游目的地放在一起推广。在你居住或工作的城市或地区,有什么相关产品适合于类似的推广计划?你认为进行联合推广最好的策略是什么?

案例研究 8

皮兰:建立一座可持续发展的“珍宝之城”

本案例由英国西英格兰大学布里斯托商学院首席讲师大卫·布鲁斯提供。

一、地理位置和背景

皮兰(又称皮亚努)位于斯洛文尼亚伊斯特里亚沿海,是一座被城墙包围着的古老小城。城内高耸着一座大教堂,教堂的钟楼富有威尼斯风格,教堂下面是呈椭圆形的内港,19世纪内港被一座别致的城镇广场所取代,广场上醒目地竖立着塔尔蒂尼——一位18世纪的作曲家和小提琴家的塑像,皮兰是他的故乡(参看图CS8.1)。该城的半岛地形、城墙以及后来20世纪发生的边界和社会动荡束缚了其城市发展。幸运的是,皮兰并未遭受严重的战争创伤,除了20世纪60年代的一次住宿业发展之外,它也幸免于不合时宜的“现代化”。皮兰被一系列的旅行指南描述成“一座富有魅力的中世纪小城”、“整个亚得里亚海岸线上最美丽的小城之一”,保留了“真实的艺术遗迹”、“大型的露天博物馆”,是“一颗精致的文化明珠”,新近又被单独誉为“威尼斯哥特式艺术的一颗珍宝”。渐渐地,皮兰开始努力获得或者说是被树立起了"珍宝之城"的地位。[①]

图 CS8.1　皮兰塔尔蒂尼广场(大卫·布鲁斯提供图片)

自 1991 年起皮兰就成了地中海斯洛文尼亚的标志。但斯洛文尼亚在哪里？斯洛文尼亚是一个拥有 150 万人口的小国家，是前南斯拉夫的共和国的一部分(参看图 CS8.2)。人们常常容易将这个国家与斯洛伐克(用斯洛伐克语叫做 Slovensko)混淆。而斯洛伐克是个内陆国家，于 1993 年从捷克共和国中独立出来。从旅游业的角度讲，皮兰城与玫瑰港的度假胜地是互相关联的，两地都有

① "珍宝之城"的概念源于阿什沃斯(Ashworth)和唐布雷吉(Tunbridge)所著的《旅行者——历史城市》(Tourist - Historic City)一书，专指功能单一，以旅游业为主的历史城镇。这些城镇的特点是由于过去某个时期发展停滞，因而古建筑保存完好。

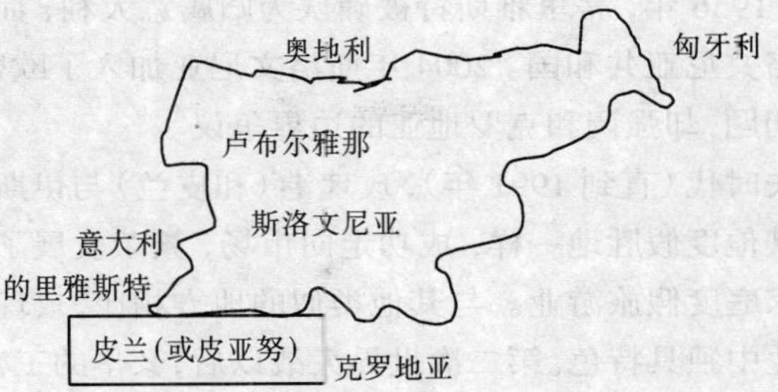

图 CS8.2　标示皮兰位置的斯洛文尼亚地图

着悠长而混乱的旅游业历史，都位于的里雅斯特（一个意大利城市）和克罗地亚之间短短的海岸线上，而克罗地亚占据着伊斯特里亚半岛的大部。该地区通行双语（斯洛文尼亚语和意大利语），占人口少数的意大利人（目前不超过 10%）的民主、文化受到保护。

市政辖区由皮兰、玫瑰港、卢齐亚和几个临近海湾组成，包括大面积的盐池。由于海岸线多石少沙，因此海滨浴场不像传统的海滨，更像是湖滨。夏季的气候是受北亚得里亚海和地中海式气候影响，但是冬季时常受到“博尔加”的袭击。这种凛冽的东北风遇到玫瑰港和皮兰内城上方的防护丘陵而减弱后，拍击到海面上，创造出适宜风帆和冲浪运动的条件。南普里莫斯卡地区的山环绕着皮兰、科佩尔和伊佐拉三个沿海城市，山坡上盛产葡萄酒，海洋出产当地的鱼类和蚌类。

二、昆斯特兰、蒂里雅斯特和南斯拉夫

1918 年以前，皮兰和玫瑰港隶属于奥斯陆 – 匈牙利帝国的一个省，该省以蒂里雅斯特为中心，德语读作昆斯特兰①（“Coastland”），意大利语读作“Litorale”。该地区被看作是中欧的海岸。这里有直达维也纳、慕尼黑甚至柏林的火车。从蒂里雅斯特可以乘船或火车到达皮兰和玫瑰港。1911 年贝蒂克乘船旅行，对皮兰进行了宣传性报道，但人们发现他实际上并没有登陆，因为他犯了一个不寻常的错误——把城墙描述成了设置在山上的堡垒。当时玫瑰港有一条轨距很窄的铁路，一端连接蒂里雅斯特，另一端连接波雷齐（Porec，现位于克罗地亚伊斯特利亚半岛）。一条电车轨道连接皮兰和玫瑰港。1918 年以后直到第二次世界大战，所有的海岸和伊斯特利亚半岛都属于意大利所有。最后联合国重

① 该地在被希特勒占领的两年(1943 ~ 1945)里，更名为 Adriatissches Kunsterland.

新划定了边界，1956 年，蒂里雅斯特被确认为归属意大利，而这段海岸归属于南斯拉夫的斯洛文尼亚共和国。2004 年斯洛文尼亚加入了欧盟，淡化了与意大利之间的边界问题，却强调和克罗地亚的边界争议。

在南斯拉夫时代（直到 1991 年），玫瑰港（和皮兰）与伊斯特里亚以及达尔马提亚沿海的其他度假胜地一样，成功走向市场，繁荣发展了以德语为沟通语言的西欧传统家庭度假旅游业。与其他类似的地方相比，玫瑰港的海水温泉疗养在常规旅游业中独具特色。第二次世界大战以后，豪华的王宫饭店就被废弃，饭店通往大海的花园也被主干道切断。利用比意大利或奥地利更为宽松的赌博法规，始建于 1913 年的赌场生意兴隆起来。在南斯拉夫的共产主义体制下，赌场和所有饭店都是合作社所有，大量盈余被用来在当地进行再投资，为一座可容纳 1 350 艘船只的大型码头、一个小型飞机场、一个露天会议中心以及位于玫瑰港度假胜地和围墙历史小城皮兰之间海角位置的 20 世纪 70 年代巨大的会议饭店提供基金。

战争乃至战争的传闻都可以破坏旅游业，在这个案例中就是这样。所谓的“南斯拉夫继承战争”对斯洛文尼亚的这个地区，事实上是所有地区都没有实际影响。斯洛文尼亚独立战争也仅持续了 10 天。甚至克罗地亚伊斯特里亚都没有受到影响。然而，1991 年整个巴尔干半岛被当成“强盗国家”以后，旅游业全面崩溃。在后来长达 10 年之久的时间里，西欧的旅游承办商改为光顾地中海西部地区。对玫瑰港和皮兰来说，后果就是没有用于旅游业基础设施建设的投资来源。从 20 世纪 60 年代起，那些饭店就变得过时陈旧，皮兰城和玫瑰港的度假胜地也看起来衰败不堪。

很快这些饭店的水准就不能满足传统旅游承办商的要求。看到恢复和平的迹象，那些不那么传统的旅游者首先回归，然后重新投资才可能逐渐开始。升级现有设施以及建造新设施，这些都需要钱。现在的卢布尔雅那中央政府要从赌场的盈利中分走比原南斯拉夫政府更大的份额，尽管如此，玫瑰港仍然能够从中获利。1991 年以后，所有玫瑰港的饭店都私有化并在赌场的多次财政干预下经历了彻底的革新。

与此同时，皮兰城的人口急剧减少（从 1911 年过于拥挤的 15 000 人减少到目前不足 5 000 人）。这里过去主要为盐池、渔船队和商船的工人们提供冬季和家庭住宿，街道狭窄，住房拥挤，而四周却包围着华丽的市政和贵族建筑。这些建筑具有精致的威尼斯风格或坚固的奥地利风格，极富戏剧性地排列在海港附近紧靠大教堂和小山顶的城墙下面（参看图 CS8. 3 和 CS8. 4）。其特点是虽然有损毁的危险，但仍保存完好。犹太人区深深隐藏在小城最古老的部分。

由于许多原住民搬迁到玫瑰港那边专门建造的公寓里，城中的许多房子都改造成了各种档次的度假屋，小城的商业活动也主要以餐厅业为主，为附近的

图 CS8.3　俯视皮兰城

图 CS8.4　皮兰港

度假胜地提供服务。该市政辖区的人口大大增加，由 1961 年的 11 000 人增长到 2000 年的 17 000 人。

皮兰旧城区却显出人口减少的迹象。只有最明显的街道和广场被修复，恢复了几分原貌。人们填海开垦了一些土地，越过被旧城墙勾勒出轮廓的海岸线，建造了一些餐厅、一家饭店和一座 19 世纪的剧院。这个位置和城镇广场（塔尔蒂尼广场）一样易受水灾影响，正如威尼斯遭受“男高音”侵袭一样。处在上游的水在西南风和涨潮的共同作用下向北冲击。在全球变暖的形势下，这种情况越来越频繁发生。旧城里只有两家饭店和一个旅店，其中一家饭店保存了面向塔尔蒂尼广场的原有立面，巧妙地在立面后面扩建至 45 间房间（参看图 CS8.5 和 CS8.6）。

图 CS8.5　塔尔蒂尼酒店立面

图 CS8.6　塔尔蒂尼酒店的扩建

玫瑰港一直以来被人们称作“玫瑰花的港口”，是绝对不允许该地的城市园艺水准下降的，尽管最近有证据表明，比玫瑰容易打理的草本植物更受欢迎。据估计，皮兰市政地区 1/3 的经济都直接来源于旅游业，若计入乘数效应，该数字将高于 60%。

三、市场

越来越多的游客开车返回玫瑰港做短暂停留。这就意味着更拥挤的交通和更大的停车场需求。直到 2001 年，游客过夜的数量仍少于南斯拉夫时代的最后一年。1986 年有 305 000 名游客停留此地，人均住宿将近六晚。到 1999 年，尽管游客人数从 1991 年最低谷的 158 000 人开始恢复，人均住宿的时间还是减少至不足四晚。旅游业的总体营业额因此大幅度降低（约 1/3）。饭店的年占用率仅 50% 多，该数字大体反映了夏季的使用情况，除去一些会议住宿和少量周末住宿外，并未反映出从当年 10 月到次年 5 月的淡季情况。也有一些不过夜的旅行者，但是由于通向该地的高速公路和铁路路程都不少于 20 公里，因此夏季的游客数量受到交通阻塞的限制。

从危机之前开始，本国（斯洛文尼亚）的游客比例从 1/3 上升到 1/2。根据 1998/1999 年的调查，在国外游客当中，以德国人居多（18%），其次是意大利人（13%）、奥地利人（10%），还有少部分来自俄罗斯、比利时、匈牙利、瑞士和克罗地亚。市场的开拓很明显仍旧以中欧内陆地区和邻近的意大利为主。20 世纪 80 年代很重要的西欧市场还没有回归。

从年龄和生活周期的角度来讲，年轻家庭和老年人是旅游的主要参与者。相比斯洛文尼亚人的国民收入（年均 10 500 欧元或日均约 28 欧元），游客人均日消费 59 欧元是很高的数字，其中赌场也起到了重要作用。超过 50% 的游客自称是来享受阳光和海洋的，20% 是来享受娱乐消遣的——也就是赌场及其相关的夜生活，15% 是来参加会议的代表，其余 10% 被描述成“探险者”，他们是来找寻生活新体验的[①]。

四、参与者和股东

整个斯洛文尼亚，特别是皮兰，是从政府部门集权、不民主但稳定的中欧共产主义经济过渡到旅游市场经济的范例。1991 年开始，通过私有化和私营，包括国外投资，越来越自由的企业和民主的中央及地方政府取代了原有的共产主义制度。现在已经私营化的赌场和玫瑰港的住宿经营者（很多与赌场有财务关联）都是皮兰市政地区经济的主要商业股东。然而，还有其他的重

① 这些数字来源于 2002 年旅游业发展战略。此项目由皮兰市政府支持，委托当地饭店协会完成。该协会的大多数饭店都位于玫瑰港（“玫瑰港 2005/2025”）。

要经济参与者。

位于卢布尔雅那的斯洛文尼亚中央政府对皮兰/玫瑰港保持着战略性关注，因为这里处于该国地中海沿岸的关键性位置，纳税额占整个国家旅游税收总额的约 20%。中央政府还从赌场征收大笔税金。斯洛文尼亚目前是一个中央集权制国家，对地方政府授权较少，地区机构弱化。交通运输的战略性决策和有关高等教育发展的决策都由国家级机关负责。

而南普里莫斯卡地区的地区机构确实存在，这里归港口城市科佩尔(Capodistria)管辖。该地区政府并未充分认识到皮兰在文化品质和旅游潜力方面存在的价值，他们决定规划和政府投资的优先次序，譬如优先投资建设供水系统，因为传统水源位于克罗地亚的伊斯特里亚，所以供水问题已经变得至关重要。

皮兰市政当局自身也是商业参与者，拥有码头、小型机场、一个大型会议中心以及部分历史性住宅。最近该政府成立了一个机构，承担玫瑰港王宫饭店的外观修复工作，目的是将其修复成度假胜地最著名的五星级饭店。

所谓的民间协会——非政府组织(NGOs)形成的网络——如环境保护协会和遗产保护协会在过去的共产主义欧洲作用比较薄弱，但其影响力正在不断扩大。相关高等教育研究学会，如卢布尔雅那大学海洋生物学会的成立更加强了这种作用。高等教育机构本身就是重要的商业股东，下辖不同的学院，其中的一所旅游学院和另一所商学院正在联合起来，利用修复的皮兰建筑以及其他校园作为设施，建立一所普里莫斯卡大学。

当地社区里居住着许多选民，他们各自的利益不同但同时又有重叠。他们包括旧城区的居民；以前住在旧城区如今居住在靠近玫瑰港的卢齐亚的居民；少数说意大利语的居民（分别居住在上述两地）；从事旅游业各方面工作的居民；还有从事其他经济活动的人。渔民、农民以及居住在偏僻村庄的人们依托于皮兰市场，为餐厅和饭店供应葡萄酒和鱼类，他们也同样是参与者。

皮兰市政当局在当地直接选举的市长带领下，运用有限的权力，探索协调各方利益、推进当地向旅游城市发展的途径。

五、服务

在皮兰市政地区的饭店中，超过 80%（提供住宿的饭店）位于玫瑰港，约有 6% 在皮兰城，余者都位于沿海岸的小海湾里。私人家庭旅馆、公寓和可容纳 1 000 人的野营屋拖车营地也提供相当数量的住宿，但主要是在夏季营业。拥有 1 350 个泊位的大型码头也为很多船上工作人员提供住宿。该地区还有大约 80 家餐厅、酒吧和俱乐部，其中生意最好的多在皮兰旧城内。

大型的饭店都提供会议设施，另外还有市政当局所有的会议中心。该会议中心以前是露天式的，直到最近才进行了改建和加顶。除此之外，当地政府部门还利用对码头和小型机场的所有权，积极参与并在财政上支持旅游业的发展。市政当局在旧城区还拥有博物馆，并继承了丰厚的地租利益。这些产生地租的土地不单指21世纪政府廉价房（主要位于卢齐亚），连旧城区也有。

六、敏感的环境

皮兰城特定的历史遗产、海景和周边风景都是皮兰/玫瑰港的旅游价值的重要组成部分，然而这些也限制了该地区旅游业的开发。沿海部分是国家自然保护区，盐池对涉水鸟类的生长、空气质量、海水质量以及传统从业者都非常重要。

海洋是该地区的基本自然资源。海洋生物学会的精确监测表明，从当地来讲，其水质受到码头（石油和其他船只废弃物）和该地区产生的其他废弃物的威胁。而从更广的层面上讲，威胁来自于斯洛文尼亚、克罗地亚和意大利境内的亚得里亚北部沿海港口产生的工业废物。暮春初夏时节，波河甚至可能受到从远自米兰顺流而下带来的污染的严重影响。2004年斯洛文尼亚加入欧盟，这个问题可能会变得易于解决。

皮兰被城墙包围起来的整个旧城就是一个保护区，主要的建筑都分别受到保护。1991年以前，很多建筑都几乎被遗弃，有些是因为原来的意大利业主撤退，有的是由于南斯拉夫政府对宗教的严厉态度，还有些就是因为人口衰减。这样，基础翻新和修补工作就大量增加了。从1991年开始，礼拜堂和大教堂就受到众多关注，大教堂的内部和外观都正在恢复原有的光彩。市政厅的前立面和开放空间也同样焕然一新。精美的市政剧院也被修复，剧院大厅被改造成一个漂亮的酒吧。改造巨大的仓库和商人的府邸倒是成了问题，不过在这里扩展高等学校加上开设底层酒吧是个办法。

七、交通运输

白天旅行者大部分都活动在很近的范围内，尤其是在皮兰旧城和玫瑰港之间，两地距离4公里。公路沿着陡峭的山势盘旋而上，步行者和骑自行车的人可以沿着海岸一路向前。旧的有轨电车于1956年停止使用，结果造成了可怕的交通阻塞。20世纪80年代，皮兰城用外填海的方法建起了大型的停车场，因而兴起了一种短途的停车骑马旅行方式，最近这个停车场又得到了进一步扩建。小城本身就被设立成一个单独的停车场，还安装了屏障，可以阻止过多游客入内，

甚至向当地人收取入城费（有折扣）。因此对于居民和游客来说，这种交通定价模式是含混、原始和闻所未闻的。该系统的管理相当严格，根据夏季或是冬季、周末还是工作日、白天或夜晚实行统一定价。在旧城和度假胜地之间有频繁的公共汽车来往服务，但是经常超载并交通阻塞，其中有开到塔尔蒂尼广场的豪华轿车，还有仅到达古城边缘公交车站的区域公交车。

从蒂里雅斯特过来的古老的窄轨铁路由于国境变迁也没有保存下来。部分路段被用作自行车赛车道，加上长长的地下通道，使步行者和骑自行车的人可以直接从玫瑰港到达乡村。这是沿亚得里亚海岸被称作欧洲高速通道的一部分。

到玫瑰港的游客超过 75% 是驾车来的，其余的大部分乘长途汽车，少部分坐公交车或者坐船到码头。当地盐池出产的盐从玫瑰港附近的码头转运。在夏季营业的到威尼斯和蒂里雅斯特的游船只把人们带出该地区。目前很少有游客乘坐飞机到达当地机场，这被认为是可以拓展的领域。

八、为皮兰成为可持续发展的旅游珍宝城市所作的营销

早在 1995 年，皮兰就根据联合国“里奥宣言”和“地方议程 21”，宣称自己是绿色城市。继任的市长和地方议会补充了该承诺，他们的首要目标是“将我们获得的遗产维持在最好的状态”留给后代。许多使命和政策就来源于这项声明。在旅游业方面，议员们说他们将“支持高质量旅游业的发展，改善住宿设施，创造更多的工作岗位为淡季来此度假的游客服务，以及促进软性的、可持续的旅游业的发展”。这些措辞并不出奇，与其他经济活动的说法类似，提出了一个与其战略一致的使命宣言，而这些战略也许能、也许并不能实现真正的可持续发展。然而，该国家政府恐怕不会把高速公路网一直规划到度假胜地边缘，而玫瑰港的饭店经营者提出的主要发展战略也要与此保持一致。

皮兰市长任斯特拉斯堡欧洲议会的斯洛文尼亚代表，该城也是欧洲围墙城镇友好团体[①]的积极成员，可以说市政当局的眼界非常开阔，能够获取类似城镇甚至是竞争对手的有用信息。2004 年，包括皮兰在内的斯洛文尼亚准备成为欧盟的正式成员，他们的营销视野必须更加宽广，要兼顾游客需求和客观条件形成的限制。他们的挑战在于如何使珍贵、特有的自然环境更加完善，使其配得上世界遗产的地位，同时与当地社会一道，为当地社会的未来需要发展旅游业。只

---

① http: //www. walledtowns. com.

有有效的可持续发展才能协调冲突和压力，将皮兰打造成真正的珍宝之城。

九、总结

此案例研究与本书中列举的其他案例不同，它要做的是概括该旅游目的地面临的问题，而不是提供设计的解决方法。它充分说明了该旅游目的地面临的营销挑战，并鉴别其发展潜力。假设从零开始，潜力在可持续发展这个概念里面是相当重要的因素。发展适当的基础设施建设来满足21世纪西方旅游者的需求仅仅是第一步而已，该研究揭示了当地政府在建立充足的交通运输系统以减少依赖私家车的方面遇到的困难。本案例可与案例四（亚得里亚航空公司）一并仔细阅读，两个案例中的产品都基于同一地区，政治和历史背景也相似。

在欧洲的这个地区，中央政府对旅游业仍然保持强有力的控制，地方政府仅有有限的自治权，并且用于重建该地区有潜力的目的地的资金严重短缺。赌博业看起来是一条出路，而人们对欧洲海水温泉疗养的兴趣复苏，也预示着新的营销机遇。到2004年斯洛文尼亚加入欧盟，该地区旅游业部门必将非常关注欧盟为他们带来的发展希望和营销支持。

致谢

作者在此谨向皮兰市市长 Vojka Stular 以及国际事务官 Nada Zajc 表示感谢。同时要感谢的是玫瑰港旅游学院的学生和教职员工，以及布里斯托西英格兰大学的学生们。

本文内容以及表述或暗示的观点均由笔者个人负责。

思考题

1. 将斯洛文尼亚中央政府和地方政府对旅游业的控制情况与英国国内（或您的国家）的情况进行比较。什么程度的多元化控制会有利于或者阻碍旅游目的地在(a)国内市场、(b)国外市场的营销？

2. 海水温泉疗养在欧洲大陆久负盛名，是许多度假胜地（不仅是巴尔干国家，还包括如法国沿海的图魁等地）吸引客源的有利条件之一。总体来说，温泉疗养在英国也越来越受到欢迎，但是人们对海水温泉疗养的了解有限。请给出你的建议，如何由政府部门、私营团体，或者二者联合来加强营销这个康乐项目？

3. 显而易见，赌博业构成了皮兰旅游业未来发展和资金来源的支柱，过去其他许多主要的旅游胜地也跟它一样，例如蒙特卡罗、澳门、新泽西大西洋城和拉斯维加斯。英国黑泽的海滨度假村也被极力提议应当发展赌博业，重新振兴这个过去很受欢迎的旅游目的地。那么发展到哪种程度是可行的或者适当的？当地政府应当如何推广该城市的新形象？应当面向哪些市场？

案例研究 9

重新定位酒店餐饮产品：苏格兰京魁西湖十字餐馆

本案例由京魁西湖十字餐馆业主大卫·杨提供帮助。

图 CS9.1　京魁西湖十字餐馆

一、地区背景

京魁西湖是苏格兰高地上的一个小镇，拥有大约 1 600 居民，距离最近的重要商业中心是因弗内斯，乘公交车即可到达。

京魁西湖是巴德诺赫区的首府，设有议会办公室、学校和一个小型休闲社区中心。经济主要依靠旅游业、农业、林业和威士忌酒生产。虽然小镇本身的观光景点有限，最著名的仅有一座民俗博物馆和野生动植物园，但它地处凯恩戈母国家公园（2003 年 9 月被指定为国家公园）范围内，该国家公园是一个主要的旅游目的地，也是度假运动如登山、徒步旅行、夏日帆船和冬季滑雪的基地，而这些运动地点都距离小镇只有几分钟的路程。近年来，由于 BBC 播放的电视系列剧《峡谷君王》受到观众喜爱，该地区更加受到游客们的青睐。

二、十字餐馆

到 2003 年 2 月为止，该物业的所有权二十年都没有变更过。餐馆从小镇主干道上的一个小饭馆起家，后来业主决定增加两间客房提供住宿服务。经营 10 年以后，餐馆搬迁到距离主干道 300 米左右的一座改建磨坊里，这样又增加了八九套客房。

接下来的 10 年里，十字餐馆赢得了众多赞誉，包括《美食指南》和《哪一家？饭店指南》的一贯好评，以及 AA 指南的红星和 3 枚玫瑰奖章。至 2001 年，它曾获得过苏格兰美食艾根 · 罗内、阿克曼以及其他重要奖项。

餐馆制定的是一份五或六道菜的套餐菜单，每套定价 39.50 英镑，实际上顾客是没有选择的。另外还有品种丰富（400 种）的酒单（奇怪的是没有法国葡萄酒）。

前任业主计划退休并出售该物业已有一段时间，所以出售之前的两三年里他们有意地减少营业。因此，到 2002 年暮夏时分，餐馆就主要在周末营业。针对当地人的生意很少，可以忽略不计。事实上，业主经常关闭餐馆，去照顾生病的亲戚。

三、2002 年底的营销

十字餐馆由于它的美食佳酿而饱受赞誉，在北苏格兰的餐馆中排名前十位左右，这总是为它带来很多生意，吸引着从英国各地乃至国外赶来的顾客。然而，尽管菜肴的质量上乘，餐馆仍显现出逐渐过气的迹象。人们对它那种有些非传统的待客之道和服务风格是毁誉参半。

客房是和餐饮一起绑定销售的，价格高昂，与其他获得AA红星的对手物业开价相当，为的是吸引适当的顾客群体。客房的使用率很少超过50%，但尽管营业额不高，餐馆和客房的总收入还是为业主带来了相当不错的收益率。与此同时，前任业主有意回避了当地人的餐饮市场，他们认为这里的人们不会欣赏他们的菜肴。

十字餐馆的营销预算主要花费在两方面：第一，直接寄信给大约2 000名老顾客，告知淡季周末优惠、周末酒类活动等；第二，赞助一些旅行指南，如AA、《苏格兰美食》、《路标》(Signpost)和《阿拉斯泰尔·索迪》。事实上他们并没有广告预算，也很少主动在独立的报纸评论版上做宣传。

四、新的营销计划：2003年的十字餐馆

2003年初开始，餐馆换了新的业主。新业主大卫·杨是AA的前任总监，他和妻子卡蒂一起着手规划了提高营业额的新计划。他们为自己设立了两个关键的目标：

- 到经营的第三年为止将营业额由170 000英镑提高到250 000英镑
- 第二年开始要保持从前的收益率(约30%)

他们认为要实现上面的目标，必须要：

(a)提高美食和美酒的良好声誉；

(b)加强服务和殷勤待客；

(c)阐明产品内涵："设有客房的餐馆"；

(d)重新设计和发布网站(www.thecross.co.uk)；

(e)重新设计所有的印刷品；

(f)从内到外整修物业，开始着手实施改善客房和浴室条件的三年计划；

(g)增强顾客在这里消费物有所值(包括餐饮和住宿)的意识；

(h)把典型顾客群由不酗酒的退休人员(《苏格兰天地》杂志读者)变成有拥有更多可支配收入的年轻专业人士(爱丁堡和格拉斯哥的周末游客)，但保持原有的顾客群，因为他们能带来可观的回头生意；

(i)提高当地人在十字餐馆用餐的频率。

他们不认为为了重新定位并提高营业额就必须在传统广告上面花很多钱。2003年的调查数据表明，大约70%的客人都是回头客，另有5%是被报纸上的独立评论吸引来的，10%源于看了收取酬金的旅行指南(AA、《路标》和《阿拉斯泰尔·索迪》三者功劳相当)，还有10%是看了独立的旅行指南（《福多

尔》、《傻瓜》、《苏格兰精粹》和《美食指南》等）。他们的目标是把预算的大部分用在适当的旅行指南广告和直接邮寄上面，另外主要争取地方、国家报纸和杂志出版物的免费广告。

撰写本文是 2003 年中，此时他们的战略计划已经转化为以下行动：

- 花费 5 000 英镑整修了地面和花园
- 所有床上用品已经更新
- 客房和浴室引进了更先进的洗浴用具和矿泉水
- 客房配有 CD 机/收音机/报警器，并备有流行的苏格兰唱片，把所有的读物换成低调的苏格兰主题
- 更多的支出用于公共空间的鲜花摆放

最后一步就是调整住宿收费。他们认为剧烈的价格变动不宜过快进行，因而仅仅调整了 5%。当有了一年的经营经验时，他们觉得自己有足够的能力判断从长远来看如何定价，但初步的设想是要在标准客房和豪华客房之间作更显著的区分，全年提供令人感兴趣的特惠（在网站上强力推荐），中午以后考虑采取备用价格。

同时，他们对餐馆经营进行了至关重要的几项革新。首先，营业日由原来的周三到周一改为周二到周六。这似乎更适合现存的营业模式，并让业主有更多的时间与家人团聚。

其次，菜单变得更加灵活，每道菜都有三种选择，并按照两道、三道或者四道菜进行定价，从 28.50 英镑到 38.50 英镑不等。他们决定减少菜单上的描述性文字，重点强调高品质原料的简单烹制，并做一些有趣的变化。他们还提高了早餐的质量，加了一道热菜，而从前早晨都只提供欧式早餐。

第三，酒类储藏减少到 200 种，但要保证每种都有现货，此外还引进了法国葡萄酒。

新业主有意主张以更加自然的态度接待客人，提倡轻松的、非正式的服务风格，包括尝试在上酒时免掉那些繁文缛节。

他们还着手创建单独的本地顾客名单，给他们寄送邮件，激发当地人的兴趣，开发当地餐饮市场。

迄今为止，营销方面的预算集中在以下几个方面：

1. 地方报纸广告 200 英镑，外加 100 英镑用于地方活动赞助广告，400 英镑备用；

2. 500 英镑作为直接邮寄费，介绍 2、3 月间的优惠活动，另外 500 英镑用于争取 9、10 月间秋季假期市场；

3. 预算的大部分都用于赞助旅行指南，包括下列几种：

AA	1 000 英镑

RAC	500 英镑
访问苏格兰(包括会员费)	1 000 英镑
路标	600 英镑
索迪	500 英镑
史蒂文森	500 英镑

另备 1 500 英镑用于网站和印刷品设计。在第一年的经营中，总体促销支出将占到营业额的约 3% ~4%。

五、结论

本案例研究描述了酒店餐饮业一家小型企业的一幅典型场景，该企业通过重新清晰定位自己的产品，试图在竞争激烈的市场中找到自身适当的位置。事实上，苏格兰高地地区的高档餐厅和酒店要比英国其他相当地区少得多，因此，如果能够获得足够的产品认知度，只需少量花费，成功的几率是相当大的。当前，判断管理者设定的目标能够能实现到什么程度、或者预算支出是否实现目标的最佳资金分配方案还为时尚早，但他们的方向看来是正确的。管理者为完成改革运用了适当的专业知识，前景是很值得期待的。

六、总结

这是本书中唯一一个分析旅游行业餐饮酒店部分的案例，此类业主自营的小型酒店在世界各地的旅游胜地都很常见，本案例给我们提供了关于经营这类酒店的有价值的启示。业主亲自经营这种设施常常带有随意性，很少有人去做专业的规划或营销，其经营在很大程度上是靠着业主的特殊魅力和奇思怪想来保留忠实顾客。很明显，十字餐馆转手前就属于这种情况(“非传统的待客之道和服务风格”就是证明)。而现在的业主就非常专业，认识到要做的事情，设定了明晰的目标并为实现目标推行合理的做法以及明智的时间框架。

思考题

1. 苏格兰的乡村旅游区在不同季节有着完全不同的吸引力，盛夏时节吸引观光客，而时间较短的冬季(当降雪量达到要求时)又是体育运动的市场。对于任何一个酒店业主来说，怎样在淡季经营，是否要全年营业以留住员工，或者和本案例中一样，把酒店客房作为餐饮的辅助绑定销售，这些都是问题。为实现这些目标，除了业主已经采取的措施，你还有什么更好的建议？

2. 当地人外出用餐的频率不高，且不是很讲究，无法保证这种高档餐厅的上座率。业主的目标是争取格拉斯哥和爱丁堡的周末旅游市场，并通过参与当地特殊活动兼顾本地市场。业主在希望开发客源的同时也不愿失去现有的忠实顾客。你还有什么建议能帮助他扩大市场？

3. 新业主已经决定减少菜单上的描述文字，以便突出食物本身的高水准。而有很多餐馆的做法与之背道而驰，他们恰恰是希望用菜单上华丽的文字刺激顾客的味蕾。你赞同哪种方法？根据目标市场的定位不同，应当如何选择？你赞成在一流餐厅的菜单上使用法语的营销手段吗？

案例研究 10

帮旅游景点创品牌：米德尔顿威尔士国家植物园

本案例由斯旺西高等教育学院休闲旅游运动系高级讲师布赖恩·格里菲斯提供。

一、引言

米德尔顿威尔士国家植物园(NBGW)建于卡马森郡前米德尔顿府18世纪的花园和稀树草原里。该园占地568英亩,位于托伊山谷的边缘,景色壮观,是威尔士未遭破坏的最美丽的风景地之一,该地区文化底蕴深厚(参看图CS10.1)。

在米德尔顿府建造国家植物园的想法是由当地的一位植物学家威廉·威尔金斯首先提出的,他也积极投身于一项修复历史园林的项目中,该园林位于距米德尔顿几英里远的阿伯格拉斯尼。最初开发米德尔顿的初衷只是为了促进地区利益和提高当地的知名度,但威尔金斯和他的同伴们发现人们普遍缺乏对威尔士丰富园林遗产的认知,因此就把米德尔顿的发展概念提升到了国家级。

该植物园是注册的非赢利性机构,很大程度上依赖政府机构、威尔士议会和志愿者的帮助和支持。它是21世纪英国首个新建的大型植物园,被认为是威尔士的国家建筑。人们希望这个植物园能够发展成具有国际知名度的园林,为

图 CS10.1　米德尔顿威尔士国家植物园
（由 NBGW 提供）

植物保护、园艺、科学研究、教育、休闲和艺术作出贡献。

园内最醒目的是由诺曼·福斯特及其合伙人设计的世界上最大的单跨玻璃温室，里面保存了大量来自地中海气候带濒临灭绝的植物品种。温室里还有“生物诗歌”，给游客提供亲身实践的经历，旨在教育游客了解植物生命的神奇。大玻璃温室几乎用了三年的时间才完工，科技含量高，由电脑控制，比如，玻璃窗能根据温度和天气情况自动开合，以及采用循环系统提供灌溉用水等。

该园林还有如下特点：

- 大门——游客入园的进口，覆盖着加拿大红雪松，并以水景作为重点
- 主步行道——一条长 220 米的人行道，道上设有“决策的螺旋”喷泉（参看图 CS10.2）
- 科学中心——主要用于保存植物和真菌类、科学研究和环保教育
- 海德水研究中心——由前威尔士水利机构“海德”赞助，用于教育。内有大型教学区，配备了实验室和资源/无噪声工作区。各种教育项目都在这里进行，附近有沉降池，可用于安全研究池塘生物
- 华莱士园——展示植物遗传和基因工程
- 米德法医师展览中心——展示各种草药
- 剧院——放映关于植物对人类生命以及各种环境条件的影片
- 威尔士会议厅——终身学习中心，同时也举办会谈和小型会议

图 CS10.2 威尔士国家植物园的宽走道

（由 NBGW 提供）

■ 苗圃玻璃温室——园内主要的、用于繁殖的园艺设施
■ 生物能量中心——采用循环和绿色技术满足园内的能量需求
■ 休息区——一处设有游客中心、餐厅、咖啡馆和纪念品商店的庭院
■ 千年广场——举行大型活动的中心
■ 双层墙园——历史上用于种植水果蔬菜，后来重建用于种植奇异物种
■ 湖区——由小路连接起来的七个湖泊，环绕着整个园林
■ 日本园——在切尔西花卉展上获得金奖和珍贵的"最佳展览奖"后搬迁到植物园内

1. 参观者数据（2000 年 5 月开放）

2000 年	192 642 *
2001 年	187 026
2002 年	175 000

* 另一份官方文件报道说开业第一年（2000 年）的参观者数量在前 10 个月已经超过 202 000 人次，而当地的报纸报道说第一年的参观者高达 220 000 人次。

官方并没有明确植物园的参观人数目标，但研究者根据与园林管理者的讨论，有理由相信最初的可行性研究预计该地区每年的参观人数为 240 000 人次。

2. 门票价格（2003 年）

	个人	团体（10 人以上）
成人	6.95 英镑	5.75 英镑
儿童（5～15 岁）	3.50 英镑	2.50 英镑
5 岁以下幼儿	免费	免费
老年人（60 岁以上）	5.00 英镑	4.00 英镑
学生	5.00 英镑	4.00 英镑
家庭套票（两名成人加两名儿童）	17.50 英镑	

除圣诞节当天以外，植物园每天开放；十月份到复活节期间每日开放时间较短。

3. 财政情况

据报告，该地的初期设计和建造费用是 4 300 万英镑，其中有 2 170 万英镑来自于国家彩票基金。

然而，由于本案例研究后面将要提到的种种原因，园林管理者们仍然需要向威尔士议会政府申请更多的财政支持。支持资金的数额并不是很明确，可能也有重复计算的因素在内。但根据当地报纸的报道，研究表明从开园以来所需的额外资金支持达到：

2002 年 7 月　360 000 英镑
2003 年 2 月　1 000 000 英镑
2003 年 7 月　600 000 英镑

4. 品牌的命名与重命名

仅仅三年时间里，该园林已经更名三次：

第一次是在 2000 年 5 月，刚开放时的名称是“威尔士国家植物园”。人们觉得这个名称蕴含的意味过于科学化，不能吸引普通大众游客的兴趣；

第二次是在 2002 年春，园林的名称改为“威尔士园林”，但人们又觉得这个名字太模糊，缺乏个性，没有突出地理位置；

第三次是在 2003 年 2 月，新的名称“米德尔顿威尔士国家植物园”被引入，目的是把大众对该园林的认识重新集中在它的产品特色和地理位置上。

二、研究要点

1. 目标和优先次序

由于查阅的文档不同、解释文档的角度不同和支出分配的不同，我们发现结论似乎有可能不一致，因此，该植物园的目标、身份和优先次序也可能相互抵触。

本案例研究中影响众多要点的关键问题是：该植物园究竟是干什么的？它是用来吸引游客，试图就环境问题对游客进行教育的地方吗？还是允许有兴趣的游客入内参观的科学研究和植物保护场所呢？

我们研究了该植物园发表的一些不同文件，认为应当就这方面进行进一步思考：

- 2001 年该园的“实事档案”中记录，该园是“致力于园艺、植物保护、科研、教育、休闲和艺术……”的机构
- 威尔士旅游管理委员会 2000 年的一份文件上写着，该园“致力于休闲、科研和教育……”
- 2001 年该园的“游客指南”上写明，该园“保护濒临灭绝的植物种类、研究植物的多样性以及为游客带来美好的经历和回忆”
- 2003 年该园的网站上说，开放园林的目的是“加强游客对……的意识和了解”（显示出教育的目的），但是网站的另一处又写着“……景色壮观，同时也是国际知名的植物科学研究中心……”

这些术语，特别是各种目标的排列顺序是非常有意思的。本案例研究的其他部分讨论了市场营销和目标受众的要点，同样也谈到了游客数量评估的问题。把这些信息混合起来可能会相当影响游客对园林的认识和期望，所以思考其他要点的时候也许应当重读此部分。

2. 市场营销

尽管研究者无法得到有关营销战略的文件，但还是有非官方的证据表明，选址和建造这座植物园，最基本和最初的目标市场是布里斯托尔以东、中部地区以北的整片流域。这一大片地区人口众多，可以为园林带来大约 250 000 游客，而这个数量被认为是可以使植物园生存下去所必需的。

研究者在与各位官员的定期会面和讨论过程中,发现这些官员从一开始就对目标市场有不同说法,例如“来自中部地区的园艺工作者和园艺俱乐部”,或者“有强烈兴趣的园艺工作者”等。后来当游客数量下降成为主要问题时,他们的目标又马上变为“任何人”。

虽然对植物园的营销策略进行详细评估并不是本研究的目的,但仍然有必要对其目标市场明显的不确定定位进行批判。如果目标市场含糊、变化、不清晰,那将对出售的产品、采用的定价策略以及公众对该园林产生怎样的影响呢?实际上,如果大家都认为并不存在“一般公众”的概念,只存在“许多公众群体”,那么这个问题就变得更加复杂了。

3. 品牌的命名和重命名

该植物园在开业前三年换过三个名称,这本身就反映了经营缺乏清晰的思路和目标。改名称的直接原因在本文前面部分已经总结过,而更深层次的分析又提出了与前文类似的问题。

名称“威尔士国家植物园”里的“植物”一词很显然是过于科学和专业,改为“威尔士园林”是要试图弱化这种感觉,从而吸引更多的普通园艺爱好者,英国国民正是以爱好园艺著称。然而这个名称使人感觉缺乏地理特征,因此又加上“米德尔顿”一词。有趣的是,人们偏偏只能在详细的小范围地图上才能识别出米德尔顿地区,距离它最近的镇(卡马森)反而更为人所熟知,在地理意义上也更具可识别性。

更名的另一个原因是该园林希望树立起和那些主要的大型园林类景点相似的特征和形象,如基尤和卫斯理植物园。米德尔顿的远期目标是获得与它们相当的地位,因而需要一个特别的、关键的、可识别的词,通过这个词让人们认识它。

4. 财政情况

由于主张该地区需要开发一个焦点,然后围绕着这个焦点树立当地旅游城镇的形象,因此人们认为初期建造和开发园林的高额花费是值得的。该园林被称作对地区未来的旅游业、经济发展和提供工作岗位方面有很重要的影响。有趣的是,目前卡马森镇在推广自己的旅游业时,宣传点恰恰就是“威尔士园林”,并因此大量增加旅游业从业人数。

然而,当我们评估经济影响这个要点的时候,需要更详细地考察游客的来源和类型,他们在园内尤其是在该地区停留的时间,提供的工作岗位数量以及这些岗位是全职、兼职还是季节性的等等。

游客的来源和类型是本研究其他部分也讨论过的。据了解，绝大部分游客都来自南威尔士地区，年龄超过50岁，并且是园艺爱好者。很多人或许并不是专程来参观园林的，所以更准确的说法是人们可能把园林当作该地区旅游景点的附属资源，而不是前来旅游的首要原因。当然，有些游客的看法可能稍有不同，他们把邻近的姐妹园林——阿伯格拉斯尼园林和它一起参观。参观两个园林需要一整天的时间，对远道而来的园艺爱好者来说是一件真正的乐事。

提供的工作岗位数量容易受到游客数量减少的影响，这一点将在本文后面部分进行讨论。

当地基础设施对园林附近提供所需设备反应相当迟缓，然而这些商业服务设施可能被认为已经获得了“蜜罐”效应的最大优势。

然而毫无疑问的是，当地旅游者协会（Tourlink）近期来发展迅速。其发展很大程度上应当归功于该组织行动具有前瞻性并且资金充足，但建设植物园并把它作为推广重点的作用也不可小看。

植物园需要向威尔士国家议会政府申请额外财政援助，而批评者们对此充分表达了他们的担忧。植物园的管理层否认申请资金支持是由于游客数量下降，他们表示游客减少是资金周转问题引起的，而一旦拥有更多的资金就能够完成园内的主要基本建设工程。尽管如此，批评者们在媒体上发表的代表性观点是把这两个问题联系起来，指出如果游客数量达到预期水平，那么用于基建工程的资金就应当能够从内部解决，无须通过外部援助。媒体发布的这些新闻很自然把注意力集中在游客数量减少上面，这样就很可能导致人们认为该植物园是一个“失败”的设施，因而可能会进一步减少参观者数量。

新闻界还让人们注意到，植物园在继续获得政府的经济援助，而该地区的私营旅游景点认为，由于他们自身得不到这样的财政支持，所以更加滞后。在这一点上，很多人都觉得这些私营景点的抱怨是有道理的，毕竟该地区的旅游业既要依赖政府投资的旅游景点，也同时要依赖私营景点，它们必须在经济上得到保障，保持高水准，这样才能为到该地区旅游的游客带来美好的体验。

5. 参观者

令人失望的是，游客数量持续以较快的速度下降。我们有理由猜想第一年的游客数字可能是有水分的，因为高姿态的新设施刚刚投放所带来的免费宣传效应以及游客的好奇因素等都会使统计数字夸大。研究者建议，应当依据本案例分析对游客减少的可能原因、逆转形势和逐渐接近预期增长的可能性进行整体性地评估和讨论，而不应孤立看待。

6. 产品和产品开发

本案例研究的前面部分指出，根本原因和“存在的理由”是可能影响运营、策略和参观者的要点，也已经提出了“目标市场是谁或者什么”的问题。毕竟，如果对市场和游客的预期都不确定，你又怎么能为游客提供他们需要的产品并使他们满意呢？

该植物园已经在努力继续建设和开发涉及一系列产品领域的项目。譬如，他们需要筹集资金并建成新的科研设施、剧院、游客中心、新艺术展览区和有墙壁的园林等，同时还要对公众开放。管理者们发现这里缺乏儿童设施，于是又建造了一个新的主题游乐场。新工程包括重新设计和建造使游客感到更为便捷的植物园大门，以及增加餐饮场所。这些令人钦佩和花费高昂的成就值得赞叹，管理者们也认为这些是产品扩展和提供良好的游客服务必不可少的。然而，最根本的问题还是——为尽可能广阔的目标市场提供尽可能多种的服务设施是现实的吗？或者是否应该明确目标市场，并努力满足该特定市场的需求？

我们应当认识到，相比其他一些旅游景点，像米德尔顿这样的园林，占有两个关键性优势：

■ 当前英国电视节目里大肆宣传园艺风潮，使人们广泛认识到园艺对休闲生活的益处。诸如“大地的力量”这样的节目通过卫星和地面电视重播，吸引了大批观众

■ 感谢大自然所赐，园林“产品”一年有四季更替。其他景点需要大量投资生产新产品来吸引游客回来，而园林却能自然更新，随季节交替呈现不同的产品。事实上，这种季节更新自身就提供了市场机遇

7. 员工安排

自园林开放前最初的团队着手工作以来，员工结构已经发生了巨大变化。部门重设、合并和解散，各级人事都有变化。不言而喻，多余的员工也是必要的。

组织变动可能会使人感到不安。一般来说，如果是出于新鲜的经营、管理观念，组织变动一般可以被认为是健康的，如果失去忠诚、负责、具备专门知识的员工，就是不健康的。研究者认为，该植物园从它以前和现在的员工身上受益良多，这些员工的友好和诚恳赢得了游客和当地居民的忠诚和感激。这是景点管理研究中最重要的因素。景点的设施质量固然非常重要，优秀工作人员所呈现出的高素质也同样重要，随时能够在需要的时候“更上一层楼”。

植物园管理者面临的关键问题是，工作描述，个人行为规范的首要因素和重点，雇员和志愿者之间的平衡等。举例说明，这样的景点雇用员工，是应该看重他们的专业技术，还是应该看重出色的公众展示能力？还有，希望志愿者像全职员工一样正规地承担职责是否公平合理？

8. 定价和性价比（VFM）

定价是一种复杂的计算过程。比如，你的定价是应当根据你的游客能够承受的价位和你认为产品具有的价值，还是根据临近设施的定价、相对水准和质量？

本研究前面已经摘录了2003年该植物园的门票价格，这个价格仍然应该根据目标市场和目标市场的期望进行考虑。2003年"新"的目标市场被定义为"本地区"（不超过1.5小时车程的距离）。该地区经济形式多样，但也有由于工业衰退而失业率较高的地方。周边地区旅游市场兴旺，主要面向家庭提供海滩度假。人们在此处的平均停留时间约为2.5至3个小时。争夺家庭度假市场的主要竞争者是全国闻名的奥卡沃德，那是一座惊险类型主题公园，2002年吸引了384 000名游客（比2001年增长了9%），但其门票价格也高出很多。

根据这种情况，该植物园目前的门票定价可以说是合理的。到所有设施完工的时候，管理层需要首先考虑门票价格、尤其是性价比的问题。要提高门票价格必须同时考虑到贫穷顾客的可能反应，要考虑他们是否觉得物有所值。相反地，过低的门票价格也会给人设施质量不佳的印象，这一点也很重要。

米德尔顿植物园展现给人们的是质量上乘的形象，完工部分的设计和施工都具有很高的标准，因此，它的定价必须能反映游客的期望值，以及他们为参观这个设施良好、但仍处于发展当中的植物园而付费的能力和意愿。

三、总结

当本书交付出版的时候，这个长期挣扎求存的旅游景点正遭受着可能停业的威胁，这个事实提升了我们对这个案例的兴趣。该植物园是英格兰和威尔士少数几个由政府资助或带有政府资助性质的项目之一。这些景点中有一些是千禧庆典的辅助工程，却没能吸引到预期目标中最低数量的参观者，包括瓦索尔美术馆、加兹海得的波尔蒂中心、舍菲尔德的国家流行音乐中心以及加第夫的视觉艺术中心，因此有的关闭了事，还有的就前途未卜。此现象呈现出了有趣的问题，这些项目的失败，究竟应该归咎于基本构想的失误，还是对游客数量的估计过于乐观，或者仅仅是由于营销做得不够？毫无疑问，景点频繁地更换名称、改变自己声明的目标市场都同样让公众感到困惑。该园林在实力上并不输于其他那些很成功的园林景点,像康沃尔的伊甸园工程和建立已久的韦斯顿伯特植物园。韦斯顿伯特植物园就是通过举办特别的活动吸引很多游客多次到这里游玩,如园艺设计比赛、木雕展等,他们还在圣诞节期间和新年伊始用灯光装饰树木来吸引冬季的游客。

毋庸置疑,园林自身个性上的冲突给经营带来了危害。此外,没有任命营销负责人,或者说,实际上没有在营销上下足工夫也是失败的原因之一。当本书出版在即,威尔士议会后来拒绝为该园林提供更多资助,此时出现了一位匿名的慈善人士捐款资助,给了该园林一个喘息的机会,使它免遭破产清算的命运。

(欲获知最新的报道,请查阅 2003 年 10 月 7 日的泰晤士报《威尔士园林裁员 70 人最后一搏求生存》,以及 10 月 2 日、6 日、15 日和 23 日的读者来信。)

思考题

1. 赞成和反对政府出资帮助类似的旅游工程的理由各是什么?从长远发展的角度看,是否应该希望他们自给自足?

2. 试图“做百样事称百人心”在该园林的失败当中负有多大的责任?当英国或其他地方的有些动物园不再受到公众的喜爱,就从娱乐公众为目的转而致力于保存物种和繁殖动物,我们能从这些动物园的改革方法中学到些什么?

3.“该地区需要一个焦点,围绕着这个焦点树立形象。”多数地方都是围绕已有的景点来发展旅游业,但是也有一些旅游点(著名的有佛罗里达、加利福尼亚和巴黎近郊的迪斯尼乐园)为特定目的建造在绿地上,吸引第一次到该地的游客。这种方式的成功依赖于什么?是企业的规模和投资规模、旅游点的吸引力、成功的市场营销、或者上述三者的某种结合?人们说一个旅游目的地需要几个景点互相配合,才能吸引本地市场以外的大量游客。本案例给出了一个实例,米德尔顿植物园附近就有另一个园林,可供园艺爱好者充实地游览一整天。你认为这样足够了吗?

案例研究 11

推销鲜为人知的目的地：爱沙尼亚的萨瑞玛岛

本案例在准备期间得到内尔·泰勒(Regent Holidays 的主管)的帮助。

在苏联各联邦国家旅行，难忘的是它的各种限制而非可能性：向外国人开放的只有几个城镇；签证的批准也只是基于不可以更改的预定行程；大多数游客必须组团旅行，而且游览、用餐、当然还有饭店都是固定的。1991 年夏天，随着这个政权的意外解体，波罗的海的爱沙尼亚、拉脱维亚和立陶宛各国家重新获得独立。面积相当于英格兰和威尔士那么大的地方突然间向任何想来参观的游人完全开放，然而 50 年来却很少有外国人前来观光。

一、1991 年之前的旅游业

爱沙尼亚的萨瑞玛岛展现的是：完全不为人所知的产品能够得到推销，同时又保持了环境的完好无损。自 1940 年以来，萨瑞玛岛首先受控于沙皇帝国，然后又作为独立的爱沙尼亚的组成部分，它的发展与波罗的海的许多其他岛屿及大陆沿岸的旅游胜地相似。当来自于瑞典、芬兰、俄罗斯的富有游客持续不断地来到地中海南面观光时，这些新兴的中产阶层买下了避暑山庄以求到离家更近的海滨度假。位于海滨的斯巴斯一年四季生意兴隆，然而小旅馆和客店就不得不利用短暂的夏季营业，大约有四个月。

在斯堪的那维亚半岛，二战对商业的破坏仅仅持续了大约 10 年。然而，当苏联于 1944 年从撤退的德国军队手中抢到三个波罗的海共和国时，那些国家的旅游业却兴旺了 45 年。萨瑞玛岛在这一方面尤其遭到了重创，因为苏联把它变成了军事基地，禁止了那儿所有的非必要的旅行，甚至包括爱沙尼亚人自己。爱沙尼亚的其他地方受损不大，首都塔林在 20 世纪 70、80 年代一周两次从来自于芬兰的一项渡轮服务中获益。1980 年奥林匹克运动会的一些项目在那儿举行，所以关于这个中世纪小镇的介绍便流传于海外，它善于经营（大多数为非官方性的）旅游业。一旦获得了独立，塔林便能够以自己传统的方式进行推销，并巩固已有的形象。萨瑞玛岛恰恰相反，不得不从头开始。

二、从头开始建立旅游业

1991 年，当苏联突然解体，爱沙尼亚重获独立之时，国家及地方主管当局突然面临着推销小岛的问题。没有几个当地人曾经见过这种问题，更别提外国人了。事实让困难变得复杂化：岛上没人有过经商的经验；在苏联体制下，没有机会开发私营经济，不管是经营旅馆，开设饭店，还是建设旅游胜地。所以有必要从国外引进援助，评估小岛的潜力，提供长期旅游业发展的经济指导，让当地居民为外来人广泛的需求做准备，以供选择。他们期待能够用自己的语言进行交流，享受一定水准的舒适，甚至远远超过岛上居民提供的任何东西。

三年之内，萨瑞玛岛不仅开发了一种产品，而且能够安全地把它推销到国际旅游市场。西方品牌的消费品在岛上随处可见，引进的设施包括移动电话、空调汽车，有会讲多种语言的导游，信用卡被广为接受，旅馆里的电话与国际线路连在一起，所有的房间都提供卫星电视。也许更让人惊讶的是，旅馆里的服务员不仅讲英语，而且许多人还会讲其他语言。

萨瑞玛与爱沙尼亚的其他地方有所不同，它能积极地看待过去的许多方面，这对于有眼光的游客而言保持着吸引力，而且它理性地决定广为保留自从 1939 年以来就一直存在的产品，目的是提升“怀旧”旅游业。5% 的岛屿损毁于像营房和机场这样的苏联军事设施，但是岛屿的其他部分几乎都被忽视了。因其他 95% 的岛屿完好无损，所以主管当局既节省了大量的资金，又减少了用什么类型的设备组建市场的风险。

在这一点上，他们估算了小岛的优势和机遇。苏联政权留下的一笔幸运的遗产便是已存的基础设施：宽阔的道路。如遇紧急情况，就可以重建路面以供飞机起飞。现在，这些已经使得驾车成为一种乐趣。由于苏联当局禁止私家车上路，所以小岛因优秀的公共交通网的发展而受益不少。私人建筑也同样遭到禁止，自从20世纪30年代以来，城镇和村庄里就没建过什么东西。萨瑞玛岛有一些木制和石制的教堂，已历经了700年。宁静的乡村，动植物茁壮成长，妙不可言的悬崖边散步，小鸟儿的庇护所，还有庄园宅第和风车。欧洲没有几个地方的自然风景会如此地自由奔放。甚至沿着波罗的海海滨，就有许多实例，如高层宾馆，新的海滨路，以及由河口建成的海港。萨瑞玛保留了所有的这一切。而且，小岛拥有一座迷人的首都，库瑞萨尔，人口有16 000，还有矗立于波罗的海的完好无损的中世纪城堡（见图CS11.1及CS11.2）。所有的这些旅游胜地或是乘坐大型游览车或是个人雇车，两三天就能尽兴，然而骑脚踏车的人和徒步者却能更加悠闲地探索小岛。

三、私营部门积极行动，公共部门无所作为

如果萨瑞玛在某一方面不尽人如意，那么它也许过于谦虚。目前为止，地方主管当局没有印发一本正儿八经的旅行指南，涵盖整个爱沙尼亚的那些书就不可避免地必须限量宣传。教堂满是彩色玻璃、倾斜的灯塔、悬崖边散步、苏联时期建成的第一个集体农场，这些旅游胜地都是外国人难得一见，而旅游文献或是网站上又从未提及的。没费什么劲儿就提升了来自于大陆的渡轮和航空服务。只须口头表示这种需要即可，也许就是因为抵达岛上既复杂又昂贵导致了它的独一无二性。12年以来，一些呼声迫切要求减少限制计划性法规，增加迪斯科舞厅的数量，促进娱乐中心的发展和大型饭店的建设，但是大部分人感到已经采纳了正确的决定：生机盎然的市场便是变化无常的，它也许很容易就为了另一个游览胜地而舍弃了这一个，但成熟而冒险性的市场则趋于忠实得多，它还会让人们重返心满意足的地方。

私营部门在爱沙尼亚大陆和海外的旅游业方面，比公共部门要活跃得多。公共部门仍旧存在欠缺，它远不能提前规划或是展开对于旅游业发展的正式讨论——虽然它也定期探讨诸如渡轮的日程安排，建成一座通向大陆的桥的可能性，以及提出兴建大楼的要求。更多的努力转向于满足地方的需求，而非创收的市场。渡轮和航空日程只是在执行的几周前才公之于众。尽管信息传单已由爱沙尼亚语翻译了过来，它们却难以满足外国人的需要——外来者因对当地艺术家和诗人一无所知，所以参观他们的居所便显得索然无味，但是他们喜欢参观英国人或是德国人的墓地，那可以追溯到19、20世纪各种侵袭和灾难。当几个国家的出版商在国外把萨瑞玛的部分景点加入旅行指南时，与此不相匹配的是：地方主管当局在这一领域既无兴趣又无承诺。没有发给国外旅游运营商时事通讯，也没有尝试着与潜在的新兴运营商联系，他们

图 CS11.1 及 CS11.2 萨瑞玛库瑞萨尔城堡的风光

(承蒙: 萨瑞玛库瑞萨尔旅游业的准许)

在周边地区十分活跃。没有对照统计数字,以分清是外国人还是爱沙尼亚人,是当日参观者还是长期停留的旅行者。虽然小岛的影响日益增加,却没有政府提供津贴,也没有针对贸易的教育访问,运营商继续接受着这种状况。只有旅行的作家偶尔接到过邀请函,当然他们后来的文章有助于提升海外对小岛的关注度。

作出什么样的国际推销努力应该始于国家而不是地方主管当局,这些已经聚焦于与国外旅游运营商的联系。毫无疑问的是,这相对于试图吸引零零散散的潜在消费者而言花销要少得多。所以,萨瑞玛已经出席了大型的旅游贸易交

图 CS11.3　萨瑞玛的库瑞萨尔

(承蒙:萨瑞玛库瑞萨尔旅游业的准许)

易会，比如伦敦的世界旅游市场大会和柏林的国际旅游贸易大会。现如今，它已是波罗的海各国大多数小册子中不可分割的一部分。运营商发现，产品对于持续推销很有用，因为来自于互联网的竞争与大城市的情况相比算不上什么问题。消费者仍在很紧张地从网络上预订一无所知的东西。在花钱之前，他们需要一本小册子，一位知识渊博的代理商，以及一项经济保证，这样他们就愿意进行短期的休假。

小岛十分幸运，外国投资者对它寄予很多信任。斯巴斯饭店利用国外的投资进行了翻修，并且出现了更多的商店和农场。公共部门对此既不反对，也不支持。可是，这项投资激发了斯堪的那维亚的旅行运营商向斯巴斯推销健康系列产品，向乘船巡游至此的乘客推荐更传统的马车郊游，或是停留在当前供应有限的住处。

萨瑞玛为那些希望把自己作为合适的目的地呈现于世的岛屿提供了许多经验。人们看到它旧貌换新颜，而不是一个更庞大更仓促的拙劣模仿。他们需要的是景点的一贯性而不是经常变化。卖点在"小"而不在"大"，任何一座大城市都提供教堂、赌场、餐馆和正规的花园。岛屿可以更加与众不同一些，古雅的木制教堂、茶馆以及原始森林（比较一下丹麦的保恩荷姆小岛的成功，以非常相似的面貌经营着）。萨瑞玛在 1991 年和 1994 年间作了必要的改动，剩下的大部分地方在今后的岁月里将留作旅游胜地。

四、未来，要学的经验

难以看到灾难再次打击萨瑞玛。许多年以后，它将被看作更廉价的芬兰或是瑞典，来自于那些国家的大量国民有可能因为这种景象而受到吸引，就如同英国人到法国的道尔多涅等地区一样。当 2003 年世界范围内的游客对于目的地犹豫不决之时，波罗的海的安全把本来要到其他地方去的许多游客吸引到萨瑞玛来。

通过公共和私营部门的摸索，萨瑞玛得到了一些经验。事实上，它所证明的是私营部门能够自行经营，如果没有公共部门的阻碍，小岛本身是幸运的，这种自由还没有被滥用。然而，假如最终建成通往大陆的一个堤道，那么公共部门将不得不进行坚决的干预，以避免对曾经作为小岛主要吸引力的景物的破坏——它的宁静和传统的生活方式——赞同重新树立品牌，以提升它对大范围旅游业的吸引力。

五、总结

这个案例与案例研究 8（皮兰）可以作进一步的比较，把一个相对不为人所知（目前的案例中，几乎都不为人所知）的目的地推销给更广泛的全球市场，所产生的不是一星半点儿的问题。所要期待的是：回顾过这两个案例之后，读者不会再把波罗的海混淆为巴尔干半岛！然而，在针对发展这两个目的地的方法方面却存在着巨大的差别：萨瑞玛致力于把自己的产品保留到独一无二的程度，以吸引怀旧市场，并使旅游胜地远离 21 世纪。但是与皮兰相比，萨瑞玛远不能吸收更多的公众投资，它的交通基础设施在许多方面是优越的，有良好而畅通的道路以及一流的公共交通网（尽管仍旧缺少足够的渡轮和航空服务）。它离首都塔林很近，只有 150 公里，从而受惠不少。塔林现如今是世界上主要的旅游目的地之一。

此案例不同之处是：公共部门推销方式甚至推销意愿明显薄弱，因为这个地区长期被中央集权控制并受到相应的限制，不能发挥当地的创造性，也不能运用自由世界的管理条例。然而，这对于私营部门的发展却是另一回事，它们渴望看到小岛扩大它的旅游基地，并采取了许多促进和提升其形象的行动。这个案例还有一点很有趣，网络推销对于这种目的地不怎么适用，因为旅游产品的浏览者对此知之不多，而且媒介并没有被看作是一条传送保证和信誉的理想途径。

思考题

1. 鉴于对于这个案例的了解，你会向岛上的主管当局作出如下的建议吗？他们的推销首先是吸引北欧和俄国市场，因为他们已经夯实了根基；或是尝试着在更加遥远的欧洲国家建立新的市场。

2. 作为扩大旅游业的途径，萨瑞玛岛应该通过渡轮改善通路，或是计划建成一座通向大陆的桥吗？或主管当局应该让小岛保持孤立状态，依靠更小的参观基地提高收入，从而着眼于限制它的吸引力吗？

3. 这个案例触及到小岛的吸引力，要求把它作为波罗的海巡游的一个港口。目前，这一点十分有限。有可能使它吸引更多的巡游公司吗？如何解释这种吸引力？如果考虑引进一个参观的港口，巡游公司将要给予它什么样的发展和支持呢？

案例研究 12

小博物馆与其生存的挣扎：营业中的巴斯博物馆

本案例在准备期间得到斯图阿特·巴若斯（营业中的巴斯博物馆①的馆长）的帮助。②

一、背景

营业中的巴斯博物馆是位于巴斯的工业遗产博物馆。博物馆的起源可以追溯到 1978 年。当时，它的建成是为了保留和展示 JB 布勒公司的经营范围。这家公司从事汽水业、铸币业、机件设计业、锁匠业，以及其他各式各样的

① 营业中的巴斯博物馆是由巴斯工业遗产托拉斯有限公司经营。

② 这个案例的研究形成了《旅游营销学》第二版中一个早期案例研究的基础，它的标题是"布勒先生的业务"。期间数年对于这个小型的旅游胜地而言都是不平凡的，还包括名称的一次次变化。作为一个小型的旅游胜地而言，其生存面临着挑战。在资金极其有限的情况下，它的发展略微偏离轨道。它还经历着这样一个时期：政治经济灾难已经威胁到行业中较大规模的公司。它是旅游业中典型的中小型企业，需要改造以使其跟上时代步伐。所以，随着更新的发展，这个旅游胜地的推销背景在此反复出现。

图 CS12.1　营业中的巴斯博物馆的正面

（承蒙：营业中的巴斯博物馆的准许）

商业喜好。

JB 布勒公司始建于 1872 年，关闭于 1969 年，在当时也没有什么特别的背景。然而，在它运营的 100 年间，公司从没丢掉任何东西，而是收集了大量诸如工具、机器、瓶子和纸张之类的收藏品，它们为一个世纪的商业运作提供了完整的记录。

总而言之，这些收藏品包括 10 万件物品和 25 万份文件。所有的这些东西在 1969 年得到收购，目的是找到一幢合适的建筑，使其能够向公众展示。

图 CS12.2　博物馆的宣传单

二、博物馆的建成

1978年，一帮热心人成立了巴斯工业遗产托拉斯，当时是作为慈善机构而注册的，主要的动机是基于对遗产的保护。在私营托拉斯和国营部门（包括巴斯的市政当局和伦敦的自然博物馆）的帮助下，获得了可观的补助金。这个托拉斯租赁并改建了卡姆顿工厂的楼房，那是一份归城市所有的财产，于1777年作为一个真正的网球场而建成。这个位置后来依次变成了学校、麦芽制造厂、肥皂厂以及一家包装盒工厂。

这座建筑以补助租金的价格从城市租赁而来，市政当局还每年给它增加一小笔补助。然而，这个位置还是有缺陷，因为它距离城市中心的北部有几十分钟的路程，而且远离城市中心和旅游胜地。

巴斯是这样一座城市：大量的旅游胜地竞相吸引游客的注意力。太多的参观者只是为了当日游而来，一些边缘的旅游胜地总是难以抢到游客；尤其是当他们面临的是这样两个旅游胜地的选择：罗马巴斯和会议厅，服装博物馆和统领这座城市的许多漂亮的格鲁吉亚建筑。

对于那些驾驶私家车而来的游客而言，巴斯还是一座极难找到停车场的城市。营业中的巴斯博物馆没有为参观者开设停车场，不管是小轿车还是游览车，无一例外。尽管附近设有游览车停车区，以便于乘客下车，毗连的道路却不允许停车，所以开车来的游客若是粗心大意，那么要抵达这个位置就真的成了一个问题。然而，一项为旅游者所作出的近期改善是：他们可以使用路标，那是在巴斯工作的承包商以及东北的索美尔塞特市政厅以低廉的价格建成的，它一直通往市中心。

在1988年，遗产托拉斯成为一家受保证书限制的公司，它为这个机构提供吸引股东的项目范围，以拉动经济，并提升博物馆的专业知识。

从那时起，博物馆便一直持续发展，现在占据了整个楼层，致力于JB布勒工程设计和矿泉水业务的规模性重建，每一个细节都准确无误。一个重新组阁的工作间，一座巴斯石矿，还有一间崭新的永久性的陈列室，它完工于2003年。“营业中的巴斯：谋生的2000年”，遗产奖券基金为其提供了资助。

三、推销最初的博物馆

博物馆是由管理委员会监管的，由10个成员组成，一年两次碰面。一个来自于这个团体的更小的委员会，称作管理团体，每个月都碰面，以监督运作，馆长兼作两个团体的成员。最初的意图是，至少破坏均衡，达到一年大约30 000

名游客的预估数量——一个回想起来显得过于乐观的数据。预算限制使得任何大规模的促销计划变得困难重重。博物馆甚至从没达到目标数字的一半。从1990～2002年参观人数为：

1990年	11 205
1991年	13 016
1992年	12 206
1993年	12 009
1994年	11 181
1995年	9 610
1996年	9 381
1997年	8 285
1998年	6 506
1999年	7 426
2000年	6 633
2001年	6 942
2002年	7 566

（这些数据包括每年10月一个星期的免费入场许可，允许当地居民免费入内。）

多年来间或进行的调查显示：来自于巴斯和东北的索美尔塞特的游客在持续不断地参访着博物馆。外国参观者超过总数的20%，而其余的游客主要是来自于英格兰南部的其他地方。

四、顾问的报告

从1988年博物馆营业伊始，入场费就持续下降。难以回避的问题是，如果博物馆要生存，就有必要对其进行根本性的改变。博物馆过度依赖于捐款，其数额远远超出每年的门票收入；除去长期的免利息贷款之外，并没有其他的经济来源可供利用。在1989年，管理委员会邀请了一位顾问，以独立评估旅游胜地的前景，并决定它的发展方向。

报告达成的一致意见是，参观人数应该增加三倍，而且有必要提升当地居民对它的注意力；尤其是在教育领域中，让人感到在那儿有提高参观人数的可观空间。

报告进一步指出，应重新选定博物馆的位置。为了支持这一点，名字也要做相应的改动。显而易见的是，博物馆要致力于吸引两种游客：其一是认真的工业考古学家，对于他们而言，“博物馆”的概念至关重要；其二是寻求对旅游经历更感兴趣的参观者，对于他们而言，"遗产中心/旅游胜地"的概念是至高无上的。旅游胜地最初的名称是"卡姆顿工厂：营业中的巴斯博物馆"，然而它却没能在旅游市场的广大游客中激起热情；于是采纳了后一个名称，即巴斯工业遗产中心，同样也没能起到推动作用。又考虑了其他大量可供替代的名称，但是最终还是选择了"布勒先生的业务"，把巴斯工业遗产中心留作副标题。新的名称看起来既抢眼又吸引人，同时仍旧保留着公司在城市中社会和工业历史的内涵。

在1990年，经营者要从市场营销的高度把它重新投放市场，但这需要相当可观的额外开支：从2 219英镑升到了10 708英镑。在1990年和1991年，这的确导致了参观人数的增加。不幸的是，把增加的收入用于支付薪水，这消耗了增加的门票收入；同时，整个冬季都开放的决定，回想起来也是一种错误。

在顾问的最初规划中，博物馆本身不作改动，而是改善商店和咖啡馆里的设施。自从1990年以来，大量额外的永久性展览已经对外开放，短期展览也已在组织之中。

五、职员的配备

最初全部职员由三位全职成员和将近七位兼职雇员组成(通常是夏天旺季月份期间雇用的学生)。此外，作为导游的志愿者还带着参观者游览博物馆。

到1991年为止，这种职员的配备显然不稳定，所以博物馆极力削减职员。所有的兼职雇员都被临时解聘了，三位全职成员中两位也显得多余。于是任命了新的馆长，这个人自始至终成为唯一的全职带薪职员。但是在他周围却形成了一伙儿志愿者，需要时，可以召集他们作为博物馆的代理职员。这使得博物馆容易受到志愿者短缺的伤害，也容易遭受志愿者时间要求的束缚。

早期重塑品牌的政策存在的缺陷是，对于提议的变化而言，跟职员磋商的不够。尤其是那些博物馆所依赖的志愿者们，对提议的变化感到不信任，并且丧失了同情心。

六、新营销计划

2000年，博物馆最后一次更换了名称，成为"营业中的巴斯博物馆"。到那时为止，布勒先生的业务让人感到将会重点强调博物馆的展览部分，以减少谈论博物馆的其他叙述。此外，机构的重要的特质是为教育提供服务，这让人感到让"博物馆"这个词重返标题是最好的定位。

吸引 30 000 名游客的计算已经证明是盲目的乐观，1991 年最高的参观人数仅为 13 016 人。早期的设想，即较高的数字可能来源于参观附近会议厅的游客，想当然地认为到旅游胜地的短程游客将同样对布勒先生的业务感兴趣——这决不是逻辑上的结论。

博物馆已经提高了地方的注意力，方法是通过与当地的报社、学校、基于社团的展览及其项目建立良好的关系。它成功地从一些组织，如遗产奖券基金，获得了补助金式的援助，这也助了它一臂之力。同时，妥协性的 1.50 英镑（参照下面）的门票收费也产生了良好的宣传效果。

七、价格政策

与其他提供相似服务的旅游胜地的相同之处是：博物馆向成人收费 3.50 英镑，向儿童、OAP、UB40、学生、残疾人收 2.50 英镑，向 B&NES 居民收 1.50 英镑。这是与罗马巴斯 7.60 英镑的入场费相比较而定的。教育性的团体购票价格则根据预订的活动范围而变化。数目超过 10 人的团体对博物馆进行一般性的参观，每位游客收费是 2.00 英镑，团体的组织者和教师允许免费入场。

博物馆对当地市政的入场费方案和商业广告公布的出价作出了很大的妥协（成人陪同下的一个孩子免费入场）。一项分配门票的方案允许陪同的成人免费入场，这一点自从 1993 年以来也适用于访问学校。

八、沟通

广告宣传单已经印制发行，既达到广而告知的目的，也为了教育的用途。早先称为“布勒先生的业务”的广告宣传单五颜六色，由 A4 纸折成三面，现在已经被取代。不仅是早先的广告宣传单不为职员欣赏，而且参观者还惊异地发现，尽管可以得到软饮料，但是广告上却忽视了其他的博物馆供给。当其他的展览出现之时，只关注于布勒先生好像已经不够了。

目前的广告宣传单是 A4 纸的 2/3 大小。这使得在大量邮寄广告宣传单时，显得更方便也更实惠。一般的广告宣传单是通过邮寄或是由收费的经销商代劳，分发到所有的客房和 B&NES 区域的饭店里。此外，所有的商店都愿意提供广告宣传单，图书馆、美术馆、博物馆、旅游信息中心也定期签约。鉴于严格的预算，还没有得到证明：把广告宣传单分发到更远的地方是经济合算的。自从 1991 年以来，几乎没有在杂志报纸上作过广告宣传；但是定期的杂志和报纸会向当地的新闻界和广播电台发布消息，这就产生了地方性的广告宣传作用。博物馆印发了简报（图 CS12.3），它还成了 ABLE 联合会的成员。

Museum of Bath at Work

简报

1978 25 2003

Julian Road BATH BA1 2RH *Telephone & Facsimile* 01225 318348 www.bath-at-work.org.uk

Industrial Archaeology in The National Trust – see page 3 Summer 2003

营业中的巴斯博物馆

服务于社区

附：

米切尔十字讲座门票的申请表格

新展览的海报

请向当地邮局或展示橱窗索要

谢谢

这期包括

洛斯特公爵为新展览剪彩

王室尊敬的格洛斯特公爵，于今年7月10日又一次参观了博物馆，他在1978年曾为其剪彩，25年后来观看永久性的新展览"营业中的巴斯——谋生的2000年"。仪式上出席的是那些25年前为其开业庆祝的人们，包括玛利安娜·克拉克博士，托拉斯的创始人罗素·弗瑞尔斯，第一任馆长克劳弗德女士（尼·乔治亚·罗素）。从一开始就作为志愿者的彼得·卢斯和劳·高达德，他们继续在帮助博物馆。

大量的布勒档案，以及一个渔网，博物馆放心地在上面挂了成千上万件物件，那是新展览的基地。其他的博物馆、当地的公司以及私人给予了慷慨的帮助。

下午，受各种简报吸引的捐赠者、志愿者以及那些或是奉献了慷慨的贷款或是捐献了历史物件作为礼品的人们在下午茶时受到款待。

博物馆每天从上午10点到下午5点开放，一直持续到十月底。从那时起一直到2004年的复活节，博物馆将在周六和周日同一时间开放。

我们是如何做到的？

新展览的主意是大约三年前由斯图尔特·布鲁斯想出的。当时，我们正处在筹划25周年庆典的初期阶段。

从那时以来，博物馆从公司（许多已经停止了经营）那儿收集到了大量的物品，而且所有的东西都在地下室里，不为人知。

为什么不利用夹层让这些物品重见天日呢？我们设计了周密的计划，并正好在圣诞节之前将其承递给遗产奖券基金的"你的遗产"方案。在新年伊始，成功地呈交了我们的申请。

我们感谢每一个奉献了时间、金钱、建议、物品、或是以许多其他方式支持的人们。

巴斯工业遗产托拉斯有限公司

一家受到保证书限制（2269894）和作为慈善机构注册（800297）的公司

（承蒙：营业中的巴斯博物馆的准许）

Bath Industrial Heritage Trust Limited

A company limited by guarantee (2269894) and registered as a charity (800297)

图 CS12.3　简报

（承蒙：营业中的巴斯博物馆的准许）

九、面对未来

自从 1991 年以来，这个博物馆一直设法生存：它减少了职员收入，很大程度上又要依靠行业赞助商。博物馆继续面临着一个不确定的未来，也将毫无疑问地继续依赖赞助商支付主要的花销。然而，较低的经营成本，比如因为依靠了志愿职员和其他地方的节约，使得它即使不兴旺也至少会生存下去；继续提供宽范围的服务，唯一的限制是职员对时间的要求。

志愿者定期进行市场调查，从博物馆的柜台到家乡，乃至全国。每年，这种信息有助于决定预算，以拨款用于促销计划。

近年来，小博物馆在旅游业面临所有的经济困难，靠着匮乏的财力生存了下来，这本身就是了不起的。2003 年，是博物馆成立 25 周年。现在开放了一个新的永久性展览会，并完备了推销政策的再评估方案，以应对现实目标。受托人对此抱有信心：随着额外的开销用于营销，到 2005 年，他们会成功地把入场人数恢复到 10 000。

十、总结

这个博物馆已经生存了整整 25 年，却仍不失为一个奇迹。无论如何，它本应在许多年以前就该倒闭了，然而却没有。这多数要归功于数量不多的职员的奉献，并且它能利用有限的促销计划进行预算，从而走得长远。在这一点上，它为英国那些零散的、小型的、地方性的博物馆树立了榜样。它们中的许多博物馆，仅仅基于对游客数目和现金分发预测的盲目乐观，便在 30 年前就已经开放了。

此外，博物馆具有许多天生的劣势，经典的成语“定位、定位、定位”在这个例子中是最适用不过了。它的位置，处在城市中心的边缘，远离铁路和汽车终点站。在这个地区停车几乎就是不可能，即使是对游览车也是如此。主要动机的确立基于对绝妙的工业纪念物的收藏，预算仅够资助它的建立。博物馆现在正在遭受着痛苦，因为它的创始人没有考虑到这种需要：一笔充足的源源不断的现金倾泻而来，以应对门票收入的不足。在适当的时候，不可避免地要进行现实的再评估，但是从一开始就不能辅以与少量而忠心耿耿的职员的充分磋商，这导致更多的问题。现在博物馆基于“削减”经营：最少量的职员、大部分是志愿劳动、赞助商带来的额外资金的支持。促销计划也是有限的，大部分靠的是小册子的印制和分发，通过与当地的观光联合会的合作关系，以及任何可以操控的 PR 活动进行宣传。然而跟吸引力保持不稳定的过去和将来相比，它现在正基于良好的立足点之上。

思考题

1. 鉴于吸引来自于区域之外当日观光者所面临的困难，博物馆能够从更近的地方吸引更多反复参观的游客吗？为了实现这一点，它需要什么样的事件和变化？

2. 博物馆看样子重视钱的价值，而不是一个相当复杂的价格结构。它不愿意提高价格，因为这会使得游客泄气。在这个方寸之地上，怎么样才能让现有的游客提高平均花费呢？

3. 弄清你所在区域的地方博物馆是如何受到资助的，以及它们的经营是否受制于相似的经济束缚。他们有没有引进一些促销计划以帮助馆长呢？

案例研究 13

一个知名的旅游目的地的过去、现在和将来：考斯塔德索勒

本案例准备期间得到了 Sociedad de Planificación y Desarrollo, SOPDE, para el Patronato de Turismo de la Costa del Sol，以及马德里的 Gabriel Schmilovich Isgut 等的帮助。

一、导言

Sociedad de Planificación y Desarrollo, SOPDE, para el Patronato de Turismo de la Costa del Sol 在西班牙的考斯塔德索勒地区是负责营销和规划的团体。这个组织关注发生在这个地区旅游市场的变化，考虑开发新市场的需要，并保留现存的市场。它在近期开展了一项致力于营销和发展这个地区的新规划。一项早期的"旅游观察"研究涉及的年限是 1991 ~ 1994 年，它预测 1995 年的需求每年可达大约 400 万游客。但是这项研究现在需要大量的更新，尤其是认识到缺少当前的信息：即关于主要的收入来源以及抵达这个省份的游客分布。当一位领导人在享受着阳光沙滩式的假期时，这个地区正在面临着持续上升的竞争。地区内的旅游产品在数年间经历了可观的变化，如基础设施的改善（以前是一项薄弱环节）、欧洲共同体之内航空运输政策的开放（导致了

由旅游运营商提供的包价旅游的变化以及受影响区域随之而来的成长)等。市场本身也在发生着根本性的变化:推动观光的新模式、来自于现存国家开发的新的市场区域、还有来自于新兴国家的需求,它们有望在随后几年间显示出可观的成长。所以有必要实施一项新的营销规划,以减少这个地区旅游业发展方向的不确定性。

二、地区的地理环境

考斯塔德索勒（“阳光海岸”）是欧洲最知名的观光游乐场之一，它坐落于西班牙东南海岸，位于毛特瑞尔（格拉纳达）和艾斯特波那（马拉加）两座城市之间。这个地区受惠于许多知名中心的影响，包括托瑞毛里诺斯、玛贝拉、百尼多姆以及弗恩格罗拉。海岸的核心区是马拉加,隶属于维利兹－马拉加自治区,坐落于维利兹河肥沃的山谷之中,位于“阿扎奎亚”的中部。

良好的公路，包括一条新近开放的线路，还有通往马拉加的航空和铁路服务,为来自于卡莎波美加的游客提供了通道。这是一个气候反差很大的地区,靠近令人放松的沙滩的是白雪覆盖的高达 2 000 米的群山。小山村仍旧保留着摩尔人的风格,紧挨着它的是游客综合区,它具有先进的基础设施,是一流的地中海度假胜地。阿扎奎亚在气候和地理方面是一个具有优势的地区,北部和东部区是高高的山脉。高耸的山峰有莎米左(1 637 米),罗佩(2 065 米),以及纳娃施卡(1 832 米)。山脉几乎连绵到海岸,除去那个围绕着维利兹－马拉加地区的地方之外,几乎没有平原。阿扎奎亚地区是典型的地中海气候,温暖的夏天,几乎没有降水。温和的气候,少量的降雨,清凉的海风,促成了亚热带植物的生长,到处是棕榈树和柏树,还有繁茂的鲍水母属、夹竹桃及木槿属的植物。亚热带的风光、群山、峡谷、果园、大海,对来自于世界各地的游客充满着巨大的吸引力。

三、这个地区旅游业的历史渊源

马拉加城市由腓尼基人创建而成，他们在小山附近建了一座城镇，今天那儿还矗立着城堡。在罗马人统治之下,马拉加尽享与罗马同盟带来的特权。这座城市后来受到阿拉伯的影响而繁荣昌盛起来,但是在 1478 年,天主教皇将其再次征服之后,它经历了一段衰退时期。在 18 世纪末和 19 世纪初,马拉加的经济重新繁荣起来。这个地区成就了两个显赫的家族:拉里奥斯家族和赫瑞迪亚家族。他们把这座城市转变成全国第二大工业中心。然而，西班牙内战（1936～

1939 年）使得城市变得贫困；在 1941 年到 1943 年期间，因斑疹伤寒而致命的人数进一步增加。这个地区主要的产业是旅游业和农业。当它缓慢而平稳地发展起来之时，佛朗哥政权却强行控制它的经济发展。到 20 世纪 50 年代为止，这个地区享受着一定程度的繁荣。

1960 年到 1975 年期间，佛朗哥政权下的经济又变得不稳定起来，公司倒闭和石油危机阻碍着经济的发展。1975 年随着佛朗哥的去世，这个地区开始向民主政治过渡。在马拉加，20 世纪 60 年代的经济衰退使得沿海地区人口迅猛增长，爆发的旅游业和引进的外资推动了它的发展。

四、阳光和海滩旅游业

考斯塔德索勒占据马拉加和卡迪兹之间 300 公里的地中海海岸。因其免受山脉北风的侵袭，此处的风景得天独厚，尤其有利于发展体育活动，包括深海钓鱼和最为知名的高尔夫球。阳光海岸也被称作高尔夫球海岸。如果我们联想到海岸的连绵之处聚集着高尔夫球场，这并不令人惊讶。威尔德拉玛和许多欧洲的高尔夫痴迷者提升了高尔夫球的知名度，他们数年来都聚集于此。建设高尔夫球场的呼声是如此之高，以至于沿着海岸又兴建了许多新的场地，然而它们却在数月之前就已经预订光了。相对于国内的西班牙人而言，国外的游客引发了他们对这项运动更多的呼声。近期的研究预测 80% 的高尔夫游客来此观光只为打球。这种状况导致的一种结果是：大多数的俱乐部都是讲英语的成员。

五、旅游业急需考斯塔德索勒

自从 20 世纪 70 年代中期以来，考斯塔德索勒的旅游业持续增长，英国参观者尤为显著。这些人占所有外国游客的 33%，占这个地区总需求的 16%。法国的需求也猛烈增长，占总需求的 10%。然而德国游客却急剧下滑，需求同样锐减的还出现在意大利和北美市场——这些相对而言并不是很重要，各自占 2.4% 和 1.5%。与这种下滑趋势相反，东欧的需求正在急剧上升。

大多数的外国游客是通过马拉加机场抵达这个地区的，检查一下那个机场的统计数字将会受益不少（表 CS13.1）。在 2002 年，超过 500 万的乘客通过机场；这些人当中的三分之二是通过预订航班进行旅行的。有关这些游客的调查将要弄清更多的信息：比如旅游产品的消费者和他们的喜好，他们的生活方式和行为，还要分辨休闲游客和商务旅行者的差别（在旺季月份，后者占有总数中较小的比例）。

表 CS 13.1　2002 年抵达马拉加机场的乘客总数

国家	抵达人数
英国	2 094 557
西班牙	1 098 102
德国	529 243
荷兰	237 868
爱尔兰	196 151
法国	175 044
比利时	165 872
意大利	96 891
丹麦	91 686
瑞士	83 108
挪威	67 528
芬兰	61 019
俄罗斯联邦	24 064
奥地利	22 999
摩洛哥	17 880
卢森堡	14 372
以色列	14 233
葡萄牙	13 343
美国	10 317

六、营销规划和目标

针对这个地区的一项新的营销规划已经在起草之中，以确保维持现存的游客，同时挖掘吸引新市场区域的潜力。这项新规划没有预期目标，同时也认识到这种需要：面对经济和社会变更，有必要与时俱进。新的营销规划是合情合理的：它基于对当前收入来源以及省内游客活动并不了解。营销规划的目标将是提高目的地的竞争力，强调考斯塔德索勒品牌的吸引，甚至同时延伸规划，把马拉加的整个省份都包括在内。

在营销规划里，SOPDE（省级旅游业赞助和规划发展协会）规定了下列 14 个优先考虑的方面：

(1)市政府的更高认识：旅游活动是地方经济的贡献者

那些旅游部门优先考虑的事情是：获得公众团体的更高认可，即旅游业对于经济贡献的重要性。通过这种认识，游客将获得更大的满足，省内的旅游产品和服务也将得到改善。

(2)当地娱乐设施的改善

游客感到当地的娱乐设施必须得到改善，尤其是需要更加干净的环境，以提高参观者的满意度。

(3)饭店的上部构造要现代化

有必要改善整个地区住所设施的质量。有必要对特别是三星级以内的饭店进行持续的现代化设计和翻修。

(4)通过职业培训提高行业水平

有必要使行业更加专业化。这应该通过短期的课程达到，课程内容包括新科技应用、商业运作、质量监控以及市场营销等。

(5)改善交通连接，由铁路连接地中海的阿克

铁路连接地中海的阿克会改善现有的交通，同时利用省内东部区域现存的市场，以促进这个地区主要度假胜地未来的发展。

(6)改善这个地区的基础设施，提供质量更好的水

前几年，西班牙遭受了严格的供水限制。地区的形象与日俱下，与难以提供高质量的(比如，适合饮用的)充足的水所产生的问题有关。必须与相关部门合作，以提供更好的水源供游客使用。

(7)提高游客的安全感

在高峰时期，游客的大量涌入导致了犯罪机会的增加。这引起了游客的极大关注，产生了对这个地区的负面观点。中央和地方行政机构必须合作，以确保有足够的财力用于加强安全方面的需要。

(8)增加针对旅游市场的调查

旅游需求方面的知识影响力最大，它能够使产品适应游客的要求。其品味、喜好、动机会影响他们是否选择这个省份作为度假目的地。因此要更好地了解什么东西让游客满意，什么东西让他们不满意等等。

负责这个地区旅游调查的团体 SOPDE 必须着手这项研究，并把行业中的那些研究结果公之于世，以确保产品适合于满足那些消费者的需要和期待。

(9)改善国有部门针对旅游业的娱乐设施

有必要对城市中心进行根本性的改善，以提高游客的满意度。各种旅游市政部门需要进行合作，以改善街道的装饰和设置，并致力于促进敏感部位的恢复和改建。

(10)清除随意的垃圾和垃圾场

一开始就负责垃圾收集的各个组织，将会成为授权的行政部门(基本是省级的)。这些部门不仅致力于清除不堪入目的垃圾堆，而且出台制裁措施，以保证不再产生新的“污点”。

(11)进一步调查游客们的满意度和不满意度

需求的认识和满意的模式将能使市政部门和其他组织进行必要的改善，以增加消费者的感受。

(12)把国际运动项目吸引到这个地区

增加媒体的报道量，提升考斯塔德索勒的形象，这会导致这个地区举办更多的国际运动项目。这些会收到国有和私有部门以合作和赞助的形式给予的支持。支持诸如网球、高尔夫球、排球、田径等等的运动项目，将会扩展对这个地区的了解，并提高今后数年对它的需求。

(13)促销致力于公众和贸易

促销应该直接致力于消费者，目标是提高特定部门的参观次数。少量的旅游仲裁部门会集中在针对这个地区的旅游业。企业团体和地方旅游董事会应该重点强调，把合适的营销策略应用到主要的市场上来，并展开与目标部门领域相关的个别的，而不是一般性的促销宣传活动。一些公关活动，比如旅游贸易方面的熟悉性的访问，针对仲裁机构的讲座和研讨会，这些都应该成为宣传活动的重中之重。

(14)提高行业中人员的技能和专业知识

经常审查和提高旅游从业人员的专业性是很重要的，这样可以提高整体的资格和服务水平。诸如公共管理、客户关系、外语水平、新科技手段等，应该成为提高竞争力优先考虑的内容。

七、结论

大自然已经向游客提供了许多优美的旅游资源，但是由于资金不足，这些地方容易遭到破坏。地区市政部门的职责是确保游客不毁坏他们所看到的景物，不允许这些珍贵的特质趋于凋零。行政当局有责任设立方案，以保证可持续发展。当地居民和游客必须尊重和关爱置身于其中的娱乐场所和旅游胜地，私营部门也必须在保证产品的稳定性方面发挥作用。

必须认识到改善基础设施和交通通道的重要性，但是必须小心翼翼地进行发展，考斯塔德索勒才能受到保护。广泛的产品，比如风景、文化遗产、优质的沙滩、一流的高尔夫球场，都对游客很有吸引力。它们富有知名度，除非在发展和扩建时给予关照，否则将处于被破坏的危险之中。

八、总结

最后一个案例揭示的是意图而不是结果，这基于国有部门的责任：组织和发展欧洲最宝贵的旅游胜地之一。这个地区具有久远的知名度，马拉加又坐落于此，但与它未来发展有关的调查和规划却是十分匮乏，这令人惊讶。研究中的这 14 点简要的规划为地方当局提供了思考和计划的提示。然而，结论考虑到需要持续发展，所以由 SOPDE 引用的优先考虑的领域几乎没有提供参考，大规模改善的时间范围也没有罗列出来。有意思的是，在今后十年，这些简要的提议将以何种方式，在什么程度上得到实施。

思考题

1. 假设调查方案将会满足 SOPDE 以上提到的目标 8 和目标 11 的需要。这两个目标能够仅仅合并在一个调查方案之内进行吗？还是应该分别实施呢？

2. 在 SOPDE 提议的任何优先考虑的概述中，持续性显然没有受过专门的提示（尽管目标 2 中可能暗示过）。建设高尔夫球场时提及到，可是在经常遭受水源短缺折磨的区域，那些球场却是臭名昭著的水的消费者。读过一系列优先考虑的概述之后，你能设想出其他持续性的问题和关注点吗？

3. 目标中的第 4 和第 14 项（这两项目标有一些重复，但是它们认识到提高标准和技能的必要性）已经阐明了提升行业专业性的目的，呼吁进行额外的培训以改善已发觉的弱点。然而旅游行业的薪水极低，同时在许多例子中发现，这个行业很难录取到合适的人才。良好的培训能够克服这个问题吗？还有其他可能的解决方法吗？

参考书目

下列书单主要包括近年来出版的研究旅游和饭店领域营销的图书，以及一些重要的通用营销学教材，这些教材提供了有价值的背景知识或给本书的编写提供了参考。

Adcock, D, Halborg, A and Ross, C, *Marketing Principles and Practice*, Prentice Hall, 4th edn 2001

Amor, D, *The e-Business (R)evolution: Living and Working in an Interconnected World*, Prentice Hall, 2000

Ashworth, G J and Goodall, B, *Marketing Tourism Places*, Routledge, 1990

Ashworth, G and Tunbridge, J, *The Tourist-Historic City*, Belhaven Press, 1990

Ashworth, G and Voogd, H, *Selling the City*, Belhaven Press, 1991

Bishop, J, *Travel Marketing*, Bailey Bros and Swinfen, 1981

Blythe, J, *Essentials of Marketing*, Prentice Hall, 2nd edn 2001

Brassington, F and Pettitt, S, *Principles of Marketing*, Prentice Hall, 2nd edn 2000, 3rd edn 2003

Briggs, S, *Successful Tourism Marketing: a Practical Handbook*, Kogan Page, 1997

British Tourist Authority, *Gaining Your Share of an £8 Billion Market* (including market guides to 27 countries), BTA, 1990

Brunt, C, *Market Research in Travel and Tourism*, Butterworth Heinemann, 1997

Buhalis, D and Laws, E, *Tourism Distribution Channels: Practices, Issues and Transformations*, Continuum, 2001

Buttle, F, *Hotel and Food Service Marketing*, Holt Rinehart, 1986

Churchill, G and Iacobucci, D, *Marketing Research: Methodological Foundations*, South Western, 8th edn 2002

Coltman, M, *Tourism Marketing*, Van Nostrand Reinhold, 1989

Crouch, G I, Mazaner, J A, Ritchie, Brent and Woodside, A G (eds), *Consumer Psychology of Tourism, Hospitality and Leisure*, CABI, 2001

Davidoff, D M, *Contact: Customer Service in the Hospitality and Tourism Industry*, Prentice Hall, 1994

Engel, J, Blackwell, R and Miniard, P, *Consumer Behaviour*, Dryden Press, 8th edn 1995

English Tourist Board, *The Arts and Tourism Marketing Handbook*, ETB, 1993

English Tourist Board, *The Future for England's Smaller Seaside Resorts*, ETB, 1991

English Tourist Board, *Report of the Working Party to Review Tourist Information Centre Services and Support Policies*, ETB, 1981

English Tourism Council, *Sea Changes: Creating World-class Resorts in England*, ETC, 2001

Enis, B and Cox, K, *Marketing Classics: a Selection of Influential Articles*, Allyn and Bacon, 8th edn 1991

Fewell, A and Wiles, N, *Marketing*, Butterworth Heinemann (Hospitality Managers Pocket Books), 1992

Foster, D, *Sales and Marketing for the Travel Professional*, McGraw-Hill, 1991
Frechtling, D, *Forecasting Tourist Demand: Methods and Strategies*, Butterworth Heinemann, 2001
French, Y, *The Handbook of Public Relations for Museums, Galleries, Historic Houses, the Visual Arts and Heritage Attractions*, Museum Development Co, 1991
Gartrell, R, *Destination Marketing for Convention and Visitors' Bureaus*, Kendall Hunt, 1989
Gayle, D and Goodrich, J (eds) *Tourism Marketing and Management in the Caribbean*, Routledge, 1993
Getz, D, *Festivals, Special Events and Tourism*, Van Nostrand Reinhold, 1990
Glaesser, D, *Crisis Management in the Tourist Industry*, Butterworth Heinemann, 2003
Gold, J and Ward, S (eds), *Place Promotion: the Use of Publicity and Marketing to Sell Towns and Regions*, Wiley, 1994
Goldblatt, J J, *Special Events, the Art and Science of Celebration*, Van Nostrand Reinhold, 1990
Goodall, B and Ashworth, G, *Marketing in the Tourism Industry: the Promotion of Destination Regions*, Croom Helm, 1988
Goodson, L and Phillimore, J (eds), *Qualitative Research in Tourism*, Routledge, 2004
Greene, M, *Marketing Hotels into the 90s: a Systematic Approach to Increasing Sales*, Heinemann, 2nd edn 1987
Gunn, C and Var, T, *Tourism Planning: Basics, Concepts, Cases*, Routledge, 4th edn 2002
Harris, G and Katz, K, *Promoting International Tourism to the Year 2000 and Beyond*, The Americas Group, 1996
Harris, R, *Sustainable Tourism*, Butterworth Heinemann, 2002
Hart, C W L and Troy, D A, *Strategic Hotel/Motel Marketing*, Educational Institute, American Hotel and Motel Association, 1995
Hawkins, D E, Shafer, E L and Rovelstad, J M (eds), *Tourism Marketing and Management Issues*, George Washington University, 1980
Heath, E and Wall, G, *Marketing Tourism Destinations: a Strategic Planning Approach*, John Wiley, 1992
Herbert, D, Prentice, R and Thomas, C (eds), *Heritage Sites: Strategies for Marketing and Development*, Avebury, 1989
Honey, M, *Ecotourism and Sustainable Development: Who Owns Paradise?* Island Press, 1999
Horner, S, *Consumer Behaviour in Tourism*, Butterworth Heinemann, 1999
Horner, S and Swarbrooke, J, *Marketing Tourism Hospitality and Leisure in Europe*, Thomson Business Press, 1996
Jefferson, A and Lickorish, L, *Marketing Tourism: a Practical Guide*, Longman, 1988
King, B and Hyde, G, *Tourism Marketing in Australia*, Melbourne, Hospitality Press, 1989
Kotler, N and Kotler, P, *Museum Strategy and Marketing*, Jossey-Bass, 1998
Kotler, P, *Marketing Management*, Prentice Hall International, 11th edn 2003
Kotler, P, Armstrong, G, Saunders, J and Wong, V, *Principles of Marketing*, Prentice Hall, 3rd European edn 2001
Kotler, P, Bowen, J and Makens, J, *Marketing for Hospitality and Tourism*, Prentice Hall, 2nd edn 1999
Krippendorf, J, *The Holidaymakers*, Butterworth Heinemann, 1999
Laws, E, *Tourism Destination Management: Issues, Analysis and Policies*, Routledge, 1995
Laws, E, *Tourism Marketing: Service and Quality Management Perspectives*, Stanley Thornes, 1991
Lickorish, L, Bodlender, J, Jefferson, A and Jenkins, C L, *Developing Tourism Destinations: Policies and Perspectives*, Longman, 1991
Lovelock, C, *Services Marketing*, Prentice Hall, 3rd edn 1996
Lovelock, C, Vandermerwe, S and Lewis, B, *Services Marketing: a European Perspective*,

Prentice Hall, 3rd edn 1999
Lumsdon, L, *Marketing for Tourism: Case Study Assignments*, Macmillan, 1992
McDonald, M, *Marketing Plans: How to Prepare Them, How to Use Them*, Butterworth Heinemann, 5th edn 2002
Mawson, S, *The Fundamentals of Hospitality Marketing*, Continuum, 2000
Mayo, E J and Jarvis, L P, *The Psychology of Leisure Travel: Effective Marketing and Selling of Travel Services*, CBI, 1981
Middleton, V with Clarke, J, *Marketing in Travel and Tourism*, Butterworth Heinemann, 3nd edn 2001
Middleton, V with Hawkins, R, *Sustainable Tourism: a Marketing Perspective*, Butterworth Heinemann, 1998
Morgan, M, *Marketing for Leisure and Tourism*, Prentice Hall, 1996
Morgan, N and Pritchard, A, *Advertising in Tourism and Leisure*, Butterworth Heinemann, 2001
Morgan, N, Pritchard, A and Pride, R (eds), *Destination Branding: Creating the Unique Destination Proposition*, Butterworth Heinemann, 2001
Morison, A, *Hospitality and Travel Marketing*, Delmar, 2nd edn 1996
Moutinho, L, *Consumer Behaviour in Tourism, Management Bibliographies and Reviews*, vol 12 no 3, MCB University Press, 1986
Moutinho, L, Rita, P and Curry, B, *Expert Systems in Tourism Marketing*, Routledge, 1996
O'Sullivan, C, Hill, E and O'Sullivan, T, *Creative Arts Marketing*, Butterworth Heinemann, 1995
Parker, T, *Marketing Forces for the Small Business*, Eyelevel Books, 1999
Pearce, D G and Butler, R W (eds), *Tourism Research: Critiques and Challenges*, Routledge, 1993
Peck, H, Payne, A, Christopher M and Clark, M, *Relationship Marketing: Strategy and Implementation*, Butterworth Heinemann, 1999
Pender, L, *Marketing Management for Travel and Tourism*, Stanley Thornes, 1999
Powers, T, *Marketing Hospitality*, Wiley, 2nd edn 1997
Poynter, J M, *Tourism Design, Marketing and Management*, Regents/Prentice Hall, 1993
Reich, A, *Marketing Management for the Hospitality Industry*, Wiley, 1997
Renshaw, M Bottomley, *The Travel Agent*, Business Education Publishers, 1992
Richards, B, *How to Market Tourist Attractions, Festivals and Special Events*, Longman, 1992
Richards, G (ed), *Developing and Marketing Crafts Tourism*, ATLAS, 1999
Ritchie, J and Goeldner, C (eds), *Travel, Tourism and Hospitality Research: a Handbook for Managers*, John Wiley, 1987
Seaton, A V and Bennett, M, *The Marketing of Tourism Products: Concepts, Issues and Cases*, Chapman and Hall, 1996
Shaw, S, *Airline Marketing and Management*, Pitman, 3rd edn 1990
Solomon, M, Bamossy, G and Askegaard, S, *Consumer Behaviour: a European Perspective*, Prentice Hall, 2nd edn 2002
Strauss, J and Frost, R, *e-Marketing*, Prentice Hall, 2nd edn 2001
Sumner, J R, *Improve your Marketing Techniques: a Guide for Hotel Managers and Caterers*, Northwood, 1982
Syratt, G with Archer, J, *A Manual of Travel Agency Practice*, Butterworth Heinemann, 3rd edn 2003
Taneja, N K, *Airline Planning: Corporate, Financial and Marketing*, Lexington Books, 1982
Taylor, D, *Hospitality Sales and Promotion*, Butterworth Heinemann, 2001
Teare, R, Mazanek, J, Crawford-Welch, S, Calver, S and Costa, J, *Marketing in Hospitality and Tourism: a Consumer Focus*, Cassell, 1994
Theobald, W and Dunsmore, H, *Internet Resources for Leisure and Tourism*, Butterworth

Heinemann, 1999
Veal, A J, *Research Methods for Leisure and Tourism*, Longman, 2nd edn 1997
Vellas, F and Bécherel, L (eds), *The International Marketing of Travel and Tourism: a Strategic Approach*, Macmillan, 1999
Vladimir, A, *The Complete Travel Marketing Handbook*, NTC Business Books, 1988
Wahab, S, Crampon, L and Rothfield, L, *Tourism Marketing*, Tourism International Press, 1976
Ward, S, *Selling Places: the Marketing and Promotion of Towns and Cities 1850–2000*, E & F N Spon, 1998
Wearne, N and Morrison, A, *Hospitality Marketing*, Butterworth Heinemann, 1996
Witt, S and Moutinho, L, *Tourism Marketing and Management Handbook*, Prentice Hall, 2nd edn 1994
Wöber, K, *Benchmarking in Tourism and Hospitality Industries: the Selection of Benchmarking Partners*, CABI, 2002
Wood, M (ed), *Tourism Marketing for the Small Business*, English Tourist Board, 1980
Zuboff, S and Maxmin, J, *The Support Economy: Why Corporations are Failing Individuals and the Next Episode of Capitalism*, Allen Lane Penguin Press, 2003

Leisure, Recreation and Tourism Abstracts on the Net, CABI Publishing. http://www.cabi.org/catalog/journals

译后记

市场营销领域的发展日新月异，尤其是在旅游营销领域，因为顾客需求的多样性及新技术带来的挑战，使得旅游营销更为复杂多变，难以把握。

在研究旅游市场营销的诸多著作中，霍洛韦教授的《旅游营销学》一直受到广大读者的欢迎。该著作自首次出版以来，十余年间历经四次修订，畅行不衰。该书的第四版充分反映了现代旅游营销的新趋势，较为详细地剖析了旅游组织的市场营销行为。具体来讲，该书具有以下几个特点：(1)随着社会、经济的飞速发展，特别是电脑新技术的应用，给市场营销各个方面带来了很大影响，为了应对未来出现的挑战，该版本既保留了旅游市场营销中的许多基本因素，又增加了大量新材料。(2)目前在旅游业中，中小型企业占绝大多数，它们尚不十分清楚什么是市场营销，以及在实践中如何正确运用营销策略与营销手段。该版著作则着重讲解了市场营销知识在中小企业中的应用。(3)该著作的编写系统性强，分析解释详细，非常适合旅游市场营销专业的学生及旅游企业的管理者学习使用。(4)案例充实，生动。作者在每一个章节中都列举了典型案例，这不仅给教师的教学带来了方便，也给旅游工作者提供了学习借鉴。

全书的翻译分工为：修月祯译第一、二章及负责全书的译文审定；赵菁译第三、五、六章；马辉译第四、十、十一、十二章；袁连荣译第七、八、九章和前言等；曾琳译十三、十四、十五章；罗立彬、陈蔚、李璐译本书案例部分。

本书翻译过程中得到了国内外有关专家的指导帮助，更好地保证了译文的准确性，在此向他们表示衷心感谢。鉴于时间紧迫，书中难免有错误疏漏之处，敬请读者批评指正。

修月祯

2006 年 5 月 25 日